AI로 그림을 생성해 보고 싶지만,
어떻게 시작해야 할지 모르는 분들을 위한 최고의 입문서

게임 컨셉 아티스트에게 배우는
Chat GPT / 미드저니 / 스테이블 디퓨전 / Bing

AI
인공지능 페인팅

오지훈 저

VIELBooks
비엘북스

게임 컨셉 아티스트에게 배우는

Chat GPT / 미드저니 / 스테이블 디퓨전 / Bing

AI 인공지능 페인팅

2024년 03월 18일 1판 1쇄 인쇄
2024년 03월 29일 1판 1쇄 발행

지은이 오지훈
펴낸이 김종원
펴낸곳 비엘북스

주소 경기도 고양시 일산동구 중앙로 1079, 624호 비엘북스
전화 031-817-3606
팩스 02-6455-3606
등록 2009년 5월 14일 제 313-2009-107호
출판사 홈페이지 https://vielbooks.com
저자 문의 ojiking@naver.com
도서 문의 vielbooks@vielbooks.com

ISBN 979-11-86573-72-3(13000)
정가 36,000원

이 책을 만든 사람들

기획 · 진행 비엘플래너스
교정 · 교열 비엘플래너스
편집디자인 CVDESIGN

Copyright © 2024 by 오지훈. All Rights Reserved. First edition Printed 2024. Printed in Korea.

이 책의 어느 부분도 저작권자나 비엘북스 발행인의 승인 문서 없이 일부 또는 전부를 사진 복사나 디스크 복사 및 기타 정보 재생 시스템을 비롯하여 현재 알려지거나 향후 발명될 어떤 전기적, 기계적 또는 다른 수단을 통해 복사, 재생하거나 이용할 수 없음.

[일러두기]
이 책에서 소개된 그림들은 이미지 생성 AI 툴의 교육적인 기능 소개의 일환으로 사용한 것입니다.
특정 상품, 작가의 작품 및 저작권을 침해하려는 의도가 없음을 밝혀둡니다.

게임 컨셉 아티스트에게 배우는

Chat GPT / 미드저니 / 스테이블 디퓨전 / Bing

AI 인공지능 페인팅

오지훈 저

VIELBooks
비엘북스

저자의 말

처음 이미지 생성 AI를 접했던 2022년 5월이 생각납니다.

단어의 입력만으로 AI가 그림을 그럴듯하게 그려내는 광경을 보고 대단히 놀라웠지만, 사용하기 난해하고 형편없었던 인터페이스와 반추상화 같았던 결과물을 보고 이런 수준이라면 실무에 쓰려면 5년은 걸릴 거라고 SNS에 장담했습니다. 그러나 정작 이미지 생성 AI 기술이 실무에서도 쓸 만하다는 것을 처음 인정한 것은 겨우 두 달이 지난 2022년 7월 미드저니(Midjourney)를 사용하면서부터였습니다. 이 분야의 기술 발전이 얼마나 빠른 속도인지를 실감할 수가 있었지요. 저는 SNS에 적어놓은 제 발언을 정정하는 대신 시치미를 뚝 때고 회사에서 몰래 업무에 AI를 활용하는 길을 선택했었습니다. 잘만 하면 놀고먹으면서 월급을 받을 수 있을 것 같았거든요. 지금 돌이켜보면 삼분의 일 정도는 성공했던 것 같습니다.

그 후 한동안 이미지 생성 AI 툴들은 저의 장난감이자 숨은 업무 조력자였습니다. 스테이블 디퓨전이 나오고, Bing image creartor가 나오고, Chat GPT 가 나왔을 때도 새로운 장난감을 가지고 노는 기분으로 신나게 활용했고 물론 SNS에 잘난 척도 실컷 했지요. 그러나 고개를 돌려보니 누구나 AI 기술의 발전을 반기는 것은 아니었습니다. 저의 동료 아티스트들은 미래에 대한 불안감과 싸우고 있었고, 어쩌다 만난 취업 준비생들은 AI 기술을 활용하라는 말에 영원히 언덕 위로 바위를 굴려야 하는 시지프스(Sisyphus) 같은 고통스러운 표정으로 거부 반응을 보였습니다.

2023년 비엘북스의 김종원 대표님께서 [the GAME GRAPHICS : AI 비주얼 테크닉]이라는 무크지에 필진으로 참여를 권하셨을 때, 바로 그런 업계의 분위기를 감안해서 기존에 그림을 그리던 사람들이 이미지 생성 AI 툴을 어떤 방식으로 활용할 수 있는 지를 보여드리려고 노력했던 기억이 납니다. 이 책은 그 연장선에서 집필을 하였습니다. 초보자들에게 어려운 내용은 지양하고, 실용적인 내용을 최대한 쉽게 많이 전달하려고 노력을 했습니다. 부디 이 책이 아직은 AI가 낯선 그림쟁이들에게 시대의 뾰족한 창과 화살을 버텨낼 수 있는 최소한의 방패가 되었으면 합니다.

책을 쓰는 동안 많은 일들이 있었습니다. 전기세가 늘었고, 많은 야식을 먹었습니다. 아내가 제 이중 턱을 귀엽다고 에둘러서 표현하기 시작했고, 거울에 비친 제 배를 보며 왜 책을 쓰는 과정을 출산에 비유하는지 실감할 무렵 거의 탈고에 이르게 되었습니다. 이 책을 쓰는 것 자체가 새로운 업무였고, 부족한 시간에 허덕이는 직장인이기 때문에 AI를 잔뜩 활용해야 했습니다. 그러면서 어렴풋이 들었던 생각은 AI를 효율적으로 활용한다는 것은 사실 사람과 효율석으로 함께 일하는 것과 크게 다르지 않다는 점이었습니다.

AI와 이미지를 만들어 가는 과정 동안 모르는 것에 대해 질문하기도 하고, AI가 한 일이 잘못된 방향으로 가면 수정해 주기도 하고, 때로는 AI가 한 일을 날로 먹기도 하면서, 서로 영향을 주고 받는 기분을 많이 느끼기도 했습니다. 특히 Chat GPT는 칭찬을 많이 해주면, 묘하게도 더 괜찮은 대답과 결과물을 내놓는 경향이 있었습니다.

[the GAME GRAPHICS : AI 비주얼 테크닉]

우리는 AI를 인간미 없는 단순한 기계로 취급하지만, 실제로 우리가 일하며 만나는 사람들 중 얼마나 많은 이들이 진정한 인간미를 지니고 있을까요? 우리는 기계처럼 말하고 행동하는 인간들에 사이에서 살아가면서, 동시에 인간처럼 말하고 행동하는 기계를 다루는 세상에 살게 되었습니다. 앞으로의 세상이 어떻게 변해 갈지 모르지만, 인간이든 기계든 서로 존중하며 협력하는 것이 가장 효율이 좋고 서로에게 이로운 일이라고 생각합니다.

이 책에 나오는 많은 지식과 팁들은 평소 자주 방문하는 페이스북 그룹 AIcreator와 Stable Diffusion Korea의 수많은 포스트에서 힌트를 얻어가면서 배웠습니다. 이 자리를 빌어 운영진과 회원 분들께 감사를 드립니다. 특히, 각 커뮤니티의 그룹장인 이영운 님과 최돈현 님이 각각 콜로소와 패스트 캠퍼스에 개설한 이미지 생성 AI 강의는 이 책을 집필할 때 정말 많은 도움이 되었습니다. 좀 더 심도 있는 AI 강좌가 필요하신 분들에게 추천을 드립니다.

또한, 이 책에서 중요하게 다루는 미드저니(Midjourney)는 국내 최고의 미드저니 전문가인 조남경 님이 집필하신 [미드저니 프롬프트 마스터 가이드] 책도 집필할 때 정말 많은 도움이 된 것 같습니다. 이 자리를 빌어서 다시한번 감사를 드립니다.

저에게 집필할 기회를 주신 비엘북스 김종원 대표님께 깊이 감사를 드리며, 평소 AI 연구를 권장하고 책 집필과 출판을 양해해 주신 ncsoft 리니지W실 최홍영 캠프장님, 최용철 AD님, 언제나 응원해 주시는 홍인혁 APD님, 회사에서 자주 졸고 있는 저를 못 본 척 해주신 김세진 팀장님께도 감사의 말씀을 전합니다.

그리고 제 마음의 방파제인 부모님과 아내에게 언제나 감사하고 사랑한다고 말하고 싶습니다.

마지막으로,
너무너무 사랑하는 오준이, 네가 강력하게 주장했던,
응답하라 2024 : 시대는 변하고 AI는 발전한다는 도저히 책 제목으로는 쓸 수 없어서 대신 여기에 적어둔다. 친구들에게 자랑해라.

2024년 3월
오지훈 드림

[미드저니 프롬프트 마스터 가이드]

추천의 말

생성 AI를 내가 하는 일에 어떻게 접목해야 할지 모르겠다면 이 책이 정답입니다. 컨셉아트 실무경력 20년의 오지훈 님이 특유의 유머로 대화하듯 자연스럽게 적용하는 방법을 알려드립니다. 이를 테면, 컨셉아트를 제작하기위한 유일한 대화형 생성 AI 작법서라 할수 있습니다. 게다가 실무에서 활용도가 절대적으로 높은 포토샵, 블렌더와의 교차활용의 예시작과 워크플로우는 다른 책에서는 볼 수 없는 이 책의 백미입니다.

이영운 (페이스북 생성 AI 커뮤니티 AIcreator / 운영자)

국내 최고의 배경 아티스트 '오지훈' 님의 『AI 인공지능 페인팅』은 범람하는 생성형 AI 시대의 프로페셔널 레벨의 필독서입니다. 현업에서 필요한 중요한 부분들을 유쾌한 방향으로 누구나 이해할 수 있도록 풀어두었으며, 아티스트 친화적으로 제작되었습니다. 프로페셔널 레벨에서 반드시 필요한 내용들이 가득하며 특히 미드저니, 스테이블 디퓨전 그리고 블렌더까지 연결되는 다양한 워크플로우 활용은 표현의 한계를 지속적으로 뚫고 나가게 될 것입니다. 수십만 개의 화살 속에서 여러분만의 방패가 될 이 책을 강력하게 추천드립니다.

최돈현 (페이스북 Stable Diffusion Korea, Soylab / 대표)

저자가 책의 표지를 공개했을 때, 그 순간 우리는 인공지능의 세계로 초대받은 듯한 느낌을 받았습니다. "생성 AI의 거대한 파도 앞에 그림쟁이들의 최소한의 방패가 되고 싶었다"라는 저자의 말은 마치 우리를 미지의 세계로 인도하는 길잡이 같았습니다. 처음에는 흥분하여 "와우~!! 멋져요!!"라며 책에 대한 호기심을 감출 수 없었습니다. 하지만 책을 살펴보니, 그림쟁이들을 위한 "최소한의 방패"보다는 오히려 인공지능 백과사전을 마주한 듯한 느낌이었습니다. 이 책은 저자가 한 발자국씩 이끌어주는 여정으로, 생성 AI의 세계로 완벽하게 안내해 줍니다. 함께해보시겠어요? 이 책은 여러분을 놀라게 할 것입니다.

조남경 (미드저니 프롬프트 마스터 가이드 / 저자)

요즘 아티스트라면 누구라도 이미지 생성 AI 플랫폼에 가까워지고 싶지만 어떻게 해야 할지 고민하는 경우가 많을 것입니다. 이 책은 누구라도 쉽게 다가갈 수 있도록 AI 이미지 생성 툴들을 쉽고 체계적으로 잘 설명하고 있습니다. 하루아침에 얻을 수 없는 소중한 노하우를 당장 실무에 적용해 볼 수 있도록 요점을 잘 설명하고 있어 AI 이미지 생성에 관심 있는 모든 분이 꼭 읽어 보시면 좋은 책이라 강하게 추천합니다.

최은성 (Tencent(텐센트) / Expert Animator)

재미와 흥미 그리고 친절한 설명까지 담겨 있는 책. 생성 AI에 관한 컨텐츠들이 인터넷의 바다에는 이미 많이 있지만, 이 책처럼 잘 정돈되고 흥미를 줄수있는 책은 찾기 힘들 것입니다. 많은 예제들과 그에 대한 설명, 응용하는 법까지 아주 세심하고 친절하고 재미있게 풀이해 놓았습니다. 독학으로 배우고 계신 분 혹은 처음으로 생성 AI를 접하고 시도하시려는 분들에게는 최고의 지침서가 될 것입니다. 재미와 기술 두 마리를 모두 잡아보세요. 분명 많은 도움이 될것입니다.
이경민 (YAGER / 시니어 캐릭터 아티스트)

이 책을 사지 마세요! 업계에 새로 들어오려는 학생도 오래동안 업계 일을 해오던 분들도 절대 보면 안 됩니다. 이런 "무공비급(武功秘笈)" 같은 책을 집필한 저자의 인성이 마치 부처님 같습니다. 저라면 혼자만 알고 회사 생활 꿀을 빨 것 같네요.
이정훈(넷이즈 / Expert concept artist)

이 책의 특징

이 책은 이미지 생성 AI를 배우고 싶지만, 어떻게 시작해야 할지 모르는 분들을 위한 최고의 입문서입니다.

[그림을 그리는 사람인데 이미지생성 AI를 사용한다구요??]

Chat GPT와 미드저니, 스테이블 디퓨전 등의 AI 도구를 사용하면 다양한 스타일과 테마를 가진 이미지를 생성해주기 때문에 아이디어를 빠르게 시각화해야 하는 환경에서는 프로젝트의 방향성을 구체화하기가 좋습니다. 또한 이미지의 완성도를 높일 수 있는 다양한 기법들이 제공되고 있어서 작가 만의 크리에이티브한 스타일을 구축할 수 있는 장점도 있습니다. AI의 결과물을 무조건 받아들이기보다는 그것을 시작으로 자신만의 독특하고 창의적인 아트웍으로 발전시키는 것이 더욱 중요하다고 할 수 있습니다.

[정의 / 묘사 / 보완]으로 완성하는 짜임새 있고 디테일한 프롬프트 작성 과정]

AI를 사용하면 누구나 멋진 이미지를 생성할 수 있지만, 원하는 이미지를 제대로 생성하기는 쉽지 않습니다. 프롬프트가 명확하고 상세하지 않으면, AI는 사용자의 의도를 정확하게 이해하지 못할 수 있습니다.

저자는 정의 / 묘사 / 보완 3가지 원칙을 기준으로, 구현하려는 프롬프트의 주제부를 정의하고, 묘사하고, 보완하여, 좀 더 구체적이고 명확한 프롬프트를 완성하는 과정들을 설명합니다.

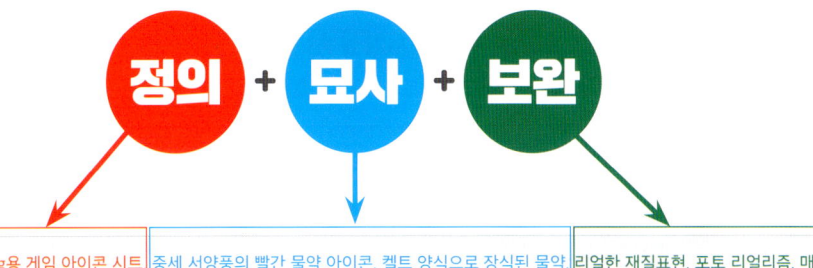

프롬프트 | mmo rpg용 게임 아이콘 시트, 중세 서양풍의 빨간 물약 아이콘, 켈트 양식으로 장식된 물약, 리얼한 재질표현, 포토 리얼리즘, 매우 높은 디테일

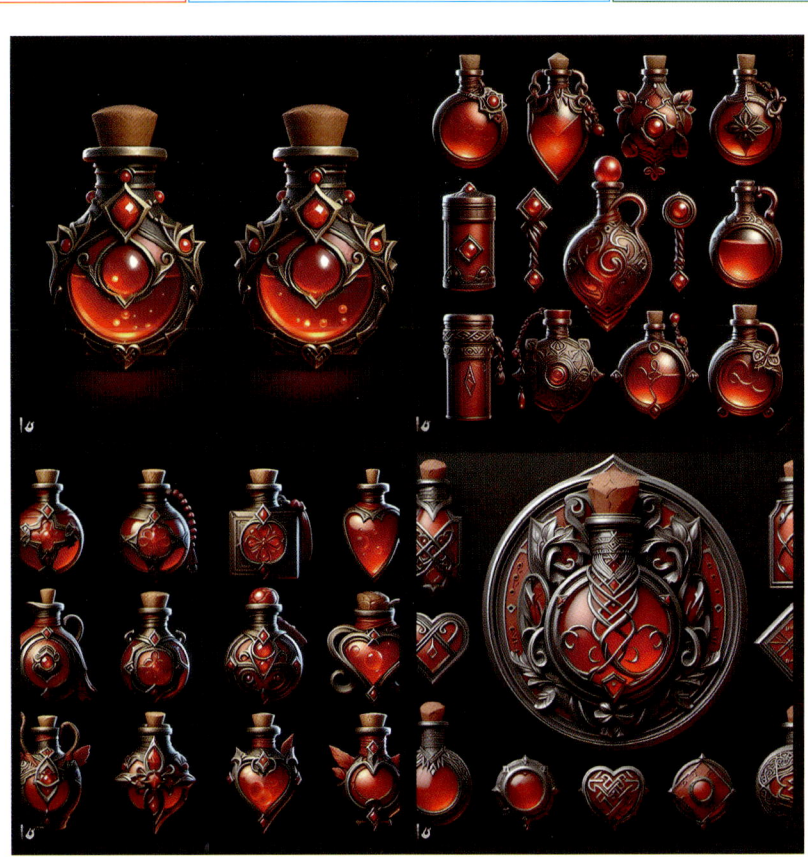

이 책의 특징

[이미지생성 AI를 활용하는 방법]

단순히 프롬프트를 뽑기 행운(?)에 맡기는 방식이 아니라, (Chat GPT와의 대화를 통해) 직접 원하는 설정과 세계관을 구성한 후, 이를 미드저니 / 스테이블 디퓨전 / Bing 등에서 완성된 컨셉 이미지로 구현하는 과정을 소개하는 것이 이 책의 최종 목표입니다. 이를 통해 AI 제작 방식에 대한 부정적 인식을 극복하고, 빠르면서도 퀄리티와 완성도를 겸비한 효율적인 프로세스를 간접적으로 경험해 볼 수 있도록 구성했습니다.

1 기초 단계
Bing Image Creator로 이미지생성 AI 경험하기
- Bing Image Creator를 시작으로 AI로 이미지가 생성되는 기초 과정을 알아봅니다.
- [정의], [묘사], [보완]으로 프롬프트를 구성하고 완성하는 방법을 배웁니다.

AI 툴의 기초 활용 단계
미드저니로 쉽고 빠른 고퀄리티 캐릭터와 배경 제작(-sref / -cref 포함)

스테이블 디퓨전의 설치 및 기본 활용(캐릭터 + 배경아트웍)
- 미드저니(Midjourney)에서 고퀄리티의 아트웍을 빠르게 제작하고 수정/보완하는 방법을 소개합니다.
- 스테이블 디퓨전(Stable Diffusion)의 설치부터, 체크포인트와 컨트롤넷의 활용방법에 대해서 소개합니다.

2 응용 단계
포토샵과 연계하여 일러스트 완성하기(미드저니+스테이블 디퓨전+ 포토샵)
- AI 툴을 포토샵과 연계하여 완성도 높은 컨셉 & 일러스트이 완성되는 과정을 보여줍니다.

기타
Chat GPT와 스토리를 구성하고 그래픽노블 페이지 만들기

블렌더의 활용
- Chat GPT4와 함께 스토리를 구상하고 그래픽노블 처럼 컷 분할된 페이지를 제작해 봅니다
- 블렌더의 기초 활용과 AI 툴을 활용한 3D 기법에 대해서 알아봅니다.

3 최종 실무 단계
Chat GPT과 함께 판타지 세계관을 구축한 후 캐릭터와 배경 컨셉 완성하기

- 이 책에서 가장 핵심으로 볼 수 있는 최종 실무 단계입니다.
- Chat GPT와 연계한 AI 작업 과정을 경험할 수 있습니다.

[1] Chat GPT + 프롬프트 완성!

※ Chat GPT를 통해 캐릭터, 배경, 세계관 등 작가의 아이디어를 구체화
※ [정의], [묘사], [보완]의 형식으로 프롬프트를 작성

[2] 미드저니, 스테이블 디퓨전, 빙에서 시각화!

※ 완성된 프롬프트를 미드저니, 스테이블 디퓨전에 적용하여
  컨셉에 맞는 다양한 스타일을 테스트하며 이미지를 생성

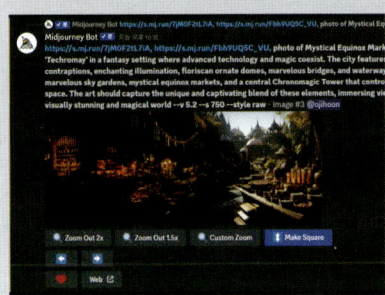 

[3] 포토샵 등에서 보정 후 최종 완성!

※ AI로 생성된 이미지를 포토샵에서 원하는 스타일로 보정 후 최종완성

이 책에서 만드는 주요 이미지

기초 단계

Bing Image Creator로 이미지생성 AI 경험하기

미드저니로 이미지생성 AI 경험하기

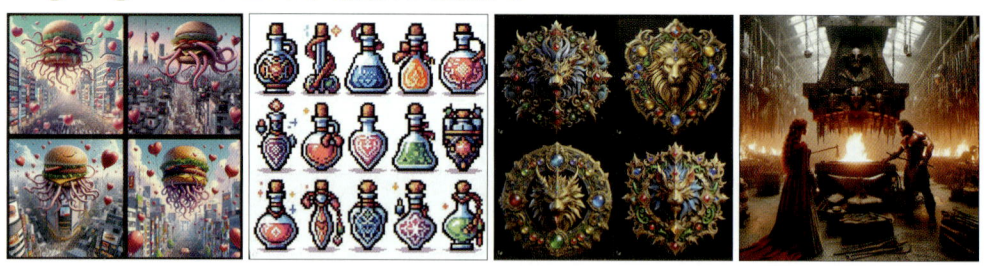

기초 단계   스테이블 디퓨전으로 이미지생성 AI 경험하기

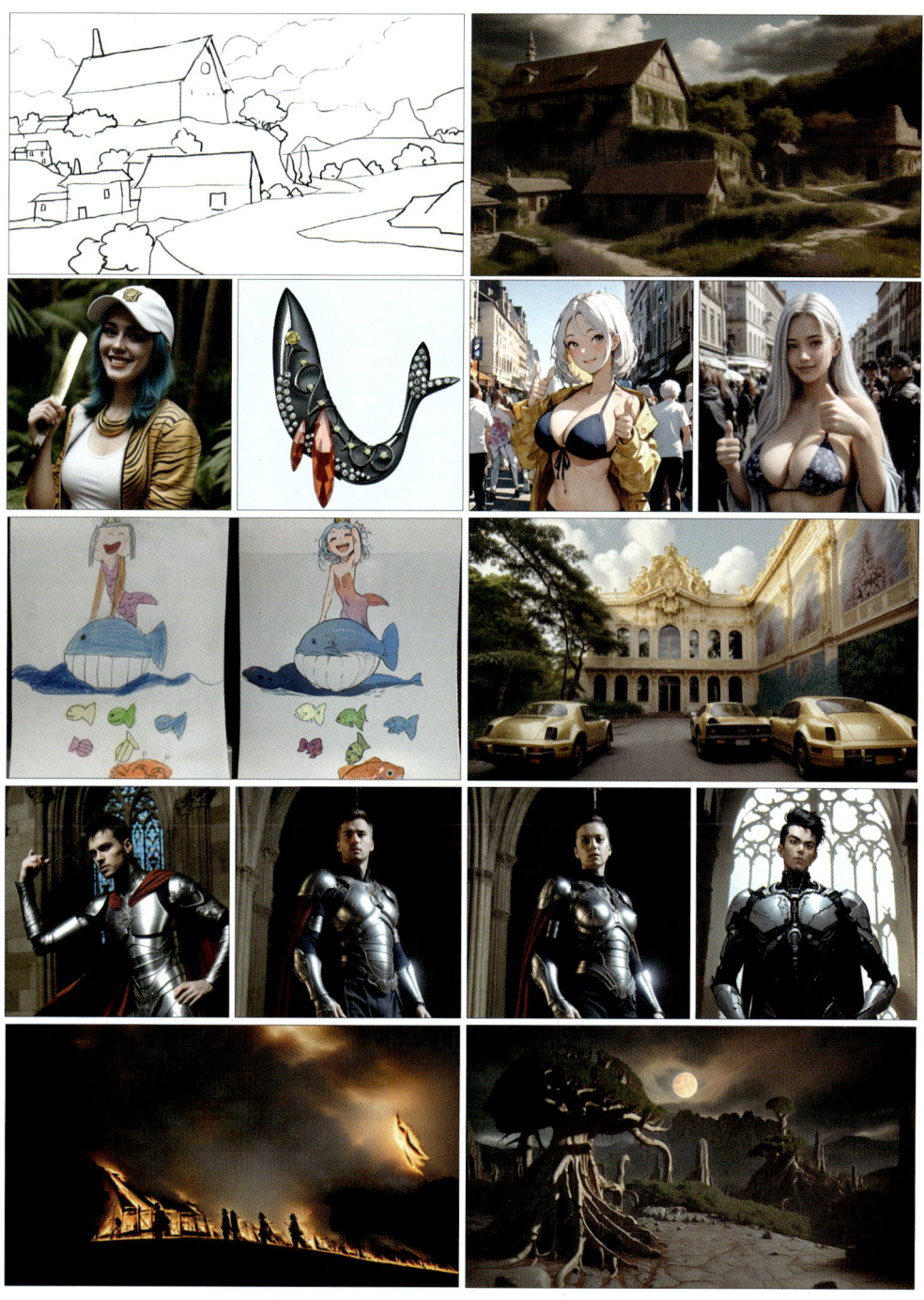

이 책에서 만드는 주요 이미지

응용 단계 미드저니 + 스테이블 디퓨전 + 포토샵 + Chat GPT4

습하고 부패한

최종 단계 Chat GPT + 미드저니 + 스테이블 디퓨전 + 포토샵

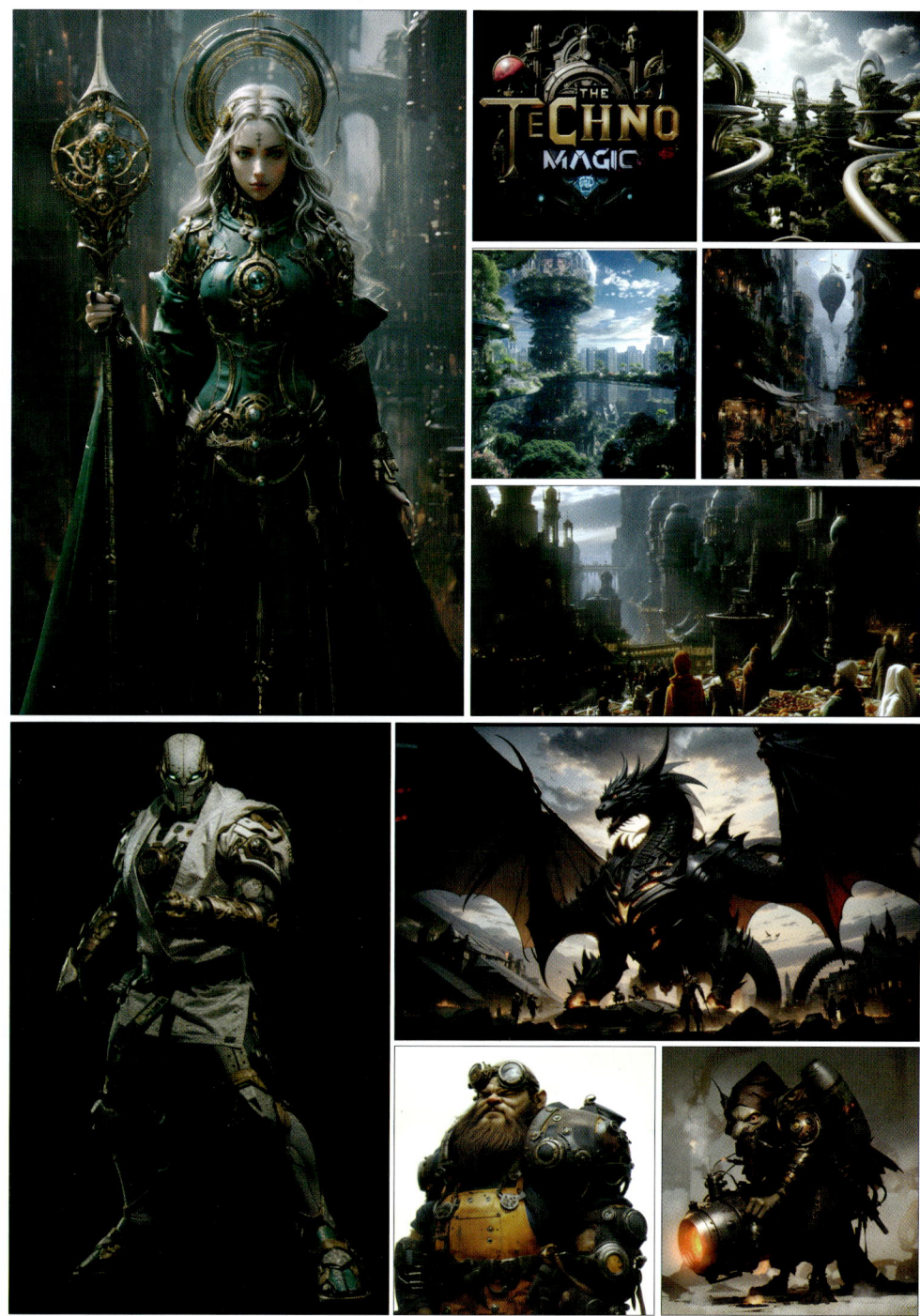

예제데이터

[예제데이터 활용하기]

이 책에서 소개하는 생성 AI 툴은 텍스트 프롬프트를 주로 사용합니다.

글자 수가 많아서 예제의 확인이 어려울 수 있으므로, 책에 사용된 텍스트 프롬프트와 링크 주소를 TXT 파일로 제공합니다.

예제 파일(이미지)과 프롬프트 파일(텍스트)이 다음과 같은 아이콘이 표시되어 있으며, 해당 파일은 예제데이터에서 제공합니다.

제공되는 프롬프트 파일은 페이지번호.txt로 구분되어 있습니다.
(예시_ 176p.txt)

예제데이터에 대하여

이 책에서 소개하는 예제들을 원활하게 진행하려면 예제데이터가 필요합니다.
아래 예제데이터 다운로드 방법을 참고하셔서 예제데이터를 미리 준비해주세요.

이 책을 구입하신 후 반드시 해야 할 2가지!

1. 예제데이터 다운로드 하기

비엘북스 홈페이지에서 예제데이터를 다운로드 합니다.

네이버나 구글에서 비엘북스를 검색하시거나 아래 주소를 입력하시면 됩니다.
· 비엘북스   https://vielbooks.com

2. 예제데이터 비밀번호 해제하기

예제데이터는 암호화 압축되어 있습니다.

· 비밀번호 [aipaint488]을 입력하면 압축 해제됩니다.

압축해제는 윈도우 OS 환경에서 '알집' 또는 '반디집'을 이용해주세요.

문의사항

예제데이터의 다운로드 및 압축해제 오류 등의 문제는 아래 연락처로 문의해주세요.

· 전 화 | 031-817-3606
· 메 일 | vielbooks@vielbooks.com 또는 xsi2maya@naver.com
· 블로그 | http://blog.naver.com/xsi2maya

목차

Part 01
들어가며　　　　　　　　　　　　　　　　　　　　　　　24

01. 지금이 시작하기에 적당한 시기　　　　　　　　　　　　26
02. 다섯 개의 툴을 다룹니다　　　　　　　　　　　　　　　29

Part 02
첫술에 배부른 AI 이미지 생성 요령　　　　　　　　　　　30

1. Bing Image Creator 소개　　　　　　　　　　　　　　32
2. Bing Image Creator로 배우는 프롬프트 작성법　　　　34
　　01. 고무오리 만들기　　　　　　　　　　　　　　　　34
　　02. 인생 최고의 소개팅　　　　　　　　　　　　　　　37
　　03. 공포의 햄버거 만들기　　　　　　　　　　　　　　40

3. 게임 아이콘 만들기 : 물약　　　　　　　　　　　　　48
　　01. 물약 공장 차리기　　　　　　　　　　　　　　　　48
　　02. 특색 있는 물약 공장 차리기　　　　　　　　　　　53

4. 게임 아이콘 만들기 : 방패　　　　　　　　　　　　　56
5. 게임 아이콘 만들기 : 해골 브로치　　　　　　　　　58
6. 멋진 배경이미지 만들기　　　　　　　　　　　　　　60
　　01. 스팀펑크 스타일의 이미지 만들기　　　　　　　　61
　　02. 구름 위의 도시 만들기　　　　　　　　　　　　　63
　　03. 중세시대 성의 내부 디테일 만들기　　　　　　　64

7. 배경만 바꾸어서 이야기처럼 보이게 만들기　　　　　69
　　01. 어두운 뒷골목을 거니는 붉은 머리 소녀.　　　　　71
　　02. 대장간에 도착한 붉은 머리 소녀　　　　　　　　　72
　　03. 대장간에서 검을 찾은 붉은 머리 소녀　　　　　　73
　　04. 스토리처럼 보이게 배치한 이미지 예시 '붉은 머리 소녀의 대모험'　　74

Part 03
미드저니(Midjourney)로 본격적인 게임 리소스 만들기　　76

1. 미드저니(Midjourney)의 장점　　78
2. 미드저니의 가입과 설치　　79
3. 인터페이스에 적응하기　　84
　01. 디스코드에서 이미지 생성해 보기　　84
　02. 혼자 있고 싶습니다 모두 나가주세요!(나만의 공간에서 작업하기)　　88

4. 물약 아이콘 만들기　　91
　01. 파파고를 활용하여 프롬프트 작성하기　　92
　02. 다양한 컬러의 약병 만들기　　94
　03. 기본 파라미터 setting 하기　　97

5. 아트 강령술사가 되는 법　　100
　01. 빈센트 반 고흐 소환하기　　102
　02. 딸기밭의 토끼를 빈센트 반 고흐 풍으로 그리기.　　103
　03. 빈센트 반 고흐가 그린 드래곤　　109
　04. 렘브란트 소환하기　　112
　05. 알폰스 무하에게 부탁하는 아르누보 풍의 사이보그 여전사　　113
　06. 거장의 영혼을 합치기　　114

6. 웅장한 스케일의 풍경화 만들기　　119
　01. 거장 허드슨 리버 화파 소환　　119
　02. 풍경화에 여행객 넣기　　135

7. 카툰풍의 캐릭터 일러스트 만들기(niji 모드)　　140
　01. niji 모드 실험해 보기　　140
　02. 수줍은 소녀의 불장난 일러스트 만들기　　142

8. 피규어 스타일의 캐릭터 만들기　　145
　01. 피규어 스타일 이미지　　145
　02. 응용하기　　147
　03. 캐릭터 시트 만들어 보기　　148
　04. Remix mode를 이용하여 디자인 변경하기　　152
　05. 그외의 시트들　　154

9. 자동 생성 만화 만들기　　156

10. 이미지 프롬프트 활용하기　　158
　01. 물 만난 토끼　　158
　02. 로봇토끼로 개조하기(이미지 프롬프트와 텍스트 프롬프트를 함께 쓰기)　　161
　03. 잘생긴 친구를 우주로 보내기이미지 프롬프트와의 합성　　166
　04. 이미지 가중치 사용해 보기　　169

05. 주변의 사물을 이용하여 슈퍼카 디자인하기 173
06. 내가 찍은 거리사진으로 미래도시 만들기 176
07. 용의 산맥 만들기(-stop 파라미터) 186

11. 당신의 그림, 분석해 드리죠(/describe 활용하기) 190
12. 업스케일링(이미지 해상도 높이기) 195
13. 티라노의 순정(--sref 파라미터를 활용) 200
14. 레순이 성공기(--cref 파라미터를 활용) 204
01. 캐릭터 생성하기 204
02. 게임 캐릭터로! 206
03. 만화 캐릭터로! 208
04. 귀여운 SD 캐릭터로! 209
05. 피규어 캐릭터로! 210
06. 가자! 헐리우드로! 211
07. 코스프레 캐릭터로! 212

Part 04
스테이블 디퓨전(Stable Diffusion) 가지고 놀아보기 214

1. 필수 프로그램 설치하기(파이썬 / GIT / 스테이블 디퓨전) 217
01. 파이썬 설치 217
02. GIT 설치 218
03. 스테이블 디퓨전 설치(Automatic 1111) 219
04. ControlNet 설치(필수 확장 기능) 223

2. 체크포인트 모델 다운받기 226
01. CIVITAI.com에서 Checkpoint 모델 다운받기 226
02. Hugging Face에서 VAE 파일 다운받기 228

3. 스테이블 디퓨전 기본세팅 230
4. 기본 프롬프트 실험해 보기 233
01. 스테이블 디퓨전의 기본 메뉴(txt2img) 228
02. 아름다운 여성 만나기 234
03. 취향에 맞는 아름다운 여성 만나기 238
04. 고해상도 이미지로 만들기 242

5. 프롬프트는 엄마의 잔소리 246
01. 해라와 하지 마라 246
02. 한 이야기 또 하기 신공과 높아지는 언성 248
03. 잔소리 실습 – 유로피안 엄지척녀 251
04. 이전에 작성한 프롬프트를 쉽게 불러 오는 법 259

6. 체크포인트 모델 바꾸기	**261**
7. ControlNet을 활용해서 유년기의 추억을 조작하기	**265**
01. 부자집 생성기	266
02. 컨트롤넷(ControlNet)의 기본 인터페이스	268
03. 추억의 장소 조작하기	270
8. 간단한 스케치로 마계 풍경 만들기	**274**
9. 발로 그리는 중세마을	**280**
10. 발로 그리는 슈퍼 히어로	**285**
11. img2img로 이미지 수정하기	**296**
01. img2img 인터페이스 살펴보기	296
02. 슈퍼 히어로 성별 바꾸기	298
03. inpaint 기능을 활용하여 머리색 바꾸기	301
04. inpaint 기능을 활용하여 망토색 바꾸기	303
12. img2img + ControlNet으로 디자인하기	**304**
01. 장신구 프롬프트 작성하기	305
02. ControlNet Depth 타입으로 디테일 높이기	307
13. 러프한 스케치로 정교한 슈퍼히어로 이미지 만들기	**312**
01. 슈퍼 히어로 프롬프트 추출하기	312
02. 포토샵에서 섬네일 이미지 만들기	313
03. 멀티 컨트롤넷 설정하기	313
04. Loopback 설정 (자동 살살 달래기)	315
14. img2img + ControlNet + Loopback으로 아이 그림 다듬어 주기	**318**

Part 05

여러 툴을 같이 써서 이미지 완성도 높이기   **322**

1. 두 가지 룰	**324**
2. 스테이블 디퓨전과 포토샵으로 포토리얼한 환타지 일러스트 그리기	**325**
01. 구상하기 – Chat GPT 활용	325
02. 스테이블 디퓨전으로 샘플 이미지 생성해보기	328
03. 체크포인트 모델 바꿔서 샘플 이미지 생성하기	331
04. 포토샵에서 수정해서 가이드 이미지 완성하기.	332
05. ControlNet에 넣어 시안 생성하기	333
06. 포토샵에서 합성하여 최종 이미지 만들기	335
3. LoRA를 활용하여 성형 미인 만들기	**337**
01. LoRA 다운받기	337

02. LoRA를 적용하여 얼굴을 변경해 주기   339
03. LoRA를 적용하여 신체 개조하기   343

4. Bing, 스테이블 디퓨전, 포토샵을 활용하여 이미지 완성하기   345
01. Bing Image Creator로 이미지 만들기   345
02. 포토샵의 생성형 확장 기능으로 세로로 긴 이미지 만들기   347
03. Upscayl로 고해상도 이미지 만들기   349
04. 스테이블 디퓨전 img2img로 디테일 올리기   351
05. 포토샵에서 수정 및 보정하여 완성하기.   358

5. 미드저니, 스테이블 디퓨전, 포토샵으로 유화풍 캐릭터 이미지 만들기   360
01. 미드저니 niji 모드로 가이드 이미지 만들기   360
02. 포토샵에서 구도와 보정하기   361
03. 이미지 크기 조절 및 img2img에서 디테일 올리기   363
04. 2차 수정 및 업스케일링   366
05. img2img에서 디테일 업하여 원본에 합성하기   368
06. 3차 수정하기 및 img2img 활용   369
07. 포토샵에서 회화적인 붓터치 추가하기   370

Part 06
컨셉아트 실무를 AI와 함께해보기   372

1. Chat GPT로 게임 비주얼 기획하기   375
01. Chat GPT에게 역할 부여하기   377
02. Chat GPT와 함께 해답의 영역을 좁혀가기   377
03. Chat GPT와 함께 기획 초안 추출하기   378

2. Chat GPT로 게임 로고 만들기   379
3. Chat GPT와 함께 고대 마법도시 테크로메이 디자인하기   382
4. Chat GPT와 함께 주인공 디자인하기   400
01. Chat GPT와 함께 엘프 마법사 디자인 하기   400
02. 기계인간 디자인하기   405
03. 드워프 기술자 디자인하기(대량 시안 만들기)   410

5. Chat GPT와 함께 몬스터 디자인하기   418
01. 무한황제 드라쿨로스 디자인 하기   419
02. 스팀고블린 디자인하기   425

6. 캐릭터, 배경, 로고가 같이 나오는 게임광고 이미지 만들기   431

Part 07
그래픽 노블 만들어 보기 — 432

1. Chat GPT와 대화하며 그래픽 노블 생성하기 — 434
- 01. 왜 Chat GPT4 로 작업하는가? — 434
- 02. 왜 그래픽 노블인가? — 435
- 03. 가이드 이미지 만들기(사전준비) — 435

2. Chat GPT와 대화하며 그래픽 노블 생성하기 — 440
- 01. 방의 성격 정의하기 — 440
- 02. 채팅방 정의 하기 — 441
- 03. 채팅으로 그래픽 노블 생성하기 — 443
- 04. 포토샵에서 수정하기 — 450

Part 08
AI 이미지 생성툴과 Blender를 함께 쓰기 — 454

1. Blender의 기초 — 456
- 01. 블렌더(Blender) 다운로드 및 설치 — 456
- 02. 오브젝트 움직이기 — 458
- 03. 화면 움직이기 — 462
- 04. 오브젝트 생성과 이동 — 464
- 05. 오브젝트의 복제와 삭제 — 465
- 06. 블렌더로 만든 목업을 활용하여 AI 이미지 만들기 — 466

2. 고대문명 부조 만들기 — 470
- 01. 미드저니로 기본 이미지 소스만들기 — 470
- 02. 스테이블 디퓨전으로 Depth 맵 만들기 — 471
- 03. 블렌더에 add-on 설치하기 — 472
- 04. Image Plane의 면 늘리기(Subdivide 활용) — 474
- 05. Displace 모디파이어로 이미지에 볼륨감 주기 — 476

3. 바닥 타일 만들기 — 481
- 01. 미드저니로 바닥타일용 텍스쳐 생성하기 — 481
- 02. 플랜(Plane)생성 후 바닥타일 텍스쳐 입히기 — 482
- 03. 바닥타일을 Array 모디파이어로 배치하기 — 484
- 04. 스케일 조정 및 오브젝트 배치하기 — 486

1 들어가며

01. 지금이 시작하기에 적당한 시기

"이미지생성 AI 툴, 이거 꼭 써야 하나요?
그다지 효율성도 없어 보이던데요."

요즘 많이 듣는 이야기입니다. 제가 직업적으로 그림을 그리는 사람이고, 주변에서 AI를 제법 활용하는 그림쟁이로 알려지다 보니 자연스럽게 이런 질문을 하시는 분들이 많습니다. 특히 직업으로 그림을 오래 그려오셨던 분들이 거부감 반 걱정 반으로 이런 불평을 많이 하십니다.

결론부터 말씀 드리면 아직은(2023년 하반기 기준) 반드시 활용할 필요는 없습니다. 이미지생성 AI 기술은 급속하게 발전하고 있지만 아직은 인간 원화가를 대체하기에는 약점이 많습니다. 물론 제 주변 지인들이 대부분 업계의 베테랑 원화가들이시기 때문에 AI를 활용하지 않아도 회사 업무에 아무런 지장이 없기 때문이기도 합니다.

그럼에도 불구하고 저는 조심스럽게 이미지생성 AI 툴을 활용해 볼 것을 주변 사람들에게 권하고 있습니다. 그 이유는 크게 세 가지를 꼽을 수 있습니다.

첫 번째, 이 기술이 계속 발전해 나갈 것이기 때문입니다. 지금은 효용성이 크게 느껴지지 않을 수도 있지만, 1년이나 2년 후에는 상황이 어떻게 변할 지 생각해보세요. 지난 2023년의 발전을 볼 때, 이미지생성 AI 기술의 단점들이 빠르게 해결되고 있는 것을 볼 수 있습니다. 지금 관련 툴들을 어느 정도 익혀두면, 앞으로 이들이 더욱 개선되었을 때 쉽게 적응할 수 있을 것입니다.

두 번째, 이미지생성 AI 툴이 생각보다 어렵지 않기 때문입니다. 특히 미술을 원래 꾸준히 해 왔던 사람들이나 실무에서 포토샵이나 3D 툴을 다루던 사람들에게는 아주 쉬운 일입니다. 저는 반쯤 농담 삼아 AI 페인팅은 늦게 배울수록 이득이라 말하곤 하는데요, 이 분야 발전이 워낙 빠르다 보니 어제는 구현하기 어려웠던 기능들이 오늘은 너무나 쉽게 업데이트 되는 것을 자주 경험해서 허탈해서 했던 말입니다. 특히 제가 처음 다뤘던 AI 툴인 Disco Diffusion의 엉망진창이었던 인터페이스를 되돌아보면 지금의 툴들은 정말 너무너무 활용하기 쉬워졌고, 배우기도 쉬워졌습니다.

세 번째, 이 세 번째 이유가 가장 중요합니다. 이미지생성 AI툴은 무척 재미있습니다. 정말입니다. 저는 순전히 재미 때문에 이 툴들을 접하기 시작했고, 지금도 손에서 놓지 못하고 있습니다. 최고의 장난감이라고 할까요?

AI 툴을 잘 활용하면, 기존 방식으로는 며칠 걸릴 작업을 순식간에 해결할 수 있습니다. 그 말은 아이디어를 실체화하는 과정이 무척 빠르고 편해졌다는 뜻이기도 합니다. 즉 예전에는 시간과 자원을 투자할 여유를 내지 못하던 온갖 괴상한 아이디어를 쉽게 실험해 볼 수 있다는 뜻입니다. 특히 모바일을 지원하는 이미지생성 툴을 활용하면, 출퇴근 시간에도 얼마든지 이미지생성을 즐길 수 있습니다. 실제로 2022년에 제가 만든 대부분의 AI 이미지들은 출퇴근 버스에서 미드저니(Midjourney)로 만든 것들입니다.

그리고 AI를 활용해 쓸만한 이미지를 생성하는 과정은 인간 작업자에게 작업을 지시하는 과정과 상당히 비슷합니다. 필요한 그림의 정보를 전달하고 작업의 분량을 정하고 결과물을 컨펌하고, 필요하면 다시 작업을 맡기는 과정입니다.

솔직하게 말하겠습니다.

저는 누군가를 죄책감 없이 부려 먹는 일이 얼마나 재미있는 일인지를 AI에게 작업을 맡겨 보면서 깨달았습니다. 특히 퇴근하면서 AI에게 다음 날까지 100장 정도 이미지를 완료할 것을 설정해 놓고 퇴근할 때면 제 내면이 어두운 기쁨으로 차오르는 것을 느꼈습니다. 사실 더 즐거웠던 건 다음 날 출근해서 AI가 우직하게 그려놓은 100여 장을 확인할 때 거드름을 피우면서 혼자 이렇게 중얼거릴 때였습니다.

" 뭐야! 쓸만한 게 없잖아? 100장 더 그려!"

참고로 AI는 인간 작업자와는 달리 절대로 화를 내거나 폭력을 휘두르지 않습니다. 제가 지금까지 무사한 게 그 증거입니다.

저는 지금이 AI 페인팅을 익히기에 좋을 때라고 생각합니다. 아직은 모두 다 쓰고 있지는 않기 때문에 지금 배우면 적당히 앞서가는 양 잘난 척을 할 수 있습니다. 그리고 툴들이 발전하다 보니 이전과 비교하면 AI 페인팅의 진입장벽은 상당히 낮아졌기에 접근성도 좋아졌습니다. 또, 지금 기본을 익혀두면 나중에 툴이 더 복잡화 고도화 되더라도 쉽게 적응할 수 있을 것입니다. 어떤 툴을 활용하든 기본 원리는 비슷하기 때문입니다.

이 책은 이미지생성 AI 툴의 기능적인 매뉴얼이라기보다는 여러 가지 기능 중 실제로 실무에 쓸만한 이미지를 만들 수 있는지에 초점이 맞추어져 있습니다.

툴은 앞으로도 계속 발전하고 업그레이드 될 것입니다. 또는 지금 메인 툴이 더 나은 툴로 대체 될 수도 있다고 봅니다.

제 생각에는 툴들이 어떻게 발전하더라도 변하지 않을 것도 있다고 생각합니다. 앞서 제가 말씀 드린 AI에게 작업을 지시하고 활용하는 방식입니다.

즉, AI에게 필요한 이미지에 대한 정보를 글이나 이미지로 전달하고, 결과물을 검토하여 원하는 결과물이 나올 때까지 반복 작업을 시키고, 그 과정을 통해 나온 결과물을 포토샵 등을 활용, 재가공하여 원하는 이미지를 만드는 과정입니다. 이 책은 주로 그 부분에 초점을 두었습니다.

처음 시작하시는 분들은 AI를 쓰기는 써야 할 것 같은데 뭐부터 어떻게 시작해야 할지 막막하실 겁니다. 걱정 마세요. 이제부터 가장 접근하기 쉬운 툴부터 실무에 쓸 수 있는 단계까지 차근차근 알려드리겠습니다.

02. 다섯 개의 툴을 다룹니다

이 책에서는 AI를 활용해서 이미지를 만들 때 가장 유용한 다음 다섯 개의 툴을 주로 다룰 예정입니다.

- **빙 이미지 크리에이터(Bing Image Creator / BIC)**

  가장 접근성이 쉬운 이미지생성 AI 툴입니다. 프롬프트 작성 요령을 학습하고, 직접 쓸만한 이미지를 생성해 보는데 활용하겠습니다. 2024년 3월, Bing Image Creator의 명칭은 Copilot Designer로 변경되었습니다. 하지만 많은 이들이 Bing Image Creator라는 이름에 익숙해 있으니 이 책에서는 기존 명칭을 그대로 사용하겠습니다. (개정판이 진행된다면 변경 교체하겠습니다)

- **미드저니(Midjourney / MJ)**

  현시점에서 최고 수준의 이미지를 생성해 주는 툴이며, 꾸준한 UI 발전으로 기능도 많아져서 사용하기에도 무척 편리한 툴입니다. 유료서비스인 것이 단점이지만 지불한 돈값은 충분히 합니다. 이 책에서는 고품질의 이미지를 직접 생성해 보고 활용하는 용도로 많이 쓰이게 됩니다.

- **스테이블 디퓨전(Stable Diffusion / SD)**

  현재 기업들이 가장 적극적으로 활용하려고 하는 이미지생성 AI 툴입니다. 오픈 소스라서 기업이든 개인이든 무료로 사용할 수 있으며, 각 개인의 컴퓨터에 설치하여 사용할 수 있기 때문에 보안성이 좋습니다. 또한 오픈 소스 툴답게 많은 사용자들에 의해 기능 개선이 실시간으로 이루어지고 있습니다. 이 책에서는 미드저니와 더불어 가장 중요하게 활용될 툴이며, 포토샵과 함께 기존의 이미지를 개선하거나 디테일을 높이는 용도로 많이 활용될 예정입니다.

- **Chat GPT**

  배경이나 캐릭터를 그릴려고 시도해 보신 분은 기획이 얼마나 중요한지 잘 아실 겁니다. Chat GPT는 이야기를 만들고 설정을 만드는 데 탁월합니다. 이 책에서는 특정 이미지를 만들기 위한 구체적인 기획이나 설정 그리고 프롬프트를 작성하는데 꼭 필요한 키워드를 Chat GPT에 맡기는 법을 연습해 볼 것입니다. 그리고 Chat GPT 4.0으로 Chat GPT와 대화하면서 이미지를 만드는 과정도 소개할 예정입니다.

- **포토샵(Photoshop)**

  AI가 이미지를 생성한다는 현시점에서도 포토샵은 여전히 가장 중요한 이미지 편집 툴입니다. 사실 AI가 만든 모든 이미지가 실무에 쓸모가 있으려면 반드시 포토샵이 필요합니다. 이 책은 독자가 포토샵을 이미 사용할 줄 안다는 전제로 쓰여졌습니다.

위 툴들은 각자로도 훌륭한 툴들이지만 같이 사용하면 더욱 시너지 효과를 볼 수 있습니다. 처음에는 각 툴의 사용법을 익힌 다양한 툴을 함께 사용하여 원하는 이미지를 만드는 훈련을 해볼 예정입니다.

그럼 가장 쉽게 접근할 수 있는 빙 이미지 크리에이터(Bing Image Creator)부터 시작해 보겠습니다!

2
첫술에 배부른 AI 이미지생성 요령
(Bing Image Creator)

Bing Image Creator 소개

자! 이제 이미지생성의 첫발을 내디뎌 봅시다

Bing Image Creator는 MS의 검색 엔진 Bing에서 무료로 제공하는 이미지생성 툴입니다. 이미지생성 AI 툴 중에서 유명한 DALL-E3를 사용하고 있기 때문에 이미지의 품질이 상당히 우수합니다. 텍스트를 해석하는 능력은 오히려 Stable Diffusion이나 Midjourney보다도 뛰어난 편입니다. 특히 Bing 사이트에만 접속하면 모바일로도 사용이 가능하기 때문에 언제 어디서든지 갑자기 생각난 프롬프트를 간단하게 실험해 보기에는 최적의 툴이라고 생각합니다. 또한 **한글로 프롬프트를 작성해도 안정적으로 작동한다는 것**도 큰 장점입니다.

보통 이미지생성 AI 툴을 소개할 때는 복잡한 설치법도 함께 설명해야 하는데 Bing Image Creator는 그럴 필요가 없습니다. 그냥 누구나 다 알고 있는 Bing 사이트에 접속한 후 MS(Microsoft) 계정으로 로그인만 하면 누구나 무료로 쓸 수 있는 서비스이기 때문입니다.

https://www.bing.com
우선 위 주소로 들어가시고 로그인하시기 바랍니다.

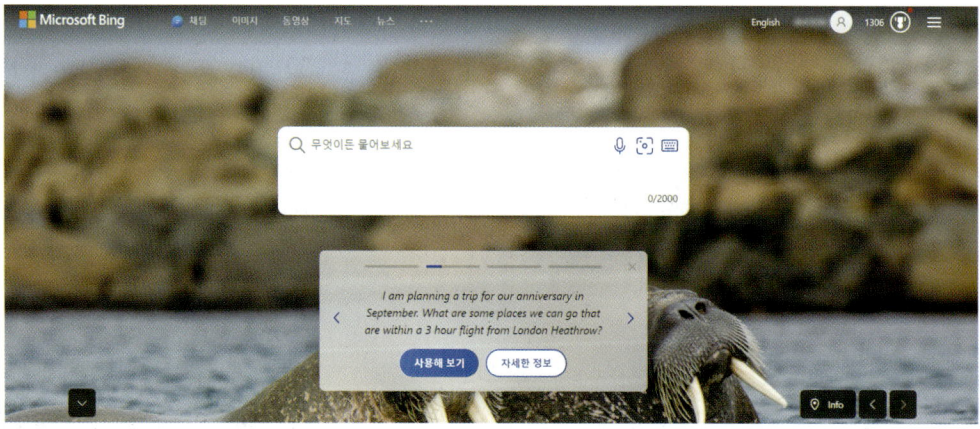

상단의 이미지 탭을 누릅니다.

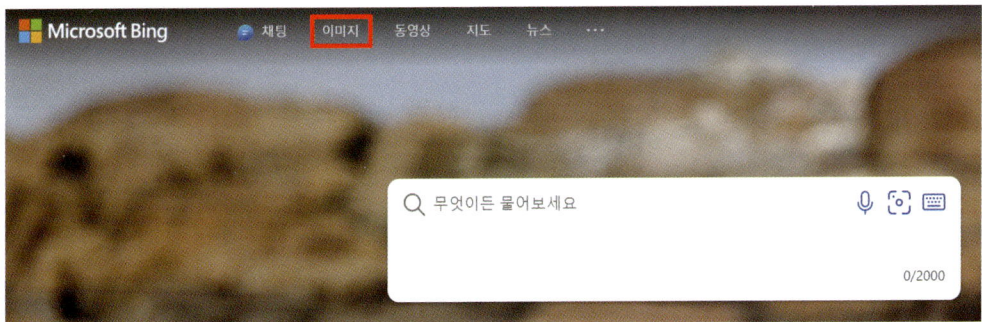

이미지 검색란에서 '만들기'를 눌러봅시다.

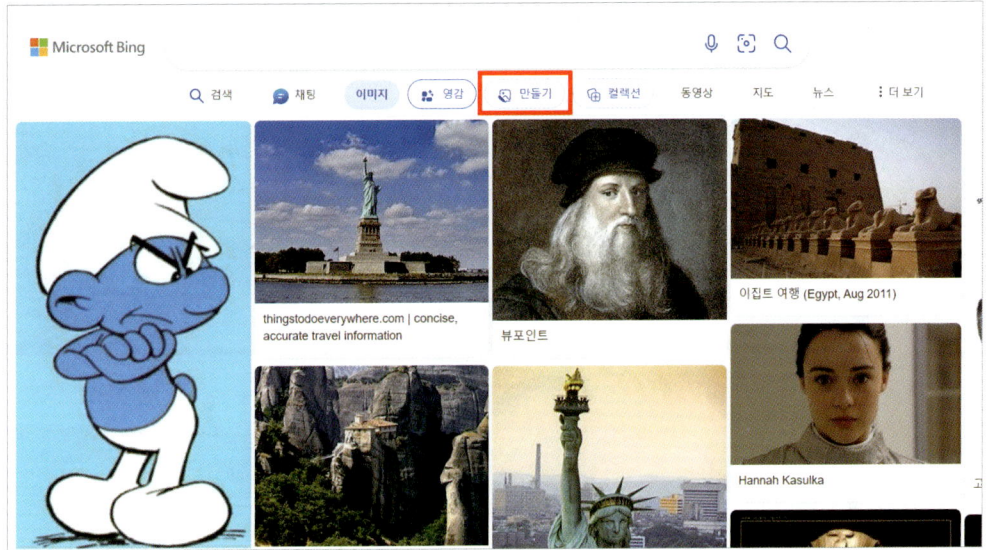

자! 이제 이미지생성을 할 수 있는 페이지로 왔습니다!
바로 이미지를 생성해 보겠습니다.

Bing Image Creator로 배우는 프롬프트 작성법

01. 고무 오리 만들기

그럼 이미지생성을 시작해 보겠습니다.

붉은 박스로 표시된 부분을 보면 글을 입력하는 창이 하나 있습니다. 이러한 창에 원하는 이미지에 대해 설명하는 글을 적는 것을 프롬프트(Prompt)를 입력한다고 표현합니다. 말은 그럴듯하고 있어 보이지만 실은 그냥 만들고 싶은 이미지에 대해 설명을 적으면 되는 겁니다.

지금부터 입력하는 단어들을 그냥 따라서 입력해보시기 바랍니다.

일단 그냥 한글로 '고무 오리'라는 단어를 입력해 봤습니다.

보이시나요?
얼핏 보기에는 웹에서 이미지를 검색한 결과를 보여주는 것 같지만 사실은 저 고무 오리들은 실제로 세상에 존재하는 이미지가 아닙니다. Bing image creator가 수많은 이미지 데이터를 기반으로 생성해낸 이미지입니다.

저렇게 생성된 4장의 이미지중 에 하나를 클릭해 보면, 큰 이미지로 볼 수 있고, 이미지를 다운로드 할 수도 있습니다. 생성된 이미지의 사이즈는 1024×1024로 고정되어 있습니다.

이미지가 사진처럼 보이기 때문에 그냥 웹 검색이 아닌지 의심되실 겁니다. 이번에는 현실에 없을 만 한 고무 오리의 이미지를 만들어 보겠습니다. **춤추는 고무 오리**라면 어떨까요?

'**춤추는 고무 오리**'라는 단어를 입력해봤습니다.
CG 애니메이션 같은 느낌의 춤추는 고무 오리가 탄생했습니다!

이 이미지 역시 CG처럼 보이기 때문에 혹시 누군가가 만든 CG 애니메이션의 한 장면이 아닐까하는 생각이 들 수도 있습니다.

워낙 이미지가 그럴듯 해서 저도 처음 이미지 생성 AI를 접할 때 비슷한 착각을 많이 했었 습니다.

이번에는 다른 분위기를 내보겠습니다.

춤추는 고무 오리

'절망하는 고무 오리'를 입력해 봤습니다. 어떻게 표현할지 무척 기대됩니다

허억… 이건 정말로 눈물이 날 것 같네요…

절망하는 고무 오리

여기까지 진행해 보신 분들은 AI로 이미지를 생성한다는 것이 기존의 이미지 검색과 유사한 점이 있다는 것을 느끼실 겁니다. 단어를 입력해서 원하는 이미지를 찾는다는 점에서 이미지 검색과 유사한 점이 있습니다만, 이미지생성은 현실에 존재하지 않는 이미지를 빠르게 만들어 준다는 점에서 단순한 검색과는 차원이 다릅니다.

앞에서 예로 설명한 '절망하는 고무 오리' 이미지를 얻기 위해서 3D로 만들거나 직접 모형으로 만들려면 얼마나 큰 수고가 들어갔을까요? 그런데 AI 기술이 고무 오리를 만들어 줄 수 있다면 혹시 다른 것도 가능하지 않을까요?

예를 들면 나와 기꺼이 소개팅을 해 주는 아름다운 미소녀라면?

02. 인생 최고의 소개팅

본인이 생전 처음 소개팅하는 고등학생이라고 생각해 보세요. 평소 당신에게 호감을 가지고 있다고 주장하는 정체불명의 여성과 처음 마주치는 순간입니다. 과연 어떤 사람이면 좋을까요?
맨 처음 떠오른 생각은 장미 같은 미소녀입니다.

장미 같은 미소녀

충격적으로 예쁘네요. 그런데 막상 만나려니 장미에는 가시가 있다는 말이 떠오릅니다. 연애 초보자에게 더 잘 맞는 예쁜 소녀가 있을 것 같습니다.

그럼 첫사랑은 어떨까요?

첫사랑 미소녀

첫사랑임을 강조하기 위해서 'First love'를 들고 있는 모습입니다.

골치 아프네요. 그냥 돈 많은 여성은 어떨까요?

수백개의 다이아로 장식된 미소녀

수백 개의 다이아로 장식된 미소녀

심심하면 집이라도 사줄 것 같은 여성들이 나오셨습니다. 다이아몬드도 엄청 많고 손이 3개나 있으신 첫 번째 여성 앞에선 왠지 심하게 주눅이 듭니다.

역시 편한 사람이 좋을 것 같습니다. 마음 편한 게 최고입니다.

편안한 미소녀

편안한 미소녀

이분들은 편해도 지나치게 편한 것 같긴 합니다만. 어쨌든 조금 편안해 보이네요.

마지막으로 한 분만 더 만나보겠습니다. 그동안 몇 번의 소개팅으로 경험과 데이터가 쌓이니 제가 원하는 모든 장점을 갖춘 궁극의 미소녀가 어떤 사람인지 알 것 같습니다.

엥? 안전하지 않다니요!?!?
저 만의 궁극의 소개팅녀를 Bing image creator가 거부했습니다!

여기까지 다소 장난스럽게 소개팅녀 이미지를 만들어 봤습니다.
이미지생성 AI 툴이 사실 별것 아니라는 점을 느끼셨으면 합니다. 그냥 아무 단어나 넣으면 관련된 이미지를 만들어 주는 툴일 뿐이며 때로는 엉뚱한 이미지를 내놓기도 합니다.

무엇보다도 이미지생성 AI가 무척 재미있다는 점을 느끼셨으면 합니다. 저는 위 이미지들을 만들 때 딸아이와 함께 아이디어를 내면서 무척 즐거운 시간을 보냈습니다.

이 책을 보시는 분들도 학생 신분으로 돌아가서 나만의 첫 소개팅녀 혹은 첫 소개팅남을 만들어 보시면 어떨까요?

다음 단계로 넘어가 보겠습니다.

03. 공포의 햄버거 만들기

이번에는 좀 더 복잡한 프롬프트 작성에 도전해 보겠습니다. 그냥 햄버거는 너무 평범하니 공중에 떠 있는 햄버거를 생성해 보겠습니다.

시부야 상공에 떠 있는 햄버거

보시다시피 구체적인 일본의 도시 지명을 적었더니 그럴듯하게 재현해 줍니다.
여기에서 우리가 알 수 있는 점은 AI가 이미지를 쉽게 생성하는 단어들은 대체로 우리가 잘 아는 친숙한 물건들이거나, 세계적으로 유명한 장소처럼 웹상에서 이미지 데이터를 수집하기 용이한 것들이라는 점입니다.

원하는 이미지를 만들 때 친숙하거나 유명한 존재들을 나타내는 단어를 잘 활용하면 원하는 이미지를 비교적 용이하게 만들 수 있습니다.

예를 들어 마천루가 가득한 도시의 이미지를 원한다면 '뉴욕' 같은 지명을 활용하면 원하는 이미지를 금방 만들어 낼 수 있을 것입니다. 이는 Bing Image Creator뿐 아니라 모든 이미지생성 AI툴에 공통적으로 해당하는 일입니다.

이번에는 앞서 만든 시부야 상공의 햄버거 이미지를 다듬어 보겠습니다. 다음과 같이 입력해 봅시다.

공포영화의 한 장면, 시부야 상공에 떠 있는 햄버거

이미지의 분위기가 확 바뀐 것을 알 수가 있습니다. 제가 좋아하는 일본 배경의 괴수 영화 분위기네요. 이미지의 분위기가 확 바뀐 것은 앞줄에 **공포영화의 한 장면**이라는 문구가 삽입되었기 때문입니다.

AI 생성 이미지 툴을 위한 프롬프트를 작성할 때 기억할 첫 번째 요령은 아래와 같습니다.
앞에 오는 단어나 문장 순으로 강조된다.

위 이미지의 경우 프롬프트의 맨 앞에 '공포영화의 한 장면'이라는 문장이 추가되면서, 이미지의 분위기가 바뀌었습니다. 이처럼 맨 앞에 위치하는 단어나 문장은 이미지의 종류나 분위기를 정의하는 경우가 많습니다. 이점을 이용하여, 문장의 맨 앞에 오는 단어나 문장은 전체 이미지를 정의하는 부분으로 활용하겠습니다.

즉, 위 프롬프트에서는 **공포영화의 한 장면**이 위 이미지 전체를 정의하는 부분에 해당합니다.
앞으로 프롬프트에서 '정의' 부분은 붉은색으로 표시하겠습니다.

다른 예를 더 보겠습니다.

공포 영화의 한 장면, 시부야 상공에 떠 있는 촉수 달린 햄버거, 파괴된 도시, 폐허, 도망가는 시민들

이제 작성된 프롬프트를 자세히 보면 **파괴된 도시, 폐허, 도망가는 시민** 등 화면의 구성 요소들을 설명해 주는 문구들이 늘었음을 알 수 있습니다. 그에 부응하듯이 이미지도 훨씬 복잡해졌습니다.

이처럼 **이미지의 구성 요소들과 디테일들을 자세히 설명해 주는 부분들을 '묘사' 부분으로 부르고, 파란색으로 표시하겠습니다.**

한 단계만 더 나아가 보겠습니다.

<공포 영화의 한 장면, 시부야 상공에 떠 있는 촉수 달린 햄버거, 파괴된 도시, 폐허, 도망가는 시민들, **매우높은 디테일, 극적인 영화 조명, 멋진 영화 구도, GoPro로 촬영**>

이제 정말 제대로 된 괴수영화 같아졌네요.
너무 아름답습니다. 역시 시부야 거리는 이런 모습이 제일 어울리죠.

추가된 녹색 부분을 보겠습니다.
매우 높은 디테일, 극적인 영화 조명, 멋진 영화 구도, GoPro로 촬영

주로 이미지의 질을 높이기 위한 보조 설명과 영화적인 화면을 얻기 위한 조명, 구도, 촬영 도구에 대한 설명이 들어 있는 것을 알 수 있습니다. 특히 GoPro로 촬영했다는 키워드 덕분에 사람 키 높이의 카메라뷰로 현장감 있는 이미지를 얻을 수 있었습니다.

이처럼 **이미지의 퀄리티를 높여 주기 위한 문장들을 '보완' 부로 하고 녹색으로 표시하겠습니다.**

정리해 보면 제가 이미지를 만들기 위한 프롬프트를 작성할 때 참고하는 룰은 딱 두 가지입니다.

위 두 가지 규칙만 잘 기억해도, 어떤 이미지 도구를 사용하든 대부분의 이미지를 생성할 수 있습니다. 물론 이미지생성 AI 툴들이 꼭 이러한 법칙(?)에 의해서 작동하는 것은 아닐 것입니다. 특히 두 번째 룰은 프롬프트를 작성하는 인간의 이해를 돕기 위한 법칙에 가깝다고 생각하시면 됩니다. 실제로 웹에 돌아다니는 수많은 프롬프트들을 분석해 보면 위의 룰과 전혀 다른 프롬프트도 많이 볼 수 있습니다.

하지만 저렇게 어느 정도 룰을 정하고 프롬프트를 작성하는 습관을 들여놓으면 자신이 작성한 프롬프트를 분석하거나 타인이 작성한 프롬프트를 분석할 때 큰 도움이 됩니다. 기준이 있는 것과 없는 것은 이해와 활용에 큰 차이가 있습니다.

2 첫술에 배부른 AI 이미지 생성요령

이해를 돕기 위해 또 다른 사례를 보겠습니다.

이번에는 정의 부분이었던 **공포영화의 한 장면** 대신에 **미국 그래픽 노블의 표지 일러스트레이션**을 추가해보았습니다.

> 미국 그래픽 노블의 표지 일러스트레이션, 시부야 상공에 떠 있는 촉수 달린 햄버거, 파괴된 도시, 폐허, 도망가는 시민들, 매우 높은 디테일, 극적인 영화 조명, 멋진 영화 구도, GoPro로 촬영

갑자기 이미지가 확연하게 변경된 것을 볼 수 있습니다.
이처럼 프롬프트의 맨 앞 정의 부분을 바꾸면 이미지의 전체 분위기가 바뀝니다.

마지막으로 한 번만 더 해보겠습니다.

> "미국 그래픽 노블의 표지 일러스트레이션, 시부야 상공에 떠 있는 촉수 달린 햄버거, **하늘에 떠 있는 수많은 하트 모양 풍선, 번창한 도시, 웃는 사람들**, **파스텔톤 색감**, **행복한 색상**, 매우 높은 디테일, 극적인 영화 조명, 멋진 영화 구도, GoPro로 촬영"

꿈에 나올 법한 반가운 이미지로 바뀌었습니다. 너무 좋습니다.

이번에는 앞선 이미지와 정의는 그대로 유지하면서 묘사 와 보완 부분만 변경해 본 것입니다.

하늘에 떠 있는 수많은 하트 모양 풍선, 번창한 도시, 웃는 사람들, 파스텔톤 색감, 행복한 색상,

디테일들이 호감을 주는 것들로 바뀌었고, 무엇보다 색감에 대한 정의가 많이 바뀌었다는 점을 알 수 있습니다.

이처럼 프롬프트의 각 부분들을 변경해 보고 어떻게 이미지가 변해가는지 직접 실험해 보면 프롬프트 작성의 느낌을 잡을 수 있을 것입니다.

프롬프트 엔지니어링 그것은 아무것도 아니다!!

여러분만의 행복한 도시 이미지를 직접 만들어 보시기 바랍니다!

지금까지 배운 것을 정리해 보겠습니다.

> **정리**
> - AI 이미지생성기로 이미지를 만들려면 '프롬프트'를 작성해야 합니다.
> - 이미지생성을 위한 프롬프트는 원하는 이미지에 대한 구체적이고 상세한 작업 지시문입니다.
> - 프롬프트는 앞에 오는 단어나 문장 순으로 의미가 강조되는 경향이 있습니다.
> - 프롬프트를 정의, 묘사, 보완 세 부분으로 나누어서 작성하면 편리합니다.

게임 아이콘 만들기 : 물약

01. 물약 공장 차리기

이번에는 Bing Image Creator로 게임개발 실무에서도 쓸만한 이미지를 만들어 보겠습니다.

게임은 수없이 많은 이미지를 필요로 합니다. 그중에 이거는 그냥 AI에 맡겨도 되지 않겠어?라는 생각이 절로 드는 골치 아픈 분야가 있습니다. 바로 게임 아이콘 제작입니다.

정성을 쏟자니 너무 작은 이미지이고, 대충 제작하기에는 유저들이 가장 자주 접하는 중요한 이미지들 중 하나입니다. 그래서 일반적으로 예산이 넉넉한 프로젝트에서는 게임 아이콘 제작을 외주로 많이 보내곤 했습니다. 아니면 같은 팀의 만만한 원화가들에게 아이콘을 그려 달라고 부탁하는 경우도 많았습니다. 바로 제가 그 만만한 원화가 중 하나였어요.

그런데 AI 이미지생성기를 이용하면, 약간 리터칭만으로 제법 쓸만할 이미지 정도는 쉽게 만들어 낼 수 있습니다.

한번 제작해 보겠습니다.

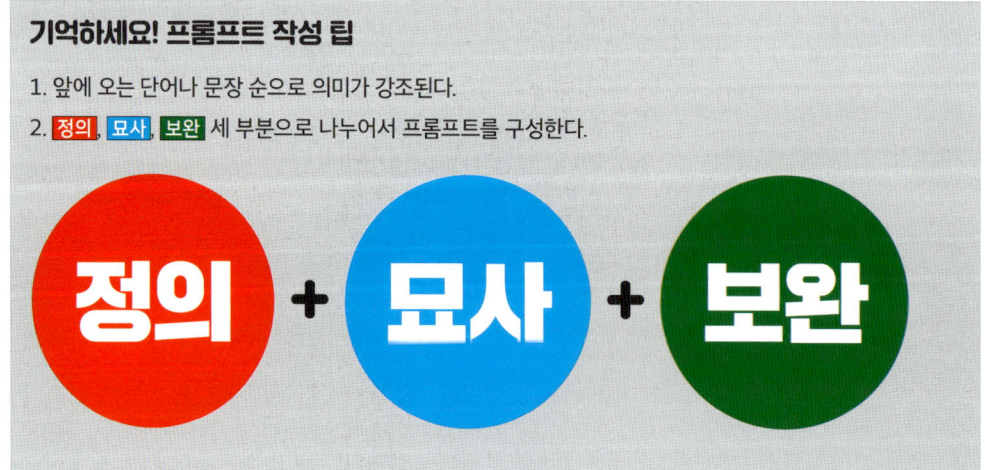

우선 단순 무식하게 한 단어로 시작해 보겠습니다.
진행 과정을 한번 잘 따라해 보세요.

Bing Image Creator에서 '빨간 물약'이라고 입력해 봤습니다.

> 빨간 물약

보시다시피 멋진 이미지가 나왔습니다. 그런데 이 이미지를 게임에 바로 쓰기에는 뭔가 밋밋하기도 하고 아이콘 느낌이 너무 약한 것 같습니다. 여기에서 앞서 공포의 햄버거 이미지를 만들면서 배웠던 걸 응용해 보겠습니다.

정의 , 묘사 , 보완 기억하시나요?
프롬프트의 앞부분에 "게임 아이콘"이라는 정의 를 넣어줬습니다. 결과물을 보겠습니다.

> 게임 아이콘, 빨간 물약

확실히 정의 부분을 넣어주면서 이미지의 구현 목표를 명확하게 제시해 주었더니 원하는 이미지 느낌에 좀 더 가까워진 것 같습니다.

그렇다면 좀 더 명확한 목표를 제시해 보겠습니다.

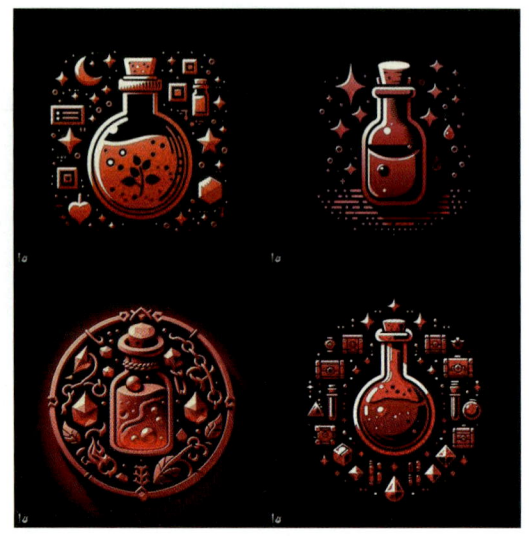

> mmo rpg용 게임 아이콘, 중세 서양풍의 빨간 물약 아이콘, 고립된 검정색 배경

앞의 이미지와 비슷해 보이지만, 자세히 보면 미묘한 차이가 있습니다. 정의 부분과 묘사 부분이 좀 더 디테일해졌다는 점을 눈여겨 봐주세요.

정의 부분에서는 MMO RPG용 아이콘이라고 이미지의 목표를 더욱 구체적으로 제시했고, 묘사 부분에서는 그냥 빨간 물약이 아니라 중세 서양풍이라고 구현 방향을 구체화 시켜주었습니다.

만약에 게임의 성격이 다르고, 동양풍의 프로젝트라면 이 부분이 완전히 달라질 수 있을 것입니다.

여기까지 진행하신 분들 중 일부는 저 아이콘 그림이 괜찮기는 한데 너무 캐주얼 게임 아이콘 같다는 불만을 가질 수도 있습니다. 그래서 좀 더 리얼한 재질의 아이콘을 만들어 보겠습니다.

mmo rpg용 게임 아이콘 시트, 중세 서양풍의 빨간 물약 아이콘, 켈트 양식으로 장식된 물약, 리얼한 재질 표현, 포토리얼리즘, 매우 높은 디테일, zbrush, 언리얼 엔진

자, 갑자기 실사풍의 빨간 물약병 아이콘이 마치 공장이라도 차린 것처럼 쏟아지기 시작했습니다.

프롬프트를 자세히 살펴보겠습니다.

우선 정의 부분입니다.

> mmo rpg용 게임 아이콘 시트, 중세 서양 풍의 빨간 물약 아이콘, 켈트 양식으로 장식된 물약, 리얼한 재질 표현, 포토 리얼리즘, 매우 높은 디테일, zbrush, 언리얼 엔진

앞서 이미지와 다른 점은 "시트"라는 키워드가 추가되었다는 점입니다. 보통 "디자인 시트 작업"이라고 부르는 그 시트(Sheet)가 맞습니다. 세상에나,,, Bing Image Creater는 콩글리쉬도 알아듣네요! 어쨌든 그 덕분에 한 이미지에 여러 개의 시안을 보여주는 결과물을 얻게 되었습니다.

> mmo rpg용 게임 아이콘 시트, 중세 서양 풍의 빨간 물약 아이콘, **켈트 양식으로 장식된 물약**, 리얼한 재질 표현, 포토 리얼리즘, 매우 높은 디테일, zbrush, 언리얼 엔진

묘사 부분에서 추가된 문장은 "켈트 양식으로 장식된"입니다. 보통 북유럽풍의 장식 문양들을 켈트 문양(Celtic pattern)이라고 합니다. 적당히 바이킹을 연상하게 하는 북유럽풍 문양이 필요할 때 자주 쓰는 키워드 중 하나입니다. 위 아이콘을 보면 물약에 여러 가지 켈트 양식의 문양이 장식되어 있습니다. 이처럼 묘사부에 명확하고 구체적인 키워드를 넣어주면 AI 이미지생성기들이 잘 알아듣고 반영을 해줍니다.

> mmo rpg용 게임 아이콘 시트, 중세 서양풍의 빨간 물약 아이콘, 켈트 양식으로 장식된 물약, **리얼한 재질 표현, 포토 리얼리즘, 매우 높은 디테일, zbrush, 언리얼 엔진**

마지막으로 보완 부분입니다. 자세히 보면 보완 부분의 대부분이 높은 디테일과 리얼한 재질감을 위해 쓰였다는 것을 알 수 있습니다. 특히 리얼한 재질감과 연관되는 키워드는 여러 번 반복해서 강조되었습니다. "**리얼한 재질 표현, 포토 리얼리즘, zbrush, 언리얼 엔진**"이 모든 단어들이 리얼한 표현을 위해 동원되었습니다. 다소 지나친 감이 있기는 했지만 여기에서 우리는 또 하나의 팁을 알 수 있습니다.

AI로 이미지를 생성할때, 비슷한 내용을 여러 번 반복하면, 해당 내용이 강조된다

02. 특색 있는 물약 공장 차리기

지금까지 구축한 프롬프트를 기반으로 좀 더 특색이 있는 물약 공장을 차려보겠습니다.
일종의 활용 예시로 참고해보시기 바랍니다.

다양한 색의 물약

> mmo rpg용 게임 아이콘 시트, 중세 서양풍의 빨간 물약 아이콘, **다양한 색의 물약**, 켈트 양식으로 장식된 물약, 리얼한 재질 표현, 포토 리얼리즘, 매우 높은 디테일, zbrush, 언리얼 엔진

프롬프트의 묘사 부분에 "다양한 색의 물약"이 포함된 것만으로 이처럼 다양한 색상의 물약이 자동으로 생산되었습니다. 생성을 반복하면 수백 개의 다른 분위기의 물약이 순식간에 나올 것 같네요.

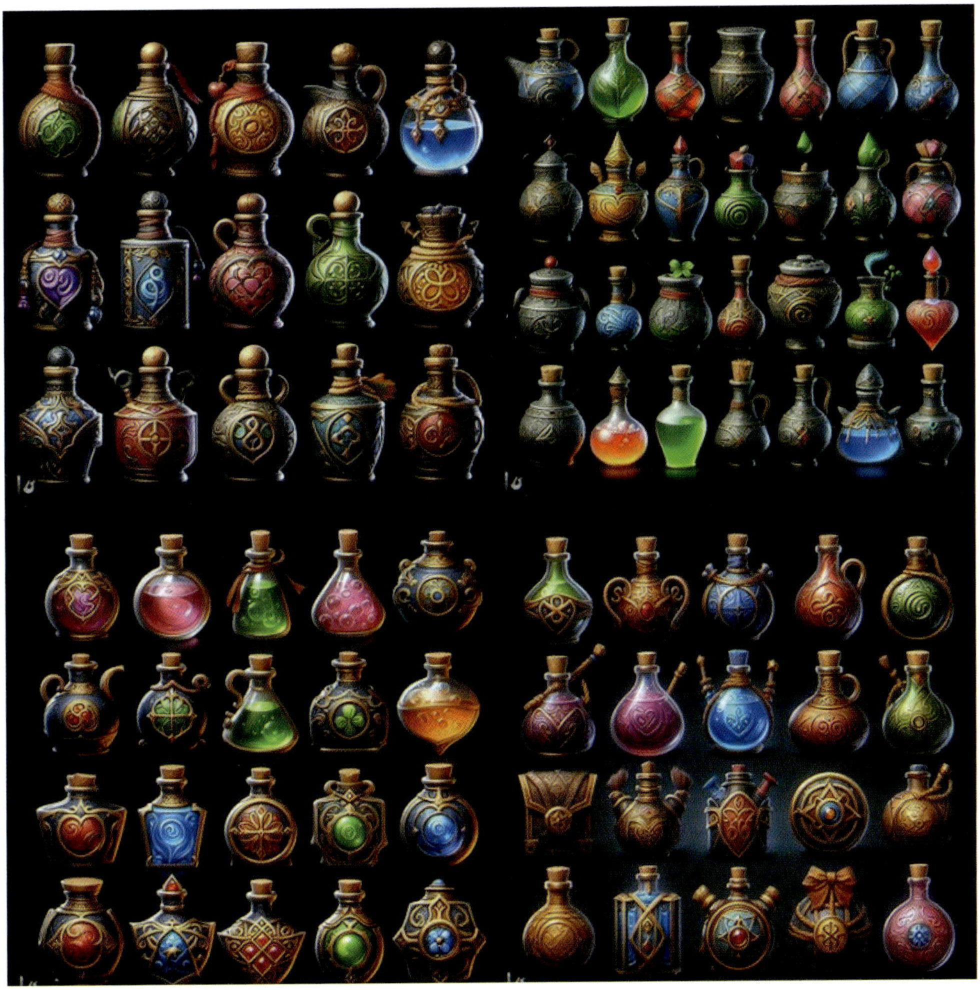

추상미술 양식으로 장식된 물약

mmo rpg용 게임 아이콘 시트, 중세 서양풍의 물약 아이콘, 다양한 색의 물약, **추상미술 양식으로 장식된 물약**, 리얼한 재질 표현, 포토 리얼리즘, 매우 높은 디테일, zbrush, 언리얼 엔진

마찬가지로 다른 부분은 똑같지만, 묘사 부분에 "추상미술 양식으로 장식된 물약"을 추가해 줬습니다. 이렇게 큰 틀은 유지하면서 부분적인 변화를 주게 되면 다양한 변종 이미지를 만들 수 있습니다.

한번 더 해 보겠습니다.

> mmo rpg용 게임 아이콘 시트, **피카소가 디자인한 물약 아이콘**, 다양한 색의 물약, **cubism 양식으로 장식된 물약**, 리얼한 재질 표현, 포토 리얼리즘, 매우 높은 디테일, zbrush, 언리얼 엔진

이번에는 피카소의 큐비즘을 강조하기 위해 피카소가 디자인한 물약 아이콘, cubism 양식으로 장식된 물약, 이렇게 두 번이나 강조를 했으며 특히 큐비즘(cubism)은 영문으로 적었습니다. 그냥 큐비즘이라고 적었을 때는 이해를 못했기 때문입니다.

이처럼 고유 용어를 AI가 이해를 못할 경우에는 해당 단어를 검색해서 정확한 영어로 작성하는 것도 도움이 됩니다.

마지막으로 한 가지만 더 해 보겠습니다.

> mmo rpg용 게임 아이콘 시트, 중세 서양풍의 물약 아이콘, 다양한 색의 물약, 켈트 양식으로 장식된 물약, 90년대 도트 그래픽

이번에는 줄곧 리얼리즘을 강조해 오던 `보완` 부를 "90년대 도트 그래픽"으로 바꿨습니다. 90년대면 슈퍼 패미컴류 각종 도스 게임까지 도트 그래픽 게임의 전성기였죠. 이처럼 `보완` 부분도 활용하기에 따라서 강력한 효과를 발휘할 수 있습니다.

게임 아이콘 만들기 : 방패

4

앞서 물약 아이콘을 만들던 요령 그대로 주제만 바꾸면 다른 아이콘도 만들 수 있습니다. 이번에는 방패 아이콘을 만들어 보겠습니다.

mmo rpg용 게임 아이콘 시트, 방패 아이콘, 리얼한 재질 표현, 포토 리얼리즘, 매우 높은 디테일, zbrush, 언리얼 엔진,

매우 쉽게 3D로 렌더링한 듯한 방패 아이콘이 탄생했습니다. 따로 디자인에 대한 말을 쓰지 않았기 때문에 다소 카툰 느낌의 이미지가 나왔습니다.

조금 더 묘사를 구체화 시켜 보겠습니다.

mmo rpg용 게임 아이콘 시트, 방패 아이콘, 고딕양식의 방패 장식, 리얼한 재질 표현, 포토 리얼리즘, 매우 높은 디테일, zbrush, 언리얼 엔진

아이콘으로만 쓰기에는 아까울 정도로 멋지네요. 이 프롬프트에서는 "고딕양식의 방패 장식" 부분이 포인트입니다. 이 부분을 여러 가지 양식으로 변경해 주면 원하는 이미지를 얻을 수가 있습니다.

이번에는 게임업계에서 많이 애용하는 아르누보 풍으로 바꿔 보겠습니다.

> mmo rpg용 게임 아이콘 시트, 방패 아이콘, 쇠 재질의 바탕, 아르누보 풍의 화려한 금 장식의 방패, 복잡한 디자인, 리얼한 재질 표현, 포토 리얼리즘, 매우 높은 디테일, zbrush, 언리얼 엔진

갑자기 장식이 유려한 곡선 스타일로 변했습니다. 완벽한 아르누보 풍이라고 하기에는 살짝 애매하지만, 쏟은 정성에 비하면 아주 쓸 만한 것 같습니다.

마지막으로 좀 더 화려한 방패를 만들어 보겠습니다.

> mmo rpg용 게임 아이콘 시트, 방패 아이콘, 쇠 재질의 바탕, 아르누보 풍의 화려한 금 장식의 방패, 화려한 보석 장식, 복잡한 디자인, 리얼한 재질 표현, 포토 리얼리즘, 매우 높은 디테일, zbrush, 언리얼 엔진

이렇게 같은 방패 아이콘 안에서도 다양한 형태를 만들어 낼 수 있습니다.

화려한 장식이 있을수록 고레벨의 방패 느낌이 살아나네요. 이 상태 그대로 활용도 가능하겠지만, 포토샵에서 다듬으면 더 좋은 이미지를 만들 수 있을 듯 합니다.

게임 아이콘 만들기 : 해골 브로치   5

같은 원리로 해골 브로치도 만들어보겠습니다.

> mmo rpg용 게임 아이콘 시트, 해골 브로치, 아르누보 풍의 화려한 금 장식, 화려한 보석 장식, 복잡한 디자인, 리얼한 재질 표현, 포토 리얼리즘, 매우 높은 디테일, zbrush, 언리얼 엔진

mmo rpg용 게임 아이콘 시트, 화려한 보석이 장식된 해골 브로치, 은 재질의 해골, 아르누보 풍의 화려한 금 장식의 바탕, 복잡한 디자인, 리얼한 재질 표현, 포토 리얼리즘, 매우 높은 디테일, zbrush, 언리얼 엔진

묘사 부분의 프롬프트를 자세히 분석해보시기 바랍니다.
앞의 아이콘들과 같은 원리로 만들어졌음을 알 수가 있습니다. 이런 식으로 대부분의 아이콘을 쉽게 만들 수 있습니다.

여기까지 아이콘을 함께 만들어 보았습니다.
이제는 좀 더 그림에 가까운 배경 이미지를 만들어 보겠습니다.

멋진 배경이미지 만들기

아래 이미지들은 제가 Bing Image Creator로 만든 배경 이미지들입니다.
Bing Image Creator가 무료이고, 쉽게 사용할 수 있다 보니 과소평가 된 부분이 있는데, 사실 Bing에서도 이 정도 퀄리티의 이미지를 생성할 수 있습니다.

이번 장에서는 Bing image creator로 멋진 배경 이미지를 만들어 보겠습니다.

01. 스팀펑크 스타일의 이미지 만들기

일단 무작정 다음 프롬프트를 입력해 보고 난 후에 분석을 해보겠습니다.

할리우드 스팀펑크 영화의 한 장면, 연기를 내뿜는 거대한 미래 공장, 거대한 대도시의 풍경, 마천루의 벽면은 화려한 광고로 가득 차 있다, 벽면의 복잡한 파이프들, 거리에는 수많은 시민들, 매우 높은 디테일, 와이드 앵글, 8k, 영화 라이팅

프롬프트를 입력하니 멋진 스팀펑크 스타일의 배경 이미지가 생성되어 나왔습니다.

지금은 이 정도의 이미지가 이렇게 쉽게 생성되는 것에 적응이 되어 무덤덤하게 받아들이고 있습니다만, 2022년만 해도 너무 큰 충격을 받았었습니다. 그림을 직접 그려온 사람이다 보니 이미지를 볼 때는 대략적인 제작 시간을 비용으로 계산하는 버릇이 있습니다. 해상도가 낮지만 저 정도의 수준의 이미지를 포토샵이나 3D 툴로 만들려면 아무리 못해도 며칠은 걸릴 것입니다. 그런데 몇 십초 만에 4장이나 나오다니 말입니다. 그림을 그리던 사람들이 AI에 충격을 받고 상처를 받는 게 당연합니다.

그러나 그렇다고 너무 상처받거나 실망할 필요가 없습니다. 그림을 그려온 사람은 AI를 활용하기에 훨씬 유리한 점이 있습니다. 그림에 어떤 요소들이 나와야 화면이 멋있어진다는 점을 잘 안다는 것입니다. 그리고 머릿속으로 이미지를 미리 예측하는 시각적 기억력이 발달해 있으며, 이 능력은 AI를 활용하는 데도 아주 유용하게 활용될 수 있습니다.

자, 그럼 프롬프트를 분석해 보겠습니다.

> 할리우드 스팀펑크 영화의 한 장면, 연기를 내뿜는 거대한 미래 공장, 거대한 대도시의 풍경, 마천루의 벽면은 화려한 광고로 가득 차 있다, 거리에는 수많은 시민들이 걸어다닌다, 매우 높은 디테일, 와이드 앵글, 8k, 영화 라이팅

위의 이미지들을 위한 프롬프트 역시 정의, 묘사, 보완으로 구성되어 있습니다.
살펴보면 다음과 같습니다.

할리우드 스팀펑크 영화의 한 장면

앞의 이미지들과 마찬가지로 가장 앞에 오는 문장에 이미지 전체의 정의를 넣어줬습니다. "할리우드 영화의 한 장면"이라는 문구는 제가 SF나 판타지 등 여러 가지 상상력이 필요한 이미지가 실사처럼 사실적인 표현을 바랄 때 자주 넣는 문구입니다. 여기에서는 스팀펑크 이미지를 상상했기 때문에 "스팀펑크"라는 단어를 넣었습니다.

연기를 내뿜는 거대한 미래 공장, 거대한 대도시의 풍경, 마천루의 벽면은 화려한 광고로 가득 차 있다, 거리에는 수많은 시민들이 걸어다닌다

이미지에 나왔으면 하는 요소들을 중요한 순서대로 나열해 놨습니다.
맨 처음에 이 이미지의 주제 부분이고 가장 중요한 비쥬얼 요소인 연기를 내뿜는 거대한 미래 공장을 넣어줬습니다. 그 후 배경이 되는 거대한 대도시의 풍경을 넣어주고 그 대도시를 구성하는 마천루의 벽면의 디테일을 설명했고, 마지막으로 거리를 걷는 수많은 시민을 넣어 스케일감을 강조했습니다. 그림을 그리는 사람이라면, 위 묘사부의 요소들이 실제 그림을 그리기 위해 구상하는 요소와 매우 흡사함을 알 수가 있을 것입니다.

매우 높은 디테일, 와이드 앵글, 8k, 영화 라이팅

마지막으로 역시 이미지의 질을 높이기 위한 보완부입니다.
와이드 앵글은 스케일 큰 이미지를 만들기 위해 화각을 높여 한 화면에 최대한 넓은 장면이 담기게 하기 위한 키워드입니다. 8k는 해상도 높고 선명한 이미지를 만들어 달라는 뜻이고, 영화 라이팅은 영화처럼 멋진 조명의 이미지를 만들어 달라는 의미 입니다.

위의 기본틀을 바탕으로 정의와 묘사 부분만 바꾸면 수많은 멋진 이미지들을 생성할 수 있습니다.

02. 구름 위의 도시 만들기

같은 방식으로 구름 위의 고딕풍 도시를 만들어 보겠습니다.

> 할리우드 sf 영화의 한 장면, 구름 위의 대도시, 화려한 고딕풍 마천루들이 가득하다, 거리에는 에어 택시들이 떠다닌다, 매우 높은 디테일, 와이드 앵글, 8k, 영화 라이팅

이번 이미지는 장르가 다르기 때문에 정의 부분에 할리우드 sf 영화라고 정의를 내렸으며, 묘사 부분에는 구름 위의 도시에 필요한 디테일들을 넣어줬습니다. 중요한 묘사 순으로 구름 위의 대도시 → 고딕풍의 마천루 → 거리의 에어택시로 크고 중요한 것에서 작은 것으로 묘사의 순서가 구성되어 있습니다.

나머지 보완부는 앞서 이미지와 똑같습니다.

03. 중세시대 성의 내부 디테일 만들기

지금까지 괜찮은 배경 이미지가 어떤 프롬프트로 구성되어 있는지 분석해서 보여드렸습니다. 하지만 AI로 배경 이미지를 만들 때 한 번에 모든 구성요소를 넣기는 쉽지 않은 일입니다.

이번에는 프롬프트를 다듬어 가면서 큰 덩어리부터 작은 세부까지 묘사를 완성하여 풍부한 디테일을 가진 이미지를 만들어 가는 과정을 보여드리겠습니다.

우선 커다란 뼈대부터 잡겠습니다. 기본 프롬프트는 앞서 이미지들과 유사합니다.

> 할리우드 판타지 영화의 한 장면, 거대한 중세 성의 내부 풍경, 거대한 벽면에 감시탑들이 서있다, 매우 높은 디테일, 와이드 앵글, 8k, 영화 라이팅

결과물은 다음과 같습니다.

매우 멋진 이미지이지만 성의 내부라고 하기에는 뭔가가 많이 비어 보이고 삭막한 느낌입니다. 다크판타지를 좋아하는 제 취향에는 괜찮지만 그래도 묘사부에 디테일을 추가해 보겠습니다.

> 할리우드 판타지 영화의 한 장면, 거대한 중세 성의 내부 풍경, 거대한 벽면에 감시탑들이 서있고 낮은 벽면에는 덩쿨들이 자라고 있다, 성벽 아래에는 상업시설이 발달해 있다, 매우 높은 디테일, 와이드 앵글, 8k, 영화 라이팅

묘사부를 살펴 봅시다.

> 감시탑들이 서있고 낮은 벽면에는 덩쿨들이 자라고 있다, 성벽 아래에는 상업시설이 발달해 있다,
>
> 나머지는 앞 이미지와 같지만, 서서히 디테일들이 들어가고 있습니다. 벽면에는 넝쿨, 성벽 아래에는 상업시설을 넣어줬습니다.

그림을 그릴 때 큰 형태를 먼저 그리고 세부 디테일을 추가해 가는 과정과 매우 흡사합니다.
이미지가 많이 풍요로워졌지만 좀 더 나아가 보겠습니다.

> 할리우드 판타지 영화의 한 장면, 거대한 중세 성의 내부 풍경, 거대한 벽면에 감시탑들이 서있고 낮은 벽면에는 덩쿨들이 자라고 있다, 성벽 아래에는 상업시설이 발달해 있고, 거리에는 수많은 시민들이 걸어 다닌다, 매우 높은 디테일, 와이드 앵글, 8k, 영화 라이팅

이제 훨씬 멋진 이미지가 되었습니다.

묘사 부분에 시민들을 넣었더니 화면의 스케일감도 확 살아났습니다.

여기서 한 단계만 더 나아가 보겠습니다.

> 할리우드 판타지 영화의 한 장면, 거대한 중세 성의 내부 풍경, 거대한 벽면에 감시탑들이 서있고 낮은 벽면에는 덩쿨들이 자라고 있고 영주의 문양이 그려진 깃발이 걸려있다, 성벽 아래에는 상업시설이 발달해 있다, 거리 곳곳에 쌓인 나무 상자들, 거리에는 마차와 수많은 시민들이 걸어 다닌다, 매우 높은 디테일, 와이드 앵글, 8k, 영화 라이팅

처음 이미지와 비교하면 어마어마하게 변한 것을 느낄 수 있을 것입니다. 이미지를 만드는 데 있어서 세부요소들의 역할이 이처럼 중요합니다. 프롬프트에서 묘사 부분을 자세히 살펴보겠습니다.

> 거대한 중세 성의 내부 풍경, 거대한 벽면에 감시탑들이 서있고, 낮은 벽면에는 덩쿨들이 자라고 있고, 영주의 문양이 그려진 깃발이 걸려있다, 성벽 아래에는 상업시설이 발달해 있다, 거리 곳곳에 쌓인 나무상자들, 거리에는 마차와 수많은 시민들이 길이 디닌다,

앞서 이미지들에 비해 추가된 요소들은 다음과 같습니다. 깃발, 쌓인 나무 상자, 마차 이 요소들은 보통 중세 거리를 묘사할 때 약방의 감초처럼 쓰이는 요소들입니다. 좋은 이미지란 결국은 정보가 많은 이미지라고 볼 수 있습니다.

처음부터 원하는 이미지가 나오지 않는다면 위 과정을 참고 하여 큰 덩어리에서 세부 항목을 채워 나가는 식으로 이미지를 만들어 보시기 바랍니다.

배경만 바꾸어서
이야기처럼 보이게 만들기

7

아래 이미지들을 보면 붉은 머리 소녀가 이곳저곳을 여행하면서 모험하는 연작 시리즈처럼 보입니다. 하지만 실상은 적당히 주인공처럼 보이는 캐릭터를 설정한 후에 배경을 계속 바꾸어 준 것입니다.

주인공 설정

주로 캐릭터의 뒷모습을 보여줄 것이기 때문에 **붉은 머리에 붉은 망토를 두른 중세 소녀**라고 설정을 잡았습니다. 수많은 판타지 컨텐츠에서 주인공의 머리를 붉게 설정한 것은 다 이유가 있다고 생각합니다. 배경과 캐릭터가 다수 등장하는 게임에서도 붉은 머리 캐릭터는 한 눈에 시선을 끌 수 있습니다. 또한, 망토는 그 자체로도 멋지지만 사실은 뒷모습의 디테일을 모조리 가려주는 고마운 역할을 하기도 합니다. 아시다시피 디테일의 요소가 많을수록 AI 이미지에서 캐릭터의 일관성은 유지하기가 힘듭니다.

그럼, 앞서 만들었던 중세풍 성의 내부에 방금 설정한 캐릭터를 넣어보겠습니다.

> 할리우드 판타지 영화의 한 장면, 붉은 머리에 붉은 망토를 두른 중세 소녀가 서있다, 거대한 중세 성의 내부 풍경, 거대한 벽면에 감시탑이 서있고 낮은 벽면에는 덩쿨들이 자라고 있고 영주의 문양이 그려진 깃발이 걸려있다, 성벽 아래에는 상업시설이 발달해 있다, 거리 곳곳에 쌓인 나무상자들, 거리에는 마차와 수많은 시민들이 걸어다닌다, 매우 높은 디테일, 와이드 앵글, 8k, 영화 라이팅

프롬프트를 보면 그냥 묘사부 맨 앞에 붉은 머리에 붉은 망토를 두른 중세 소녀가 서있다는 문장을 추가했을 뿐입니다. 앞서 이미지생성 AI 툴 프롬프트 작성 요령의 첫 번째 팁이 무엇이었는지 기억해 보세요.

앞에 오는 단어나 문장 순으로 강조된다.

앞서 만들었던 중세성 내부에 붉은 머리 소녀가 걸어 다니고 있습니다. 이런 식으로 배경 일러스트를 위한 프롬프트가 주인공이 있는 이미지 프롬프트로 변신했습니다. 이렇게 캐릭터와 배경을 배치하는 방식은 Bing Image Creator뿐만 아니라 다른 이미지생성 AI 툴에서도 똑같이 활용할 수 있습니다.

이제 붉은 머리 소녀가 이곳저곳을 여행하는 듯한 느낌의 이미지를 몇 개 만들어 보겠습니다. 프롬프트를 따라해보시기 바랍니다.

01. 어두운 뒷골목을 거니는 붉은 머리 소녀.

일단 무작정 다음 프롬프트를 입력한 후에 분석해 보겠습니다.

> 할리우드 판타지 영화의 한 장면, 붉은 머리에 붉은 망토를 두른 중세 소녀가 서있다, 거대한 중세 성의 내부 풍경, 상업지구의 어두운 뒷골목, 바닥에 어지럽게 흩어진 먹다 만 사과와 부서진 나무상자 버려진 마차들, 매우 높은 디테일, 와이드 앵글, 8k, 영화 라이팅

02. 대장간에 도착한 붉은 머리 소녀

할리우드 판타지 영화의 한 장면, 붉은 머리에 붉은 망토를 두른 중세 소녀가 서있다, 거대한 중세의 대장간, 거대한 화로에서 근육질의 대장장이가 일하고 있다, 벽에 빼곡하게 걸린 수많은 무기들, 매우 높은 디테일, 와이드 앵글, 8k, 영화 라이팅

03. 대장간에서 검을 찾은 붉은 머리 소녀

할리우드 판타지 영화의 한 장면, 붉은 머리에 붉은 망토를 두른 중세 소녀가 거대한 장검을 들고 정면을 바라본다, 결의에 찬 표정, 거대한 중세의 대장간, 거대한 화로에서 근육질의 대장장이가 일하고 있다, 벽에 빼곡하게 걸린 수많은 무기들, 매우 높은 디테일, 와이드 앵글, 8k, 영화 라이팅

"붉은 머리에 붉은 망토를 두른 중세 소녀가 거대한 장검을 들고 정면을 바라본다, 결의에 찬 표정."
위 문장이 그렇습니다. 이처럼 캐릭터의 액션이 필요할 때면 해당 행동에 대해 적어주면 됩니다.

이제 이런 방식으로 만든 이미지들을 이어주면 일종의 스토리보드가 될 수 있을 것입니다.
다음 페이지에서는 수십 장의 이미지를 만들고 마음에 드는 이미지를 선별해서 쭉 이어 본 것입니다.

어떤 스토리가 떠오르시나요? 여러분도 한번 도전해 보세요!

04. 스토리처럼 보이게 배치한 이미지 예시
'붉은 머리 소녀의 대모험'

3 미드저니(Midjourney)로 본격적인 게임 리소스 만들기

미드저니(Midjourney)의 장점

미드저니(Midjourney)는 약간 고집이 있지만 맡은 일은 항상 일정 퀄리티 이상으로 잘 해 내는 외주 작가랑 비슷한 존재입니다. 묘하게 말은 잘 안 듣는데 워낙 작업물의 퀄리티가 좋다 보니 계속 일을 맡기게 됩니다.

특히 Pan 기능이 생기고(이미지를 상, 하, 좌, 우 마음대로 확장할 수 있는 기능), 이미지의 부분 수정마저 가능해지면서 활용성이 대폭 늘어났습니다. 특히 다른 이미지생성 AI툴에 비하여 화면의 구도를 잡는 능력이 뛰어나고, Pan 기능으로 구도를 수정할 수도 있어서 이미지 구상 단계나 초기 컨셉 단계에서 아주 큰 도움을 받을 수 있는 이미지생성 AI 서비스입니다.

앞서 Bing image creator로 프롬프트 작성 연습을 충분히 하셨었다면 미드저니를 활용할 준비가 이미 되어있다고 생각해도 됩니다. 앞서 연습했던 프롬프트 작성 요령은 Bing image creator 뿐만 아니라 미드저니나 스테이블 디퓨전에 모두 활용하실 수 있습니다.

Bing image creator로 빨간 물약을 만들었던 것을 기억하시나요?
아래는 동일 프롬프트를 가지고 Bing과 미드저니에서의 결과물을 비교해봤습니다.

Bing Image Creator　　　　　　　　　　　　　　미드저니 V6

Bing image creator로 아이콘 이미지를 만들고 멋지다고 즐거워했었는데 미드저니의 결과물과 비교하니 갑자기 할 말이 없네요. 역시 돈이 좋군요. 미드저니가 유료 서비스임에도 불구하고 많은 사람들이 미드저니를 활용하는 이유를 알 것 같습니다.

미드저니의 가입과 설치

미드저니를 처음 사용하시려는 분들이 가장 혼란을 겪는 부분이 있습니다.
미드저니의 서비스를 이용하려면 디스코드(Discord)라는 별도의 서비스에 가입해야 하기 때문입니다.

디스코드는 2015년에 출시한 일종의 게임용 메신져입니다. 게임용 메신져를 이용해서 채팅으로 그림을 그린다니,, 한 3년 전에 누가 그런 말을 했으면 괴상한 농담이라고 생각했을 것 같습니다.

일단 디스코드에 접속해서 미드저니를 사용할 수 있는 방법을 알아보겠습니다.
아래 링크를 이용해서 디스코드 홈페이지로 접속합니다.

https://discord.com

크롬이나 엣지 브라우저에서도 디스코드에 접속할 수 있지만 디스코드 전용 어플리케이션을 다운 받아서 사용하는 것을 권장합니다.

지원하는 OS : Windows, Mac, Linux, iOS, Android
상단의 다운로드 탭으로 가서 자신의 OS의 맞는 프로그램을 설치하고 Discord를 실행합니다.

처음 실행하면 로그인 화면이 나옵니다.
로그인 버튼 하단의 [가입하기]를 클릭하여 회원가입 페이지로 이동합니다.

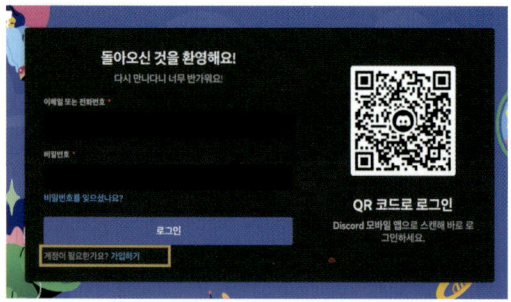

회원 가입 정보를 입력합니다.

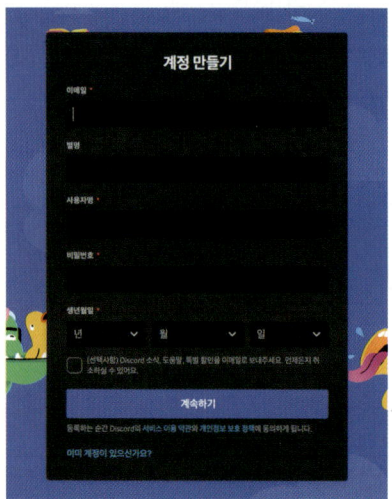

자동 가입을 막기 위한 로봇이 아님을 확인하는 페이지도 나옵니다. 적당히 인간임을 보여줍니다.

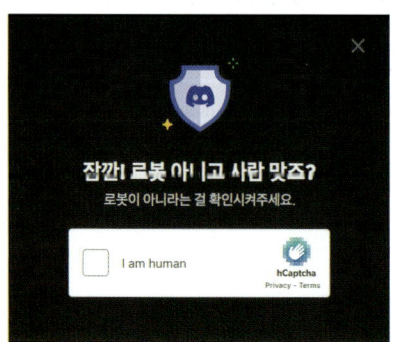

회원 가입 후 Discord에 접속하면 인증 화면이 나옵니다. 최초 1회에 한해서 이메일 인증이 필요합니다. 회원 가입 시 입력한 이메일에 접속하면 인증 메일을 확인할 수 있습니다.

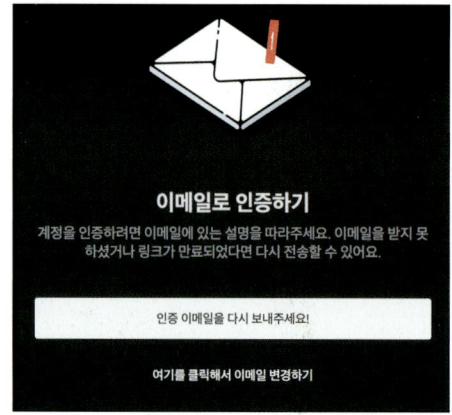

이메일로 가서 [Verify Email] 클릭하면, 디스코드 설치, 가입이 완료됩니다.

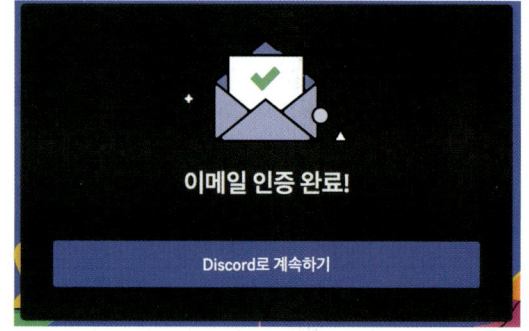

인증까지 끝냈다면 디스코드 앱을 실행하고 로그인합니다.

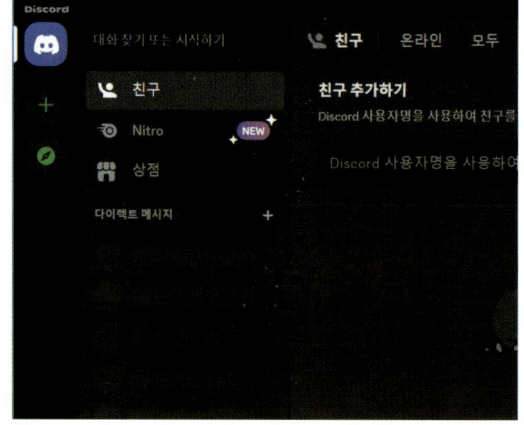

일단은 이미지를 만들어 봅시다.

빨간 네모 박스가 부분은,
앞서 Bing image creator에서 경험했던 프롬프트 입력 창과 같은 역할을 하는 곳입니다.

앞으로 이 입력창을 통해 모든 이미지를 만들 것입니다.

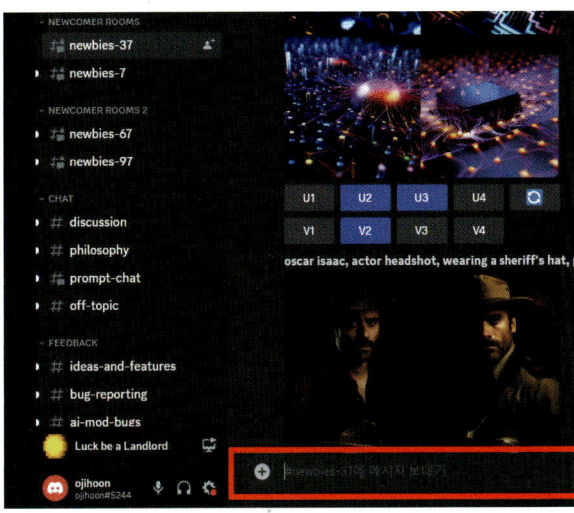

이곳에 ' / '를 입력해 보겠습니다.
팝업 메뉴들이 뜨는데 붉은 네모로 표시된 /imagine을 선택합니다.

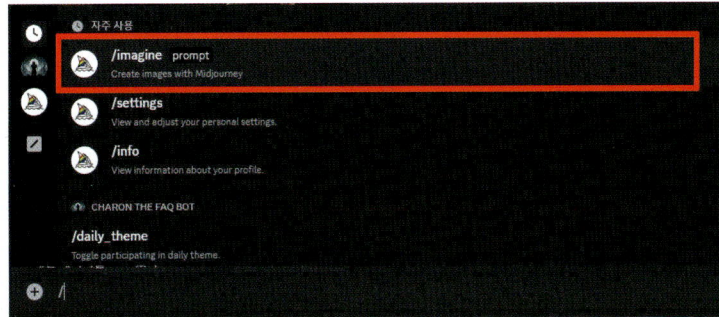

다음과 같은 프롬프트 입력창이 뜨면 성공입니다. 아주 간단한 단어를 입력해 보겠습니다.

super cat이라고 입력하고 엔터를 눌러서 실행합니다.

제가 입력한 프롬프트를 미드저니 봇이 받아들였고 이미지를 생성 중이라는 표시가 뜹니다.

> **잠깐!**
> Bing image creater와는 달리 **미드저니에서는 영문으로 프롬프트를 작성해야 합니다.**

조금 기다리면 이미지가 생성되는 과정을 볼 수 있습니다. 이미지가 완성되었습니다.
정말로 슈퍼캣이네요.

예를 들어 U1 버튼을 누르면

이처럼 첫 번째 이미지를 사이즈와 디테일이 업스케일링 된 이미지로 생성을 해 줍니다.

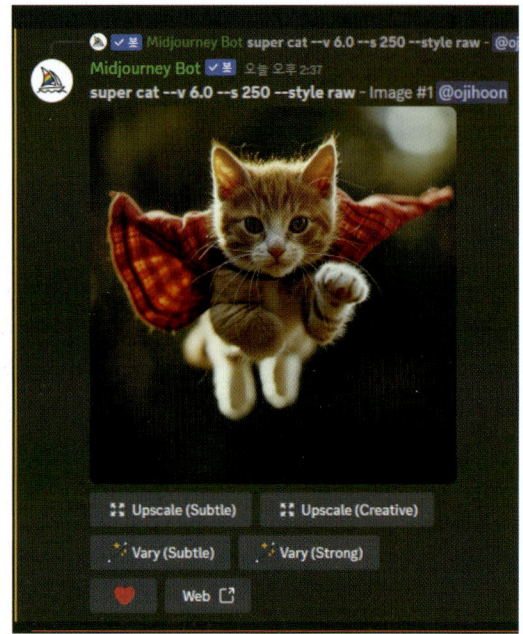

생성된 이미지 하단에 여러 가지 메뉴가 있습니다.

1번 빨간 박스 안의 버튼들은 각 번호에 해당하는 영역의 이미지를 더 큰 해상도로 업스케일링(Upscaling) 해 주는 버튼들입니다.

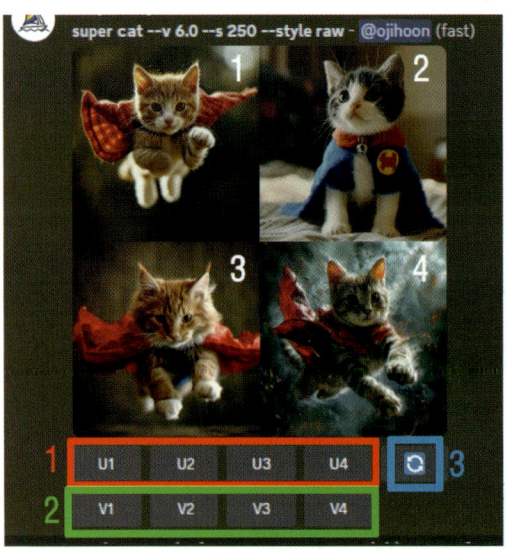

2번 녹색 박스는 각 번호에 해당하는 이미지와 유사한 시안을 4개 더 생성해 는 버튼입니다.

하단의 녹색 박스 안의 버튼들은 위 4가지 이미지를 다양한 베리에이션(Variation)으로 보고 싶을 때 사용합니다.

예를 들어 두 번째 이미지가 마음에 들어서 유사한 시안을 더 많이 보고 싶다면 V2 를 누르면 됩니다.

그러면 앞서 두 번째 시안에서 파생된 더 다양한 시안을 보실 수 있습니다. 이런 식으로 여러 번 선택을 반복해서 자신이 원하는 이미지를 찾아가는 것이 미드저니의 장점입니다.

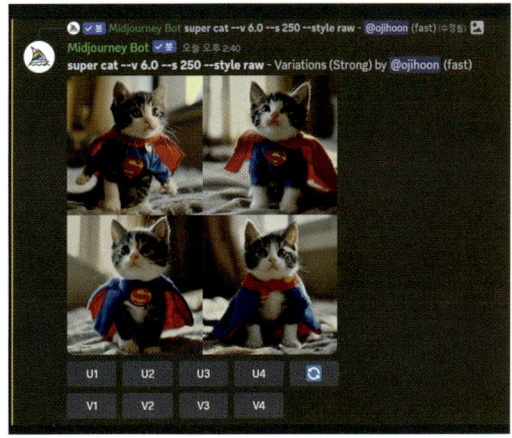

3번 박스는 같은 프롬프트로 처음부터 이미지를 다시 생성해 달라는 재생성 버튼입니다.

이렇게 눌러서 활성화하면, 처음에 작성했던 프롬프트를 기반으로 완전히 새로운 시안을 잡아줍니다. 다시 한번 강조하지만, AI는 화를 내지 않습니다. 조금이라도 마음에 안 든다면 마음껏 재생성 버튼을 눌러 주세요.

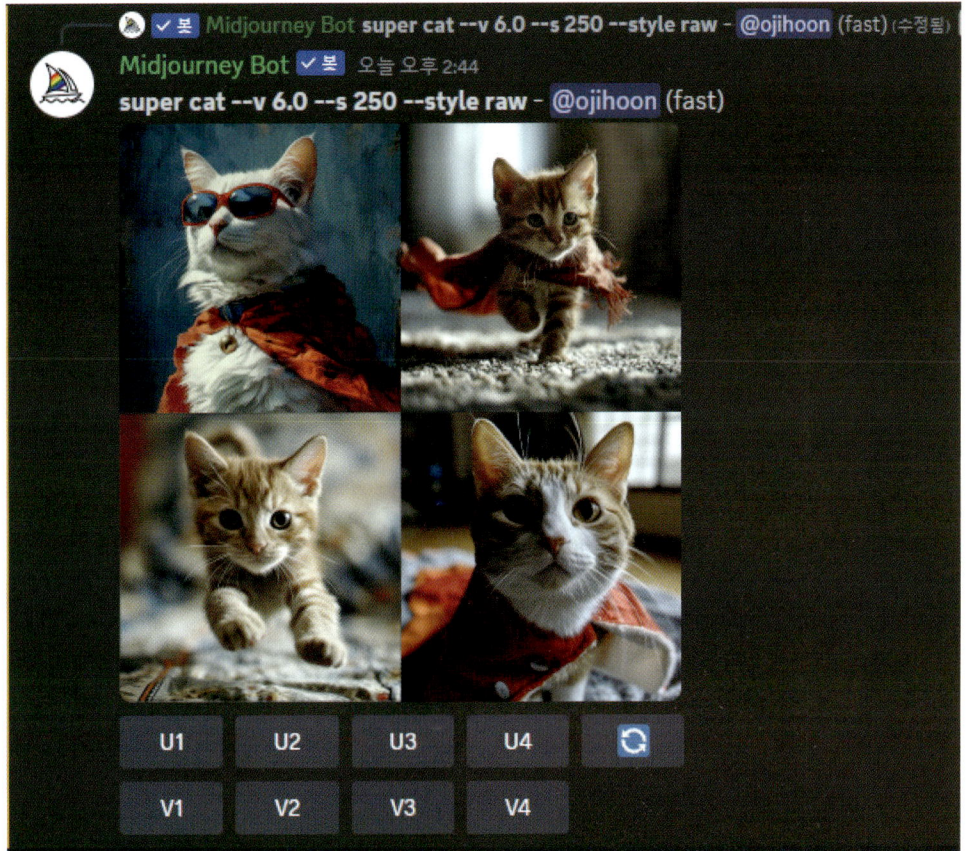

02. 혼자 있고 싶습니다. 모두 나가주세요!
(나만의 공간에서 작업하기)

미드저니는 기본적으로 공용채널에서 이미지를 생성하게 되어 있습니다. 그러다 보니 내 작업물이 다른 사람의 작업과 섞여서 혼란스럽기도 하고, 내가 만들었던 이미지를 찾기 위해서 위아래로 스크롤 하는 과정이 무척 번거롭기도 합니다.

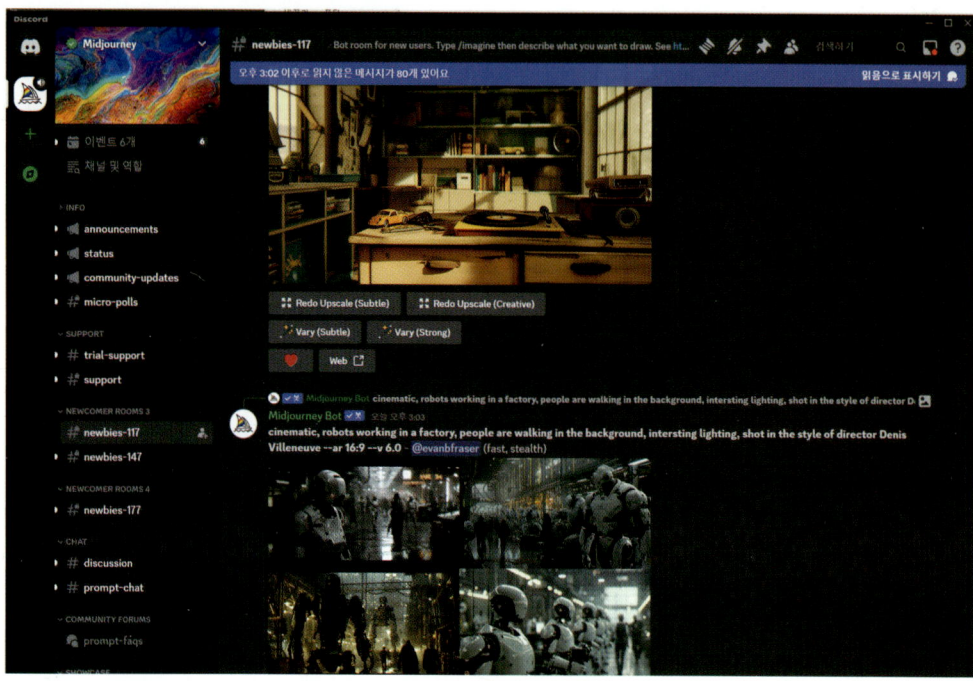

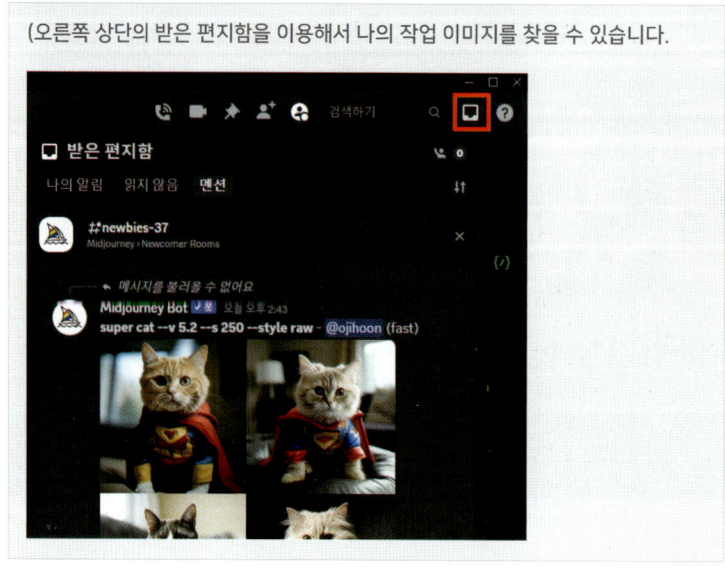

(오른쪽 상단의 받은 편지함을 이용해서 나의 작업 이미지를 찾을 수 있습니다.

미드저니(Midjourney)로 본격적인 게임 리소스 만들기 **3**

유료 사용자라면 이 끔찍하고 혼란스러운 인싸들의 공간에서 탈출해서 자신만의 고독하고 품격 있는 작업실을 만들 수가 있습니다.

미드저니 앱의 좌측 최상단을 보면 다이렉트 메시지 아이콘이 있습니다. 이곳을 클릭합니다.

여기서 Midjourney Bot(미드저니 봇)을 클릭하면 다이렉트 메시지를 주고받을 수 있는 채팅방으로 공간이 전환됩니다.

이 채팅방에서 앞에서 배운 방식으로 프롬프트를 입력하면 이미지를 마음대로 생성할 수 있는 나만의 작업 공간이 되는 것입니다.

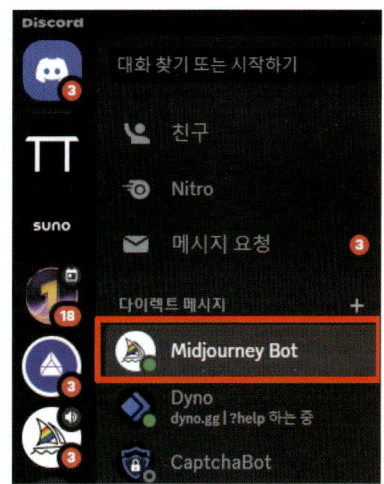

미드저니의 이미지생성 서비스는 결국 미드저니 봇을 통해서 구현되기 때문에, 미드저니 봇과의 단독 채팅방으로도 미드저니의 이미지생성에 관한 모든 기능을 사용할 수 있게 되는 것입니다.

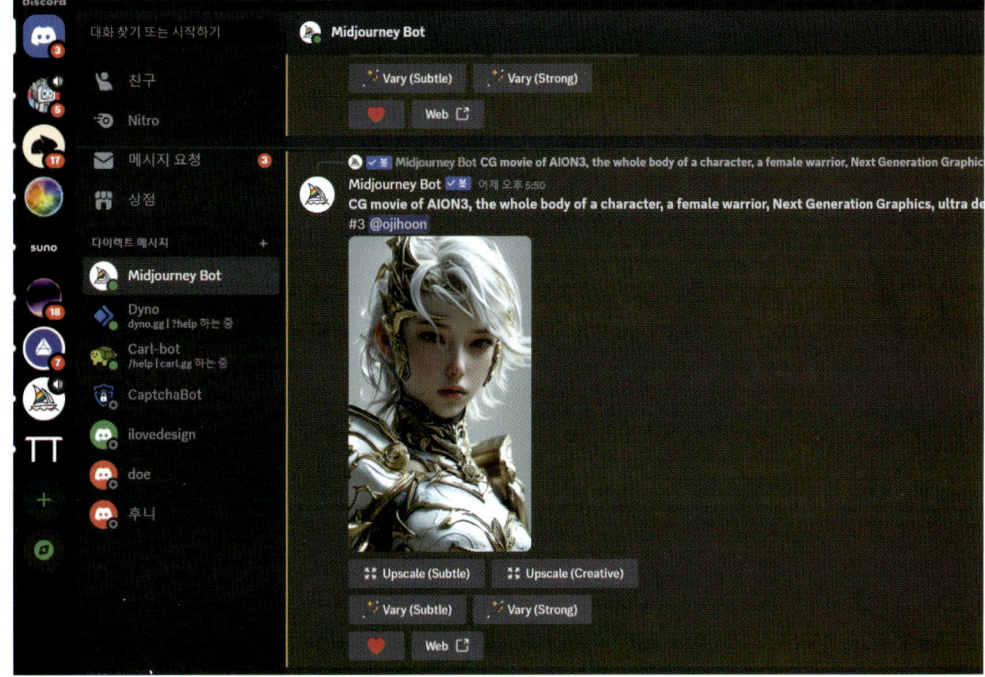

이렇게 내 작업만 보면서 작업할 수 있는 폐쇄 공간이 생겼습니다. 이곳에서 작업을 하면 타인이 내 프로필을 검색하거나 친구를 맺어 일부로 찾아보지 않는 한 이미지가 공개되지 않는 장점도 있습니다. 제 경우에는 대부분의 작업을 이곳에서 봇과의 채팅으로 진행하고 간혹 타인의 작업과 프롬프트를 컨닝하고 싶을 때만 미드저니 서버의 채널에 들어갑니다.

혹시 위 방법이 되지 않는다면 왼쪽의 미드저니 서버 아이콘을 우클릭하여 개인정보 보호 설정을 클릭한 후 다이렉트 메시지를 허용으로 설정하면 됩니다.

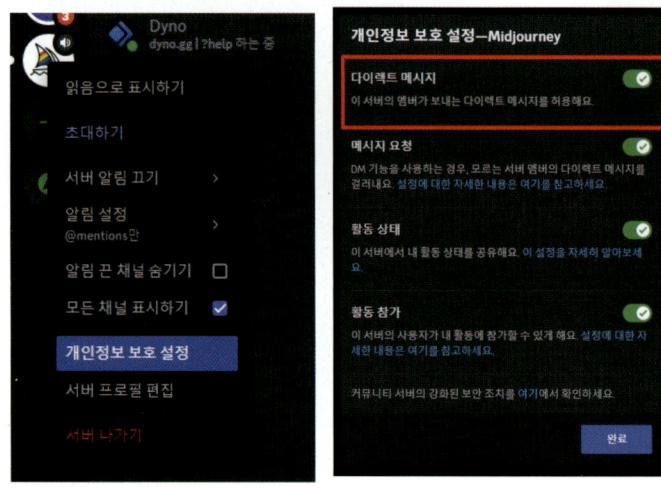

이 방법 외에도 개인 서버를 만들어서 미드저니 봇을 초청하는 방법도 있지만, 여기에서는 생략하겠습니다. 관심이 있으신 분은 웹에서 "미드저니 개인 서버"라고 검색해보시기 바랍니다.

물약 아이콘 만들기　　4

이제 미드저니의 기본적인 사용법은 익혔고, 혼자만의 작업실도 만들었으니 본격적으로 프로젝트를 시작할 수 있을 것 같습니다. 일단 물약 아이콘을 만들어 볼까요?

01. 파파고를 활용하여 프롬프트 작성하기

앞서 Bing Image Creator로 빨간 물약 이미지 시트를 만들었던 프롬프트를 기억하시나요?
그 프롬프트를 그대로 활용해서 만들어 보겠습니다.

> mmo RPG용 게임 아이콘 시트, 중세 서양풍의 빨간 물약 아이콘, 켈트 양식으로 장식된 물약, 리얼한 재질 표현, 포토 리얼리즘, 매우 높은 디테일, zbrush, 언리얼 엔진

앞서 프롬프트의 작성 요령이었던 정의, 묘사, 보완 의 구조는 미드저니에서도 그대로 활용할 수 있습니다. 단지 미드저니는 아직 한글을 이해하지 못하기 때문에 영문으로 프롬프트를 작성해야 합니다. 대부분의 한국 사람들처럼 저도 영작이 그렇게 능하지 못합니다. 하지만 걱정하실 필요가 없습니다. 이럴 땐 네이버 파파고를 쓰시면 됩니다.

https://papago.naver.com/

네이버 파파고는 단순히 한글을 영어로 번역을 잘해주는 것뿐 아니라 콩글리쉬도 기막히게 알아듣기 때문에 제가 무척 좋아하는 번역 서비스입니다. 프롬프트로 작성해야 하는 말 중에는 콩글리쉬도 많기에 파파고를 추천합니다. 약간 극단적인 예를 들어 보여드리겠습니다.

어떻습니까. 파파고는 천재입니다!! 파파고와 함께라면 외국인과의 대화도 두렵지 않습니다!!

이번에는 앞서 한글로 된 물약 프롬프트를 입력해 보겠습니다.

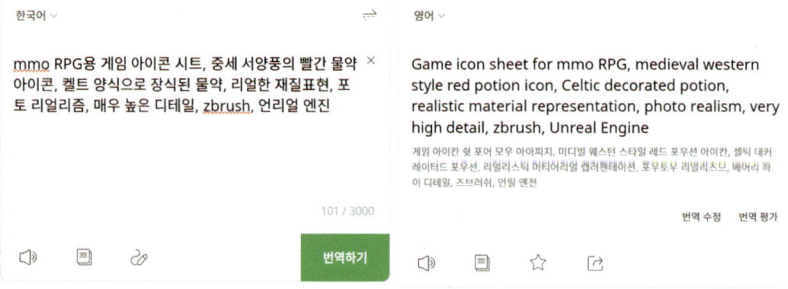

포토 리얼리즘이나 언리얼 엔진 같은 콩글리쉬가 제대로 해석된 게 보이시나요?
이제 이걸 미드저니에 그대로 붙여넣기만 하면 되겠군요!

3 미드저니(Midjourney)로 본격적인 게임 리소스 만들기

미드저니에서 /imagine을 열고 영어 프롬프트를 넣어줍니다.

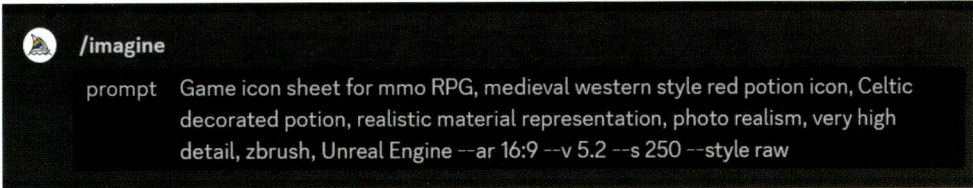

아래와 같이 4가지 시안이 만들어졌습니다.
앞서 Bing image creator에 비해 훨씬 정교한 이미지가 나왔음을 알 수 있습니다.

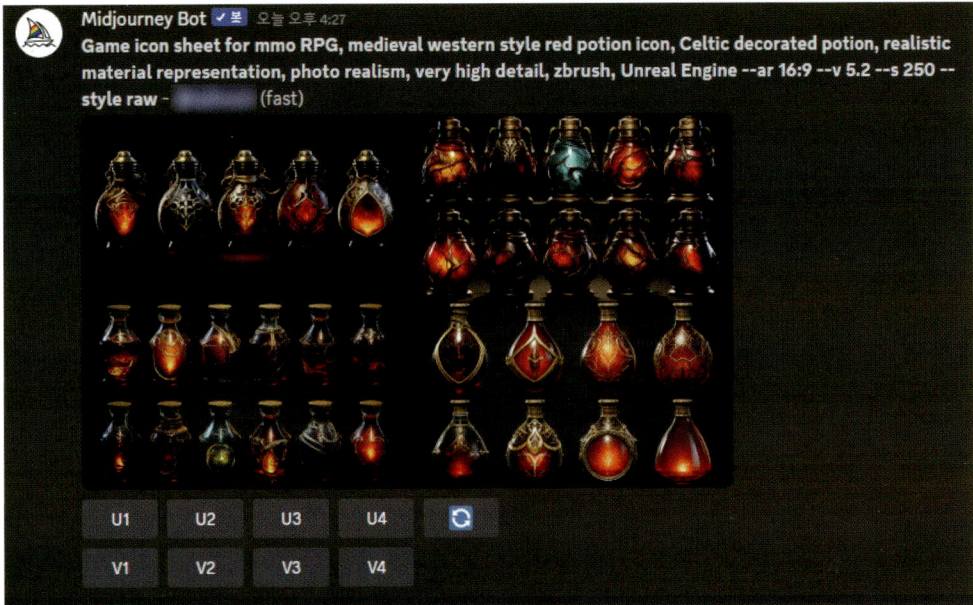

Game icon sheet for mmo RPG, medieval western style red potion icon, Celtic decorated potion, realistic material representation, photo realism, very high detail, zbrush, Unreal Engine --ar 16:9 --v 5.2 --s 250 --style raw

위 프롬프트를 자세히 살펴보면, 앞서 공부했던 정의, 묘사, 보완 부분 외에 "--ar 16:9 --v 5.2 --s 250 -style raw" 부분이 보일 것입니다. 이 부분은 파라미터라고 부릅니다.

앞으로 미드저니의 파라미터 부분은 검정색으로 표시하겠습니다.

파라미터를 사용할 때 띄어쓰기를 정확하게 지키도록 유의하세요.
좀 더 자세한 파라미터에 대한 내용은 이후에 자세히 정리하겠습니다.

- **--ar 16:9** : --aspect의 약자로, 화면의 가로세로 비율을 의미합니다. --ar 16 : 9는 이미지의 가로세로 비율이 16 : 9 라는 뜻입니다.

- **--v 5.2** : v는 버전을 나타내는 파라미터입니다. --v 5.2란 미드저니 5.2 버전 생성 엔진으로 이미지를 생성해 달라는 의미입니다. 미드저니는 계속해서 발전하고 있지만, 이전 버전의 이미지생성을 선호하는 사람들도 있기 때문에 이렇게 버전을 선택할 수 있게 해 놨습니다. 책을 집필했을 당시 v6.0으로 업데이트되었지만, 게임용 아이콘 시트는 5.2 버전이 더욱 좋은 성능을 보여줬기에 여기서는 v5.2로 세팅을 했습니다. 이처럼 작업의 성격에 따라서 자신이 원하는 버전을 입력해 주고 사용하면 됩니다.

- **--s 250** : s는 stylize의 약자로, 미드저니에게 창작의 자유를 어느 정도 주느냐에 대한 숫자입니다. ~1000까지 수치가 있으며 숫자가 높을수록 프롬프트와는 거리가 멀고 더 예술적인 이미지가 나옵니다.

- **--style raw** : 최대한 사용자가 입력한 프롬프트에 충실하게 만들어 주는 모드 입니다. (저는 주로 포토리얼한 이미지를 얻고 싶을 때 활용합니다.)

02. 다양한 컬러의 약병 만들기

이번에는 좀 더 컬러가 다양한 약병을 만들어 보겠습니다.

미드저니에서 /imagine을 열고 프롬프트를 넣어줍니다.

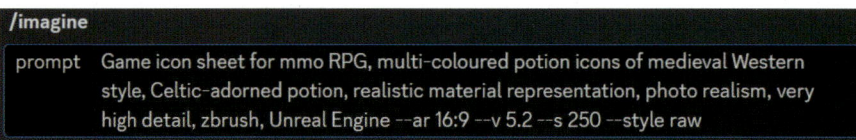

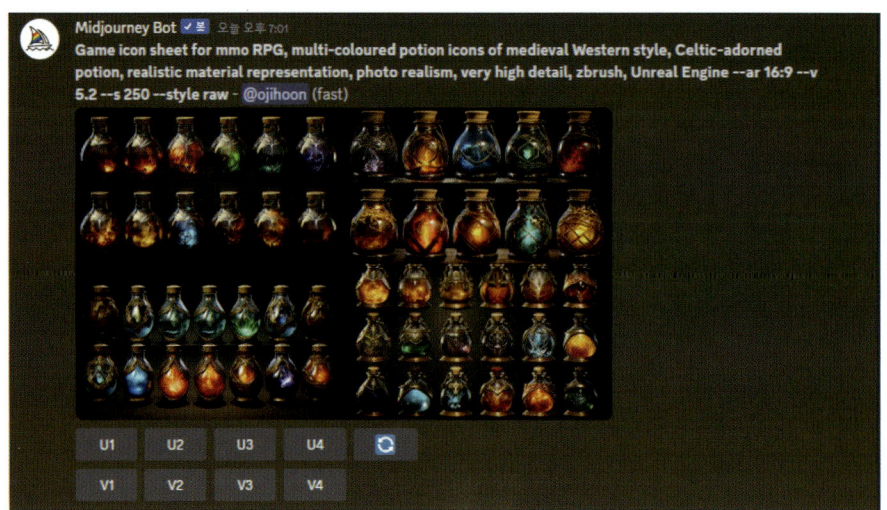

> Game icon sheet for mmo RPG, <u>multi-coloured potion</u> icons of medieval Western style, Celtic-adorned potion, realistic material representation, photo realism, very high detail, zbrush, Unreal Engine --ar 16:9 --v 5.2 --s 250 --style raw

윗 프롬프트 중 밑줄 친 부분처럼 빨간색의 물약을 다양한 색의 물약(multi-coloured potion)으로 내용을 변경했더니 다양한 색상의 약병이 만들어졌습니다. 이 중에서 네 번째 시안이 마음에 들었기 때문에  를 눌러 주겠습니다.

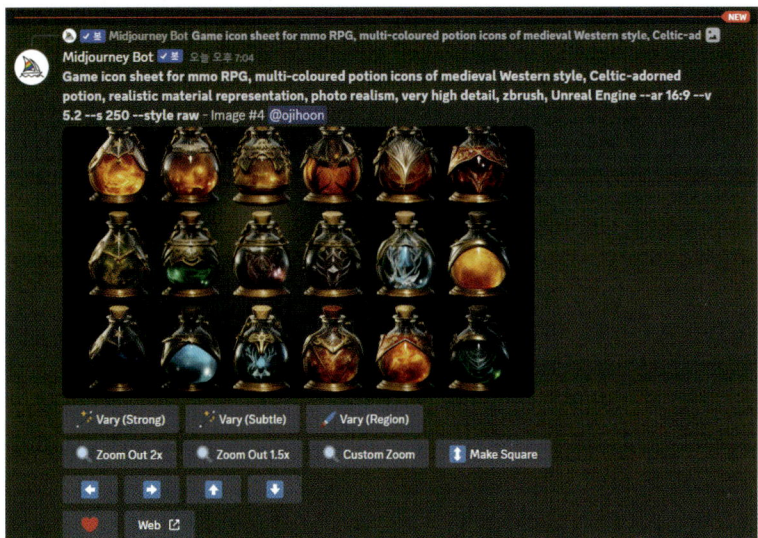

위와 같이 네 번째 시안을 업스케일링 해 줬습니다. 그런데 막상 큰 이미지로 보니 맨 윗줄의 병 윗목이 잘려서 나오는 게 마음에 들지 않네요.

다시 앞의 이미지로 돌아가 V4 버튼을 눌러 네 번째 시안의 베리에이션을 요구했습니다.

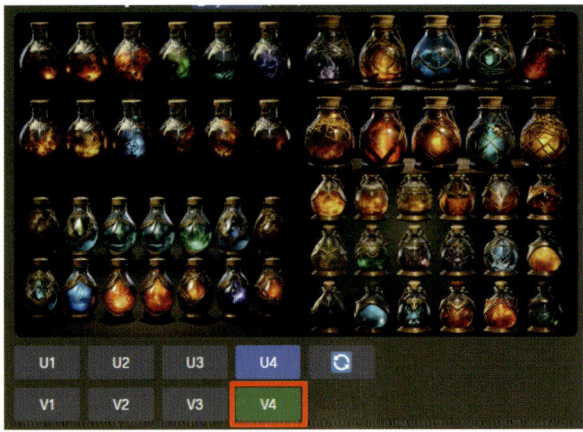

그 결과 앞 이미지의 네 번째 시안과 유사한 새로운 4가지 시안이 나왔습니다.
이 중에서 두 번째 시안이 마음에 들었기 때문에 U2 를 눌러 업스케일링을 지시했습니다.

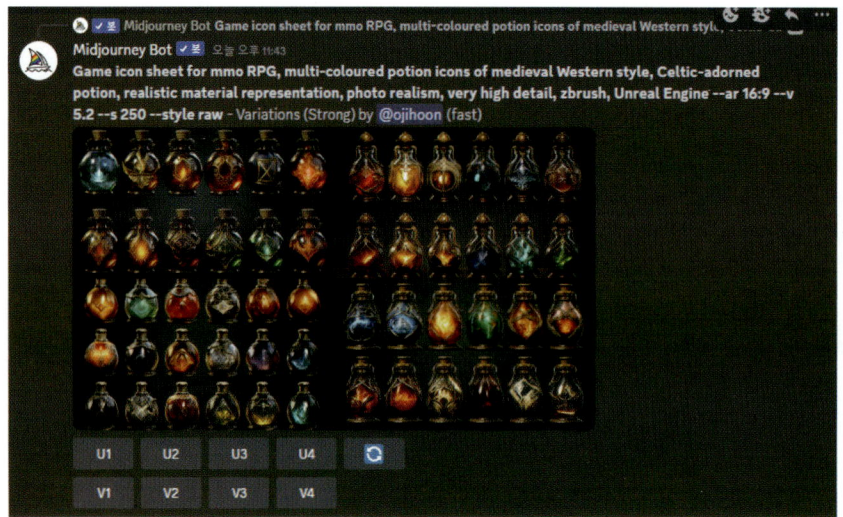

이렇게 해서 최종적으로 아래와 같은 시안을 얻었습니다.
원하는 내용을 글로 작성하고 선택만 했는데 이렇게 멋진 이미지를 얻었네요!

여기까지 미드저니로 이미지를 생성할 때 가장 중요하고 핵심적인 기능들을 알아봤습니다.

정리

- 원하는 이미지를 얻기 위한 영문 프롬프트를 작성하고 (파파고 활용)
- 원하는 이미지가 있다면 선택해서 업스케일링 (U1, U2, U3, U4) 버튼
- 완벽하지는 않지만, 원하는 이미지에 가까운 이미지가 있다면 해당 이미지와 유사한 시안을 더 요구 (V1, V2, V3, V4)
- 원하는 이미지와 전혀 다르다면 다시 프롬프트를 수정하거나 다시 작성

03. 기본 파라미터 setting 하기

앞서 여러 가지 파라미터에 대해 이야기 했었습니다. 잘 사용하면 원하는 이미지를 얻기 좋지만 일일이 적기가 귀찮다는 단점이 있습니다.
다음 장으로 넘어가기 전에 미드저니의 기본적인 파라미터를 일일이 적지 않아도 되도록 setting 명령에 대해서 알아보겠습니다.

프롬프트 입력창에 /settings를 입력하고 Enter를 눌러주면 settings 화면이 나옵니다.

처음 보면 복잡해 보이겠지만 별것도 아닙니다. 차근차근 설명해 드리겠습니다.

[1번] 버전 파라미터
미드저니의 버전을 선택할 수 있습니다. 버튼을 누르면 미드저니 v1부터 최신 버전까지 선택할 수 있는데 저는 그냥 언제나 최신 버전을 선택합니다. 버전마다 특성이 있으니 특정 버전을 원하시는 분은 해당 버전을 선택하시면 됩니다.

[2번] RAW mode 유무 설정
RAW Mode는 미드저니가 지나치게 상상력을 발휘하는 것을 통제하고 작성된 프롬프트에 좀 더 충실하게만 들어 주는 모드입니다. 실사나 사진 같은 이미지를 원하실 때 눌러서 켜 두면 좋습니다. (버튼이 녹색으로 빛나면 활성화되었다는 뜻) 저는 사진 같은 이미지를 원하는 경우가 많아서 대체로 활성화시켜 두는 편입니다. (후에 설명할 niji 모드를 사용할 때는 꺼야 합니다.)

[3번] 스타일 파라미터
Stylize low ~ Stylize very high까지 선택할 수 있는데 앞서 Stylize 정도가 낮을수록 미드저니가 유저가 작성한 프롬프트에 충실하고, 높을수록 프롬프트보다 이미지가 멋지게 나오는 것을 중요시합니다. 저는 Stylize high 정도로 세팅해 놨습니다. 수치로는 "--s 250"로 표시됩니다.

Style Low는 --stylize 50,
Style Med는 --stylize 100,
Style High는 --stylize 250,
Style Very High는 --stylize 750 입니다.

[4번] 프라이버시 설정
미드저니는 가격 정책에 따라 PRO 모드 이상에서는 /Public mode를 끄고 /Stealth 모드로 전환해서 이미지가 일반에 공개되는 것을 막을 수가 있습니다. Stealth 모드를 활용하면 내가 작성한 이미지가 미드저니 홈페이지에 게시되지 않습니다. 만약 기업에서 미드저니를 활용한다면 보안 때문에 반드시 Stealth 모드로 활용해야겠지만 제 경우에는 개인적인 용도로 활용하고 있기 때문에 그냥 Public mode로 쓰고 있습니다.

[5번] Remix mode 설정 유무
Remix mode를 켜 두면, 미드저니에서 특정 이미지의 화면을 확장하거나, 일부를 수정할 때, 혹은 베리에이션을 더 원할 때마다 프롬프트를 다시 수정해서 적용할 수 있습니다. 예를 들어, 산을 표현한 이미지를 오른쪽으로 확장하면서 바다가 나오기를 바란다면, 확장 버튼을 누르고 프롬프트를 바다에 대한 것으로 수정하면 원하는 이미지를 얻을 수 있게 됩니다. 이런 장점 때문에 저는 Remix mode를 켜 놓는 편입니다. (조금 번거롭더라도 켜 두는 편이 좋습니다. 이 책은 켜 놓은 상태로 설명을 진행하고 있습니다.)

[6번] 변형 정도의 선택
업스케일링 된 이미지의 변형된 시안을 더 요구할 때 얼마나 크게 변형 킬지를 정하는 파라미터입니다.
좀 다양한 아이디어를 원하기 때문에 High variation Mode로 세팅해 놨습니다.

[7번] 이미지생성 속도 선택
미드저니는 요금제에 따라서 이미지생성 속도를 선택할 수 있게 했습니다. Standard Plan에서는 15시간의 Fast mode 활용이 가능한데, 한 번도 다 소진된 적이 없습니다. 만약 다 떨어진다고 해도 프롬프트 창에 "/relax"를 입력하고 실행하여, relax 모드로 전환하면 약간 느린 속도로 무한정 이미지생성이 가능하기 때문에 큰 걱정이 없습니다. Turbo mode는 Fast mode보다 더 빠른 모드이지만 시간 소모를 2배로 하기 때문에 개인적으로 선호하지 않습니다. 만약 여러분의 요금제가 Standard보다 낮은 Basic 플랜이라면 relax 모드를 선택할 수 없으며, fast 모드로 200분을 제공받게 됩니다.

일단은 이렇게 책의 설정대로 따라하셔서 책에 나오는 예제들을 따라해 보시고, 나중에 여러분의 취향에 맞게끔 다시 변경해서 써 보시기 바랍니다.

세팅이 끝난 후 한 번 시험삼아 프롬프트를 작성해 보겠습니다.

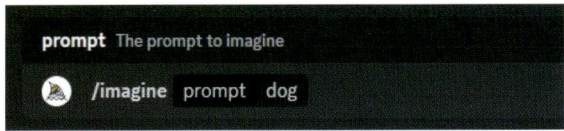

그냥 dog라고 입력했습니다.

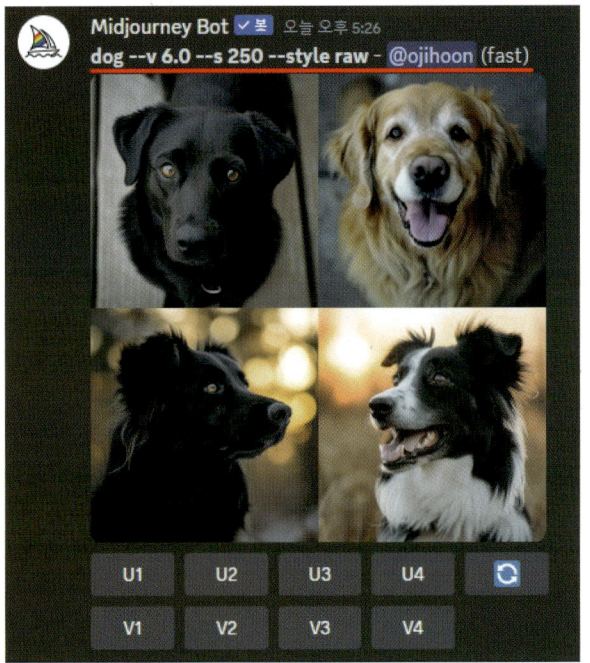

그냥 "dog"라고 입력했지만, 자동으로 "--v 6.0 --style raw --s 250"의 파라미터가 작성되었고 그 파라미터에 기반해서 이미지가 생성되었음을 알 수 있습니다. 또한 (fast) 모드로 이미지가 생성되고 있음도 알 수 있습니다.

수고 하셨습니다.
여기까지 미드저니를 활용해서 기본적인 이미지를 생성하는 방법과 기초적인 파라미터에 대해서 알아 봤습니다. 또한 Settings 명령어를 이용하여 기본 파라미터를 자동 세팅하는 법까지 배워 봤습니다.

다음 장부터는 본격적으로 그림을 생성해 보겠습니다.

아트 강령술사가 되는 법 **5**

어두운 방 안에 모니터가 켜져 있습니다.
한 사내가 키보드를 두드리며 혼잣말처럼 뭔가를 중얼거리고 있습니다.
갑자기 사내의 모니터가 빛나더니 돌아가신 지 400년이 되어가는 네덜란드의 화가 렘브란트가 살아 돌아와 자동으로 그림을 그리고 있습니다. 생생한 색감과 붓 터치 느낌에 특유의 조명 느낌, 화면의 구도까지 완벽한 렘브란트의 그것입니다.

"으하하하! 존경하는 렘브란트 님아 내 부하가 되어라!!"

사내는 몹시 흡족한 표정으로 음산하게 크게 웃다가 갑자기 움찔하여 혹시 자고 계신 와이프님을 깨운 건 아닌지 조심스레 주변을 살펴봅니다. AI 이미지 생성기가 나타난 후 위 장면은 더 이상 소설 속의 내용이 아닙니다. 제가 저러고 있으니까요. AI 이미지생성기들은 수많은 이미지 데이터를 학습한 결과로 탄생했습니다. 그 과정에서 당연히 여러 유명 아티스트의 이미지가 수집되어 담겨 있습니다.

이미지생성 AI 초창기에는 현직 유명 아티스트의 이름을 프롬프트에 넣는 것이 간편하게 이미지의 퀄리티를 향상 시킬 수 있는 수단이 되기도 했었는데, 이 과정에서 많은 아티스트들이 AI 이미지에 반감을 드러내기도 했었습니다. 사실 현직 유명 아티스트의 이름을 프롬프트에 넣는 것은 저도 금기시하는 일입니다. 양심 없는 행위일 뿐 아니라 같은 아티스트로서 자존심이 상하기도 하거든요.

하지만, 이미 돌아가신 지 100년도 넘은 거장 클래식 화가분들이라면 어떨까요?

클래식 화가분들의 화풍을 흉내 내거나 디자인 요소로 활용하는 건 기존 미술계에서도 너무 흔한 일이고, 심지어 권장되기까지 하던 일입니다. 게다가 이미 돌아가신 이 거장들은 AI와 비슷한 품성을 가지고 계십니다. 어떠한 경우에도 절대 화내거나 때리거나 고소하지 않으신다는 점이죠. 저는 이분들을 진심으로 존경하고 사랑합니다.

자, 그럼 강령술을 시작해 볼까요?

01. 빈센트 반 고흐 소환하기

먼저 개성이 확실한 화가를 소환해 보겠습니다.
그림에 관심이 없는 사람도 이분의 화풍 정도는 누구나 다 알아보니까요.

아주 단순하게 시작해 보겠습니다. /imagine으로 프롬프트를 넣어주겠습니다.

`/imagine prompt` Vincent van Gogh style oil painting --v 6.0

빈센트 반 고흐의 초상화가 유명하기 때문일까요?
그림 풍도 고흐의 그것이지만, 고흐를 닮은 아저씨가 화면 중앙을 차지하고 있습니다. 자세히 보면 유명한 해바라기 그림과 별이 빛나는 밤의 풍경도 함께 담겨 있습니다. 하지만 우리가 원하는 건 고흐의 그림 스타일이지 고흐를 그림의 주제로 삼으려는 건 아닙니다.
이제 주제가 될만한 부분을 추가해 보겠습니다.

02. 딸기밭의 토끼를 빈센트 반 고흐 풍으로 그리기

빈센트 반 고흐의 유화라고 정의를 내리고, 딸기밭의 토끼들을 묘사해 달라는 프롬프트를 작성했습니다.

/imagine prompt 프롬프트 파일제공 Vincent van Gogh style oil painting, rabbits in strawberry fields --v 6.0

결과물이 괜찮기는 한데 뭔가 좀 미묘합니다. 인상파 그림 같은데 고흐 특유의 붓 터치나 색감이 사라진 느낌입니다.

이렇게 이미지에서 특정 단어나 문장이 더 강조되면 좋겠다 싶을 때 어떻게 하면 좋을까요.
어린 시절 어머니의 잔소리를 떠올려 보시기 바랍니다. 자녀가 시키는 대로 말을 듣지 않으면 어떻게 하셨을까요? 바로 했던 이야기를 또 하고 또 하고 마르고 닳도록 반복하셨을 것입니다.
우리도 똑같은 요령으로 반복해 보겠습니다.

일단 "반 고흐 스타일의 유화"라는 단어를 2번 반복해 보겠습니다.

프롬프트 파일제공

Vincent van Gogh style oil painting, Vincent van Gogh style oil painting, rabbits in strawberry fields --v 6.0

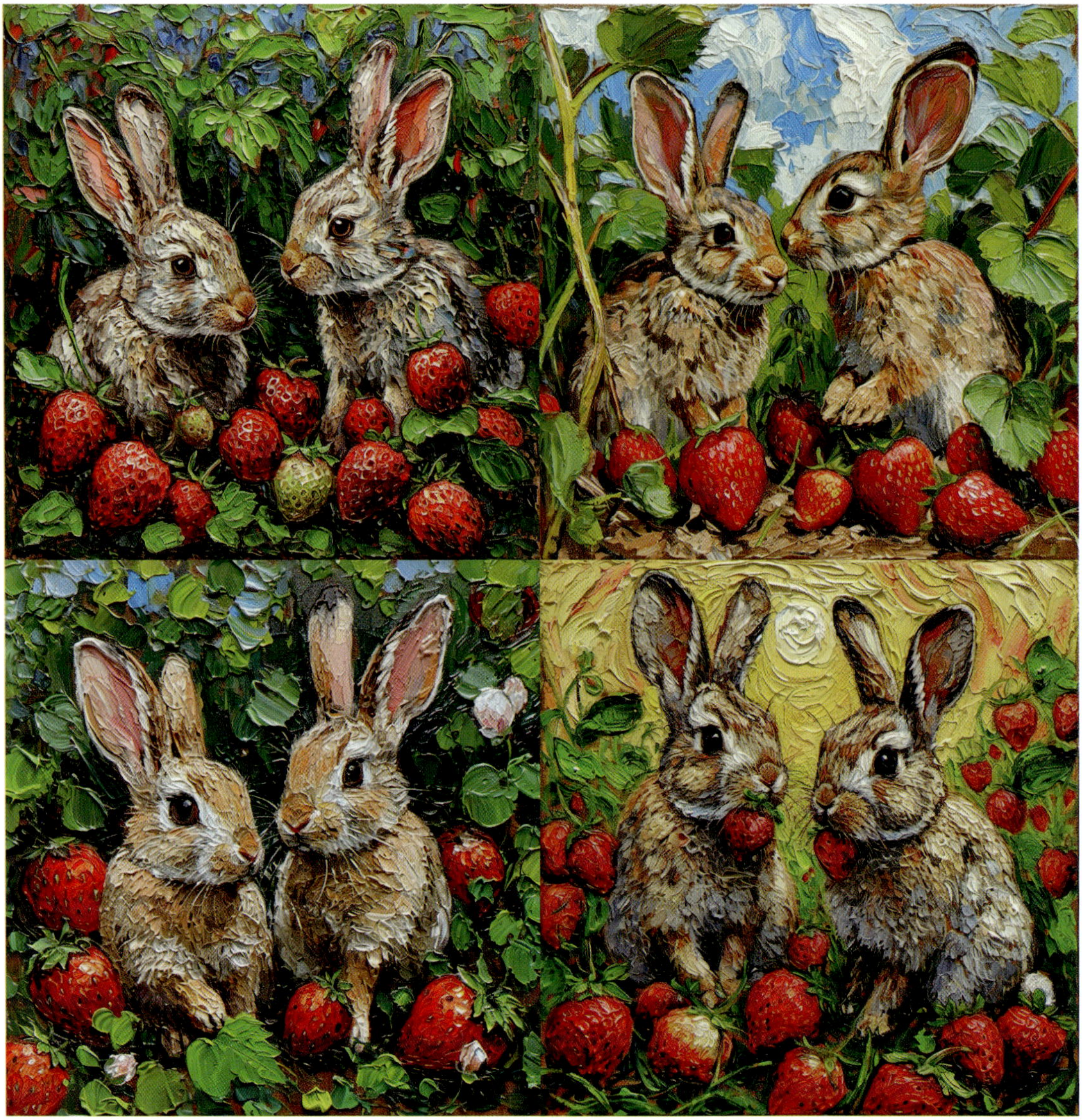

아직 미묘하네요. 더 반복해 보겠습니다.

> Vincent van Gogh style oil painting, Vincent van Gogh style oil painting, Vincent van Gogh style oil painting, Vincent van Gogh style oil painting, rabbits in strawberry fields --v 6.0

4번 정도 반복해서 강조하자 점점 고흐 그림의 느낌으로 짙어지고 있습니다. 하지만 원하는 만큼은 아니네요. 얼마나 같은 소리를 반복해야 할까요?

이번에는 무려 10번을 반복해서 강조해 줬습니다.

> Vincent van Gogh style oil painting, Vincent van Gogh style oil painting, Vincent van Gogh style oil painting, Vincent van Gogh style oil painting, Vincent van Gogh style oil painting, Vincent van Gogh style oil painting, Vincent van Gogh style oil painting, Vincent van Gogh style oil painting,Vincent van Gogh style oil painting, Vincent van Gogh style oil painting, rabbits in strawberry fields --v 6.0

저는 지금 이 결과물이 상당히 마음에 듭니다. 특히 두 번째와 세 번째 그림은 고흐가 정말로 살아 돌아 아서 그린 것 같습니다.

이 방식이 너무 단순 무식하기 때문에 유치해 보일 수도 있으실 겁니다. 하지만 생각해 보세요. 우리의 어머니들도 이것과 똑같은 방식의 잔소리로 우리를 키우셨습니다.

좀 더 해 볼까요?

마지막으로 15번 반복해 보겠습니다.

프롬프트 파일제공

Vincent van Gogh style oil painting, Vincent van Gogh style oil painting, Vincent van Gogh style oil painting, Vincent van Gogh style oil painting, Vincent van Gogh style oil painting, Vincent van Gogh style oil painting, Vincent van Gogh style oil painting, Vincent van Gogh style oil painting, Vincent van Gogh style oil painting, Vincent van Gogh style oil painting, Vincent van Gogh style oil painting, Vincent van Gogh style oil painting, Vincent van Gogh style oil painting,Vincent van Gogh style oil painting, Vincent van Gogh style oil painting, rabbits in strawberry fields --v 6.0

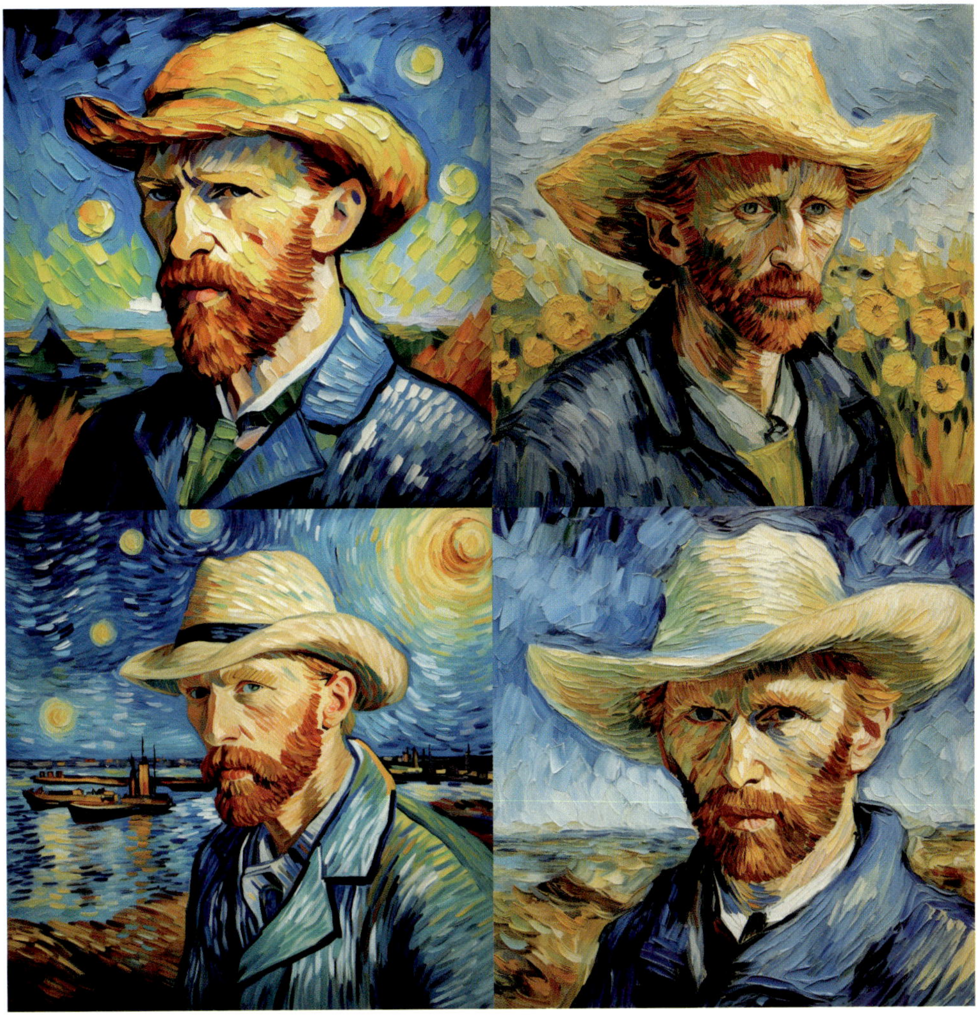

이번에는 잔소리가 너무 심했을까요?
그림체 자체는 완벽에 가까운 고흐의 그림이지만, 토끼는 온데간데없고 상처 입은 표정의 우울한 중년의 고흐가 나타났습니다.

이처럼 프롬프트 내에서 특정 단어나 문장을 지나치게 강조하면 전체 문장의 의도가 왜곡되어 버리는 것을 확인할 수 있었습니다. 그런데 이렇게 단어를 반복해서 나열하는 것말고 다른 방법은 없을까요?

미드저니에서는 특정 단어나 문장을 강조하기 위한 방법으로 Prompt Weight(가중치)라는 개념을 제공하고 있습니다. 단어나 문장에 가중치를 주고 숫자로 표시할 수 있다는 뜻입니다.

> Vincent van Gogh style oil painting::3.1 rabbits in strawberry fields::2 --v 6.0

위 프롬프트를 살펴보면 "Vincent van Gogh style oil painting"를 무작정 반복하는 대신에 ::3.1이라는 숫자가 붙어 있습니다. 즉 "Vincent van Gogh style oil painting"이라는 문장의 가중치는 3.1이라는 뜻입니다. 상대적으로 "rabbits in strawberry fields" 문장에는 ::2라는 숫자가 붙어 있습니다. 소수점을 생략하면 앞 문장과 뒤 문장의 가중치가 대략 3 : 2 정도 된다고 생각할 수 있습니다. 퍼센트로 따지면 프롬프트 전체의 가중치가 100%라면 앞 문장은 60%의 비중을 가졌고, 뒤 문장은 40% 정도의 비중을 가졌다는 뜻으로 보면 될 것입니다.

숫자가 비중은 유저가 원하는 이미지에 따라 달라지며, 직접 실험을 해봐야 알 수 있습니다.

다중 프롬프트

다중 프롬프트는 이중 콜론(::)을 사용하여 작성한 텍스트 프롬프트를 구별해 주는 것을 말합니다.

예를 들어 fire dragon이라는 단어가 있을 때 아무 것도 안 하면 화염용(fire dragon)으로 인식이 되지만, fire:: dragon::으로 작성하면 fire라는 단어와 dragon이라는 단어로 구별해서 인식하게 됩니다.

여기에 각자 수치를 입력하면 각 단어별로 가중치를 적용해 줄 수 있습니다. 예를 들어 Fire::3 dragon::1로 작성한다면, Fire에 3의 가중치가 적용되고, dragon에 1의 가중치가 적용되어 fire라는 단어가 dragon이라는 단어보다 생성될 이미지에 3배의 영향력을 가지게 된다고 볼 수 있습니다.

이렇게 가중치를 사용하면, 동일 문장을 무작정 반복하는 것보다 훨씬 간편하게 특정 단어나 문장을 더 강조해 줄 수 있습니다. 하지만 때로는 단순 무식한 방법이 더 효과적일 때도 있습니다. 앞서 예로든 토끼 그림도 단순 무식하게 같은 잔소리를 끝없이 퍼붓는 첫 번째 방식에서 더 마음에 드는 결과물을 얻었기 때문입니다.

03. 빈센트 반 고흐가 그린 드래곤

이번에는 같은 방식으로 판타지의 주제를 그려보겠습니다.

 Vincent van Gogh style oil painting, dragon in wheat fields --v 6.0 --ar 16:9

이와 같은 이미지가 나왔습니다.

캔버스 비율을 조절하는 구문 "--ar 16:9"을 넣어서 가로로 길쭉한 이미지가 나왔습니다.

이번 결과도 괜찮지만, 가중치를 조절해서 조금 더 마음에 드는 이미지를 만들어 보겠습니다.

앞 문장과 뒤 문장의 가중치를 2.2 : 2로 조절해서 고흐가 그린 그림의 느낌을 약간 더 강조해 줬습니다.

프롬프트 파일제공 Vincent van Gogh style oil painting::2.2 dragon in wheat fields::2 --v 6.0 --ar 16:9

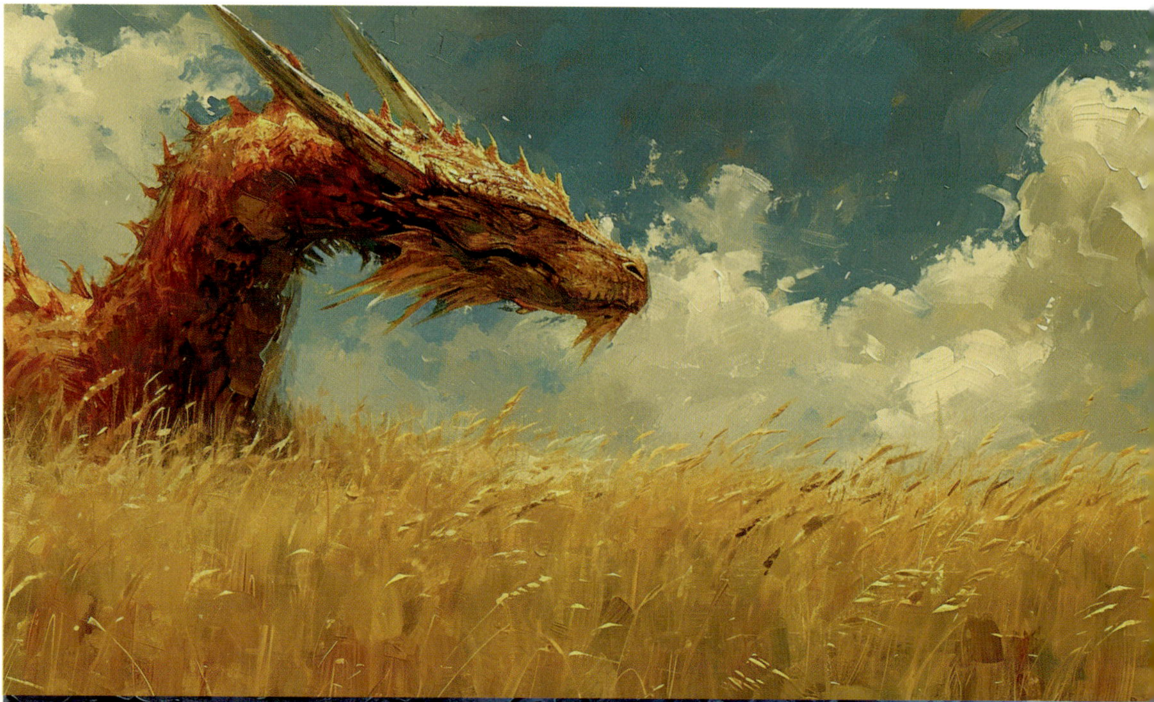

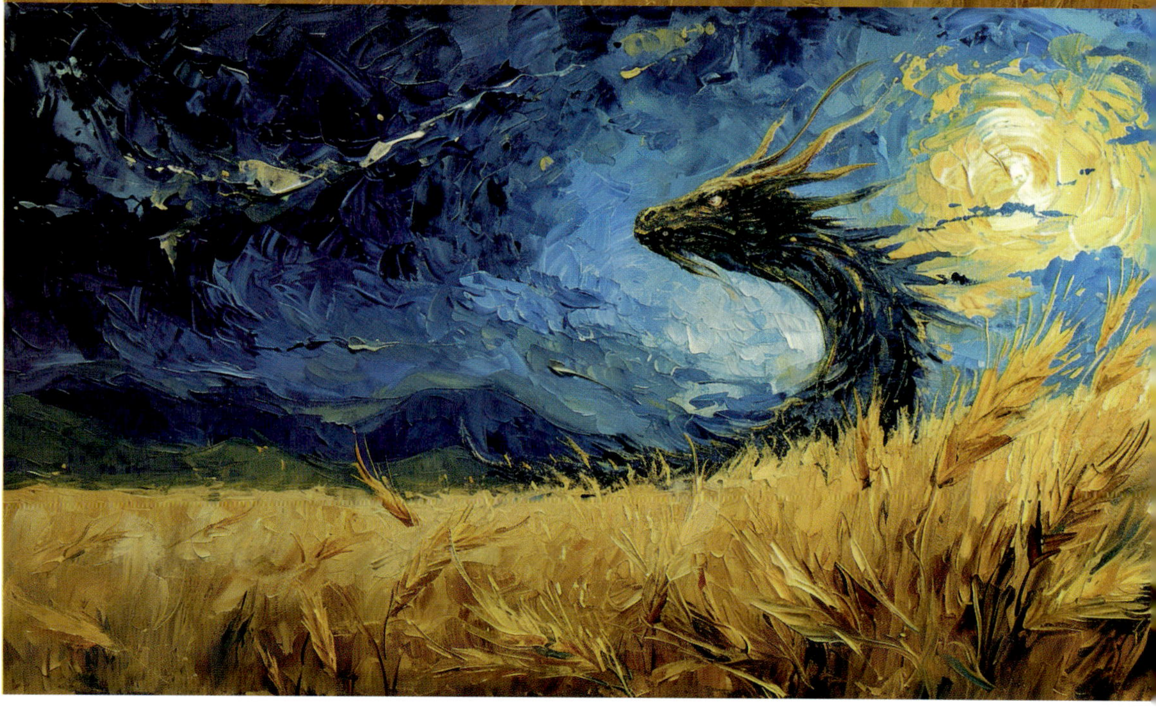

이번에는 다른 거장들의 그림 스타일을 좀 더 흉내내 보겠습니다.

04. 렘브란트 소환하기

렘브란트 스타일로 그린 기관총을 든 산타클로스입니다.

 An oil painting by Rembrandt van Rijn::2.2, Santa Claus with a machine gun::2 --v 6.0 --s 250

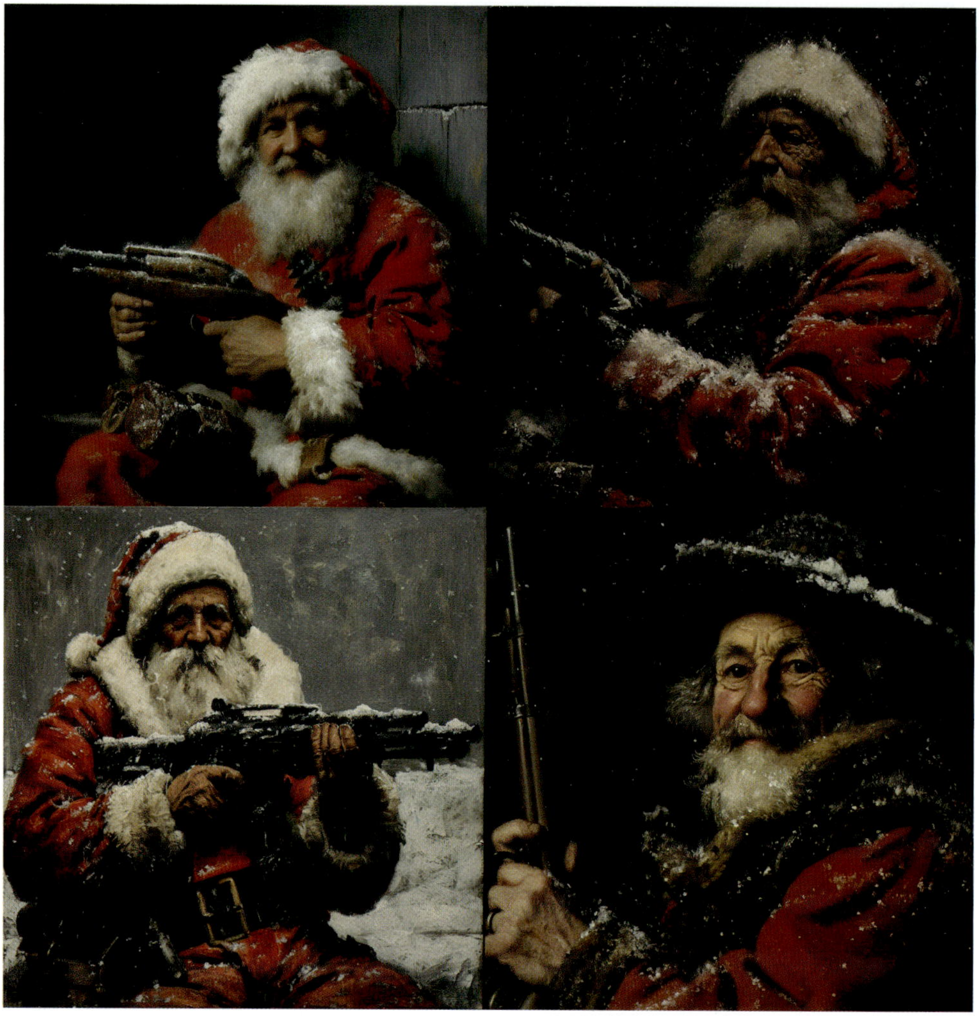

너무나 유명한 화가 램브란트의 그림풍은 그 유명한 '렘브란트 조명'이 느낌 때문에 근엄해 보이는 케릭터를 표현하는데 탁월합니다.

저는 기관총을 든 산타클로스를 근엄하게 표현하고 싶었기 때문에 렘브란트를 소환했습니다.
렘브란트가 그렸다는 첫 문장과 주제에 대한 묘사를 다룬 두 번째 문장이 각각 3.2 : 2의 비중으로 가중치가 적용됐다는 것을 눈여겨 봐주세요. 저 수치는 절대적인 법칙 같은 게 아니라 마음에 드는 이미지가 저 정도 수치에서 나왔기 때문에 적어둔 것입니다.

05. 알폰스 무하에게 부탁하는 아르누보 풍의 사이보그 여전사

알폰스 무하는 많은 사람들이 프롬프트에 인용하고 있는 거장입니다.
아르누보를 상징하는 대표 아티스트이기도 했지만, 역사상 최고의 미소녀 작가 중 한 명이었기 때문이죠.

> Alphons Maria Mucha-style posters, cyborg female warriors with axes, art nouveau-style decorations full shot --ar 9:18 --v 6.0 --s 250

역시 당대 최고의 미소녀 화가답습니다. 위 이미지의 경우 따로 가중치 없이 프롬프트를 작성하였지만, 작가의 이름만으로는 원하는 느낌이 나오지 않아서 묘사부에 아르누보풍 장식("art nouveau-style decorations")이라는 키워드를 추가로 넣어줬습니다.

여기까지 거장들의 스타일을 활용해서 이미지를 만드는 법을 연습해 봤습니다.

프롬프트를 자세히 보시면 아시겠지만 작가가 유화로 유명하면 유화로 정의를 내렸고, 포스터로 유명한 알폰스 무하 같은 작가는 '포스터'로 정의 내렸을 때 원하는 이미지를 얻을 확률이 높았습니다. 그러나 무엇보다도 프롬프트를 직접 실험해 보고, 원하는 이미지가 나올 때까지 특정 문장을 강조해서 반복하거나, 숫자로 가중치를 적어주고, 때로는 묘사를 추가해 주는 등 상황에 맞게 프롬프트를 작성해서 원하는 이미지를 얻어가는 과정을 눈여겨봐 주시기 바랍니다.

앞에서 제가 직접 보여드린 아티스트 외에도 여러 가지 클래식 아트 스타일의 프롬프트가 모여 있는 사이트들이 있습니다. 직접 찾아가 다양한 아트 스타일을 확인해 보시기 바랍니다.

https://2moons.ai/midjourney-prompt-classic-art
https://philipp-stelzel.com/50-midjourney-artist-style-prompts/

아래 링크는 Stable Diffusion을 기준으로 작성된 아티스트 목록이지만 대부분 미드저니에서도 잘 작동하는 편입니다. 일목요연하게 작가와 이미지가 함께 있어서 쉽게 잘 작성된 목록이므로 추천합니다.
https://rikkar69.github.io/SDXL-artist-study/

06. 거장의 영혼을 합치기

지금까지는 하나의 이미지를 만들기 위해 한 명씩의 거장만 소환했었습니다만, 우리가 원하는 이미지가 좀 더 복합적이라면 두세 명의 거장을 한꺼번에 소환 해야 할 수도 있습니다. 저는 근엄한 여성 산타클로스의 이미지를 렘브란트와 알폰스 무하의 합작품으로 만들어 볼 생각입니다.

일단 러프한 프롬프트를 작성해 보겠습니다.

렘브란트의 유화, 알폰스 무하의 포스터, 기관총을 든 산타클로스 복장의 미소녀

 Oil painting by Rembrandt van Rijn, poster by Alphons Maria Mucha, beautiful girl dressed as Santa Claus with machine gun, full shot --ar 9:16 --v 6.0 --s 250

정의 부분에 렘브란트의 유화와 알폰스 무하의 포스터가 들어갔습니다. 현재로서는 두 거장의 비중이 동일합니다. 보완 부분에 넣은 full shot은 캐릭터의 전신이 보이기를 원해서 넣었습니다.

위 프롬프트를 입력한 결과는 다음과 같습니다.

이미 상당히 괜찮은 이미지가 나왔지만 조금은 고리타분해 보이고, 특히 아이처럼 보이는 인물이 총을 들고 있는 게 마음에 들지 않습니다.

조금 더 다듬어 보겠습니다.

> Oil painting by Rembrandt van Rijn::5 poster by Alphons Maria Mucha::4 beautiful girl dressed as Santa Claus with machine gun::8 art nouveau-style decorations::2.5 full shot --ar 9:18 --v 6.0 --s 250

각 문장 별로 가중치를 좀 조절해 봤습니다. 이제 더 이상 산타클로스 소녀도 아니고 클래식 그림처럼 보이지도 않습니다. 하지만 렘브란트가 그린 것처럼 분위기 있는 조명과 색감, 알폰스 무하가 그린 것처럼 꽃장식이 가득한 예쁘장한 여자 캐릭터가 산타클로스의 복장이 연상되는 빨간 옷을 입고 있는 그림이 탄생되었습니다.

클래식 거장의 이름을 프롬프트에 쓴다고 해서 이미지가 무조건 고전 작품처럼 되는 것은 아닙니다. 조합하기에 따라서 현대 창작물에 어울리는 캐릭터를 만들 수도 있습니다. 하지만 제 원래 목표는 이게 아니었습니다. 다시 한번 조절해 보겠습니다.

> Oil painting by Rembrandt van Rijn::4 poster by Alphons Maria Mucha::5 beautiful 18-year-old girl dressed as Santa Claus with machine gun::13 full body shot --ar 9:18 --v 6.0 --s 250

이제야 각 문장의 가중치가 어느 정도 적절히 분배된 것으로 보입니다.

자꾸만 너무 어린 소녀가 나타나서 묘사 부분에 '아름다운 18세의 소녀'(beautiful 18-year-old girl)라고 좀 더 구체적으로 적어줬습니다.

4개의 이미지 중에 첫 번째 이미지가 가장 마음에 들었기 때문에 시안을 더 요청했습니다.

`V1` `V2` `V3` `V4`

그렇게 해서 얻어진 최종 결과물입니다.

렘브란트 스타일의 조명의 리얼한 미소녀가 산타클로스 복장에 총을 들고 있습니다. 이 이미지들이 제가 원하던 이미지에 가장 가까운 것 같습니다.

이렇게 다양한 아티스트를 소환하고, 멀티 프롬프트의 가중치를 조정해서 원하는 이미지를 얻는 과정을 함께 살펴 봤습니다.

웅장한 스케일의 풍경화 만들기

01. 거장 허드슨 리버 화파 소환

이번에는 풍경화를 그려 보겠습니다.
제가 배경 컨셉아티스트이기 때문에 회화적인 느낌으로 호감을 주면서 동시에 정교하고 어마어마하게 스케일이 큰 배경 이미지를 선호하는 편입니다. 이런 기호에 가장 부합하는 화파가 있습니다.

1825~1970년 경에 미국에서 활동했던 **허드슨 리버 화파**(Hudson River School)입니다. 미국의 온갖 황무지를 오가며 야외에서 직접 그림을 그렸던 이들의 그림을 보면 거대한 스케일, 사진을 연상하게 정교함, 대지를 가득 채운 찬란한 빛에서 경외감과 신성함 마저 느껴집니다.

게임이나 영화 등의 판타지 장르에 딱 어울리는 분위기의 그림들이죠.
천만다행으로 이 화파에 속하신 위대한 화가님들의 이름이 잘 알려져 있습니다. 존경하는 마음을 담아 영혼을 소환해 보겠습니다.

> **허드슨 리버 화파**
>
> **Thomas Cole**(1801~1848), **John Trumbull**(1756~1843),
> **William Dunlap**(1766~1839), **Asher B Durand**(1796~1886)

프롬프트를 작성해 보겠습니다.
앞서 거장들의 이름을 프롬프트에 활용할 때는 각기 다른 그림 풍을 가졌기 때문에 비중을 조절하는 것이 중요했지만, 이분들은 같은 그림 스타일을 추구했기 때문에 공평하게 비중을 가져가도 됩니다. 아래와 같이 작성해 보겠습니다.

 By Thomas Cole:: by John Trumbull:: by William Dunlap:: by Asher B Durand --ar 16:9 --s 250 --v 6.0 --style raw

프롬프트가 약간 특이해 보일 것입니다. 작가의 이름만 나열했으니까요. 하지만 같은 풍을 추구했던 작가들의 이름을 함께 나열하는 것만으로도 해당 화파의 이미지를 재현하는데 훌륭한 효과가 있습니다.
또한, 이번에는 다중 프롬프트를 작성하면서 수치를 입력하지 않았습니다. 수치를 입력하지 않으면 자동으로 1로 설정이 됩니다. 즉, 위 거장들은 공평하게 1 : 1 : 1 : 1의 가중치를 가지고 있습니다.

그럼 결과물을 보겠습니다.

웅장한 자연과 거대한 구름, 찬란한 빛이 넘치는 멋진 풍경화가 완성되었습니다. 거장들의 혼이 담긴 것 같습니다.

책에 작은 이미지로만 들어가는 것이 아쉬울 정도로 큰 이미지로 보면 더욱 멋집니다.

이 상태로 반복해서 출력하는 것만으로도 허드슨 리버 화파의 멋진 이미지를 마음대로 생성할 수 있습니다!

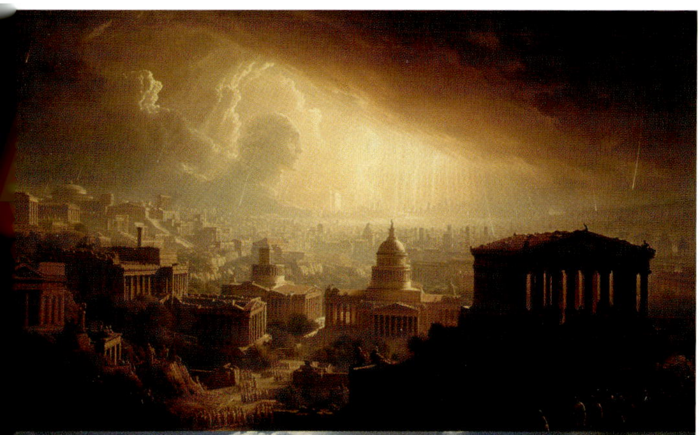

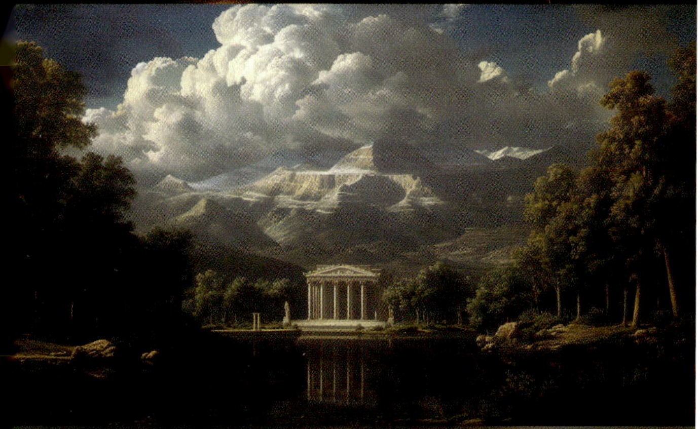

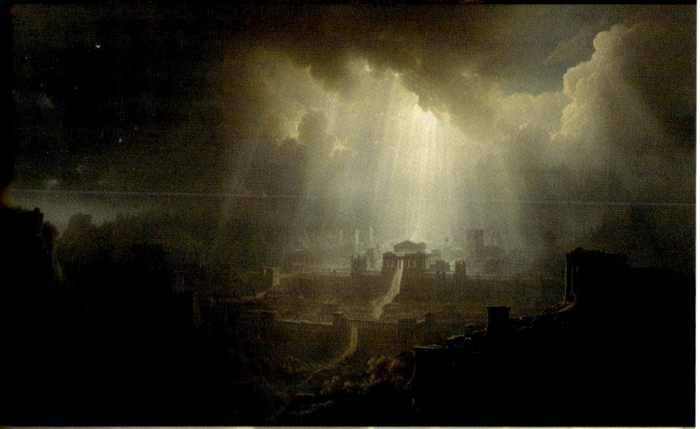

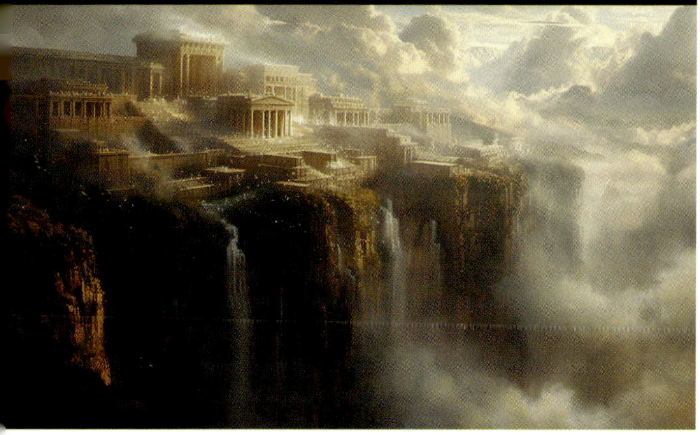

하지만 이렇게만 활용하면 그냥 고전 회화처럼 보이기만 하니, 여기에서 좀 더 나아가 보겠습니다.
묘사부에 '천국의 대도시'를 추가해 보겠습니다.

> By Thomas Cole, by John Trumbull, by William Dunlap, by Asher B Durand, mega city of heaven --ar 16:9 --s 250 --v 6.0 --style raw

프롬프트 파일제공

왼쪽 이미지가 생성되었습니다.

이번에는 현대의 대도시처럼 표현되는 것을 막기 위해 mega city of heaven의 보완으로 angelic을 추가해 줬습니다. 그리고 이 두 가지를 묶어서 가중치를 3정도 주어서 원하는 부를 강조해 줬습니다.

프롬프트 파일제공 By Thomas Cole, by John Trumbull, by William Dunlap, by Asher B Durand:: mega city of heaven angelic::3 --ar 16:9 --v 6.0 --s 250

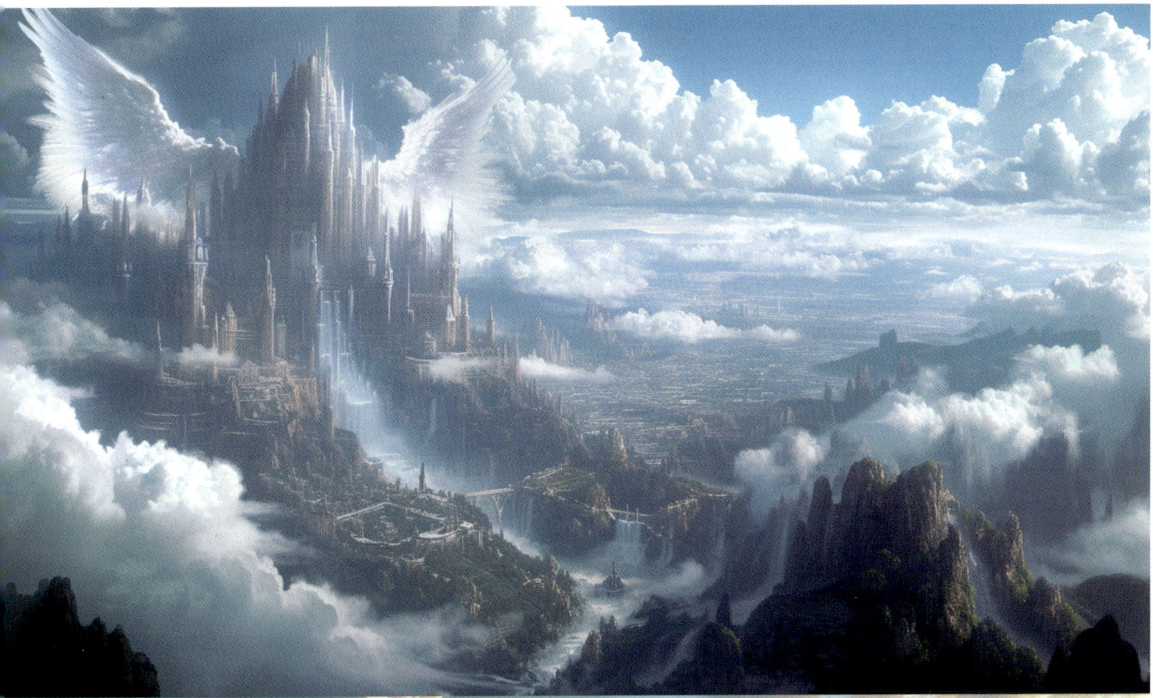

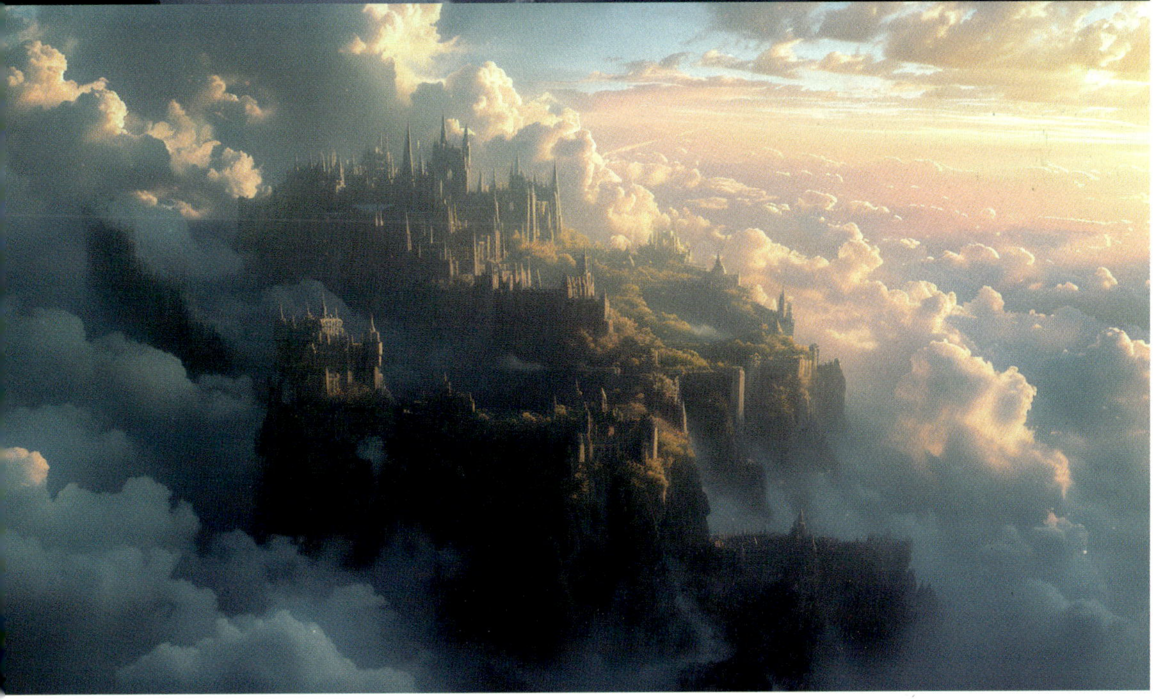

끝내주네요. 정말 허드슨 리버 화파 화풍으로 당시에 상상할 만한 천국의 대도시를 그렸습니다. 하지만 아직도 너무 고전적인 느낌이 강합니다. 가중치를 좀 조절하겠습니다.

아직은 몇몇 이미지가 색감이 지나치게 어두운 이미지가 나오기도 하기 때문에 pastel tone color::0.1(파스텔톤 색감)을 추가하겠습니다.

프롬프트 파일제공 By Thomas Cole, by John Trumbull, by William Dunlap, by Asher B Durand:: mega city of heaven angelic::3 pastel tone color::0.1 --ar 16:9 --v 6.0 --s 250

드디어 목표로 하던 분위기에 가까워졌습니다.

어디선가 이런 류의 이미지를 많이 보신 듯한 느낌이 드실 겁니다. 지금 여러분은 현대 판타지 컨셉아트가 어떤 미술 사조의 영향을 받았고, 어떤 점을 가미해서 지금의 화풍에 이르게 되었는지를 실시간으로 지켜보신 셈입니다.

이제 이런 스타일의 그림은 위 프롬프트로 수백 장이든 수천 장이든 마음껏 생산할 수 있게 되었습니다. 이미지를 만드는 것보다 오히려 선별이 더욱 어렵게 되었네요. 제가 이런 그림을 잘 그려보려고 얼마나 노력했었는지 뒤돌아보면 조금은 슬프고 대단히 복잡한 기분이 듭니다. 하지만 앞을 보고 나아가야겠죠. 앞을 보고 나아가는 것은 아직은 인류만의 특권이니까요.

새로 나온 시안 중에 두 번째 이미지가 제일 목표에 가깝기 때문에 업스케일링을 하겠습니다.

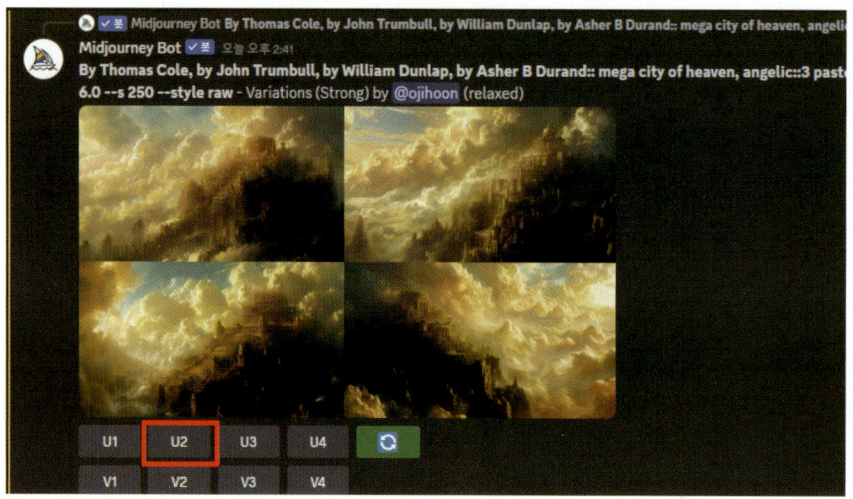

업스케일링 후의 모습입니다. 업스케일링 된 이미지 아래쪽에 여러 가지 메뉴가 보입니다.

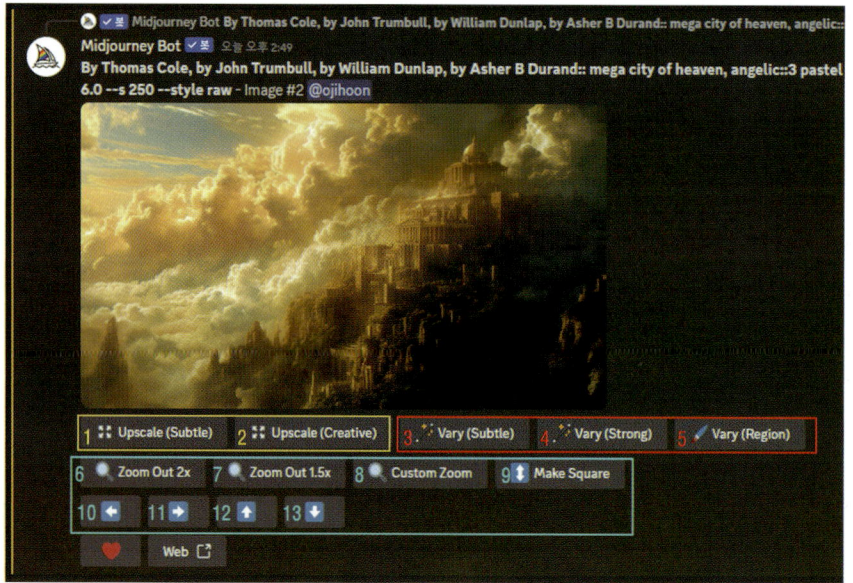

간단하게 메뉴를 설명하고 다음 순서를 진행하겠습니다.

노란 박스로 표시한 1번과 2번은 업스케일링되어 나온 이미지(1456×816)를 한 단계 더 업스케일링(2912×1632)하고 싶을 때 누르는 버튼입니다. 사이즈는 원본 이미지 비율에 따라 유동적이지만 대략 2k에서 3k 크기까지는 만들 수 있습니다.

1번 Upscale(Subtle)의 경우 주제부를 확대해서 보면, 원래 시안과 최대한 비슷한 결과물을 유지하면서 세부 디테일이 더욱 높아진 결과를 보여줍니다.

2번 Upscale(Creative)의 경우 원래 시안과 형태는 유사하지만 세부 디테일을 새로운 방식으로 재해석해서 업스케일링을 해 줬다는 것을 알 수 있습니다.

붉은 박스로 표시한 3, 4, 5번은 유사한 다른 시안을 더 보고 싶을 때 사용하는 기능입니다.
3번 Vary(Subtle)은 상대적으로 더 적은 변형의 4가지 시안, 4번 Vary(Strong)은 상대적으로 더 큰 변형의 4가지 시안을 보여줍니다.

다음은 3번과 4번의 시안을 비교한 것입니다.

3번 시안(Vary(Subtle))은 구도와 디테일이 상대적으로 덜 변경된 데에 비하여,
4번 시안(Vary(Strong)은 그림의 색감 주제는 비슷하지만 구도 자체가 변했습니다.

5번 (Vary(Region))은 이미지의 일부를 선택하여 수정할 수 있는 대단히 중요하고 편리한 기능입니다. 이번 작업의 마지막에 따로 설명하면서 활용해 보겠습니다.

하늘색 박스로 묶은 6~13번은 이미지의 확장을 위한 도구들입니다.
6번 Zoom Out 2x과 7번 Zoom Out 1.5x는 말 그대로 카메라가 줌아웃하듯 이미지의 외곽을 확장해 줍니다. 다음은 그 정도의 비교입니다.

보시다시피 6번 버튼은 2배 줌아웃, 7번 버튼은 1.5배 줌아웃합니다. 이렇게 줌아웃하면서 자연스럽게 화면의 바깥 디테일을 채워줍니다.

8번은 몇 배로 줌아웃할지 커스텀으로 직접 적어줄 수 있는 버튼입니다. 1~2 사이의 숫자를 직접 지정해 줄 수 있습니다.

9번은 이미지를 확장하여 정사각형의 이미지로 만들어 줍니다. 가로로 긴 이미지라면 위아래로 확장하고 위아래로 긴 이미지는 좌우를 확장하여 정사각형을 만들어줍니다. 지금 다루고 있는 이미지는 좌우로 긴 이미지이기 때문에 위아래로 더 확장되어 다음과 같은 이미지를 만들었습니다.

정사각형의 이미지로 확장되었습니다.

10번부터 13번까지의 화살표 버튼들은 "pan 기능"이라고 부르며, 각 화살표 방향대로 이미지를 확장해 주는 버튼들입니다. 어떤 식으로 확장되는지 아래 이미지를 참고해 주세요.

위와 같이 버튼이 가르치는 방향대로 이미지를 확장할 수가 있습니다. 이 기능을 잘 활용하면 이미지의 구도를 원하는 대로 만들 수가 있습니다.

여기에서는 오른쪽으로 확장한 이미지를 활용해 보겠습니다.

주제가 중앙에 있어서 다소 단조롭던 구도가 오른쪽으로 확장되니 더 나아졌습니다.
이렇게 확장된 상태의 인터페이스를 보겠습니다.

현재 이미지에서 상하좌우로 이미지를 더 확장할 수가 있습니다.
혹은 Make Square를 이용하여 정사각형의 이미지를 만들 수도 있습니다.

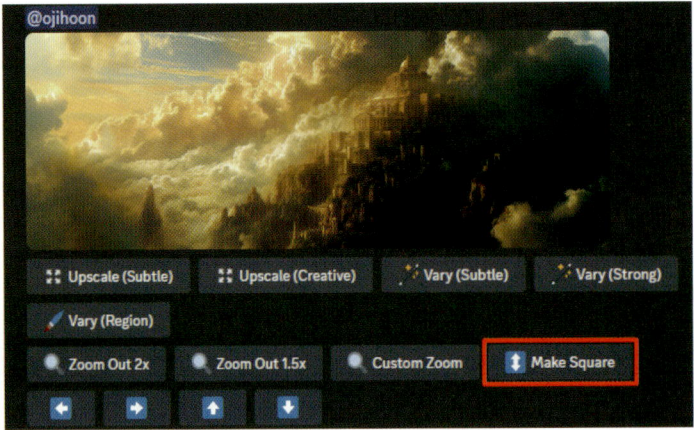

정사각형의 4가지 시안을 보여줍니다. 네 번째 시안이 마음에 들었기 때문에 U4 버튼을 눌러줬습니다.

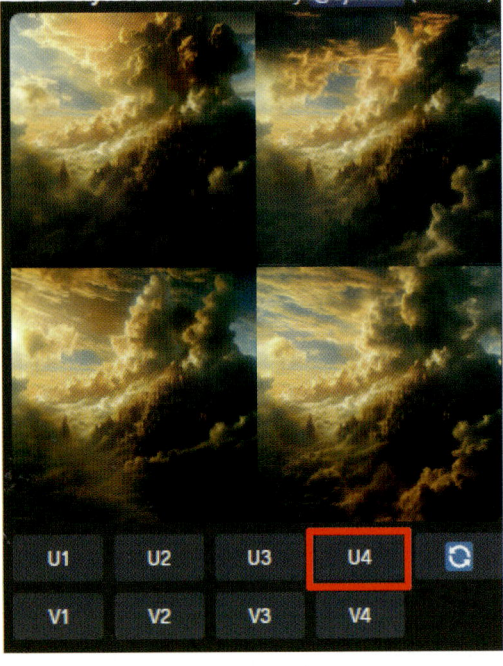

다시 업스케일링 된 이미지의 화면입니다.
여전히 위아래 좌우 모두 확장이 가능한 상태입니다.
아래로 확장을 더 해보겠습니다.

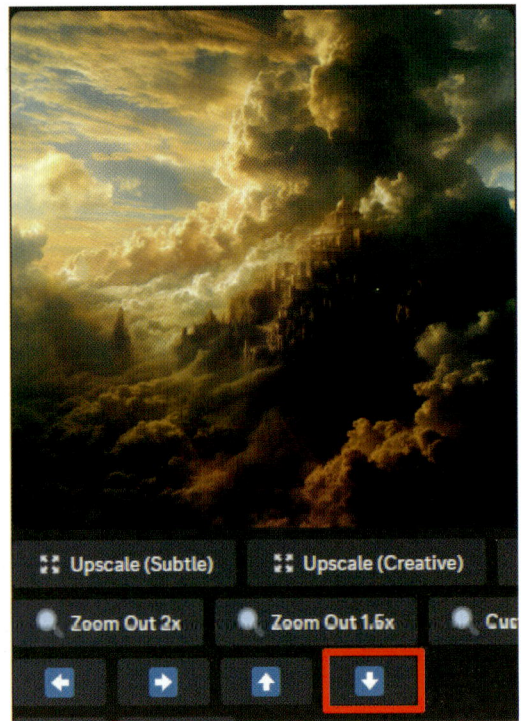

이와 같이 위아래로 길게 늘어난 이미지가 만들어졌습니다.

큰 스케일의 그림이 위아래로 쭉 늘어나니까 우주 스케일의 그림이 되었습니다.

이번에는 (Make Square)정사각형을만들기 이전으로 돌아가서, 가로로 긴 이미지를 만들어 보았습니다.

이렇게 아이맥스 영화의 한 장면 같은 웅장한 스케일의 이미지가 완성되었습니다.

아래의 이미지들도 같은 프롬프트와 같은 방식으로 만들어졌습니다.
미드저니가 동일 프롬프트를 사용하더라도 생성할 때마다 이미지가 조금씩 달라지기 때문에 동일 프롬프트로 다양한 시안을 만드는 것이 가능합니다.

02. 풍경화에 여행자 넣기

이번에는 앞서 만든 풍경화에 여행자를 넣어 보겠습니다.

물론 처음부터 프롬프트를 작성할 때부터 인물을 넣었다면 훨씬 쉬울 수도 있을 것입니다. 그런데 이미 만들어진 이미지에 원하는 위치에 인물을 추가하고 싶으면 어떻게 해야 할까요?

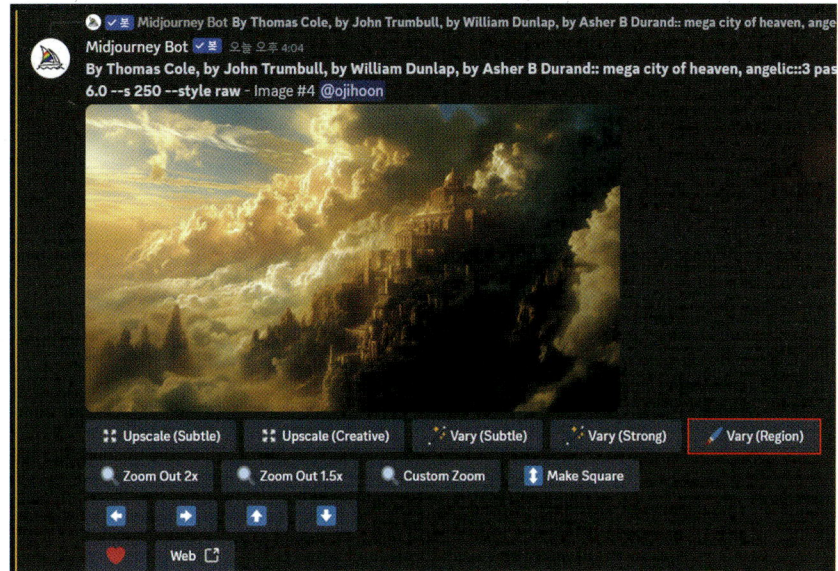

위 이미지의 인터페이스를 설명할 때 Vary(Region) 기능 설명을 나중으로 미뤘던 것 기억나시나요? 이제 저 기능을 사용해서 인물을 추가해 보겠습니다. 붉은 박스로 표시한 Vary(Region) 버튼을 눌러 보겠습니다. 별도의 에디터가 새 창으로 뜹니다.

1번 박스는 undo 버튼입니다. 2번은 선택 툴로 박스 형태와 올가미 형태 중 골라서 쓸 수 있습니다. (현재는 박스 형태의 선택툴이 활성화 되어 있습니다). 포토샵의 그것을 생각하시면 됩니다. 3번 박스에는 작성했던 프롬프트가 있으며, 수정도 가능합니다. (단, 여기에서 프롬프트를 수정하려면 앞서 /settings 명령에서 Remix 모드가 활성화되어 있어야 합니다.)

2번 박스 안의 사각 선택툴을 선택한 후 화면의 오른쪽 하단을 드래그 해 줍니다.

드래그 한 부분에 박스 모양의 영역이 표시되었습니다. 선택 영역의 이미지를 변화시키기 원한다는 뜻입니다.

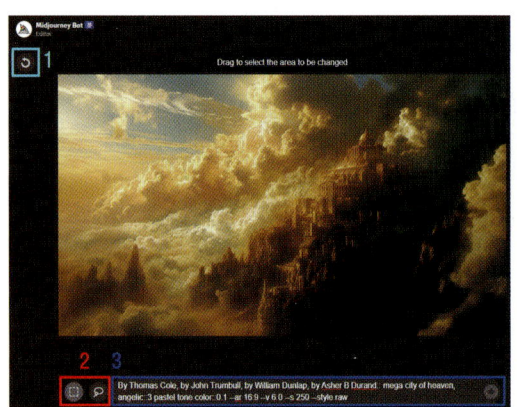

이번에는 프롬프트를 수정하겠습니다.
여행자의 뒷모습을 원하기 때문에 묘사 부분을 백팩을 맨 여행객의 뒷모습이라는 문장으로 바꿔주겠습니다.

프롬프트 파일제공 the back of a traveler wearing a backpack pastel tone color::0.1 --ar 16:9 --v 6.0 --s 250

프롬프트가 변경되었다면 오른쪽 하단의 실행 아이콘을 눌러줍니다.

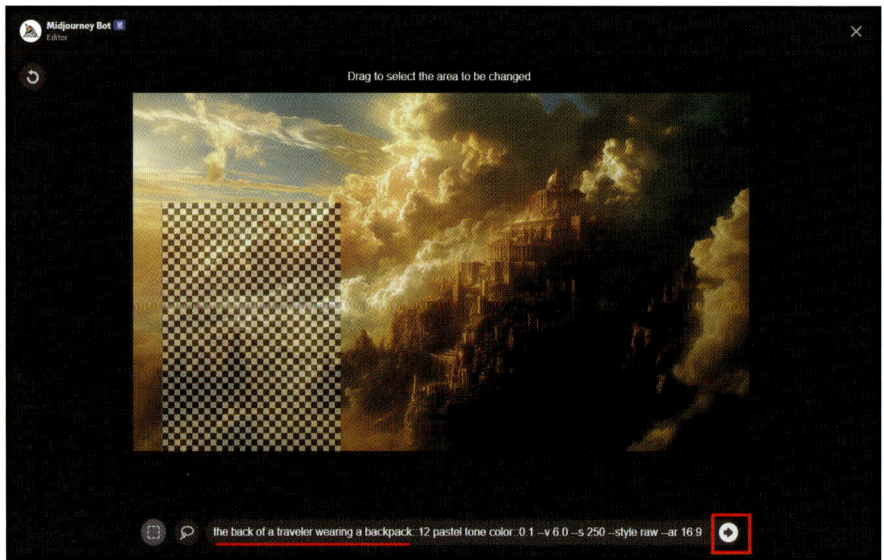

다음과 같이 4가지 시안이 나왔습니다. 저는 세 번째 시안을 선택했습니다.

최종적으로 업스케일링 된 이미지입니다.
이처럼 미드저니에서 Vary(Region) 기능으로 부분 수정을 해보았습니다.

(niji 모드)
카툰풍의 캐릭터 일러스트 만들기

7

01. niji 모드 실험해 보기

지금까지는 주로 미드저니로 실사풍 이미지를 만들어 왔습니다.
그런데 애니메이션이나 만화풍 이미지를 만들려면 어떻게 해야 할까요?
물론 프롬프트의 정의 부분에 만화나 애니메이션이라는 정의를 내려서 만화나 애니풍의 이미지를 만들 수도 있지만 미드저니에는 해당 분야에 최적화된 niji 모드를 제공합니다.

다음 이미지는 "A girl"이라는 단순한 프롬프트를 일반 모드와 niji 모드의 비교입니다.
오른쪽 이미지를 보면서 자신도 모르게 숨이 가빠지고 떨리는 목소리로 "아이시떼루!!"를 외친다면, niji모드는 당신을 위한 모드입니다.

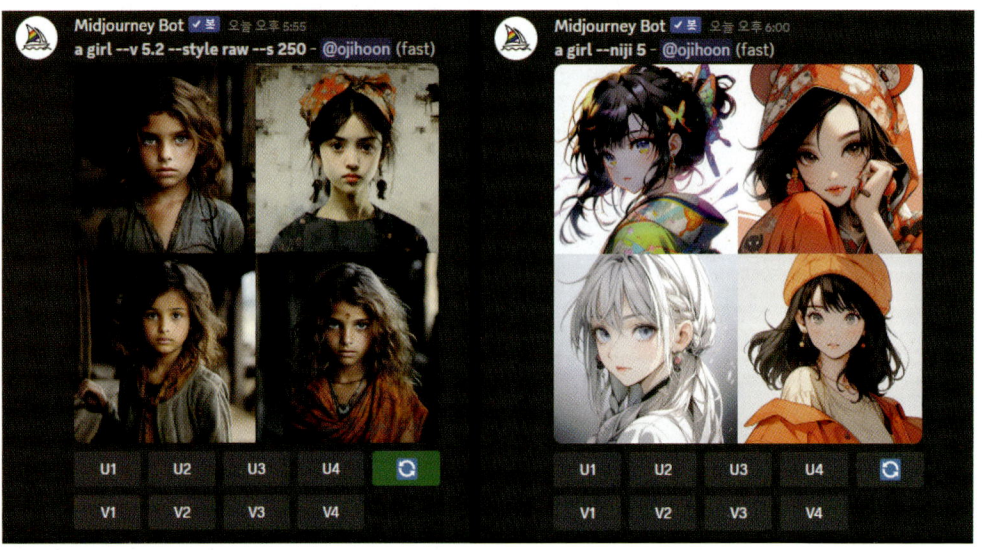

niji 모드를 쓰는 방법은 아주 단순합니다. 이전에 --v 5.2라고 넣던 버전 파라미터를 --niji 5로 바꿔 주면 됩니다. 말하자면 이미지생성엔진 자체를 애니메이션이나 만화에 특화된 엔진으로 교체한다고 생각하면 됩니다. 이 책을 집필할 당시는 niji 6 버전이 나왔지만, 아직 알파버전 단계이고 기능구현이 제대로 되지 않아서 niji 5 버전을 기준으로 설명을 하겠습니다.

시험 삼아 앞서 만들었던 웅장한 풍경화의 프롬프트를 그대로 niji 모드로 활용해 보겠습니다.

 By Thomas Cole:: by John Trumbull:: by William Dunlap:: by Asher B Durand:: mega city of heaven::3 angelic:: pastel tone color::2 --ar 16:9 --v 6.0 --s 250

위 프롬프트를 아래와 같이 변경해 줍니다.

 By Thomas Cole:: by John Trumbull:: by William Dunlap:: by Asher B Durand:: mega city of heaven::3 angelic:: pastel tone color::2 --ar 16:9 --niji 5 --style original

위에서 밑줄 친 파라미터가 변경된 부분입니다. 결과는 다음과 같습니다.

아니 이게 어떻게 된 일이죠?

우리의 위대한 허드슨 리버 화파 선배님들의 장엄한 자연경관이나, 웅장한 천국의 풍경 같은 건 전부 사라지고, 일본 애니메이션 특유의 하이톤의 목소리로 나를 흔들어 깨우며 "더쿠짱 이러고 있을 때가 아니라능!! 세카이를 마모루 해야 한다랄까?!!"라고 말할 것 같은 미소녀들이 화면 중앙에 있습니다.

아시다시피 앞서 작성된 프롬프트에는 애니메이션이나 미소녀에 대한 어떤 문구도 없었습니다.
niji 모드는 이처럼 프롬프트에 애니메이션에 관련된 정의를 넣지 않아도 알아서 2D나 카툰, 제패니메이션에 관련된 이미지를 생성하는데 특화된 모드인 것입니다.

또한, 위 프롬프트를 자세히 보면, "--style original" 부분이 눈에 띕니다.
niji 모드에서는 (expressive, cute, scenic, original) 각 4가지의 스타일을 제공합니다. 여기에서는 기본인 original 모드로 적용했습니다.

02. 수줍은 소녀의 불장난 일러스트 만들기

이번에는 아예 대놓고 메이드 복장의 일본 애니풍 소녀에 대한 프롬프트를 작성해 보겠습니다.

"횃불을 든 메이드 복장의 소녀가 수줍은 표정으로 불타는 마을 앞에 서있다"

> A girl dressed as a maid with a torch is standing in front of the burning village with a shy look on her face --niji 5 --style original --s 50 --ar 16:9

실험을 해본 결과 불타는 마을을 제대로 표현하려 들지 않아 "--s 50"로 s 수치를 더 낮추었습니다. 미드저니를 쓰면서 이미지가 자꾸 프롬프트와 다를 때는 s 값을 낮추어 보시기 바랍니다. 참고로 s 값은 0~1000까지 지정할 수 있으며 수치가 높아질수록 이미지는 멋지지만, 프롬프트 내용과는 달라지는 경향이 있습니다.

몇 가지 시안 중에서 선택해서 위 이미지를 업스케일링 했습니다. 횃불을 든 손은 끝내 표현해 주지 않았지만. 그래도 불타는 마을과 수줍은 미소는 잘 표현된 것 같아서 만족합니다.

이번에는 niji에서 제공하는 4가지 스타일을 각각 적용해서 어떻게 다른지 확인해 보겠습니다.

Original

cute

expressive

scenic

> **Original**은 우리가 흔히 생각하는 애니메이션 셀화에 가깝고,
> **cute**는 귀엽게 과장된 비율의 캐릭터,
> **expressive**는 좀 더 섬세하고 볼륨감 있는 캐릭터 묘사가 돋보이며,
> **scenic**은 이름처럼 배경을 섬세하게 묘사하는데 좀 더 신경 쓴 느낌이 돋보입니다.

아무래도 제 취향은 scenic인 것 같아서 scenic 모드로 한 장 더 생성해 보겠습니다.
기왕이면 스케일이 커 보이는 프롬프트를 좀 더 추가하겠습니다.

> **프롬프트 파일제공** A girl dressed as a maid with a torch is standing in front of the burning village, a shy look on her face, epic scale, wide angle --niji 5 --style scenic --s 50 --ar 16:9

niji 모드가 알아서 애니풍 이미지를 만들어 주기 때문에 정의 부분은 생략 했습니다. 그리고 스케일 감을 위해서 epic scale, wide angle를 보완 부에 넣어 줬습니다. 다음은 그 결과물 중 하나입니다.

확실히 화면의 스케일이 커졌네요. 대신 캐릭의 디테일에 대한 집중력은 다소 떨어진 느낌이 들지만 상황을 설명하기에는 아주 좋은 스타일인 것 같습니다.

이렇게 불타는 마을을 배경으로 수줍게 바라보는 사랑스러운 메이드의 일러스트가 완성되었습니다.

피규어 스타일의 캐릭터 만들기

01. 피규어 스타일 이미지

미드저니에 niji 모드가 생기고 나서 SNS에 한동안 아래와 같은 스타일의 이미지의 생성이 유행했던 적이 있습니다.

저처럼 피규어에 관심은 있지만 돈과 장소가 부족한 사람은 미드저니로 생성한 이미지를 수백 장 모아서 대리 만족을 하는 것도 괜찮을 듯 합니다.

피규어 같은 질감이지만 실제 피규어로 표현이 가능할지 의심될 정도로 섬세한 디테일의 이미지들입니다. 이러한 이미지를 만들려면 niji 모드에서도 정의 및 보완 부분이 필요합니다.

다음은 피규어 스타일의 이미지를 만들기 위한 프롬프트입니다.
'고양이 귀 모자를 쓴 교복입은 소녀'를 표현해 보겠습니다.

프롬프트 파일제공 toy figure, A girl wearing a cat ear hat, wearing a Korean school uniform, posing like a cat, made of plastic, ultra detail, soft lighting, gradient background --niji 5 --style expressive --s 250 --ar 9:16

정의

toy figure,

정의 부분에 toy figure가 쓰인 것을 알 수 있습니다. 즉, 피규어 장난감이라고 이미지의 정의를 내려줬습니다.

묘사

A girl wearing a cat ear hat, wearing a Korean school uniform, posing like a cat, made of plastic

묘사 부분에 made of plastic이 추가되어 플라스틱으로 만든 피규어 느낌을 더욱 강조해 주었습니다.

보완

ultra detail, soft lighting, gradient background

섬세한 디테일을 위한 ultra detail, 부드러운 조명으로 여성 캐릭터를 잘 표현하면서, 디테일이 잘 보이게 하기 위한 soft lighting 그리고 분위기 있으면서도 캐릭터를 돋보이게 하기 위한 그라데이션으로 처리된 배경을 위한 gradient background 등이 추가 되었습니다.

파라미터

--niji 5 --style expressive --s 250 --ar 9:16

캐릭터에 더 집중하고 디테일을 높이기 위해 --style expressive를 넣었고, 프롬프트를 더 중시하면서도 AI가 약간은 창의성을 발휘 할수 있도록 s 값을 --s 250 정도로 설정했습니다.

02. 응용하기

앞의 프롬프트에서 파란색으로 표시된 부분만 바꾸면 비슷한 느낌의 피규어 이미지를 마음껏 양산할 수가 있습니다.

예시로 개구리 모자를 쓴 닌자 소녀를 표현해 보겠습니다.

> toy figure, Ninja Girl in a Frog Hat, made of plastic, ultra detail, soft lighting, gradient background --niji 5 --style expressive --s 250 --ar 9:16

앞의 프롬프트에서 묘사 부분만 Ninja Girl in a Frog Hat, made of plastic로 바꾸어 줬습니다. 다음은 그 결과물입니다.

같은 요령으로 여러분 나름의 피규어를 디자인해 보세요.

03. 캐릭터 시트 만들어 보기

미드저니로 처음 캐릭터 일러스트를 생성했을 때 들었던 생각 중 하나는 '이 정도 퀄리티라면 아예 캐릭터 시트로 작성되어 나왔으면 더 좋을 텐데'라는 생각이었습니다. 실제로 실무에서는 캐릭터의 일러스트레이션을 멋지게 그려내는 것 못지않게 잘 설명해 주는 것도 중요합니다. 그러기 위해서는 턴어라운드 시트 "Turnaround sheet"라는 것이 필요합니다.

지금까지 이 책을 제대로 보신 분들이라면,
'그럼 정의 부분에 Turnaround sheet라고 적으면 되는 것 아니야?' 라고 생각하셨을 것입니다.

맞습니다!! 당장 실험해 보겠습니다.

> **프롬프트 파일제공**
> Turnaround sheet, toy figure, Ninja Girl in a Frog Hat, made of plastic, ultra detail, soft lighting, gradient background --niji 5 --style expressive --s 250 --ar 9:16

이젠 피규어의 다른 방향도 보여주게 되었습니다.
앞서 작성했던 개구리 모자를 쓴 닌자 캐릭 피규어용 프롬프트를 그대로 활용했고, 맨 앞에 Turnaround sheet만 넣었습니다. 이중에서 세 번째 시안이 제일 쓸만해 보여서 업스케일링을 해 보았습니다.

앞서 업스케일링 된 이미지를 Pan 기능으로 이미지를 가로세로로 늘렸던 기억이 날 것입니다.
이번에는 좌우로 늘려보겠습니다.

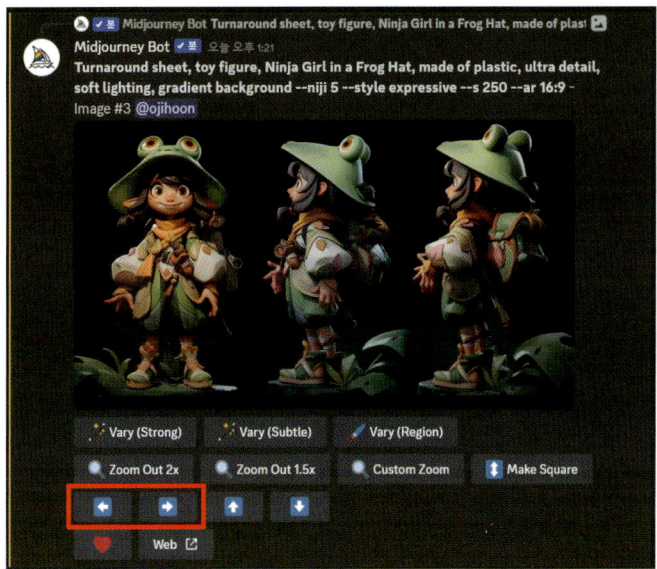

앞서의 이미지를 우측으로 한 번, 좌측으로 두 번 확장한 이미지입니다.
놀랍게도 이미지를 확장하자 캐릭터의 다른 측면에서 바라본 이미지가 추가됩니다.

이번에는 위 아래로도 확장해 보겠습니다. Make square 기억하시나요?

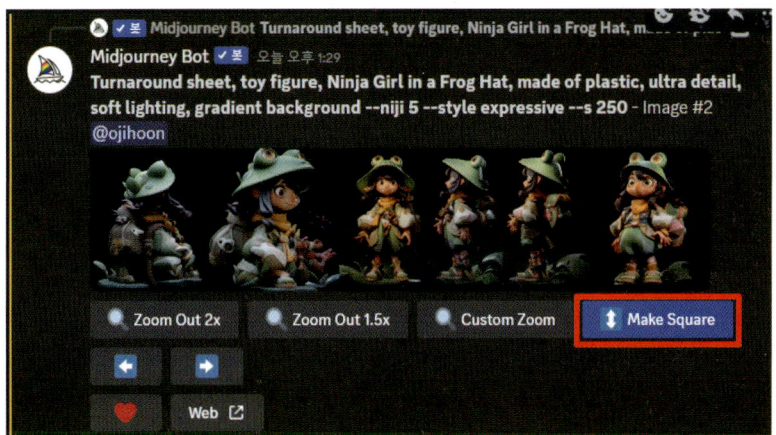

저는 세 번째 시안이 마음에 들었기에 U3 버튼을 눌러줬습니다.

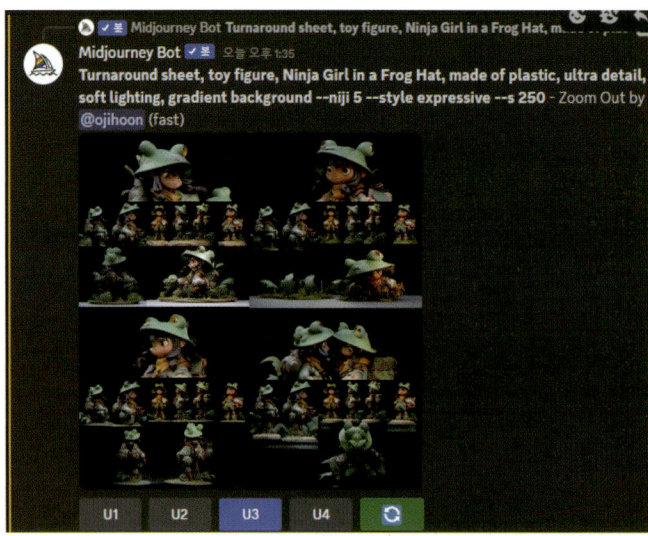

이렇게 해서 편집이 예쁘지는 않지만 3D 아티스트가 참고하기에 충분한 훌륭한 캐릭터 시트가 탄생했습니다. 약간 미진한 부분은 포토샵으로 다듬어 주면 될 것 같네요.

그런데 여기서 끝이 아닙니다.

앞서 업스케일링 될 이미지를 선택할 때 세 번째 스타일의 다양한 느낌을 보고 싶어서 V3 버튼을 누르면 유사하면서도 잘 정리된 새로운 시안들을 또 볼 수 있습니다. 여기에서 두 번째 안을 선택해서 업스케일링해 줬습니다.

대단히 멋진 캐릭터 시트가 나왔습니다. 이런 식으로 무한정으로 시안을 반복 제작할 수 있습니다.

04. Remix mode를 이용하여 디자인 변경하기

마지막으로 Remix mode를 이용하여, 캐릭터의 디자인을 일부 변경시켜서 캐릭터 시트를 작성하게 만들 겠습니다.

> Remix mode가 활성화 되어 있지 않으신 분은 /settings 명령을 사용하여 Remix mode를 활성화 해 주세요.

Remix mode가 켜져 있다면, 아래 그림처럼 재생성 버튼을 누르면, 프롬프트를 수정할 수 있는 창이 뜨게 됩니다. 여기에서 프롬프트를 수정하면 이미지가 변경된 내용으로 재생성됩니다.

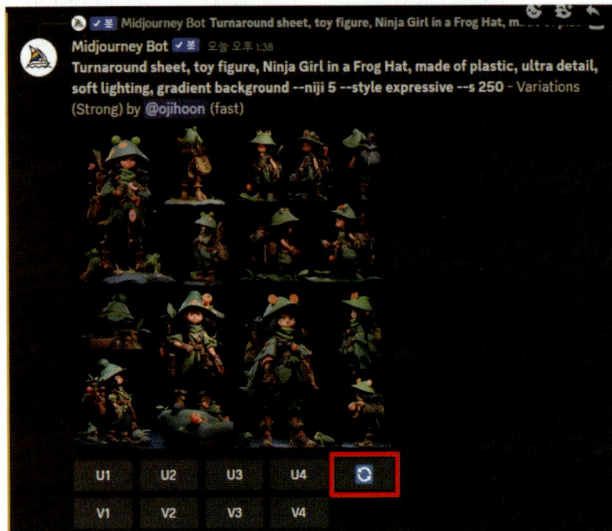
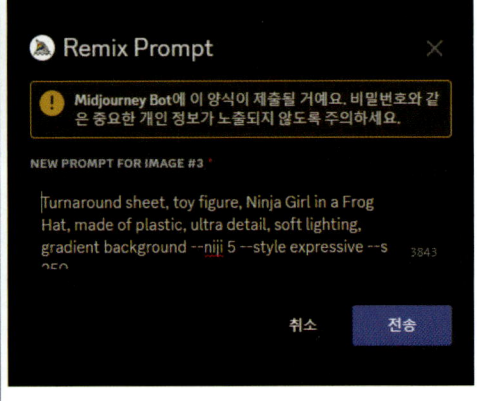

 부에 red hair 라는 단어를 추가해 주겠습니다.

프롬프트 파일제공
Turnaround sheet, toy figure, Ninja Girl in a Frog Hat, red hair, made of plastic, ultra detail, soft lighting, gradient background --niji 5 --style expressive --s 250

미드저니(Midjourney)로 본격적인 게임 리소스 만들기 **3**

우리의 개구리 닌자 소녀는 이제 빨간 머리가 되었습니다.
이런 식으로 캐릭터의 부분을 조금씩 수정해 가면서 마음에 드는 디자인으로 완성해 갈 수 있습니다.

Turnaround sheet라는 키워드 외에도 다음 페이지에 나오는 키워드들을 정의 부분에 넣어주면 다양한 효과를 얻을 수 있습니다.

153

05. 그외의 시트들

Character expression sheet

앞서 턴어라운드 시트와 비슷해 보이지만 좀 더 캐릭터의 표정을 보여 주는데 중점을 둔 시트입니다.

> **프롬프트 파일제공** Character expression sheet, Ninja Girl in a Frog Hat, red hair, ultra detail, soft lighting, gradient background --niji 5 --style expressive --s 250 --ar 16:9

Dress-up sheet

역시 턴어라운드 시트와 비슷해 보이지만 패션에 조금 더 중점을 둔 듯한 시트입니다.

> **프롬프트 파일제공** Dress-up sheet, Ninja Girl in a Frog Hat, red hair, ultra detail, soft lighting, gradient background --niji 5 --style expressive --s 250 --ar 16:9

Full body portrait

이번에는 캐릭터의 전신을 잘 보여주는 키워드입니다. 보시다시피 잘리는 곳 없이 전신이 잘 표현되어 있습니다. 캐릭터 일러스트를 만들 때 매우 유용합니다.

프롬프트 파일제공

Full body portrait, Ninja Girl in a Frog Hat, red hair, ultra detail, soft lighting, gradient background --niji 5 --style expressive --s 250 --ar 9:16

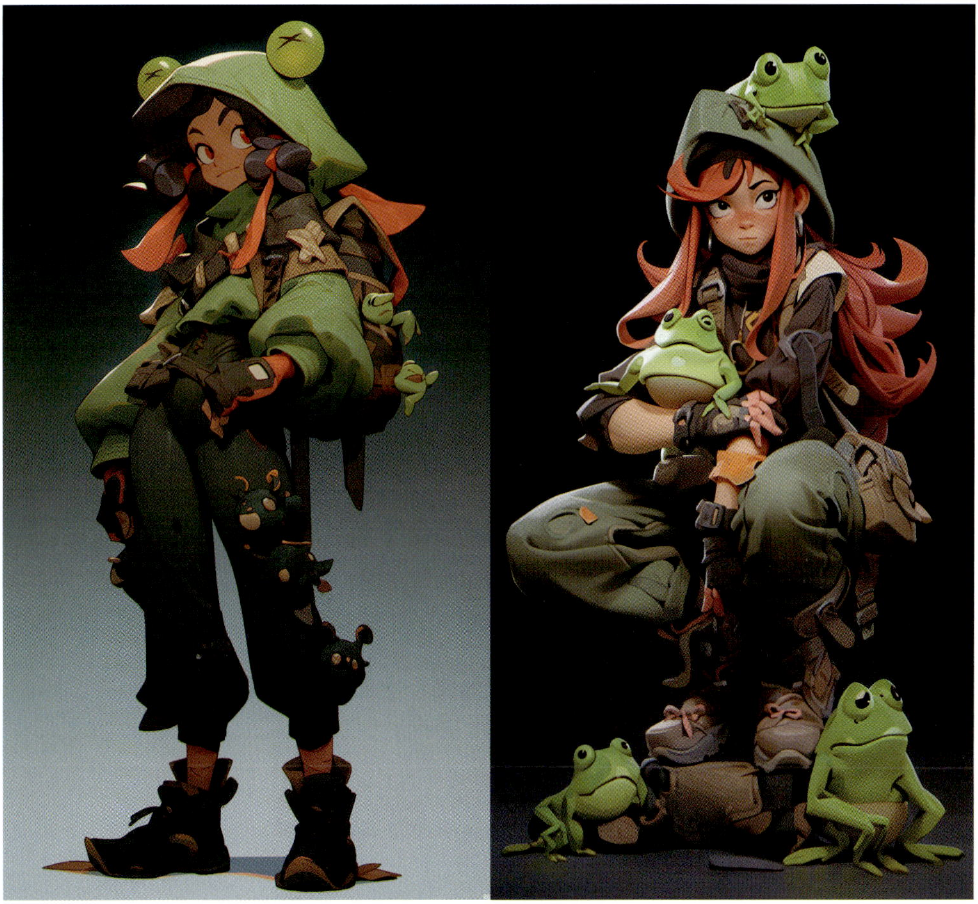

자동 생성 만화 만들기

여기까지는 niji 모드를 주로 디자인을 위한 캐릭터 일러스트나 캐릭터 시트에 대해서 알아봤습니다. 그런데 niji 모드는 더 큰 가능성을 가지고 있습니다. 바로 자동 만화 생성 머신으로 활용될 가능성입니다. 간단하게 실습해 보겠습니다.

'멋진 남자가 여자에게 사랑을 고백하는 로맨틱한 장면'을 맡겨 보겠습니다.

다음은 프롬프트입니다.

> A page of Manga, a scene where a wonderful man confesses his love to a woman --niji 5 --style original --s250

 정의 부분을 A page of Manga로 정의해 줬습니다.
묘사 부분에서는 만화의 내용의 대충 어떤 내용인지만 설명을 했습니다.

위와 같은 4개의 시안이 나왔습니다. 보시다시피 아직은 내용을 정교하게 반영하지는 못합니다. 하지만 정말로 일본 만화의 한 장면처럼 그럴 듯한 페이지를 생성해 준 것을 확인할 수 있습니다.

첫 번째 시안으로 선택하고 업스케일링 된 이미지를 pan 기능을 활용하여 웹툰처럼 긴 이미지를 만들어 봤습니다.

몇 번의 선택을 통해 보시다시피 상당히 그럴듯하게 웹툰 스타일의 이미지가 나왔네요. 이미지 확장을 해도 어느 정도 캐릭터의 일관성이 유지되네요.

제가 임의로 말풍선에 대사를 넣어 보았습니다.

역시 글을 넣으니 더욱 감동적입니다.

저는 이 작업을 해 보면서 앞으로 만화를 그리는 프로세스가 생각보다도 훨씬 많이 변할지도 모른다는 생각이 들었습니다. 캐릭터의 설정과 생김새, 대략적인 상황을 설명해 주면 알아서 만화를 그려주는 AI가 나올지도 모르겠습니다.

여기까지 niji 모드를 이용해서 캐릭터 일러스트와 제작용 시트, 간단한 만화까지 생성을 해봤습니다. Niji 모드는 정말 재미있으니 꼭 실습을 해보시기 바랍니다.

이미지 프롬프트 활용하기

게임 원화가로 일을 하다 보면 종종 겪는 어려움이 있습니다.
바로 기획이나 아트디렉터가 원하는 바가 무엇인지 잘 이해 되지 않을 때입니다.

물론 기획서가 있고, 아트디렉터도 말로 본인의 의사를 전달해 주지만 언어로는 정보 전달의 한계가 있습니다. 이럴 때 보통 기획팀이나 아트디렉터가 참고용 이미지를 전달해 주는 경우가 많습니다. 우리가 보통 레퍼런스 이미지라고 부르는 것들이죠.

지금까지 우리가 AI에게 일을 맡겨온 방식은 주로 글을 통한 방식이었습니다. 하지만 이것만으로는 우리가 원하는 바를 정확하게 전달하기는 어렵습니다. 미드저니에서는 이런 경우를 대비하기 위해 유저가 레퍼런스용 이미지를 미드저니에게 전달할 수 있는 방법을 만들어 두었습니다. 이렇게 참고용 이미지를 미드저니에게 전달해 주는 것을 "이미지 프롬프트(Image Prompt)"라고 부릅니다.

사용법을 알아 보겠습니다.
이미지 프롬프트를 작성하려면 먼저 레퍼런스로 활용하려는 이미지를 디스코드에 업로드 해야 합니다.

01. 물 만난 토끼

제가 집에서 키우고 있는 토끼의 사진입니다.
이 토끼의 사진을 디스코드에 업로드 해 보겠습니다.

미드저니(Midjourney)로 본격적인 게임 리소스 만들기 **3**

업로드 방법은 아주 간단합니다.

프롬프트를 작성하던 채팅창에 이미지를 드래그 해서 넣어주고 엔터를 입력하면 업로드됩니다.

이미지가 디스코드에 업로드 되었습니다.

업로드 된 이미지에 마우스 오른 버튼을 눌러서 [링크 복사하기]를 눌러주면 이 이미지의 링크 주소가 복사됩니다. 이제 이미지 프롬프트를 작성할 준비가 된 것입니다.

 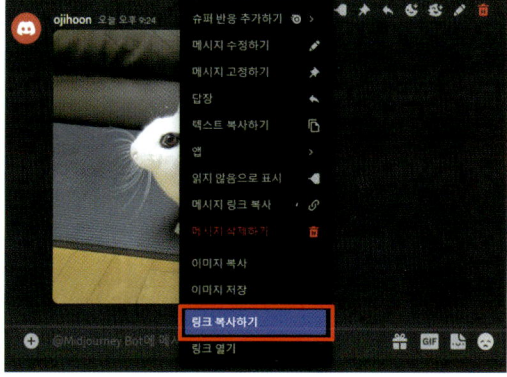

기존에 프롬프트를 작성할 때처럼 프롬프트 창에서 /imagine을 열고 ctrl+v를 누르면

아까 복사해 두었던 이미지 링크의 붙여넣기가 됩니다.

위와 같이 주소가 복사되었으면 성공입니다!!

이렇게 이미지의 링크 주소를 넣으면 이미지 프롬프트가 작성된 것입니다. 별 것 아니죠?

159

이번엔 기존의 텍스트로 완성된 프롬프트를 뒤에 추가해 주겠습니다.

'수많은 물고기가 헤엄치는 깊은 바닷속의 풍경' 으로 하겠습니다.

Raw photo, deep in the sea where countless fish swim --v 6.0 --style raw --s 250

위 문구를 앞의 이미지 프롬프트 뒤에 콤마를 넣고 붙여넣기를 하면 됩니다. 아래 그림처럼 말이죠.

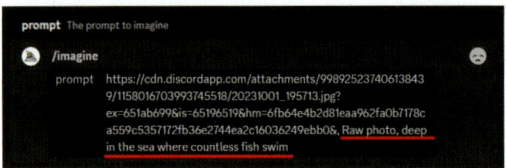

이미지 프롬프트 뒤에 방금 작성한 프롬프트를 붙여넣기 했습니다.

결과가 궁금하네요. 이제 엔터를 누르면 됩니다.

https://s.mj.run/iGQ1nbswNiA, Raw photo, deep in the sea where countless fish swim --v 6.0 --style raw --s 250

보시다시피 저의 토끼의 이미지 프롬프트와 글로 작성한 텍스트 프롬프트가 1 : 1의 비중으로 섞여서 위와 같은 이미지가 나왔습니다. 우리집 토끼가 부디 바닷속에서도 잘 살아줬으면 좋겠네요.

미드저니의 프롬프트는 이미지 프롬프트, 텍스트 프롬프트, 파라미터까지 크게 세 파트로 나누어져 있습니다. 위 토끼의 프롬프트를 기준으로 구조는 살펴보면 아래와 같습니다.

지금까지 작성해 왔던 텍스트로 된 프롬프트와 파라미터 앞에 이미지 프롬프트가 더 추가되었습니다. 복잡하게 생각할 것 없이 기존의 프롬프트 앞에 참고할 이미지 링크가 하나 더 추가되었다고 생각하세요.

02. 로봇토끼로 개조하기
(이미지 프롬프트와 텍스트 프롬프트를 함께 쓰기)

본격적으로 이미지 프롬프트로 어떤 일들을 할 수 있는지 알아보겠습니다.
이번에는 아까의 토끼 사진을 로봇으로 변신시켜 보겠습니다.

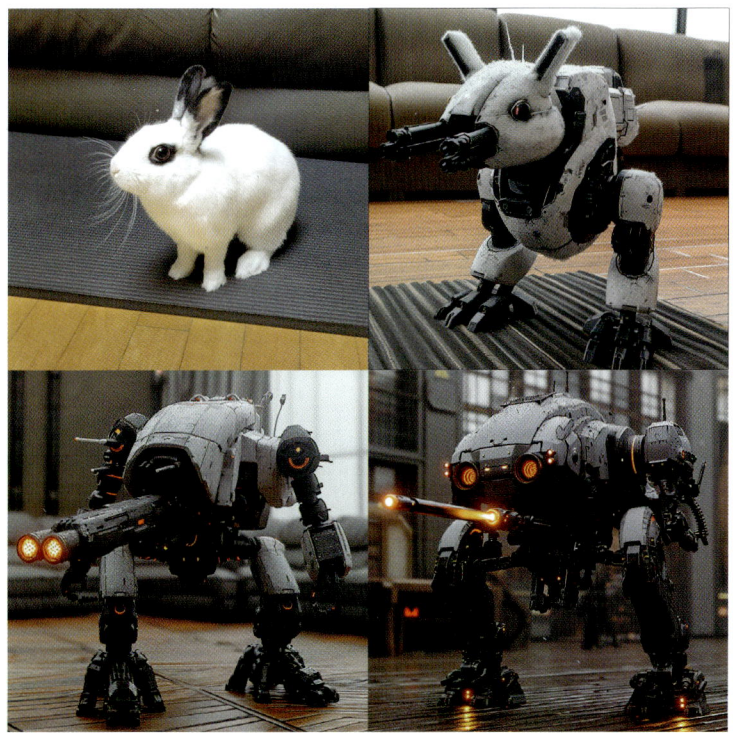

이미지는 이미 업로드 했기 때문에 아까처럼 마우스 오른 클릭을 하면 언제든지 이미지 링크를 얻을 수 있습니다.

이젠 강력한 전투 로봇에 대한 프롬프트를 작성하면 되겠네요.
기왕이면 평소 제가 좋아하는 스타일의 로봇에 대한 프롬프트를 작성해 보겠습니다.

"발칸포 달린 거대한 이족 보행 전투로봇"이라는 고전적인 내용을 담았습니다.

> Raw photo, Huge two-legged walking combat robot with a Balkan gun, ultra detail, unreal engine 5 --v 6.0 --style raw --s 250

이제 이미지 프롬프트 뒤에 붙여줍니다.

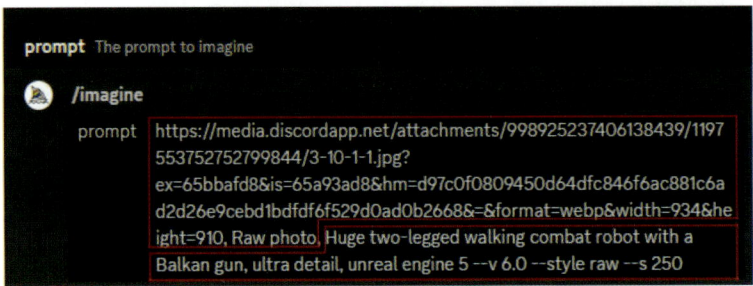

그 결과물입니다.

뭔가 멋지게 나온 것 같은 느낌인데 외모가 약간 변한 거 같은 건 기분 탓이겠죠? 첫 번째 이미지를 선택하여 업스케일링을 해 주었습니다.

이렇게 업스케일링된 이미지에 마우스 오른 클릭하여 이미지의 링크를 복사해 줍니다.

앞서의 전투로봇 프롬프트와 같이 써 보겠습니다.

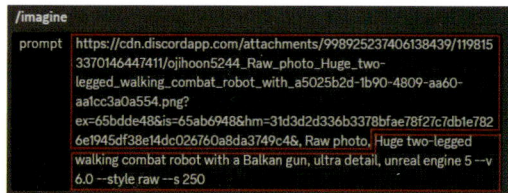

그 결과물입니다. 엄청 멋지네요. 이 정도면 가정용(?) 로봇으로 손색이 없어 보입니다. 그런데 이게 토끼!?!?

앞의 과정을 한 번만 더 반복해 보겠습니다.
마찬가지로 생성된 이미지의 링크를 복사해서 전투 로봇 프롬프트와 결합하겠습니다.

그 결과물입니다.

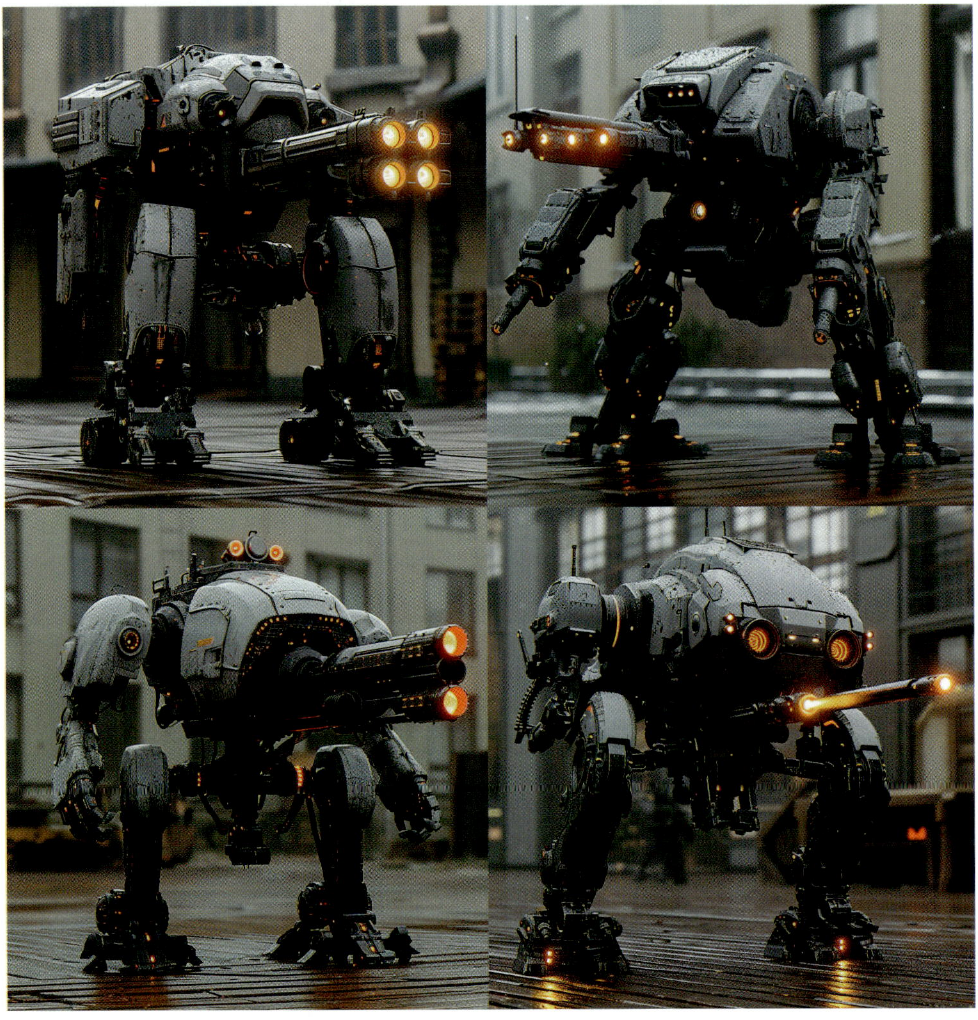

미드저니(Midjourney)로 본격적인 게임 리소스 만들기 **3**

우리집 토끼의 변신 과정을 한 눈에 볼 수 있습니다.

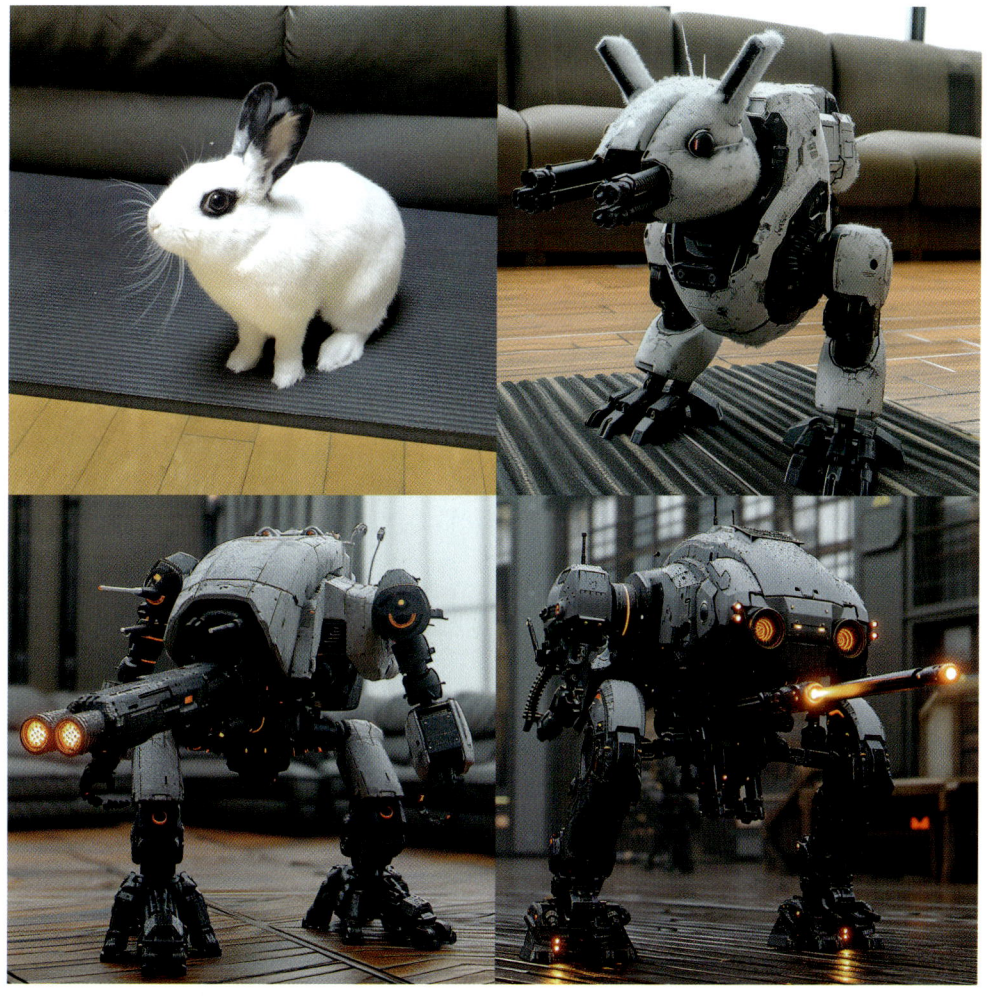

과정을 정리합니다

1. 이미지 프롬프트로 활용할 토끼 이미지를 업로드.

2. 업로드된 이미지의 업로드 링크를 복사함.

3. 이미지의 최종 목표점이 될 정도로 특성이 강한 텍스트 프롬프트를 작성. 위 경우에는 '전투용 이족 보행 로봇'

4. 이미지 링크를 이미지 프롬프트로 활용해서 붙여 넣기 하고, 앞서 작성한 '전투용 이족 보행 로봇' 프롬프트 뒤에 붙여 넣기 해서 각자 영향력을 1 : 1로 만들어 줌.

5. 위 과정으로 생성된 로봇화된 토끼 이미지를 업스케일링 한 후 다시 이미지 링크를 얻어 이미지 프롬프트로 활용.

6. 다시 이미지 프롬프트와 텍스트 프롬프트를 순서대로 붙여 넣기하여 1 : 1의 영향력으로 이미지를 생성함.

7. 위 과정을 반복하여 토끼가 점점 대형 전투로봇으로 변해 가는 듯한 이미지들을 얻음.

03. 잘생긴 친구를 우주로 보내기 (이미지 프롬프트와의 합성)

자, 동물로 임상 실험을 끝냈으니, 우리의 소중한 이웃으로 실험을 해 볼 때가 왔습니다.

일단 되도록 본인이 질투하는 잘생기거나 예쁜 친구의 이미지를 한 장 준비합니다.
여기서는 미드저니로 생성한 가상의 인물을 사용하겠습니다.

수트핏도 좋고 잘 생겼고 무엇보다 자신감 넘치는 미소가 저는 별로 맘에 들지 않습니다.

앞에서는 이미지와 텍스트를 섞어서 이미지를 만들었는데, 이번에는 이미지와 이미지를 섞어서 새로운 이미지를 만들어 보겠습니다.

남자를 우주로 날려 보낼 블록 장난감 우주선을 생성하겠습니다. 아래 프롬프트를 입력해 주세요.

```
spacecraft made of block toy, --v 6.0 --style raw --s 250
```

미드저니(Midjourney)로 본격적인 게임 리소스 만들기 **3**

이제 두 이미지의 이미지 프롬프트를 추출하겠습니다.

이번 예제는 두 이미지 모두 미드저니에서 제작했기 때문에 해당 이미지에서 마우스 오른 버튼으로 이미지 링크를 복사할 수 있었습니다. 만약 미드저니에서 생성하지 않은 기존의 이미지를 사용하고 싶다면, 앞서 공부한 (토끼 사진 업로드) 요령대로 이미지를 디스코드에 업로드해서 사용하면 됩니다.

두 이미지의 링크를 복사해서 프롬프트 창에 붙여 넣기 합니다.

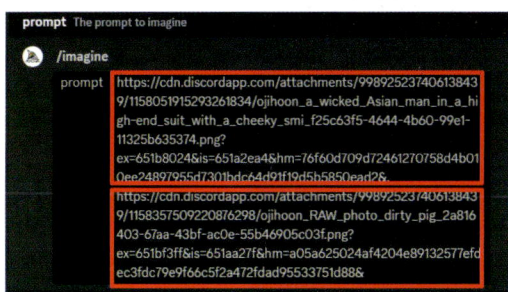

위 이미지처럼 순서대로 두 이미지 링크를 붙여 넣기 합니다. 이 상태에서 엔터를 눌러 보겠습니다.

훨씬 보기가 나아졌네요.
역시 멋진 분은 우주로 진출을 하셔야죠!

이처럼 별다른 프롬프트 없이 이미지 프롬프트를 나열하는 것만으로도 두 이미지가 합쳐집니다.
똑같은 요령으로 앞의 이미지와 블록 장난감 우주선 이미지를 또 다시 합쳐 보겠습니다. 이렇게 하면 전체 이미지에서 블록 장난감 우주선의 영향력이 더 강해질 것입니다.

마찬가지로 각자 이미지 링크를 복사한 후 프롬프트 창에 순서대로 복사해 줍니다.

너무 멋지게 생성되었습니다.

이처럼 이미지 프롬프트끼리 융합이 가능한 점을 잘 활용하면 여러 가지 이미지를 만들 수 있습니다.

04. 이미지 가중치 사용해 보기

이번에는 앞서 로봇 토끼를 만들 때 썼던 텍스트 프롬프트를 함께 사용해보겠습니다.
우주로 진출한 훈남과 전투용 이족보행 로봇이 합성하면 도대체 어떤 존재가 탄생할지 무척 궁금하군요. 이 맛에 실험을 하는 거죠.

앞서 해온 과정처럼 이미지 링크를 복사합니다.

프롬프트를 복사하여 순서대로 붙여넣기 합니다.

Raw photo, Huge two-legged walking combat robot with a Balkan gun, ultra detail, unreal engine 5 --v 6.0 --style raw --s 250--v 6.0 --style raw --s 250

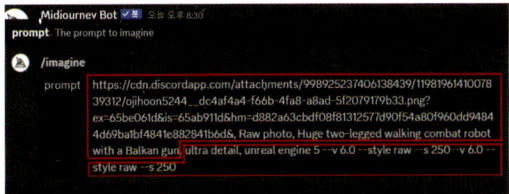

그런데 이번에는 "이미지 가중치 파라미터"라고 불리는 "--iw" 파라미터를 추가로 써보겠습니다.
일단 이미지 가중치를 1.5로 정하고 프롬프트를 아래와 같이 수정하겠습니다.

Raw photo, Huge two-legged walking combat robot with a Balkan gun, ultra detail, unreal engine 5 --v 6.0 --style raw --s 250--v 6.0 --style raw --s 250 --iw 0.8

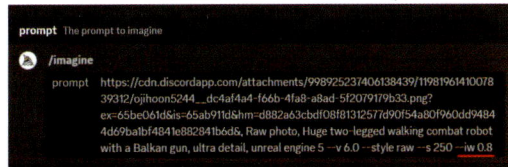

이미지 가중치는 0~2의 숫자를 가지고 있으며, 텍스트 프롬프트에 비하여 이미지가 얼마나 더 큰 영향력을 가지는지를 숫자로 정해 줄 수 있습니다. 아무 지정도 하지 않았을 때의 기본 가중치는 1이며, 숫자가 높을 수록 이미지가 결과물에 더 큰 영향력을 미치게 됩니다.

예)

--iw 0.1 (이미지 가중치가 0.1으로 이미지는 결과물에 영향을 아주 적게 가집니다.)

--iw 2 (이미지 가중치가 2로 이미지는 텍스트 프롬프트에 비하여 2배의 영향력을 가지게 됩니다.)

결과를 보겠습니다.

--iw 0.8

와우! 이 친구 우주에 가더니 더욱 발전을 했네요. 우주선이 전투로봇 형태로 변했습니다.
자세히 보시면 블록 장난감의 느낌을 어느 정도 유지하고 있지만, 재질이나 디테일이 더욱 사실적으로 변했음을 알 수 있습니다.

이처럼 이미지 프롬프트를 잘 활용하고, iw 파라미터를 활용하여 텍스트 프롬프트와의 가중치를 잘 조절하면, 단순히 프롬프팅만으로 얻기 힘든 복합적이고 다채로운 이미지를 만들어 낼 수 있습니다.

다음은 iw 수치를 각각 0.5, 2로 줬을 때의 결과물의 차이입니다.

> 이미지 가중치 수치가 적을 수록 텍스트 프롬프트에 충실한 결과물이 나옵니다.

--iw 0.5

--iw 2

이렇게 수치의 변경 만으로도 이미지의 가중치를 쉽게 조절할 수 있습니다.
0.8 정도 수치를 줬을 때의 이미지가 마음 속으로 예상하던 느낌과 비슷한 것 같습니다.

처음 이미지와 최종 이미지를 비교해 보겠습니다.

잘 가게 멋진 친구여, 그대는 우주를 지켜주게나. 나는 지구에서…

05. 주변의 사물을 이용하여 슈퍼카 디자인하기

앞서의 이미지 프롬프트와 이미지 가중치를 적절히 잘 사용하면, 단순히 그림뿐만 아니라 새로운 디자인을 창조할 수도 있습니다. 보통 산업디자인의 꽃이라고 하는 자동차 디자인을 시도해 볼까요?

먼저 주변의 사물 중 취향에 맞는 이미지를 구해 왔습니다.
제가 날마다 쓰고 있는 키보드와 더 이상 쓰지 않는 하드디스크의 사진입니다.

위 이미지들을 프롬프트 창에 업로드하고, 앞선 방식대로 이미지 링크를 복사/붙여 넣기 한 후,
아래 프롬프트를 뒤에 붙여 넣기를 해 주었습니다.

대략 **페라리를 닮은 미래적인 슈퍼카**라는 프롬프트입니다.

RAW photo, super car, futuristic design, Ferrari --v 6.0 --style raw --s 250 --ar 2:1 --iw 1.5

여기서 뒤에 "--ar 2:1" 비율 파라미터를 넣어서 비율을 조절해 준 것은 참고 이미지들의 가로세로의 비율이 2 : 1 정도이기 때문입니다. 가급적 이미지 프롬프트로 쓰인 이미지의 비율과 생성될 이미지의 비율을 맞춰주는 것이 좋습니다. 이미지 가중치(iw)는 "--iw 1.5" 정도를 추가해 주었습니다.

결과물을 보니, 자동차라기보다는 외장하드를 닮은 용도를 알 수 없는 물체처럼 보입니다.
이미지 가중치를 좀 조절해야 할 것 같습니다.

다음은 이미지 가중치에 따른 변화입니다.

--lw 1.5

--lw 1

--lw 0.8

--lw 0.85

여러분은 어떤 결과물이 마음에 드시나요?
외장 하드의 실루엣 느낌과 키보드의 글자 느낌이 미묘하게 끝까지 남아 있는 것이 느껴지시나요?
저는 이미지 가중치가 0.8 정도의 반영된 결과물이 가장 마음에 듭니다.

물론 전문적으로 자동차를 디자인하시는 분들이 보시기에는 우스꽝스러울 수도 있겠습니다만,
쏟은 정성에 비하면 무척 마음에 들긴 합니다.

자, 이렇게 해서 키보드와 버려진 외장하드를 이용한 슈퍼카 디자인이 나왔습니다.
혹시 이 차의 디자인 철학에 대해서 설명을 해야 한다면 뭐라고 할까요?

그냥 검정 터틀넥을 입고 커다란 PT 화면에 키보드 사진과 외장하드 사진과 작업과정을 보여주면서 이렇게 말할 것 같습니다.

"귀찮지 않은 선에서 최선을 다 했습니다."

06. 내가 찍은 거리사진으로 미래도시 만들기

지금까지의 프로세스를 통해 공학적이거나 실용적인 고려 없이 그냥 그럴듯하게 보이는 디자인을 원한다면 미드저니를 통해 상당히 쉽게 만들 수 있다는 걸 확인했습니다. (물론 이런 식의 디자인으로는 절대로 실용적인 디자인이 나올 수는 없습니다.)

그런데 기왕 산업 디자인도 해 봤으니 스케일을 좀 더 키워서 미래 도시 디자인을 해 보면 어떨까요? 이번엔 Remix mode를 잘 활용해서 이미지와 프롬프트를 계속 섞어 주면서 진행하겠습니다.

먼저 바깥에서 거리 사진을 촬영해 봅니다. 저는 산책을 하다가 아래와 같은 사진을 얻었습니다.

광고용 풍선의 포도송이 같은 모양새와 인근 아파트의 느낌을 결합하면 재미있는 조형이 나올 것 같습니다. 또한 미래도시에 대한 느낌으로 다음 텍스트 프롬프트를 준비해 두겠습니다.

'영화의 한 장면, 유기적인 디자인의 강철 마천루, 미래의 메가시티, 엄청난 스케일, 넓은 화각'

  Cinematic, huge steel skyscrapers with organic designs, megacity of the future, epic scale, wide angle --iw 0.8 --v 6.0 --style raw --s 550

이번에는 s값을 550정도 넣어서 미드저니에게 약간의 창의적인 자유도를 줬습니다.

이미지와 텍스트프롬프트를 섞어서 이미지를 만들어보겠습니다.
2개의 이미지 프롬프트와 텍스트 프롬프트를 순서대로 붙여 봤습니다.

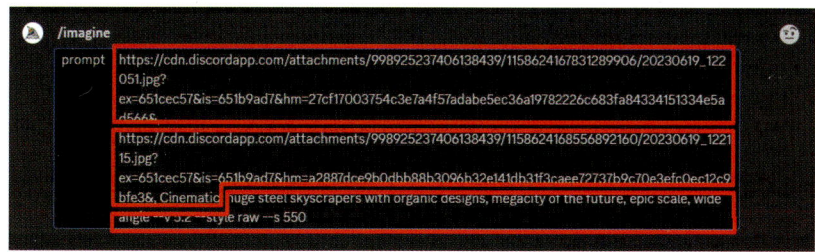

두 이미지와 프롬프트가 섞인 듯한 묘한 이미지가 나왔습니다. 하지만 아직 미래도시 같은 느낌은 부족합니다. 일단은 첫 번째 이미지를 업스케일하면서 진행을 이어가겠습니다.

이미지가 정사각형이라 스케일감이 부족한 것 같습니다.
이미지를 좌우로 확장하겠습니다.

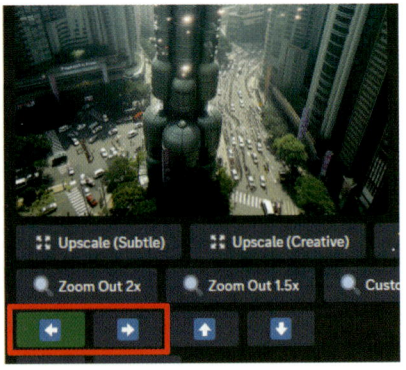

Pan 기능을 활용한 이미지 확장과 선택으로 다음과 같은 이미지를 만들었습니다.
이미 어느 정도 미래 도시 같지만 아직은 원하는 만큼의 스케일감은 부족해 보입니다. 이 이미지에 마우스 오른 클릭하여 '링크 복사하기'를 선택하여 이미지 프롬프트로 활용하고, 텍스트 프롬프트를 다시 작성해서 융합시켜 보겠습니다.

> Cinematic, There is a huge organic-designed building in the center of the city, and the city is developed as if it were struggling around the periphery, megacity of the future, epic scale, wide angle, bird's eye view, ultra detail, imtricate detail, unreal engine 5 --v 6.0 --style raw --s 550 --ar 2:1

위 프롬프트는 몇 가지 변경을 해 줬습니다.
우선, 주제에 해당하는 문장을 There is a huge organic-designed building in the center of the city로 교체해서 도시에 유기적으로 디자인된 확실한 주제부를 표현해 주려고 했습니다. 그 외에 bird's eye view를 추가해서 도시를 위에서 아래를 내려다 보는 뷰로 구도를 더욱 강조해 줬습니다. unreal engine 5은 이미지의 디테일과 재질감을 실사처럼 표현하기 위해서 넣어줬습니다.

위와 같은 결과물이 나왔습니다.

아직 원하는 만큼 대도시의 느낌은 부족한 것 같고 카메라의 앵글도 마음에 들지 않습니다. 아무래도 자료 이미지가 더 필요한 것 같습니다. 웹에서 이미지를 검색하는 대신 미드저니로 적당한 이미지를 생성해서 쓰겠습니다.

/imagine을 열고 다음 프롬프트를 입력합니다.

 Manhattan, day light --v 6.0 --style raw --s 250 --ar 2:1

위 프롬프트를 통해서 알맞은 뷰의 맨해튼의 이미지를 얻었습니다. 앞서 만들었던 미래 도시 이미지와 이 맨해튼 이미지를 섞어 보겠습니다. 두 이미지의 이미지 링크를 복사해서 붙여넣기하면 됩니다.

또한 앞서의 프롬프트를 또 다시 섞어서 강조해 보겠습니다.

> **프롬프트**
> **파일제공**
>
> Cinematic, There is a huge organic-designed building in the center of the city, and the city is developed as if it were struggling around the periphery, megacity of the future, epic scale, wide angle, bird's eye view, ultra detail, imtricate detail, unreal engine 5 --iw 0.7 --v 6.0 --style raw --s 550 --ar 2:1

여러 번 실험해 본 끝에 앞서 생성했던 두 이미지의 이미지 가중치를 0.7로 줬을 때 가장 원하는 이미지가 나왔기 때문에 "--iw 0.7"를 추가해 주었습니다.

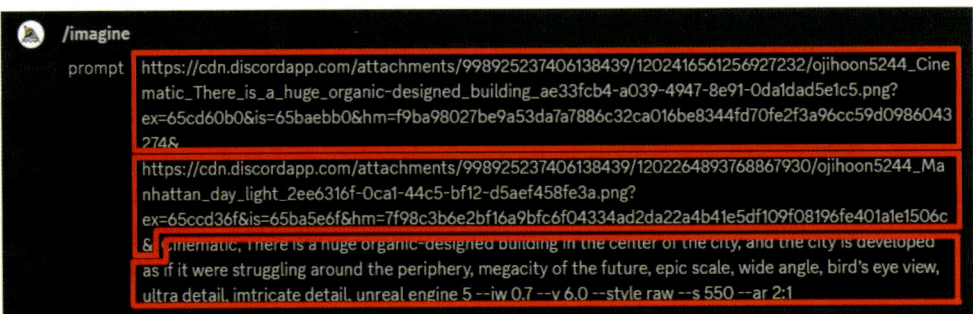

이렇게 두 이미지 링크와 수정된 프롬프트를 붙여넣기 하고 엔터를 누릅니다.

여러 가지 생성 시안 중에 네 번째 이미지를 선택해서 조금 더 진행하겠습니다.

제가 원하는 이미지에 가까운 것 같습니다.

스케일감이 잘 살아나는 카메라 앵글이 괜찮고, 유기적인 디자인의 주제부가 잘 표현되었으며, 맨해튼을 연상하게 하는 도시의 풍경과 석양에 물든 조명의 느낌도 마음에 듭니다. 하지만 유사한 시안을 좀 더 보고 싶습니다.

이럴 때는 Vary(Subtle) 기능을 사용해 봅시다.
앞서 공부했듯이 이미지의 구도나 큰 구조는 변하지 않으면서 디테일만 변화시켜 주는 기능입니다.

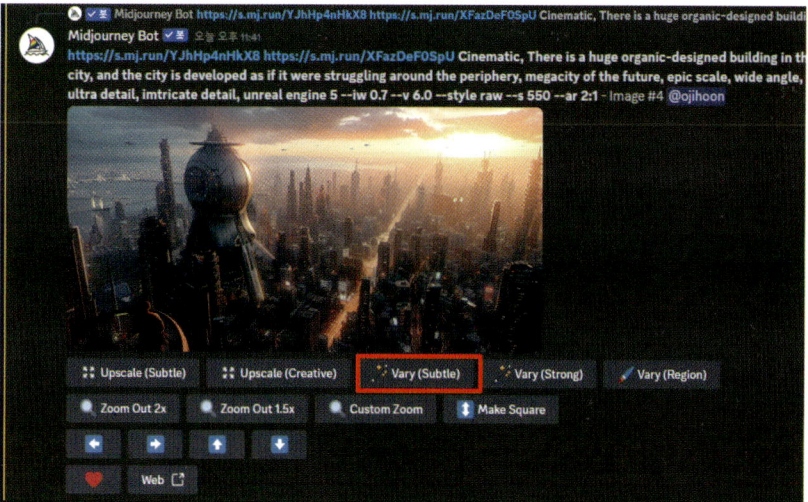

상당히 많은 시안을 계속 생성했고 그 중 위 이미지를 선택했습니다.
주제부는 멋지지만 오른쪽 영역의 빌딩들이 너무 반복적이고 평범한 느낌이 듭니다.

Vary(Region) 기능을 활용해서 수정해 보겠습니다.
Vary(Region) 버튼을 눌러서 전용 편집창이 뜨면 아래쪽의 Rectangle 툴을 골라 줍니다

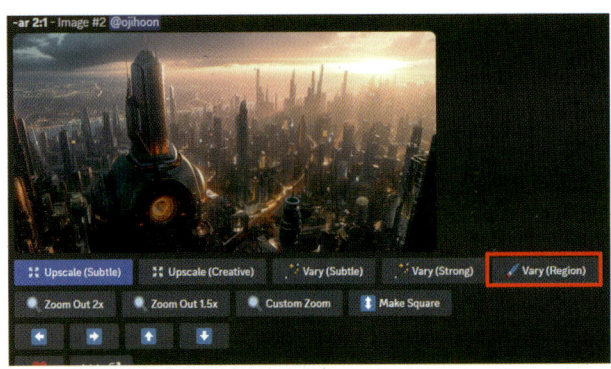

Rectangle 툴로 우측 영역을 선택해 줬습니다. 혹시 선택이 마음에 안 들면 좌측 상단의 UNDO 버튼을 눌러서 다시 시도하면 됩니다.

Rectangle 툴로 선택된 영역 안의 마천루 디자인이 변경되기를 원하기 때문에 하단에 적혀 있는 기존 프롬프트에서 필요 없는 부분은 삭제하겠습니다. (여러 번 강조했지만 /Settings 명령으로 Remix mode를 활성화 해두어야 여기서 프롬프트를 수정할 수 있습니다.)

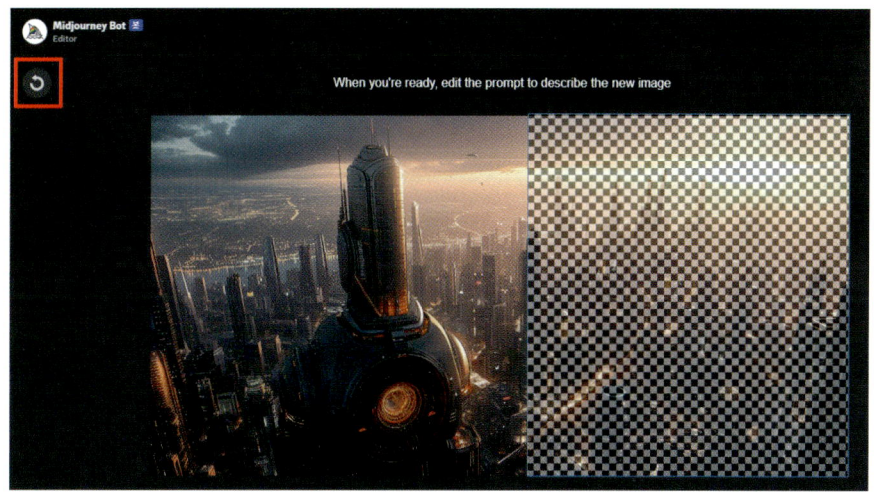

기존 프롬프트를 마천루를 생성하는데 필요한 최소한의 프롬프트만 남겼습니다.
이제 오른쪽의 화살표를 눌러주면 실행합니다.

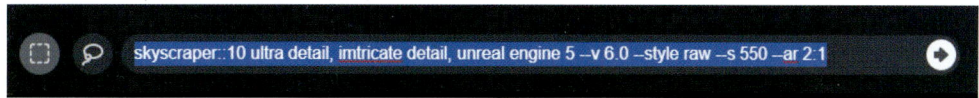

앞서 방법으로 많은 시안을 생성했고 (AI 이미지생성기는 뽑기 운도 분명 작용합니다.)
그중 다음 이미지로 최종 결정을 했습니다. 강이 들어가니 디테일이 더 풍부해졌네요.

이렇게 풍선 묶음에서 모티브를 따온 유기적인 디자인의 미래 도시를 어느 정도 표현한 것 같습니다.

이번 이미지 생성 과정을 통해서 미드저니의 다양한 기능들을 골고루 사용해 봤습니다.
이처럼 마음에 드는 이미지를 얻기 위해서는 한 가지 방법만 고수할 필요가 없습니다. 여러 가지 방법을 마음껏 사용해 보시기 바랍니다.

07. 용의 산맥 만들기(--stop 파라미터)

"용의 산맥"이라는 말 그대로 프롬프트를 작성해 보겠습니다.

 Dragon Mountains, --v 6.0 --style raw --s 250

아래는 프롬프트 결과물입니다.

대단히 멋진 이미지들이지만, 제가 생각하던 이미지는 용이 직접 등장하기보다는 용의 형상을 연상하게 하는 산맥이었습니다. 이번에는 그쪽에 초점을 맞춰서 프롬프트를 다시 작성해 보겠습니다.

 mountain range shaped like a dragon, --v 6.0 --style raw --s 250

분명 멋진 이미지입니다. 뭔가 구불텅한 물줄기나 산자락이 용을 형상을 연상되는 것 같기도 한데…
흠...이 부분은 상상력을 좀 더 많이 발휘해야 할 것 같네요.

이런 경우에 파라미터 --stop을 잘 활용하면 원하는 이미지를 생성할 수 있습니다.
우선 /settings에서 Remix mode가 켜져 있는지 확인하시기 바랍니다. 꼭 켜져 있어야 합니다.

다음 프롬프트를 입력해서 이미지를 생성해 보겠습니다.

프롬프트 파일제공

```
dragon, --v 6.0 --style raw --stop 60
```

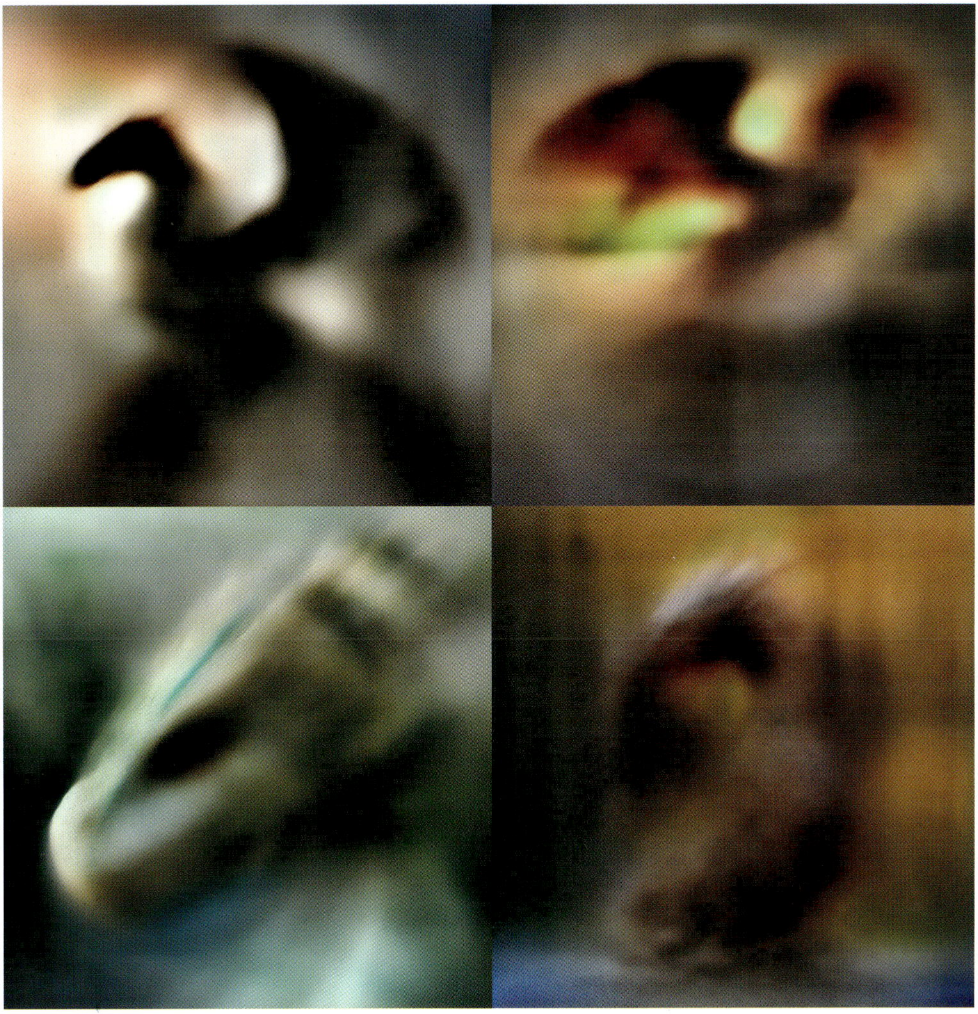

흐릿한 이미지 상태에서 멈추면 정상입니다. 흐릿하지만 용을 표현하고 있다는 것을 알 수 있습니다.
위 이미지 중 용의 실루엣이 가장 잘 표현된 첫 번째 이미지를 골라서 업스케일링 해 주겠습니다

생성된 업스케일링된 이미지를 Vary(Subtle) 버튼을 눌러 줍니다. 이렇게 하면 지금 생성된 용의 느낌 나는 흐릿한 이미지를 기반으로 새로운 이미지를 만들 수 있습니다.

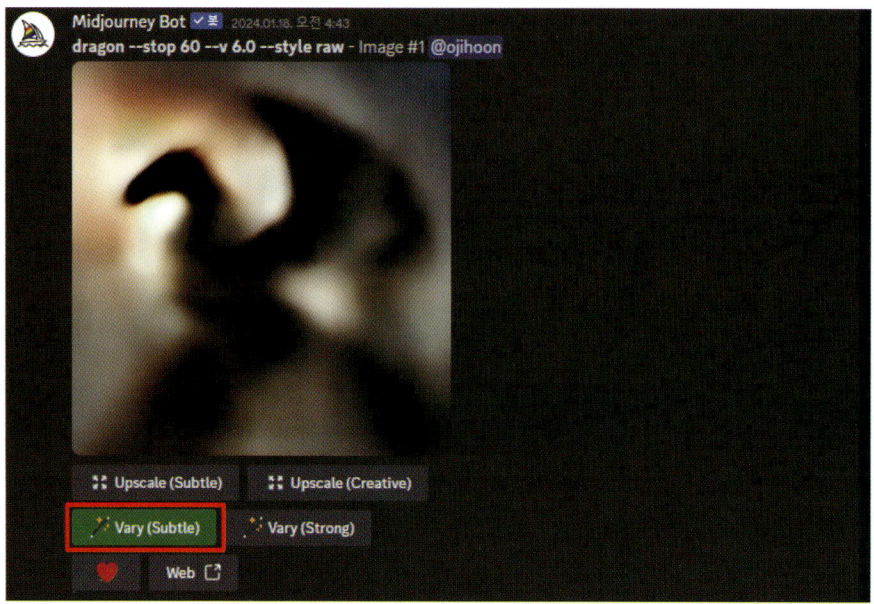

Remix mode가 활성화된 상태라면 프롬프트를 수정할 수 있는 창이 뜹니다.

이곳의 프롬프트를 다음과 같이 수정해 주고, 전송 버튼을 눌러줍니다

 a huge rocky mountain, very high detail, epic scale, wide angle --v 6.0 --style raw

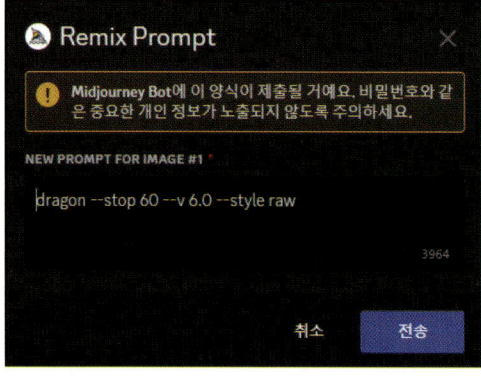 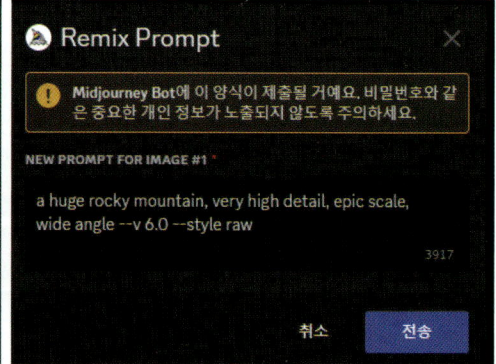

전송 결과 다음과 같은 결과물을 얻었습니다.

이제야 원하는 이미지에 가까워 졌네요. 첫 번째 이미지가 원하던 느낌에 가장 가까운 것 같습니다.

용의 산맥이 완성되었습니다!

당신의 그림, 분석해 드리죠 (/describe 활용하기)

11

예전에는 SNS 등에서 AI로 생성한 멋진 이미지를 발견하면 도대체 무슨 프롬프트를 썼을지 궁금해서 머리를 쥐어짜곤 했습니다. 가끔은 순전히 프롬프트가 궁금하다는 이유로 그 사람의 SNS 계정과 모든 댓글을 분석하기까지 했었죠. 그러나 이젠 더 이상 그런 고민을 할 필요가 없어졌습니다. 미드저니 자체에서 이미지 분석을 해 주는 기능이 생겼기 때문이죠. 바로 /describe 명령입니다.

이 기능을 잘 활용하면 단순히 다른 사람의 AI 생성 이미지를 분석하는 용도를 넘어서 기존 작가들의 작품을 분석시켜 프롬프트화 하는 것도 가능합니다. 물론 아직은 기능이 완벽하지 않습니다. 하지만 AI 이미지생성 기술의 발전 속도를 고려해 보면 이 기능도 시간이 갈수록 막강해질 것 같습니다. 충분히 사용법을 익힐 가치가 있다는 뜻이죠.

Stable Diffusion XL로 생성한 이미지를 분석시켜 보겠습니다.

저는 옆의 소녀 이미지가 무척 마음에 드는데, 소녀의 복장이나 인종, 배경에 대해서 글로 묘사해 보라고 하면 정확하게 표현하는 것이 쉽지 않을 것 같습니다. 특히 영어로 작성하라고 하면 더욱 골치가 아프죠.

이럴 땐 미드저니에게 분석을 맡겨 보면 됩니다.

먼저 미드저니 프롬프트 입력창에 " / "를 넣으면 나오는 명령어 목록에서 /describe을 클릭합니다. 옵션이 뜨는데 여기서 image를 클릭해 줍니다. (이미지 링크를 이용하고 싶다면 link를 선택하셔도 됩니다. 여기서는 디스코드 상에 이미지를 직접 삽입하는 방법을 선택했습니다.)

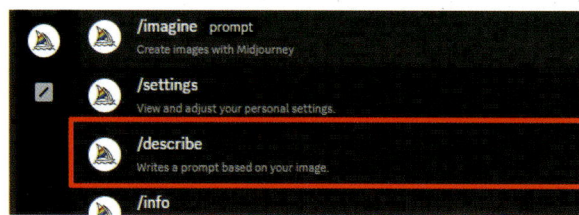
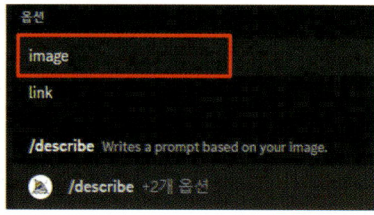

명령을 실행하면 다음과 같은 인터페이스가 나오는데 여기에 이미지를 드래그해서 넣으면 됩니다.

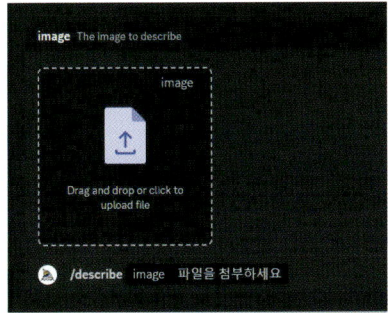

이 상태가 되면 엔터를 누릅니다.

미드저니가 자동으로 이미지를 분석해서 4가지 프롬프트를 작성해 줍니다.

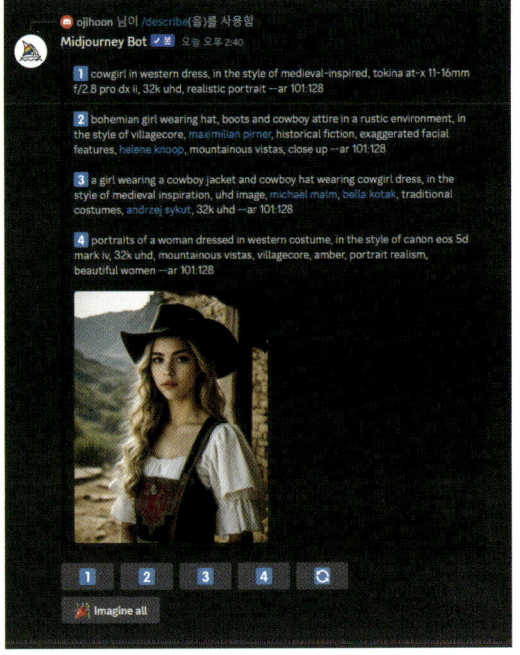

간략하게 인터페이스를 설명하고 넘어가겠습니다.
1번 박스 안에 버튼들은 위에 작성된 프롬프트 4가지 중 선택해서 이미지를 생성할 수 있는 버튼입니다.
2번 버튼은 4가지 프롬프트를 한꺼번에 다 생성해 주는 버튼입니다.
3번 버튼은 이미지 분석을 다시 하고 다시 프롬프트를 작성해달라는 버튼입니다.
여기서는 2번 버튼을 눌러서 한꺼번에 이미지를 다 생성해 보겠습니다.

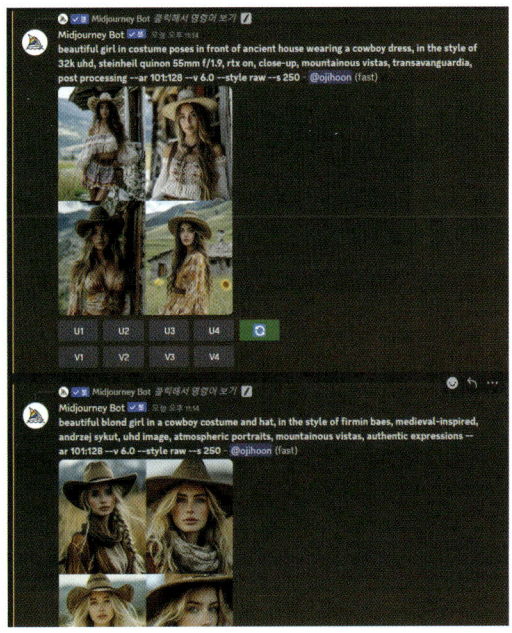

이와 같이 4가지 프롬프트에 대해여 각자 4가지 시안이 동시에 생성됩니다.

이 과정을 통해서 다음의 이미지들을 얻었습니다.

원래 하나의 시안만 고르고 끝내려고 했는데 선택 장애가 옵니다;
사실 저작권 문제 때문에 스테이블 디퓨전(Stable Diffusion)에서 임의로 생성한 여성의 이미지를 활용했지만, 마음에 드는 이미지를 다운로드 받아서 분석을 맡기면, 그 이미지의 매력 요소를 담은 프롬프트를 확인할 수 있습니다.

> beautiful girl in costume poses in front of ancient house wearing a cowboy dress, in the style of 32k uhd, steinheil quinon 55mm f/1.9, rtx on, close-up, mountainous vistas, transavanguardia, post processing --ar 101:128 --v 6.0 --style raw --s 250

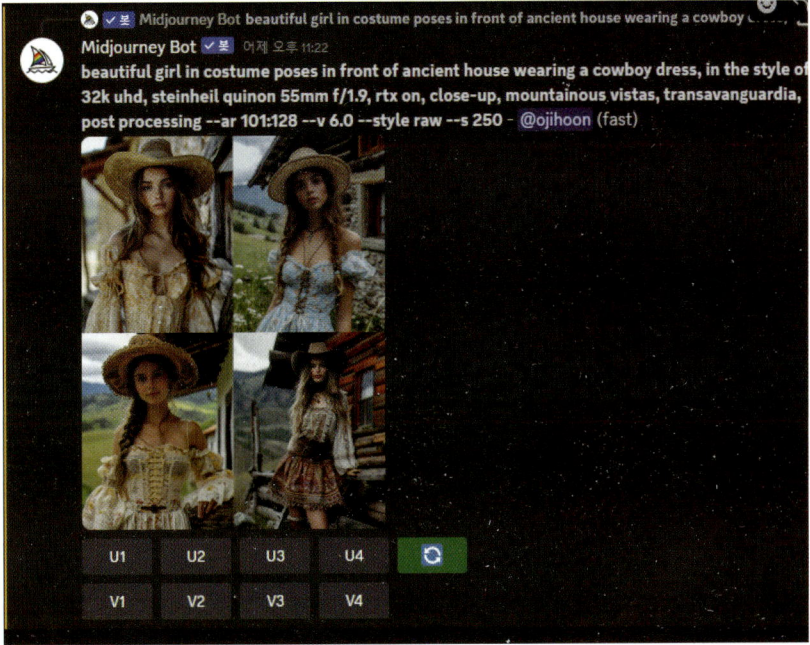

또한, 프롬프트를 약간 수정해서 자신만의 이미지로 만들 수도 있습니다.

예를들면, 위 프롬프트에서 몇 가지 부분을 추가 및 변경해서 다른 분위기를 만들어 보겠습니다.

정의 부분에 **재난영화의 한 장면**(A scene from a disaster movie)을 추가해 주겠습니다.
배경을 산악지역의 풍경에서 용암이 분출하는 화산 앞으로 바꿨습니다.
(mountainous vistas → in front of a volcano where lava erupts)

보완 부분에 **무서운 분위기** (terrifying atmosphere)를 넣어주겠습니다.

완성된 프롬프트는 다음과 같습니다.

> **A scene from a disaster movie,** beautiful girl in costume poses in front of ancient house wearing a cowboy dress, in the style of 32k uhd, steinheil quinon 55mm f/1.9, rtx on, close-up, **in front of a volcano where lava erupts**, transavanguardia, post processing **terrifying atmosphere** --ar 101:128 --v 6.0 --style raw --s 250

완성된 프롬프트의 결과는 다음과 같습니다.

이렇게 해서 활화산 정도는 난방으로 써먹는 강한 여성분들의 이미지를 만들어 보았습니다.

describe 기능을 잘 활용하면, 마음에 드는 이미지를 분석하여 자신만의 프롬프트를 작성하는 데 활용할 수 있습니다. 응용 범위가 대단히 넓으니 꼭 해보시길 바랍니다.

업스케일링
(이미지 해상도 높이기)

다음 장으로 넘어가기 전에, Bing Image Creator나 미드저니로 생성한 이미지를 고해상도로 업스케일링 하는 방법을 알아보겠습니다.

앞 장에서 생성했던 이미지의 크기를 살펴보겠습니다. 그냥 업스케일링을 해서 만든 이미지의 사이즈는 976×1232 정도입니다. 웹용으로는 충분하지만, 인쇄용으로는 다소 아쉬운 사이즈입니다.

미드저니는 한 단계 더 업스케일을 할 수 있는 기능을 제공하고 있습니다.

그림의 Upscale(Subtle)을 누르면 한 단계 더 업스케일링을 할 수 있습니다.

포토샵 등에서 이미지 사이즈를 키우면 단순히 이미지의 크기만 커지지만, 미드저니의 Upscale(Subtle) 기능은 원본 느낌을 최대한 유지하면서 픽셀과 픽셀 사이의 공간을 다시 계산해 주기 때문에 고품질의 결과물을 얻을 수 있습니다.

앞서 미드저니 자체 업스케일링 된 결과물입니다. 1952×2464의 해상도를 가졌습니다.

그러나 이 업스케일링 기능은 단점도 있습니다. 2k 정도의 사이즈는 포스터를 출력할 정도로 쓰기에는 충분하지 못한 사이즈이기도 하고, 미드저니의 Fast Time을 급격하게 소모하기 때문입니다.(Fast Time은 Standard Plan의 경우 월 15시간 제공되며 소진하면 이미지를 Relax mode로 느리게 생성해야 하며, 2k 업스케일링 기능을 사용하지 못합니다.)

만약 2k 해상도로 만족을 못 한다면 외부 프로그램인 Upscayl를 추천합니다.

7배 확대한 이미지인데 도트가 거슬립니다. 이럴 때는 성능 좋은 무료 업스케일러 Upscayl를 활용하면 좋습니다.

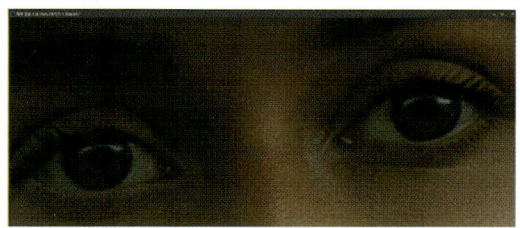

Upscaly 사이트에 들어갑니다. https://www.upscayl.org
우측 상단에서 자신의 os에 맞는 버전을 다운받아 설치하시면 됩니다.

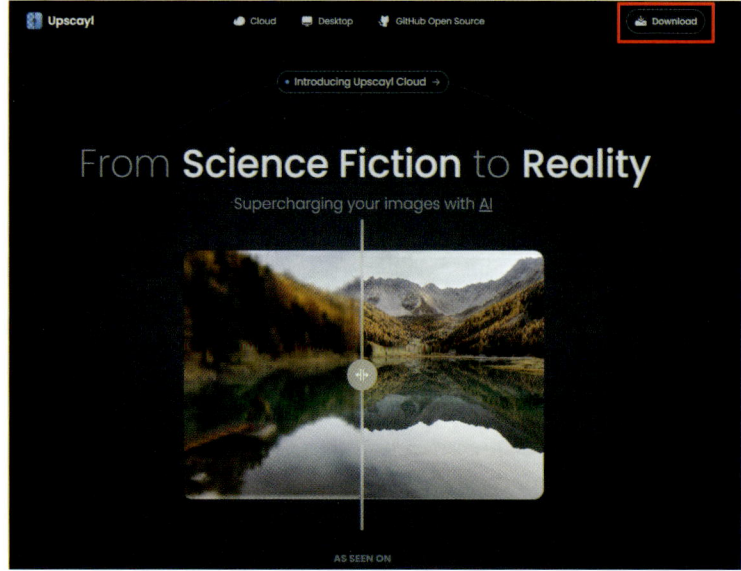

다음은 실행했을 때 화면입니다.

왼쪽의 1번을 눌러서 업스케일링을 해줄 이미지를 불러오거나 아니면 2번 창에 그대로 이미지를 드래그 해도 됩니다.

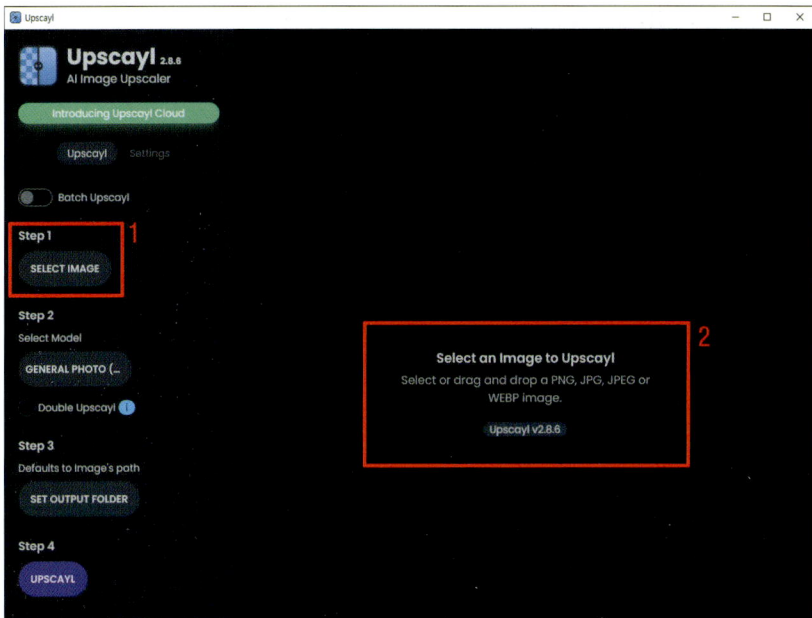

이렇게 이미지가 불러졌다면 3번 버튼을 눌러 해상도가 높아질 이미지를 출력할 폴더를 정해주고 4번 버튼을 눌러서 업스케일링을 실행해 줍니다.

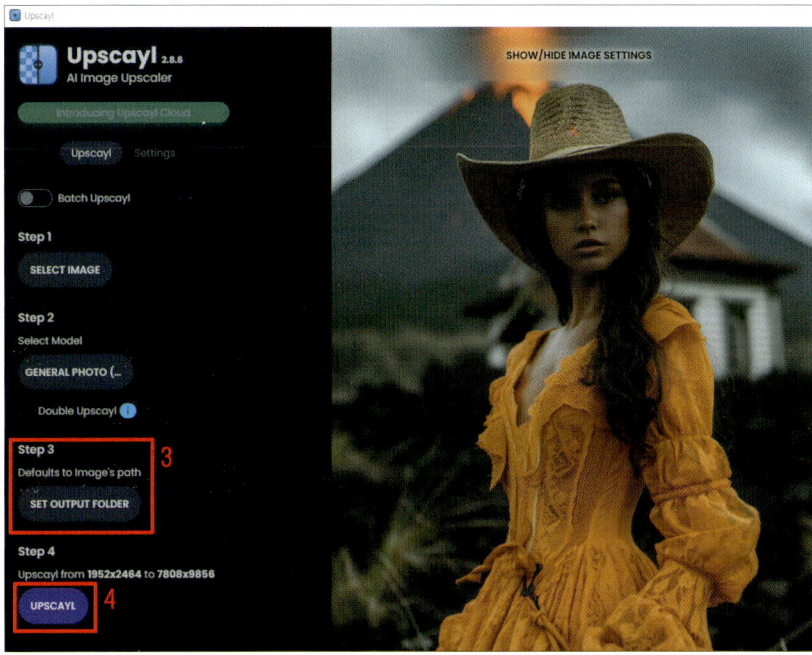

업스케일링 후엔 이렇게 이전과 이후를 비교해 볼 수 있는 인터페이스가 뜹니다.

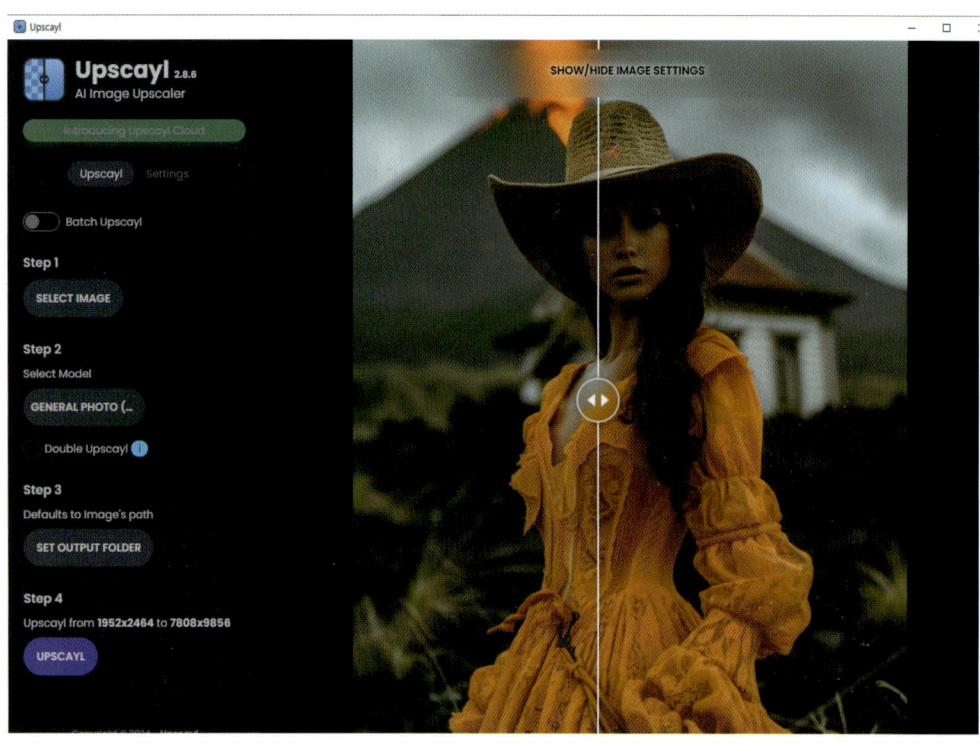

이 이미지의 경우엔 그냥 보기에는 차이가 크게 없어 보이지만 위 과정을 통해 원본 사이즈의 4배 즉 7808×9856 사이즈의 이미지를 얻었습니다.

크게 확대해서 보면 외곽은 선명해지고 노이즈는 줄었음을 알 수 있습니다.

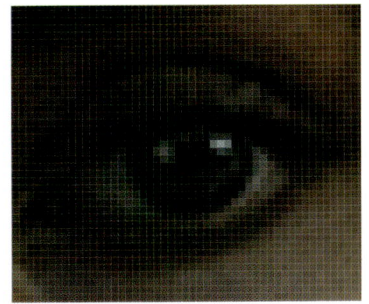
Original (976×1232)

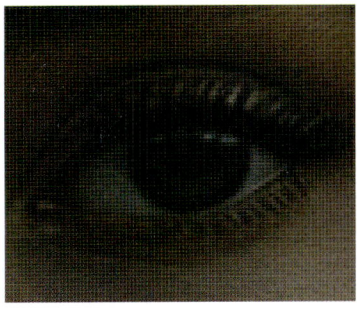
Upscale(Subtle)(1952×2464)

Upscayl(7808×9856)

이런 장점은 특히 선화 기반의 이미지에서 두드러집니다.
이렇게 업스케일링 된 이미지는 그 자체로 활용할 수도 있지만, Stable Diffusion과 함께 쓸 때 진가가 드러납니다.

티라노의 순정

(---sref 파라미터를 활용하여
감수성 넘치는 스타일의 공룡 이미지 만들기)

13

사람도 멋진 스타일을 가진 분들이 있듯이, 그림에도 스타일이라는 것이 있습니다.
똑같은 소재를 그려도 스타일이 멋진 그림은 훨씬 주목을 받고 호감을 주기 마련이죠.
스타일이 멋진 그림 샘플을 만들기 위해 niji 모드를 활용해 보겠습니다.

뭔가 멋진 이미지를 얻고 싶은데 아무 생각도 나지 않을 때 제가 종종 쓰는 프롬프트가 있습니다.
예술적인 그림(artistic painting) 입니다.

> artistic painting --s 300 --niji 6 --style raw

생성된 이미지들 중에서 아래 세 이미지를 선별했습니다.

이번에는 niji 모드에서 제가 언제나 사랑하는 소재인 티라노 사우르스를 생성해 보겠습니다.

 Tyrannosaurus --s 300 --niji 6 --style raw

역시 티라노사우르스는 멋집니다. 그런데 다소 삭막한 느낌도 납니다.
앞서 만들었던 감수성 높은 3가지 이미지의 스타일을 적용하면 어떨까요?

이럴 때는 --sref 파라미터를 써 주면 좋습니다.

앞서 작성했던 티라노사우르스의 프롬프트에 --sref를 추가해 주고,

 Tyrannosaurus --s 300 --niji 6 --style raw --sref

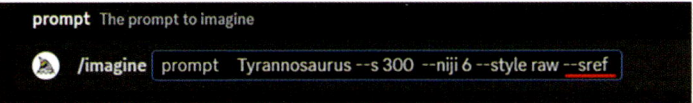

스타일을 따라하고 싶은 이미지의 링크를 복사합니다.

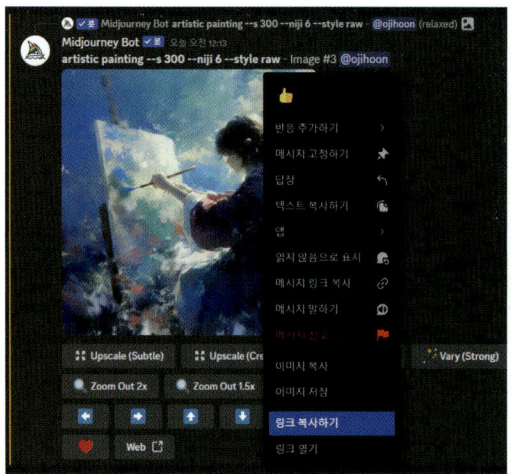

이렇게 복사한 이미지의 URL를 한 칸 띄우고 뒤에 붙여넣기해 줬습니다.

그 뒤에 한 칸 띄우고 --sw 500을 추가해 줍니다.

--sw는 --sref의 강도를 조절하는 파라미터입니다. 0부터 1000까지의 값을 사용할 수 있습니다. 여기에서는 500 정도로 설정해주고 엔터를 눌러서 결과물을 보겠습니다.

캬아! 감수성 끝내 주네요!

같은 요령으로 한 번 더 해보겠습니다.

역시 훌륭합니다.

다음은 스타일을 참고한 원본과의 비교입니다.
소재를 충실히 표현해 주면서도, 원본 이미지의 스타일을 잘 반영해줬다는 것을 알 수 있습니다.

이상으로 소녀감성의 티라노 이미지를 만들어 봤습니다.

레순이 성공기

(--cref파라미터를 활용, 일관성 있는 캐릭터로 여러 가지 상황을 만들어 보기)

14

이미지생성 AI의 약점으로 꾸준히 제기되어 오던 것이 '캐릭터의 일관성'입니다. 다양한 이미지를 생성하다 보면, 우연히 정말 마음에 쏙 드는 캐릭터를 만들어 내는 순간이 있습니다. 하지만 생성 AI의 랜덤 성향 때문에 그 캐릭터를 다시 생성하는 데 어려움이 많기 때문에 보통 Seed 값을 활용하거나 (앞서 niji 모드에서 해봤듯이) Pan 기능을 활용하여 동일 캐릭터의 다양한 포즈를 얻는 편법에 가까운 방식을 써왔습니다. 그러나 그런 방법을 통해서도 크게 만족스러운 결과물을 얻지는 못해왔습니다.

하지만, 한국 시간으로 2024년 3월 12일 미드저니에서 드디어 일관된 캐릭터를 다양하게 활용할 수 있는 cref 파라미터를 제공했습니다. 개인적으로는 원본 캐릭터의 80% 정도의 느낌을 유지해 주는 훌륭한 기능이며, 향후 개선될 것을 감안해 보면이미지생성 AI 업계의 또 다른 게임체인져 같은 기능이라고 할 수 있습니다.

바로 활용해 보겠습니다.

01. 캐릭터 생성하기

우선 마음에 드는 캐릭터를 생성해야겠죠.
어떤 캐릭터를 생성할 지 곰곰히 생각하다가 기관총을 든 레슬러 복장의 여자 캐릭터가 생각났습니다.

일단 프롬프트를 이렇게 정했습니다.(실제는 몇 번 시행착오 끝에 만든 프롬프트입니다.)

기관총을 든 여자, 금발 머리, 양갈래 머리, 근육질의 원색 전신 타이즈 레슬러 복장, 팔에 하트 문신

 Woman with machine gun, blonde hair, pigtails, muscular, primary full-length tights wrestler outfit, heart tattoo on arm, --s 300 --niji 6 --style raw --ar 2:3

이미지생성 엔진을 --niji 6로 했기에 그림체에 대한 아무 프롬프트도 작성하지 않았습니다. 그래도 알아서 만화나 애니메이션 풍으로 그려줄 것 같습니다.

결과를 보겠습니다.

미드저니(Midjourney)로 본격적인 게임 리소스 만들기

좀 강해 보일 거라고 예상은 했지만… 그래서 조금이라도 귀여워 보일까 싶어서 양 갈래머리를 지정했는데 잘 한 것 같습니다. 세 번째 캐릭터가 제일 다소곳해 보여서 마음에 듭니다.

레슬러 체격의 캐릭터이므로, 이름은 "레순이"로 하겠습니다.

02. 게임 캐릭터로!

먼저 Full 3D 게임으로 출시했다고 생각하고 게임 스크린샷을 만들어 보면 재미있을 것 같습니다.

게임 스크린샷에 대한 프롬프트를 작성해 보겠습니다.

풀 3D 게임의 스크린샷, 머신건을 든 여자, 카페 배경, 언리얼엔진5

> full 3d action game screenshot, a woman with machine gun, cafe background, unreal engine 5 --v 6.0 --ar 16:9 --s 300 --style raw

실사에 가까운 화면을 만들기 위해 생성엔진을 --v 6.0 파라미터를 활용했습니다.
이 프롬프트로 이미지를 한번 만들어 보겠습니다.

멋지게 나왔네요! 얼핏 보면 영화 화면처럼 보이지만, 자세히 보면 폴리곤의 느낌이라든지, 피부의 미묘한 쉐이더 느낌이 정말로 언리얼 엔진5으로 만든 게임처럼 보여줍니다.

어라? 그런데 주인공이 이 사람이 아닌데요!? 나의 레순이는 이렇지 않습니다!!
바로 이럴 때 --cref 파라미터를 쓰면 좋습니다.

미드저니(Midjourney)로 본격적인 게임 리소스 만들기 **3**

복잡할 것 없습니다.
아까 작성한 프롬프트에 몇 가지만 추가해 주면 됩니다.
우선 원본 캐릭터의 이미지 URL이 필요합니다.

아까 생성했던 이미지에 마우스 오른 클릭하고 [링크 복사하기]를 선택합니다.

아까 작성했던 프롬프트 뒤에 --cref를 추가로 작성한 후, 한 칸 띄우고 링크 복사한 이미지 URL을 넣어줍니다.

full 3d action game screenshot, a woman with machine gun, cafe background, unreal engine 5 --v 6.0 --ar 16:9 --s 300 --style raw --cref <캐릭터 이미지 URL>

마지막으로 --cw 100 파라미터를 추가해 주겠습니다.
원본 캐릭터에 얼마나 충실할지를 정해주는 가중치로, 100이면 얼굴과 온몸을 최대한 재현해 주려고 노력하고, 0이면 얼굴에만 충실해집니다.(파라미터가 0이면 동일 캐릭터의 패션을 바꿀 때 유용합니다.)

full 3d action game screenshot, a woman with machine gun, cafe background, unreal engine 5 --v 6.0 --ar 16:9 --s 300 --style raw --cref <캐릭터 이미지 URL> --cw 100

아래는 프롬프트 생성 결과입니다. 우리가 설정한 레순이가 제대로 등장했습니다. 이 게임 대박날 것 같습니다!

03. 만화 캐릭터로!

기왕 게임도 출시 했으니, 이번엔 만화도 만들면 어떨까요?
다음 프롬프트를 입력해 봅시다.

> **프롬프트 파일제공** A page in Manga, Japan, a battle scene of a female warrior, --niji 6 --cref <캐릭터 이미지 URL> --cw 100 --ar 2:3 --s 300 --style raw

아까와 거의 비슷하지만, 는 일본 망가의 한 페이지, 묘사가 여성 전사의 전투씬으로 바뀌었고, 생성 엔진도 만화에 어울리는 --niji 6으로 변경되었습니다. 결과를 보겠습니다.

예상보다 훨씬 멋지게 나왔습니다.
기왕이면 만화 표지도 만들어보겠습니다.

> **프롬프트 파일제공** Japanese Manga, Female Warrior, --niji 6 --cref <캐릭터 이미지 URL> --cw 100 --ar 2:3 --s 300 --style raw

아까와 거의 비슷하지만, 이번에는 망가의 한 페이지가 아니라 그냥 일본 망가라고 썼습니다.
결과를 보겠습니다.

책 표지 일러스트가 완성되어 버렸습니다.

04. 귀여운 SD 캐릭터로!

만화까지 성공했더니 모바일 게임을 개발하고 싶어졌습니다.
기왕이면 성인 대상이었던 게임을 전체 연령가로 바꾸고 캐릭터도 귀엽게 바꾸고 싶습니다.

> chibi-style character, cute woman with gun, --niji 6 --cref <캐릭터 이미지 URL> --cw 40 --ar 2:3 --s 300 --style raw

이번 프롬프트에는 chibi-style character 라는 정의가 들어갔습니다. Chibi-style character는 우리가 흔히 SD 캐릭터라고 부르는 짜리몽땅하게 귀여움이 과장된 캐릭터를 연상하시면 됩니다. 정의를 이렇게 쓰고도 혹시나 귀엽지 않을까 봐 cute woman까지 넣어서 한 번 더 강조해 줬습니다. 반복되는 잔소리의 위력 기억하시죠?

또한 지금까지는 항상 100으로 유지하던 --cw 값이 40으로 조정되어 있습니다. --cw 값이 100에서는 제가 원하는 귀여운 신체 비율이 안 나오고 자꾸 원래의 길쭉한 비율의 캐릭터가 나오기 때문에 저렇게 조절해 줬습니다.

이제 결과물을 보겠습니다.

확실히 귀여운 캐릭터가 생성되었습니다.

05. 피규어 캐릭터로!

게임도 성공하고 만화도 대박나고, 심지어 모바일 게임까지 잘 됐다고 칩시다.
이젠 캐릭터가 피규어로 나오는 것도 보고 싶어졌습니다.

> Toy figures, A woman with a machine gun, plastic material, ultra detail --v 6.0 --cref <캐릭터 이미지 URL>
> --cw 100 --ar 2:3 --s 500 --style raw

Toy figures는 낯이 익을 겁니다. 앞에 niji 모드에서 피규어 느낌 낼 때 썼던 프롬프트이니까요. plastic material, ultra detail 프롬프트로 재질감과 디테일을 강조해 주는 것도 여전합니다.

결과물을 보겠습니다. 품질이 약간 아쉽지만, 피규어도 출시됐습니다!

06. 가자! 할리우드로!

레순이 캐릭터가 너무 유명해지다 보니 이젠 할리우드에서 "굳세어라, 레순아!"라는 제목으로 영화를 제작한다고 생각해봅시다. 이제는 영화 장면도 보겠습니다.

 Hollywood live-action, a woman with machine gun, cafe background --v 6.0 --cref <캐릭터 이미지 URL> --cw 90 --ar 2:3 --s 300 --style raw

이번에는 Hollywood live-action,(할리우드 실사영화)라는 프롬프트가 쓰였습니다. 할리우드 영화라는 정의는 범위가 너무 넓기 때문에 3D 애니메이션풍으로 나오기도 합니다. 그래서 구태여 live-action을 강조해 줬습니다. 또한 --cw 값을 90으로 준 것은 원본 캐릭터를 닮기를 원하지만, 너무 만화 같은 느낌까지 닮지는 않았으면 하기 때문에 수치를 조정해 줬습니다.

결과를 확인해 보겠습니다.

이렇게 나왔네요.
네 번째 이미지가 제 의도와 가장 잘 맞는 느낌입니다. 저 이미지를 캐릭터 원본 소스로 활용하면 실사 영화 분위기의 여러 가지 이미지를 만들 수 있을 것 같네요.

07. 코스프레 캐릭터로!

마지막으로 영화까지 히트치면서 레슌이 캐릭터를 코스프레 하는 분이 등장했다고 생각해 보겠습니다.

> **프롬프트 파일제공** Hollywood live-action, a woman drink Coffee, cafe background, --v 6.0 --cref <캐릭터 이미지 URL> --cw 40 --ar 2:3 --s 300 --style raw

프롬프트가 앞과 거의 비슷하다는 걸 알 수 있을 겁니다. 하지만 묘사부를 자세히 보면 총기에 대한 언급보다는 커피를 마시고 있다는 일상적인 프롬프트가 들어 있습니다. 또한 --cw 값을 40으로 세팅을 해서 원본 이미지와 동일하기보다는 살짝 어중간하게 보일 정도의 값을 줬습니다.
결과를 보겠습니다.

얼굴은 어느 정도 닮았지만, 동일 캐릭터라고 보기에는 어려운 모습입니다. 하지만 이 어중간함이 코스프레녀를 표현하기에는 더 좋은 것 같네요. 저는 네 번째 이미지가 그래도 헤어스타일이 비슷해서 알맞은 것 같습니다.

지금까지 --cref 파라미터에 대해서 간략하게 공부해봤습니다.
지금까지 보셨듯 웹툰, 게임컨셉, 일러스트 등 이 파라미터를 응용할 수 있는 분야가 너무나 많아서 앞으로 크게 발전이 기대되는 기능입니다.

이 책에서 다루시 않았시만 미느서니에서 만든 캐릭터 외에노 스테이블 디퓨전이나 Bing 능의 외무 AI 툴로 만든 캐릭터나, 작가가 직접 그린 캐릭터를 미드저니에 업로드 한 후 다양한 방식으로 활용하는 등 개성 있는 이미지를 만들 수 있게 되었습니다.

여기까지 미드저니를 익히신다고 고생 많으셨습니다. 이제 스테이블 디퓨전 파트로 넘어가겠습니다!!

미드저니(Midjourney)로 본격적인 게임 리소스 만들기 **3**

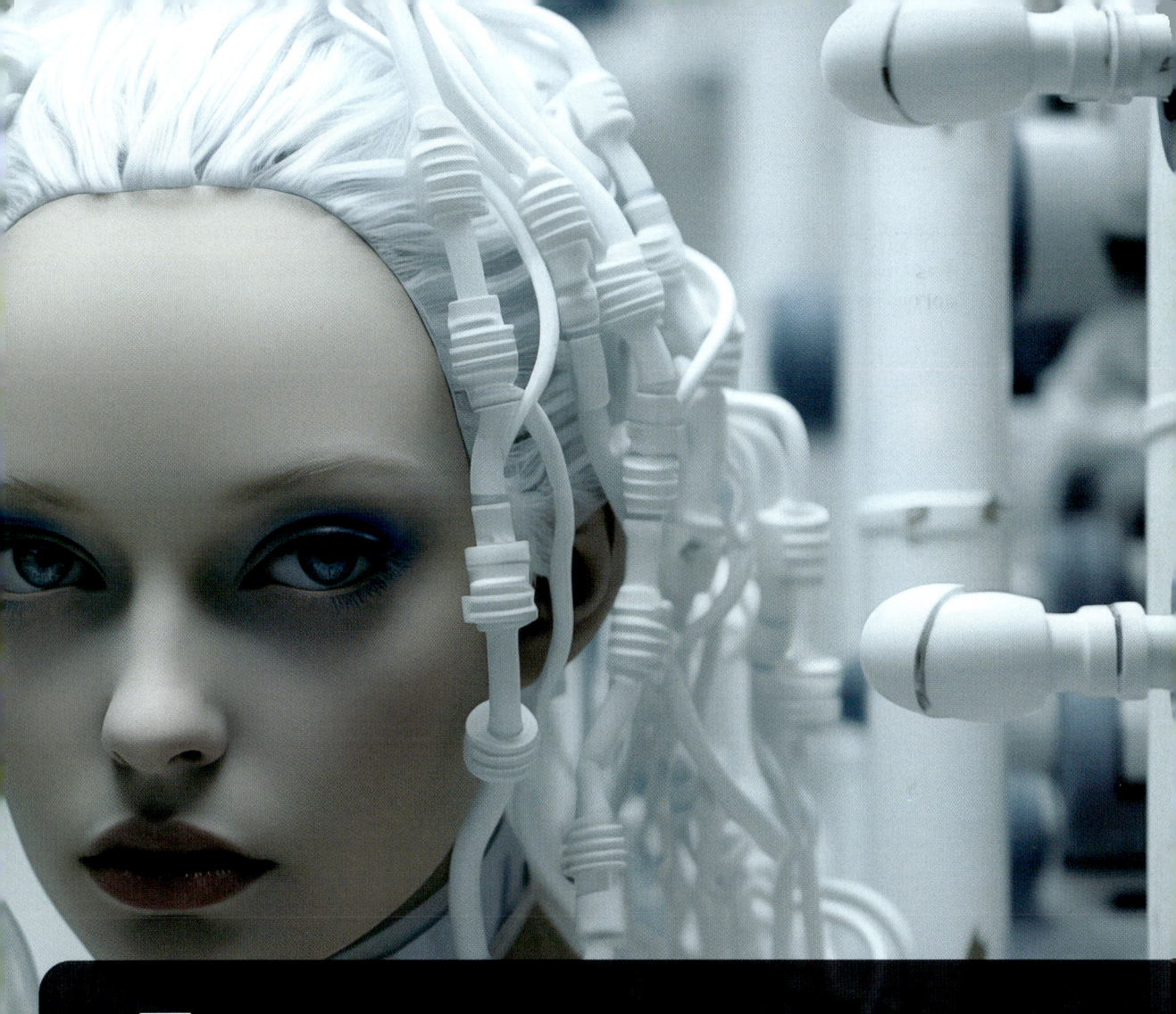

4 스테이블 디퓨전(Stable Diffusion) 가지고 놀아보기

이번 장에서는 스테이블 디퓨전(Stable Diffusion ; SD)을 활용하는 법을 같이 공부해 보겠습니다.

스테이블 디퓨전(Stable Diffusion)은 Stability AI사에서 2022년 8월 22일에 배포했으며, 앞서 알아본 Bing image creator나 미드저니(Midjourney)처럼 텍스트를 이미지로 생성하는 'Text to image' 기반의 이미지 생성기입니다.

단순히 텍스트를 이미지로 만드는 성능만으로 봤을 때, 이 툴은 사용자의 문장을 이해하는 수준이 뛰어난 Bing image creator나 평균적인 이미지 퀄리티가 가장 뛰어난 미드저니에 비해서 특출난 장점이 없어 보이지만, 몇 가지 큰 장점이 있습니다.

1. **오픈소스** - 스테이블 디퓨전은 처음부터 오픈 소스로 배포가 되었습니다. 그 말은 개인부터 기업까지 이 툴 사용이 무료라는 뜻입니다. 특히 AI 이미지를 사업적으로 활용하고 싶은 분들은 이 대목에서 환호하지 않을 수가 없죠.

2. **확장성** - 오픈 소스인 덕분에 정말로 너무나 많은 개인과 기업들이 이 툴을 개조 또는 보완하면서 여러 가지 확장 기능을 내놓고 있습니다. 사용자 입장에서는 이미지를 제어할 수 있는 방법이 무척 다양하게 개발되고 있는 셈이죠. 그중 ControlNet이라는 확장 기능은 흔히 말하는 '게임체인저'로, 제가 스테이블 디퓨전을 사용하는 가장 큰 이유가 된 기능입니다. 나중에 자세히 다루겠습니다.

3. **보안** - Bing Image Creator와 미드저니는 각 서비스를 제공하는 회사의 서버에 이미지가 생성되고 유저들은 그 이미지를 다운받아 활용할 권리를 가집니다. 덕분에 강력한 성능의 컴퓨터를 활용할 수는 있지만, 기업 입장에서 보면 타사의 서버에 이미지가 자동으로 저장되기 때문에 보안에 취약할 수밖에 없습니다. 스테이블 디퓨전은 자체 서버를 구축하거나, 개인의 컴퓨터에 설치해서 활용이 가능하기 때문에 보안에 매우 강력합니다.

4. **미소녀** - 스테이블 디퓨전은 유독 미소녀 이미지를 만드는 데 특화되어 있습니다. 사실 이 툴이 지금만큼의 위상을 가지게 된 가장 큰 이유 중 하나라고 생각합니다. 만약 해상도 높은 다양한 스타일의 미소녀의 이미지를 원하신다면 스테이블 디퓨전은 원톱이라 불러도 될 정도로 훌륭한 퀄리티를 자랑합니다.

위의 이유들로 스테이블 디퓨전은 현재 가장 각광받는 이미지생성 툴 중 하나로 자리매김 하고 있으며, 수많은 기능 개선이 실시간으로 이루어 지고 있기에 미래에도 촉망 받는 툴이라 할 수 있습니다.

자, 소개는 여기까지 하고 우선 설치부터 함께 하시죠!

필수 프로그램 설치하기
(파이썬 / GIT / 스테이블 디퓨전)

저는 주변 사람들에게 스테이블 디퓨전을 소개할 때 설치 과정이 가장 어렵다는 말을 합니다. 실제로 처음 접하면 스테이블 디퓨전의 설치 방식은 이해하기도 어렵고 무척 복잡해 보입니다. 하지만 크게 순서를 나누면 다음과 같이 단순화 시킬 수 있습니다.

> 1. 파이썬 설치 (스테이블 디퓨전의 실행을 위해 필요)
> 2. GIT 설치 (스테이블 디퓨전의 설치 및 관리를 위해 필요)
> 3. GIT의 기능을 이용해서 원하는 위치에 스테이블 디퓨전 설치
> 4. 스테이블 디퓨전의 확장기능 설치

그럼 순서에 따라 한 번에 하나씩 해 봅시다.
복잡해 보이지만 순서대로 하나씩 따라 하다 보면 어느 순간 끝이 보일 것입니다.

01. 파이썬 설치

 https://www.python.org/downloads/release/python-3106

파이썬 사이트에 접속합니다.

페이지를 계속 아래로 내려서 Windows installer(64-bit)를 찾아 눌러 다운로드하면 됩니다.

다음과 같은 설치 화면이 뜹니다.

인스톨에 앞서 반드시 무조건 **1번 박스의 Add Python 3.10 to Path을 체크해주세요!!**

그 후 2번을 눌러서 끝까지 인스톨을 진행하시면 됩니다.

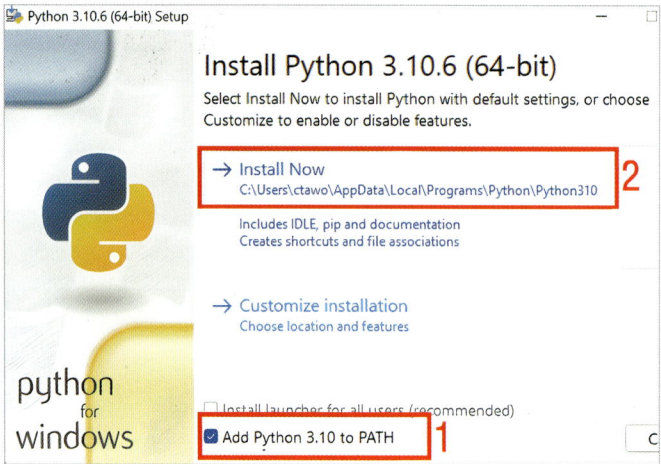

02. GIT 설치

GIT 페이지로 접속합니다.

https://git-scm.com/download/win

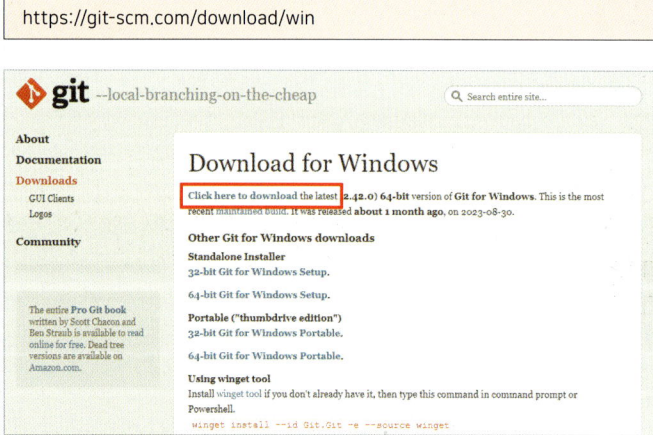

GIT의 윈도우 버전을 다운 받습니다.

다운받은 파일을 더블클릭해서 실행하고 설치하시면 됩니다. 중간에 이것저것 많이 물어보는데 고민 없이 그냥 'Next'를 계속 누르시면 됩니다.

03. 스테이블 디퓨전 설치(Automatic 1111)

스테이블 디퓨전을 설치하기 전에 먼저 설치 위치를 정해야 합니다. 아무리 적어도 100기가(개인적 의견으로는 300기가 이상) 정도의 용량이 확보되는 위치에 설치하시기를 권장합니다.

나중에 다운로드해야 하는 체크포인트 모델들이나 생성할 이미지의 용량들이 상당하기 때문에 미리 용량이 큰 하드에 설치하는 것이 좋습니다. 제 경우에는 C 드라이브의 용량이 충분하지 않았기 때문에 D 드라이브에 설치하겠습니다.

아래와 같이 D 드라이브 안에 SD-webUI 라는 폴더를 만들어 줬습니다.

탐색창에 cmd를 입력하고 엔터를 누릅니다.

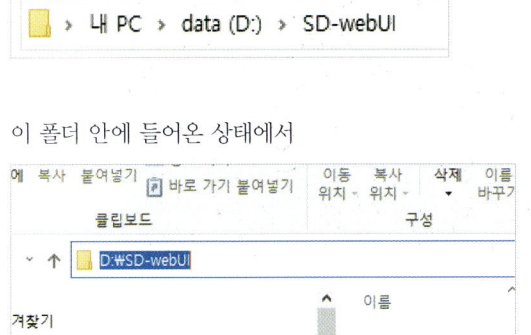

이 폴더 안에 들어온 상태에서

cmd 화면이 뜹니다.
화면을 자세히 보면 아까 만들어준 D드라이브의 SD-webUI 폴더 안에 있다는 것을 알 수가 있습니다.

이렇게 말이죠.

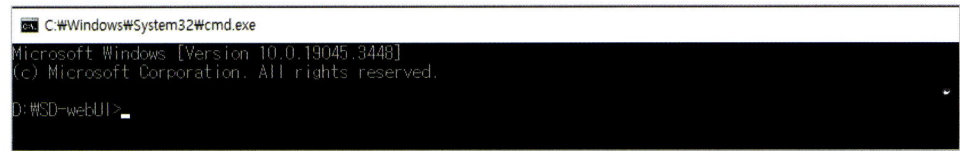

이제 입력창에 아래 내용을 넣어주고 엔터를 입력합니다.

```
git clone https://github.com/AUTOMATIC1111/stable-diffusion-webui.git
```

혹시 잘 안된다면 아래 사이트로 가셔서 페이지를 내려서 아래 부분을 찾은 다음 밑줄 친 부분을 복사하여 붙여넣기 후 실행하셔도 됩니다.

 https://github.com/AUTOMATIC1111/stable-diffusion-webui

Automatic Installation on Windows

1. Install Python 3.10.6 (Newer version of Python does not support torch), checking "Add Python to PATH".
2. Install git.
3. Download the stable-diffusion-webui repository, for example by running `git clone https://github.com/AUTOMATIC1111/stable-diffusion-webui.git`.
4. Run `webui-user.bat` from Windows Explorer as normal, non-administrator, user.

엔터를 누르면 자동으로 설치가 되고 잠시 후 아래 이미지와 같은 상태가 되면 닫으셔도 됩니다.

```
C:\Windows\System32\cmd.exe
Microsoft Windows [Version 10.0.19045.3448]
(c) Microsoft Corporation. All rights reserved.

D:\SD-webUI>git clone https://github.com/AUTOMATIC1111/stable-diffusion-webui.git
Cloning into 'stable-diffusion-webui'...
remote: Enumerating objects: 27646, done.
remote: Counting objects: 100% (27/27), done.
remote: Compressing objects: 100% (13/13), done.
remote: Total 27646 (delta 16), reused 18 (delta 14), pack-reused 27619
Receiving objects: 100% (27646/27646), 32.37 MiB | 11.16 MiB/s, done.
Resolving deltas: 100% (19347/19347), done.

D:\SD-webUI>
```

해당 폴더로 가 보면 WebUI가 설치되었습니다.

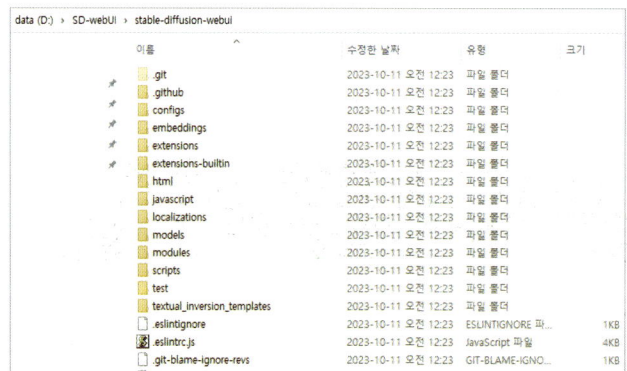

이제부터는 스테이블 디퓨전을 가동하기 위한 파일들을 설치해야 합니다.

폴더 내의 파일들을 자세히 살펴보면 webui.bat 파일이 있습니다.

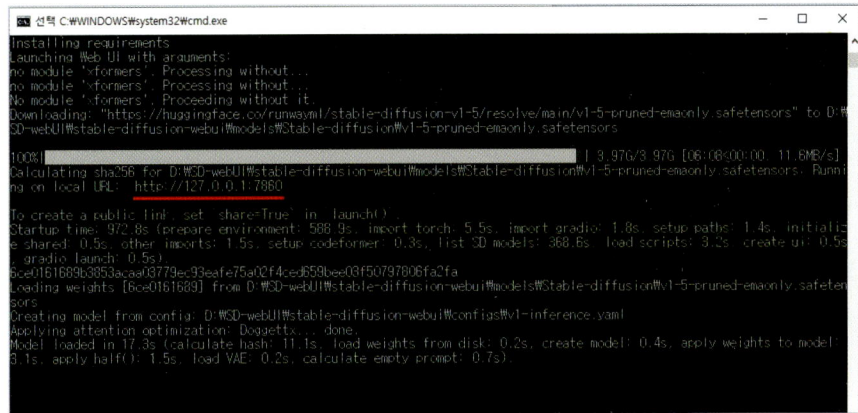

이 파일을 실행하면 나머지 파일이 알아서 설치됩니다.

인터넷 속도나 시스템에 따라서 상당히 시간이 걸릴 수 있습니다.

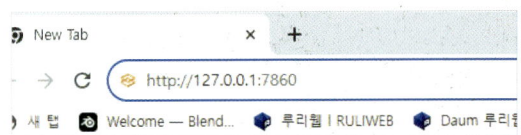

한참 기다려서 이 화면까지 나오면 성공한 것입니다!

제 경우에는 설치 후 자동으로 스테이블 디퓨전의 Webui 화면이 떴는데 혹시 뜨지 않았다면.
위 빨간 줄 친 부분을 Ctrl을 누른 상태로 클릭하시거나, 주소를 복사해서 웹 브라우저의 주소 창에 붙여 넣고 실행하면 [Stable Diffusion Webui] 화면을 보실 수 있습니다.

[Stable Diffusion Webui]에 접속하신 것을 환영합니다.

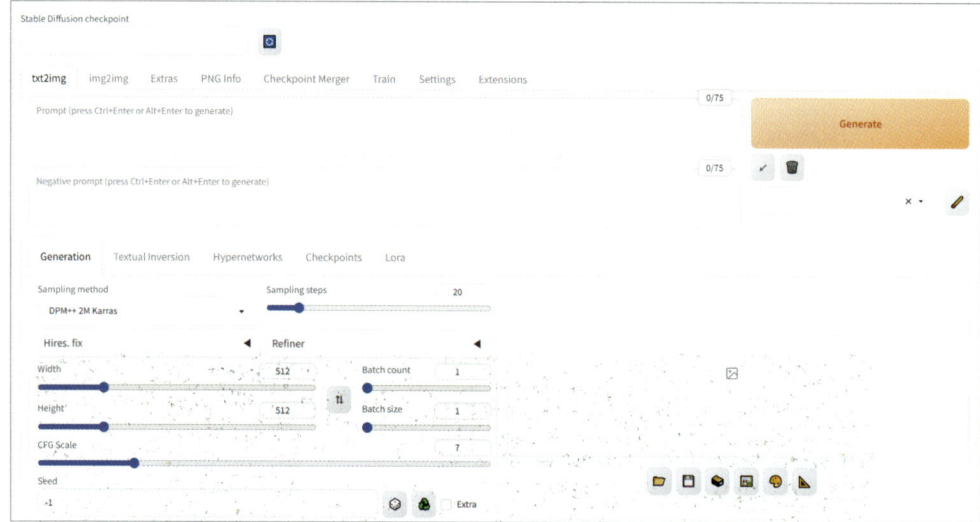

앞으로 스테이블 디퓨전은 설치된 폴더 안에 있는
Webui-user.bat 파일을 실행하면 됩니다.

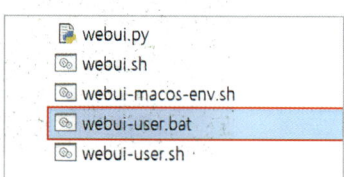

Webui-user.bat을 실행하면 cmd 화면이 뜨고 관련 파일들을 로딩하게 됩니다.

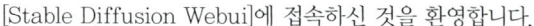

로딩이 끝난 후 밑줄 친 주소를 복사해서 웹 브라우저에 붙여넣기 하면 Stable Diffusion Webui를 만날 수 있습니다

위 주소를 웹 브라우저의 즐겨찾기에 등록해서 사용하셔도 됩니다.

04. ControlNet 설치(필수 확장 기능)

스테이블 디퓨전에는 수없이 많은 확장기능들이 있습니다.
앞으로 스테이블 디퓨전을 활용하는 용도에 따라서 각자 설치 요소들이 다를 수도 있습니다.
이 책에서는 가장 기본이 되면서 중요한 ControlNet을 같이 설치해 보겠습니다.

우선 Webui에서 Extensions(확장 기능)을 찾아서 클릭합니다.

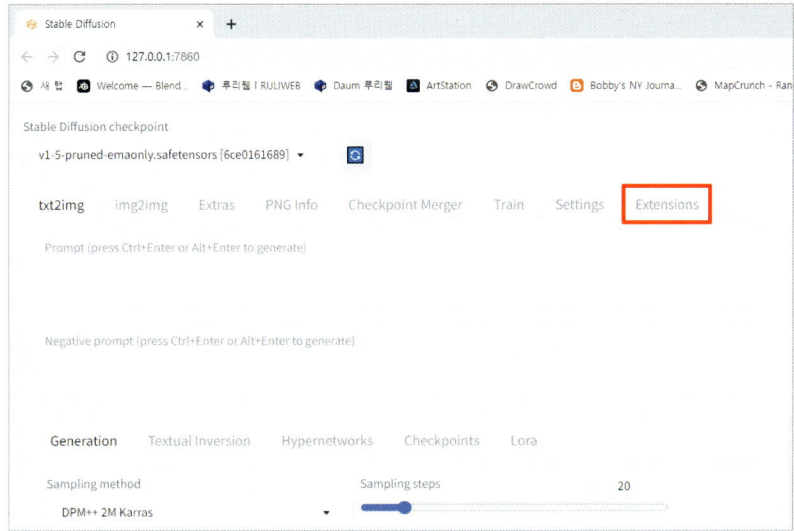

Install from URL을 클릭해 줍니다.

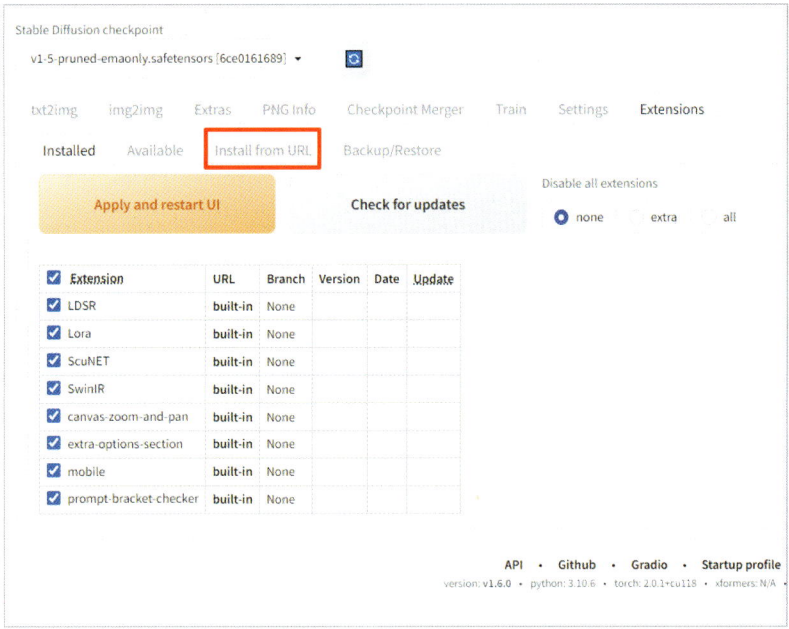

먼저 1번 박스 안에 아래 주소를 입력해 주고 2번 박스의 install을 클릭합니다.

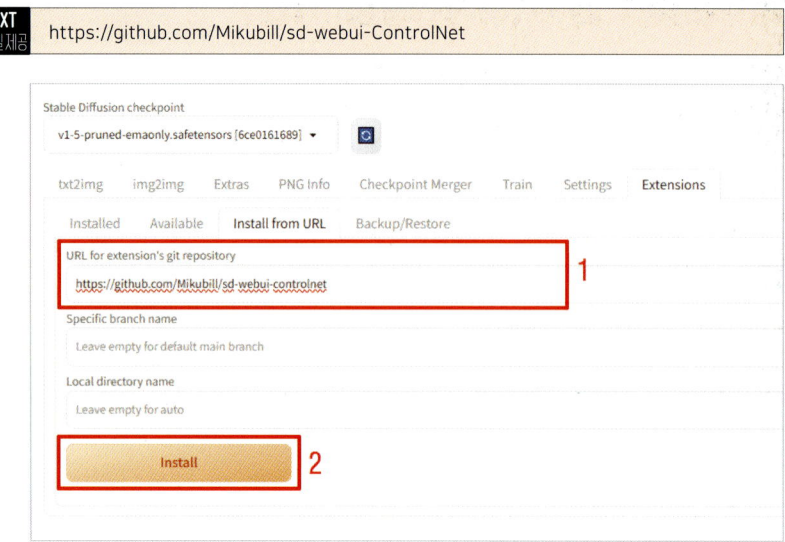

잠시 기다리시면 인스톨이 되었다는 메시지가 뜹니다.

박스 안의 installed 버튼을 누르면 어떤 Extension들이 설치되어 있는지를 알 수 있습니다. 보다시피 방금 설치된 컨트롤넷도 설치되었다는 정보가 뜹니다.

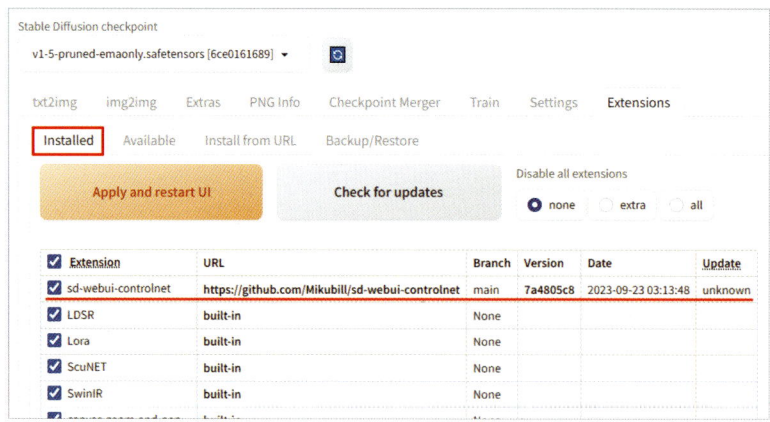

확인을 하셨으면 Apply and restart UI 버튼을 누릅니다.

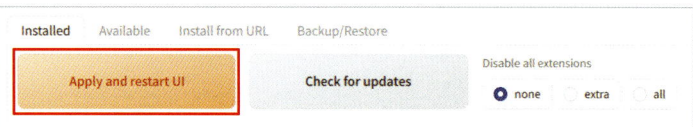

스테이블 디퓨전(Stable Diffusion) 가지고 놀아보기 4

잠시 기다리면 Webui 창이 다시 로딩되고 하단에 ControlNet이 설치된 것이 확인됩니다.

설치가 끝나셨다면 ControlNet에 필요한 모델들을 다운 받아야 합니다. 아래 링크로 접속합니다.

https://huggingface.co/lllyasviel/ControlNet-v1-1/tree/main

파일들 중 확장자가 .pth인 모델들을 모두 다운받아서, 아래 윈도우 폴더에 모두 붙여넣기 해 줍니다.

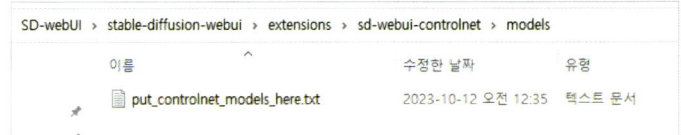

D:\SD-webUI\stable-diffusion-webui\extensions\sd-webui-ControlNet\models

올바른 폴더를 찾아가셨다면 "put_ControlNet_models_here.txt" 파일이 반겨줍니다.

고생 많으셨습니다.
드디어 스테이블 디퓨전을 설치했고, 필수 확장기능인 ControlNet까지 설치에 성공했습니다!!

체크포인트 모델 다운받기

01. CIVITAI.com에서 Checkpoint 모델 다운받기

설치를 끝낸 것을 축하드립니다!
하지만 아직은 끝이 아닙니다. 스테이블 디퓨전을 제대로 활용하기 위해서는 체크포인트 모델 (Checkpoint Model)이 필요합니다.

우선 아래 사이트로 접속합니다. (체크포인트 모델을 다운받는 사이트입니다)

> https://civitai.com

사이트에 접속하면 이런 분위기의 홈페이지가 보일 것입니다.

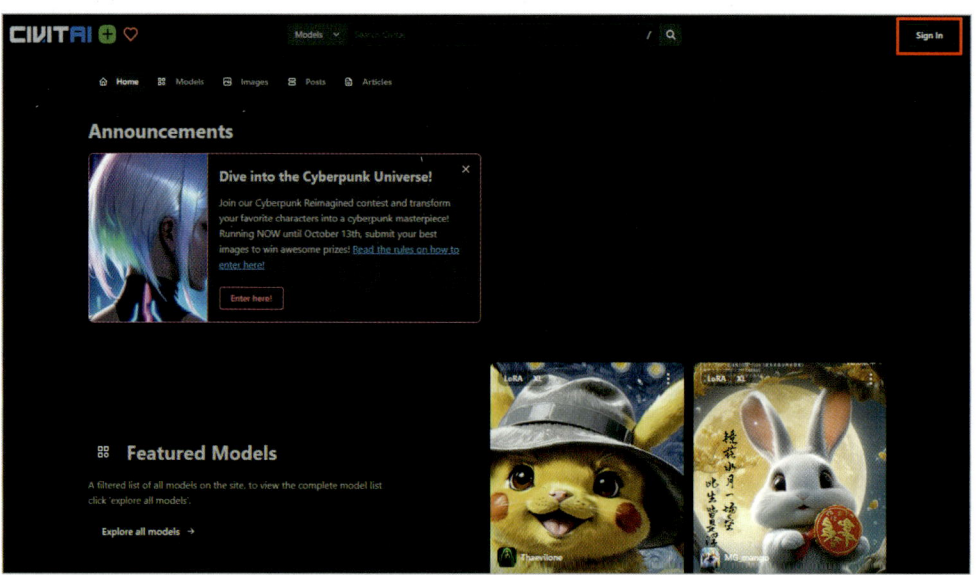

스테이블 디퓨전을 사용하게 되면 어차피 이곳을 자주 방문하게 될 것이기 때문에,
우측 상단에 위치한 로그인 버튼을 눌러서 가입 및 로그인을 해 줍니다.

로그인 후 상단의 메뉴 중 Models를 눌러주면 현재 인기 있는 모델 데이터들을 볼 수 있는 페이지로 이동됩니다.

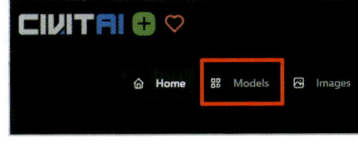
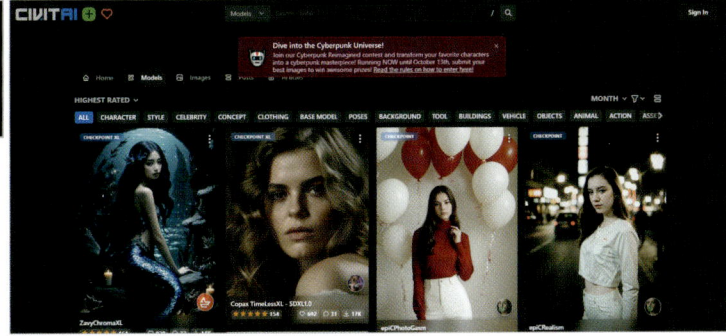

사진이나 영화처럼 리얼한 실사풍 이미지를 잘 표현하는 모델을 다운 받기 원하기 때문에, "Realistic Vision V5.1" 이라는 모델을 다운 받아보겠습니다.

사이트의 상단의 검색창에서 "Realistic Vision"을 입력하면 팝업으로 비슷한 이름의 모델들을 보여줍니다. "Realistic Vision V5.1" CHECKPOINT 모델을 클릭해 줍니다.

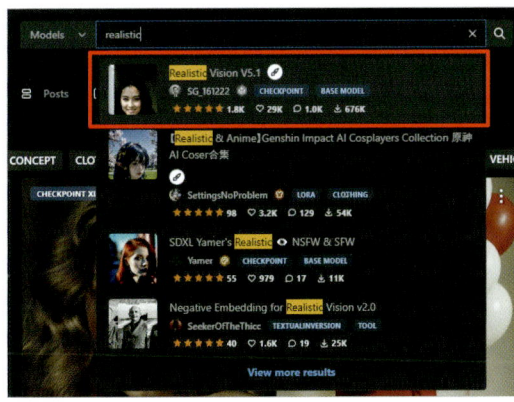
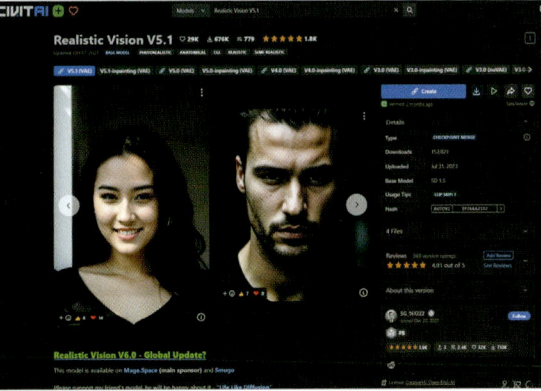

상단의 다운로드 아이콘을 클릭하여 박스 표시된 Model SafeTensor을 다운로드 받습니다.

용량은 4GB 정도 됩니다.
Checkpoint Model들은 이처럼 용량이 크기 때문에 하드 디스크 용량을 충분히 확보해 두는 것을 추천합니다.

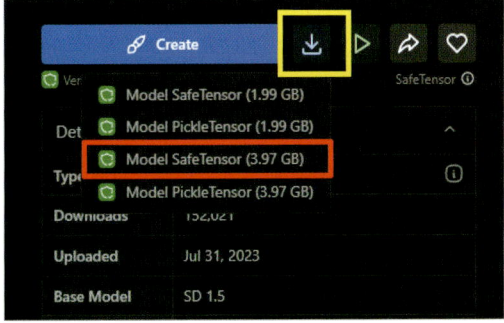

일반적으로 Checkpointmodel 모델의 파일 확장자는 ckpt와 SafeTensor로 되어 있습니다. 파일의 안정성을 위해서는 '가급적' SafeTensor 형식의 모델을 다운받기를 권합니다.

모델의 다운로드 경로는 스테이블 디퓨전 webUI를 설치했던 아래 경로의 폴더에 넣어주면 됩니다.

D:\SD-webUI\stable-diffusion-webui\models\Stable-diffusion

옆의 이미지는 제가 가지고 있는 Checkpointmodel들입니다. 처음 설치 하셨으면 폴더에는 아무 것도 없을 것입니다.

앞으로 새로운 Checkpointmodel을 다운 받으면 모두 이 폴더 안에 넣어주면 됩니다.

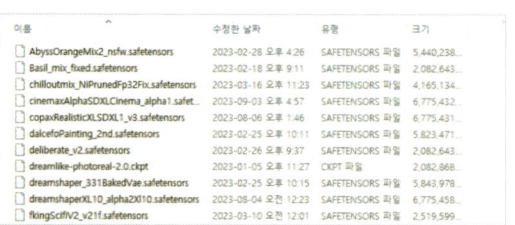

02. Hugging Face에서 VAE 파일 다운받기

실사풍 이미지를 제대로 표현하기 위해서는 vae-ft-mse-840000-ema-pruned.ckpt 파일이 필요합니다. 다음 페이지에 접속해보세요.

https://huggingface.co/YANGYINGDUO/vae-ft-mse-840000-ema-pruned.ckpt

해당 페이지에 접속한 후 아래 1번 버튼을 눌러서 파일 다운로드 페이지를 부르고, 2번을 눌러서 다운로드 받습니다.

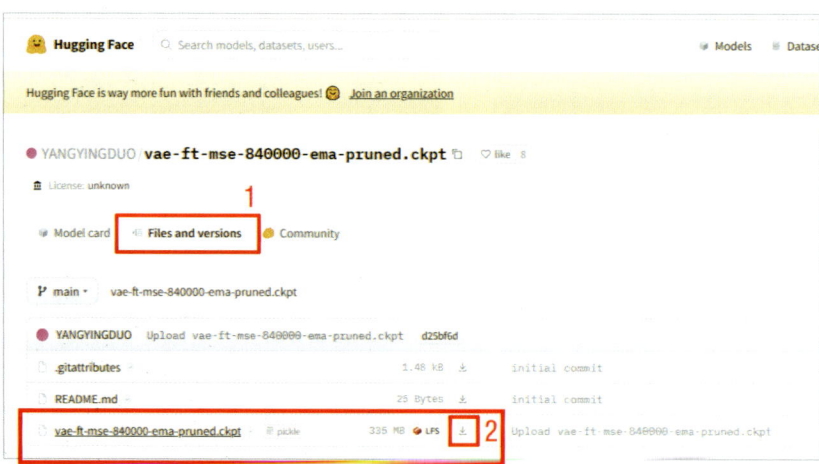

VAE 파일의 다운로드 경로는 아래 경로의 폴더에 넣어주면 됩니다.

D:\SD-webUI\stable-diffusion-webui\models\VAE

앞으로 체크포인트 모델의 성격에 따라 앞으로 VAE 파일을 더 다운받아야 할 수도 있습니다.
마찬가지로 이 폴더 안에 넣어주시면 됩니다.

스테이블 디퓨전을 실행해서 상단의 Checkpoint 모델과 VAE 모델을 선택해 주면 성공입니다.

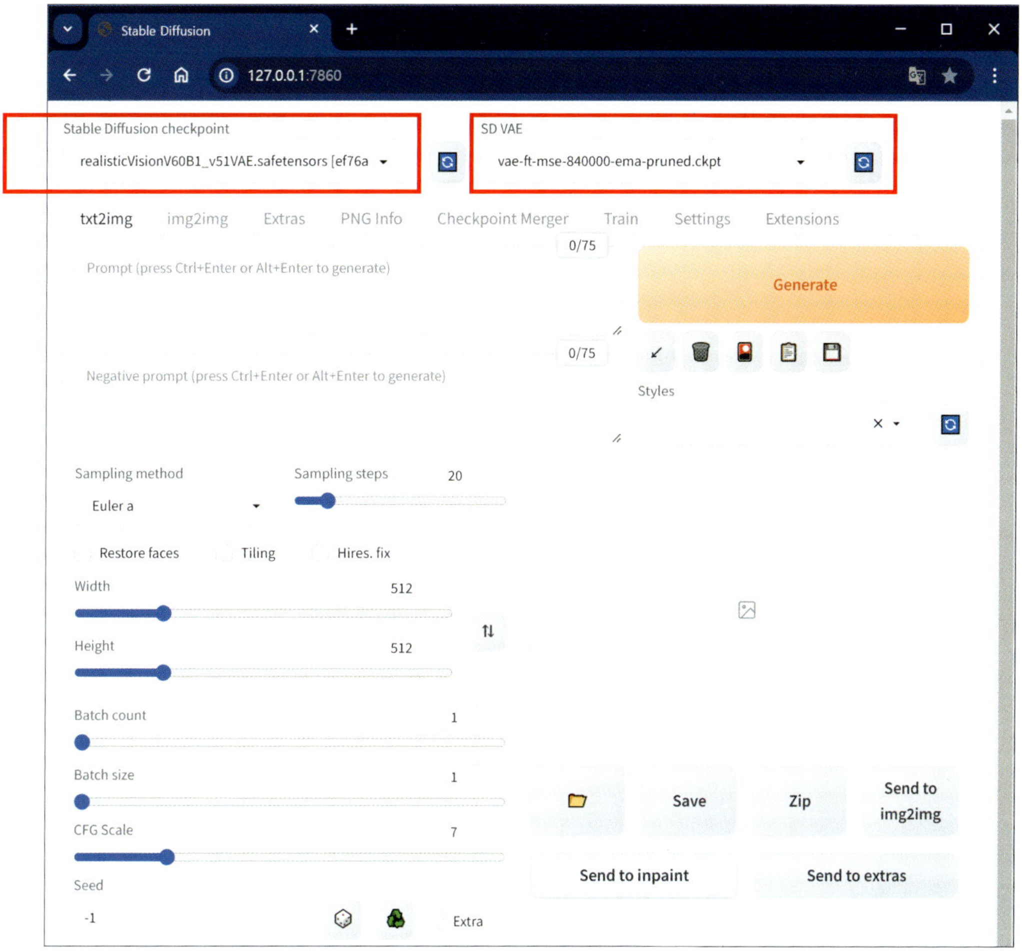

스테이블 디퓨전 기본세팅

지금까지 스테이블 디퓨전을 설치하고 필요 파일들을 다운받고 복사하느라 수고가 많으셨습니다.
이제 본격적으로 스테이블 디퓨전을 사용해 보기 전에 유용하게 사용할 수 있는 필수적인 세팅을 하고 넘어가겠습니다.

마지막 고지가 눈앞입니다! 조금만 더 해봅시다.
먼저 스테이블 디퓨전이 설치된 폴더 안에 들어가 봅시다.

내 컴퓨터에 설치했던 스테이블 디퓨전 폴더로 이동합니다.

```
D:₩SD-webUI₩stable-diffusion-webui₩
```

폴더 내의 webui-user.bat 파일을 마우스 오른 클릭하여 편집을 눌러줍니다.

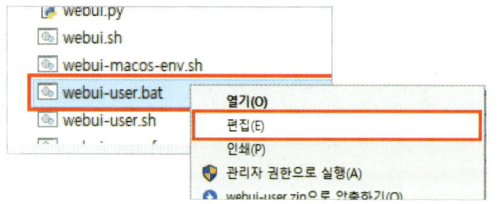

윈도우 메모장이 뜨면 아래와 같이 타이핑해 주고 저장을 합니다.

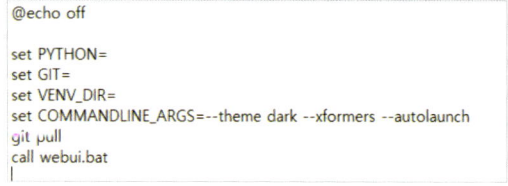

해당 파라미터 구문은 다음과 같습니다.

> --theme dark : 인터페이스를 어두운 테마로 변경합니다. 밝은 테마를 원하시는 분은 넣지 않아도 됩니다.
>
> --xformers : 스테이블 디퓨전의 성능을 그래픽카드에 맞추어 향상시켜 줍니다.
>
> --autolaunch : 스테이블 디퓨전을 실행할 때 자동으로 시스템 웹 브라우저를 실행하여 Stable-Diffusion-webui를 사용할 수 있도록 도와주는 명령어입니다.
>
> git pull : Webui-user.bat 파일을 실행할 때마다 자동으로 Webui를 업데이트합니다. 업데이트를 수동으로 하는 것을 선호하시는 분이나, 버전 관리를 직접 하시기를 원하는 분은 넣지 않아도 됩니다.

이제 webui-user.bat 파일을 더블 클릭해서 실행해 보면 webui가 다크모드로 실행됩니다.
상단의 Settings를 선택합니다.

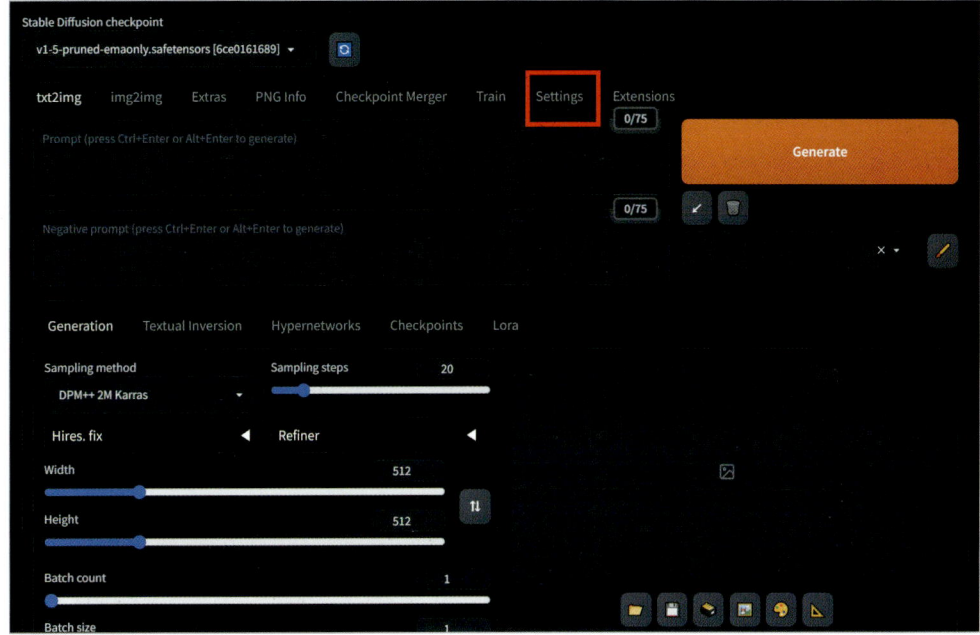

좌측 하단의 img2img를 눌러준 후,
Apply color corrention to img2img results to match original colors를 체크해 줍니다.

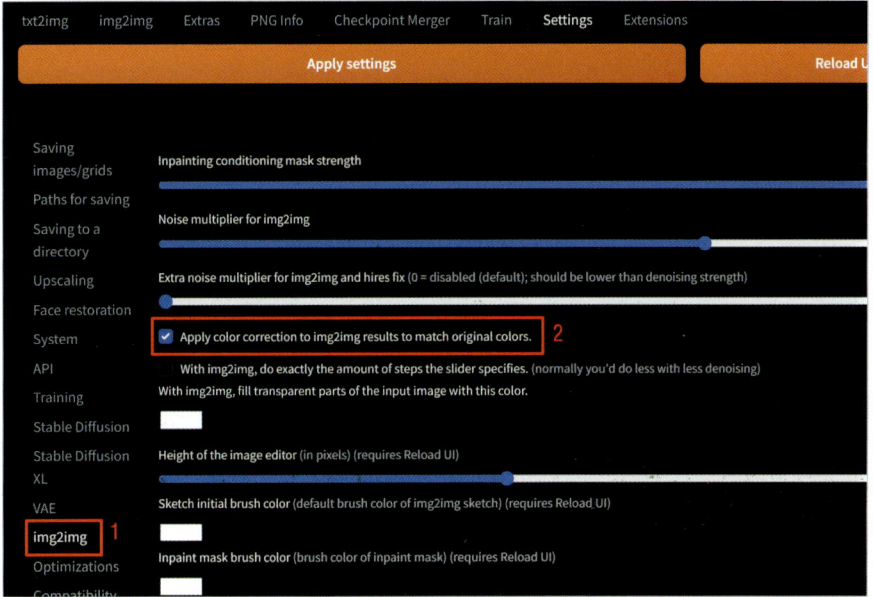

User interface를 누른 후 [info]Quicksettings list의 입력창을 클릭하면, 팝업 목록이 나타납니다.

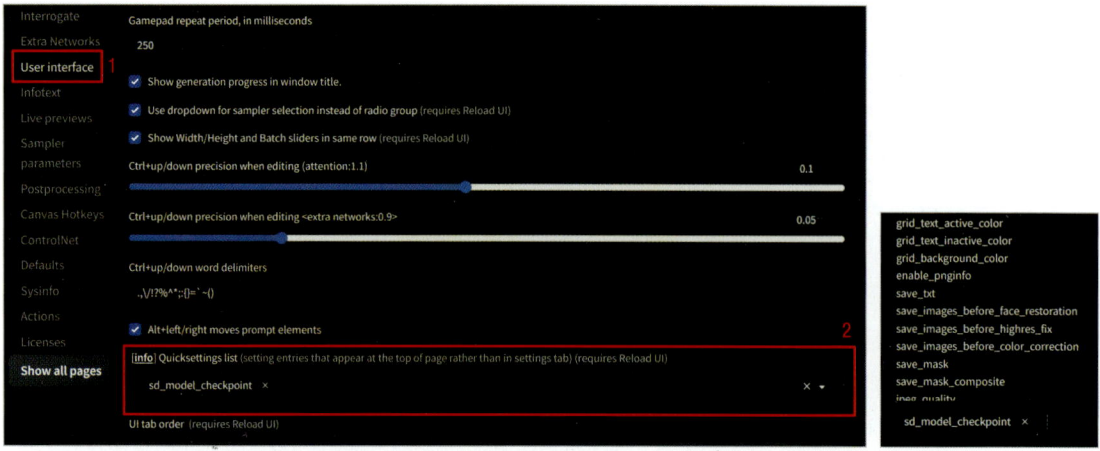

여기서 sd_model_checkpoing, sd_vae, img2img_color_correction, CLIP_stop_at_last_layers 항목들을 선택해 줍니다.

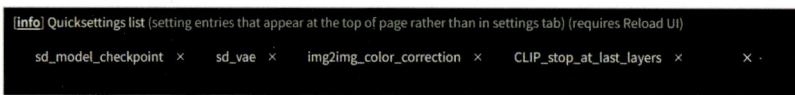

세팅이 다 끝났다면 Apply settings를 누르고 Reload UI를 눌러서 완료해 줍니다.

스테이블 디퓨전을 다시 시작하면 변경한 세팅이 제대로 적용되어 있을 것입니다.

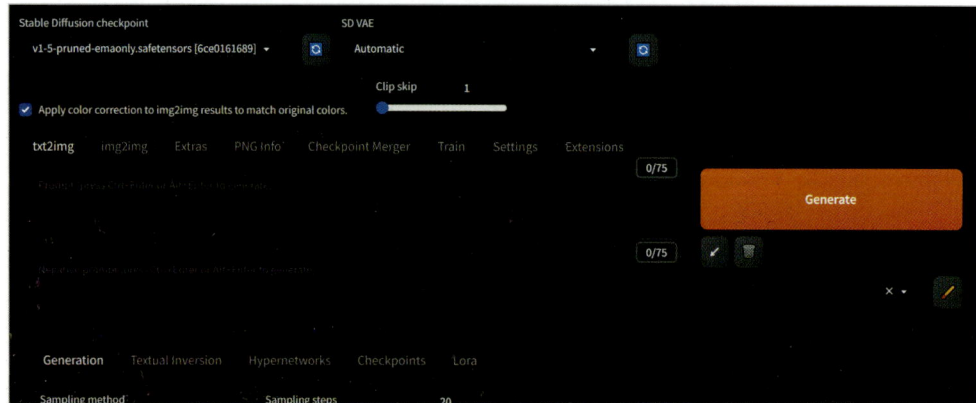

축하드립니다! 스테이블 디퓨전에서 가장 어려운 분야인 설치와 기본 세팅을 마치셨습니다.

기본 프롬프트 실험해 보기

스테이블 디퓨전은 지금까지 접한 다른 AI 툴에 비해 기능도 많고, 상당히 복잡하게 보이는 인터페이스를 가지고 있습니다. 하지만 위축될 필요가 없습니다. 포토샵이나 3D 프로그램을 다루어 보신 분들이라면 아시겠지만 어차피 주요 핵심 기능 위주로 사용하기 때문입니다.

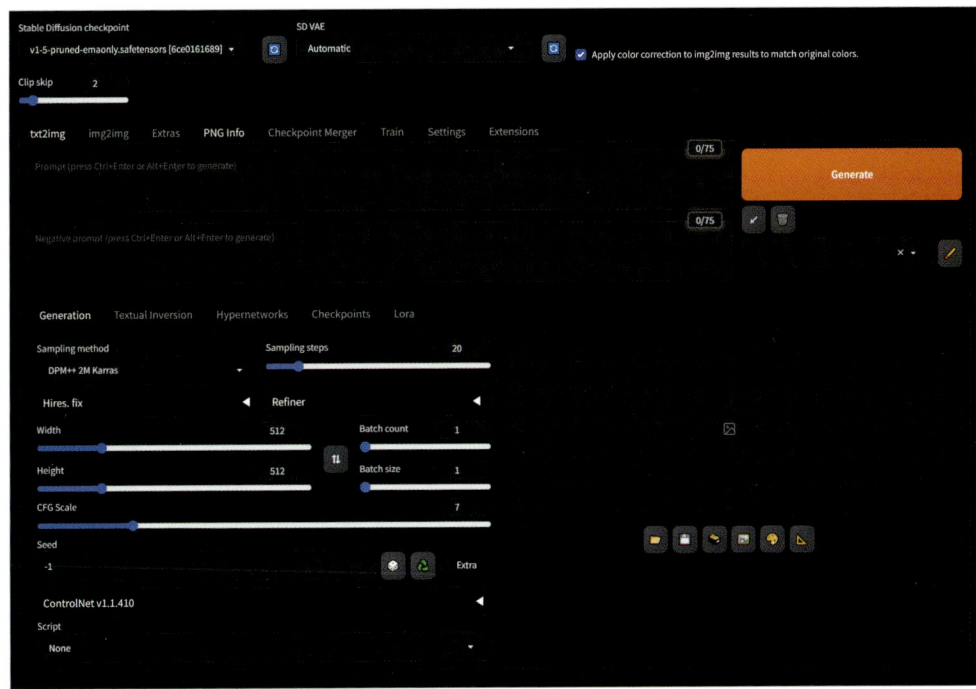

스테이블 디퓨전에서 가장 중요한 기능은 크게 2가지입니다.

> **스테이블 디퓨전에서 중요한 기능 2가지**
> - 텍스트를 이미지로 생성하는 기능 - [txt2img]
> - 이미지를 새로운 이미지로 생성하는 기능 - [img2img]

나머지는 그 기능을 보조해 주거나, 더 섬세하게 컨트롤 하기 위한 기능들입니다.
이 책에서는 스테이블 디퓨전에서 가장 중요한 위 두 기능 위주로 설명할 예정입니다.

일단 간략하게 중요한 부분들의 기능에 내해 실명을 하겠습니다.

01. 스테이블 디퓨전의 기본 메뉴(txt2i

스테이블 디퓨전이 설치된 폴더에서 webui-user.bat 파일을 실행하여 스테이블 디퓨전을 실행합니다. 스테이블 디퓨전이 실행되지 않으면 웹브라우저에서 http://127.0.0.1:7860으로 접속해 봅니다.

현재 사용하고 있는 모델(체크 포인트)의 종류를 보여줍니다.
앞서 Realistic Vision V5.1 모델을 다운받으신 것 기억나시나요? 이곳을 누르면 그 모델을 선택할 수 있습니다. 체크포인트 모델은 일종의 화가와도 같습니다. 앞서 설명드린 CIVITAI 같은 사이트에서 사용자의 용도에 맞는 여러 가지의 모델을 다운로드 해 두고, 프로젝트에 따라 알맞은 화가를 고용하듯이 용도에 맞는 모델을 교체하여 사용하는 것입니다.

Clip 모델(자연어를 컴퓨터에게 이해시켜 주는 일종의 번역기)의 세팅입니다. 2로 놓고 쓰면 대부분의 경우 무난합니다. 여기에서는 2로 세팅하겠습니다.

앞서 Bing이나 미드저니에서 프롬프트를 작성했던 것처럼 원하는 이미지의 프롬프트를 작성하는 곳입니다. 편의상 [긍정 프롬프트(Positive prompt)] 라고 부르겠습니다.

[네가티브 프롬프트(negative prompt)]를 작성하는 곳입니다. 이미지에서 원하지 않는 요소들을 적는 곳입니다. 앞으로는 [부정 프롬프트]라고 부르겠습니다.

모델이나 이미지의 용도에 따라서 샘플링 방식을 바꾸는 곳입니다. 일반적으로 [Eulera], [DPM++2M Karras], [DPM++SDE Karras] 세 가지가 많이 쓰입니다. 지금은 Euler a를 선택해 놓겠습니다.

샘플링 스텝 수입니다. 그림을 그리는 과정에 대입해 보면, 그림을 얼마나 오래 그릴 지 결정하는 곳입니다. 그림에서 너무 일찍 손을 때면 미완성 그림이 되고 너무 오래 잡고 있으면 별 차이가 없거나 오히려 망치는 경우를 많이 보셨을 것입니다. 샘플링 스텝 수도 유사합니다. 통상적으로 20~50 정도로 사용하고 있습니다.

이미지의 사이즈를 정해 주는 곳입니다. 사용하는 그래픽 카드의 사양이 얼마나 좋은지에 따라서 이미지의 사이즈를 키울 수 있습니다. 클수록 좋지만, 본인의 컴퓨터나 그래픽 카드의 사양을 넘어서면 이미지생성 되지 않기 때문에 여러 가지 사이즈를 실험해 보시고 자신에게 적합한 사이즈를 찾아보시기 바랍니다. 일단은 512×512로 세팅해 놓겠습니다.

CFG Scale로 이미지가 얼마나 작성된 프롬프트에 충실할지를 설정할 수가 있습니다. 일반적으로 6.5 정도로 설정해 두면 적절합니다.

특정 이미지의 seed를 입력하여 이전에 생성했던 이미지를 다시 생성할 수 있게 하는 용도입니다. 특별히 마음에 드는 이미지가 생성됐을 경우 그 이미지의 Seed 값을 여기에 입력해서 고정해 두면 유사한 결과물들을 얻을 수 있습니다. 기본값은 -1로 설정해 두면 값이 랜덤으로 생성됩니다.

이 글에서 가장 중요시 하는 ControlNet(컨트롤넷)으로 Stable diffusion으로 원하는 이미지를 만들기 위한 가장 핵심적인 기능을 제공합니다. 자세한 내용은 후술하겠습니다.

스테이블 디퓨전(Stable Diffusion) 가지고 놀아보기 4

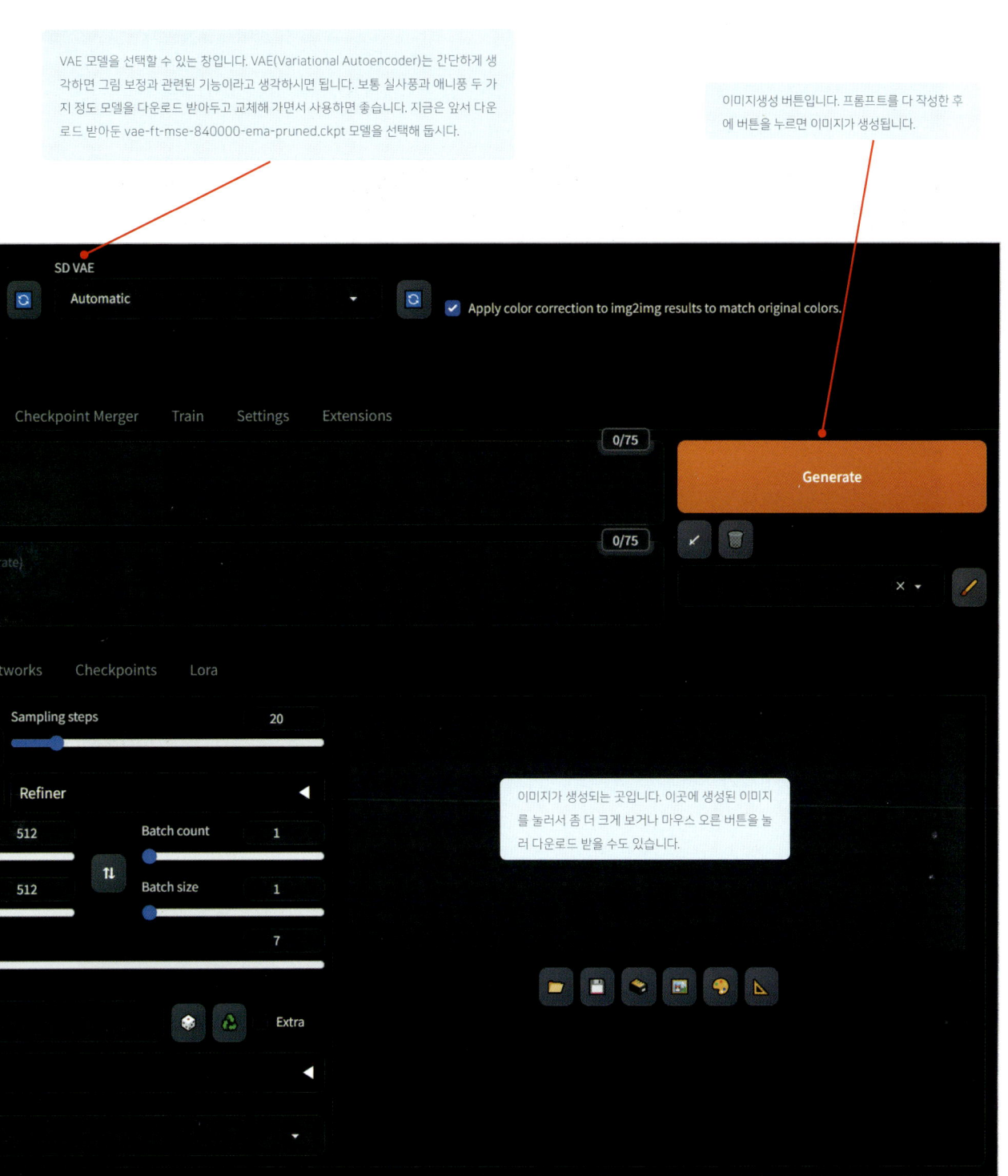

VAE 모델을 선택할 수 있는 창입니다. VAE(Variational Autoencoder)는 간단하게 생각하면 그림 보정과 관련된 기능이라고 생각하시면 됩니다. 보통 실사풍과 애니풍 두 가지 정도 모델을 다운로드 받아두고 교체해 가면서 사용하면 좋습니다. 지금은 앞서 다운로드 받아둔 vae-ft-mse-840000-ema-pruned.ckpt 모델을 선택해 둡시다.

이미지생성 버튼입니다. 프롬프트를 다 작성한 후에 버튼을 누르면 이미지가 생성됩니다.

이미지가 생성되는 곳입니다. 이곳에 생성된 이미지를 눌러서 좀 더 크게 보거나 마우스 오른 버튼을 눌러 다운로드 받을 수도 있습니다.

간략히게 주요 메뉴들을 살펴봤습니다. 여기까지가 가장 많이 쓰이는 메뉴들입니다. 이제 실습을 하면서 직접 사용해 봅시다.

235

02. 아름다운 여성 만나기

일단 단순무식하게 이미지부터 만들어 보겠습니다.
앞의 설명대로 따라 하셨다면 여러분의 WebUI의 세팅은 다음과 같을 것입니다.

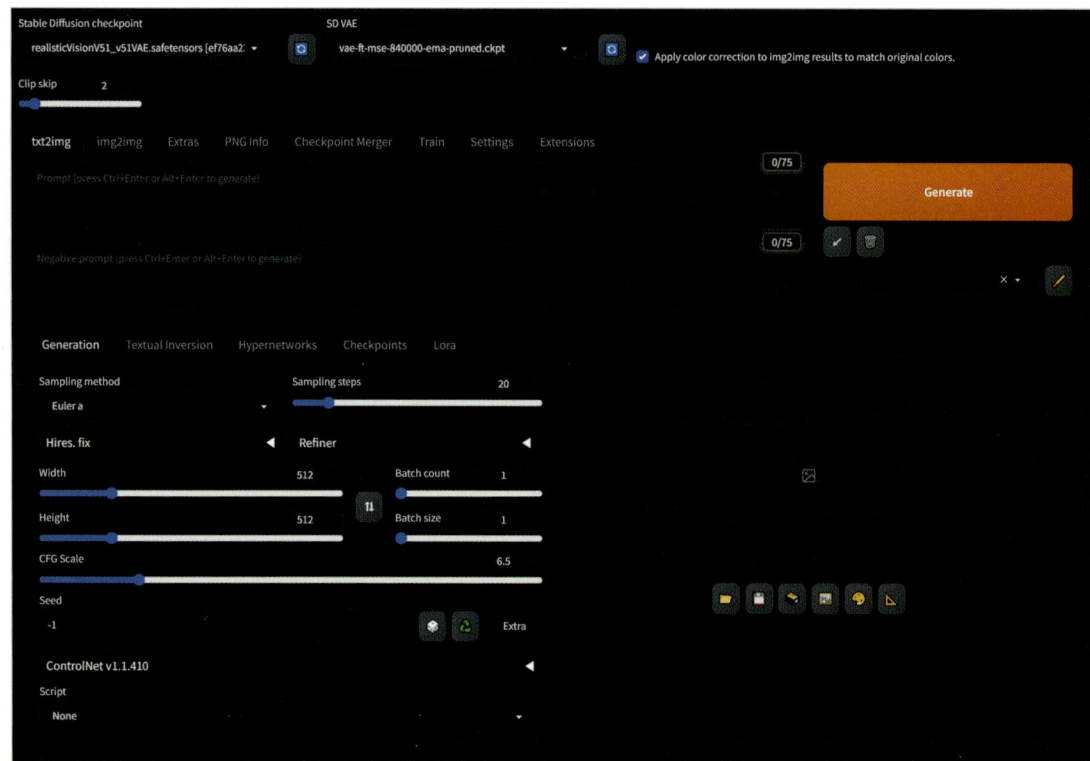

그럼 긍정 프롬프트 창에 "a beautiful woman" 이라고 입력한 후 우측에 있는 오렌지색 Generate 버튼을 눌러 봅시다.

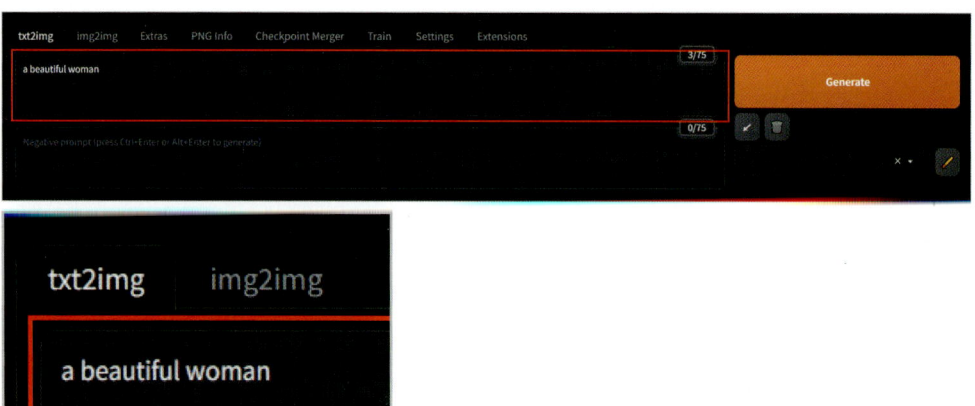

생성 창에 이미지가 생성됩니다. 이 이미지를 누르면 더 크게 볼 수 있습니다.

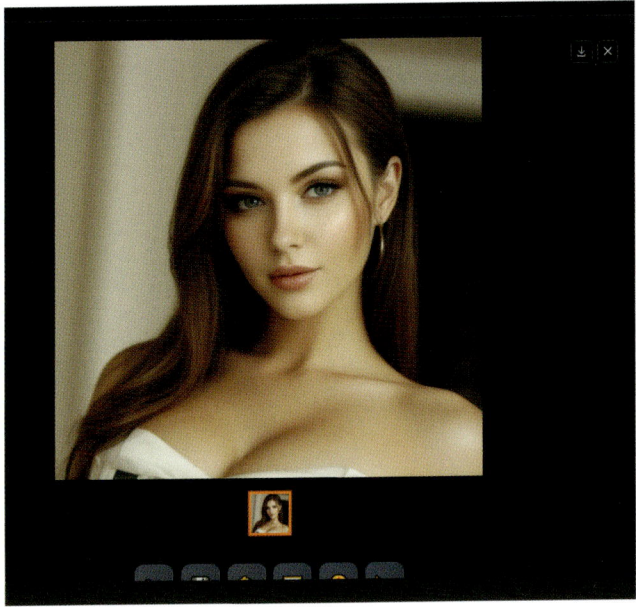

너무 아름다운 여성이미지가 생성되었네요. 이미지를 좀 더 많이 생성해 보겠습니다.

그런데 이렇게 이미지를 계속 생성하다 보면 계속 Generate 버튼을 누르는 게 귀찮게 느껴지실 수도 있습니다.

Batch count의 숫자를 올리면 설정된 숫자만큼 이미지를 연속으로 생성해 줍니다. 저는 10장만 생성해 보겠습니다.(100장까지 가능합니다.) 직접 숫자를 적어주거나, 바를 움직여서 10으로 바꿔주고 Generate 버튼을 눌러주면 됩니다.

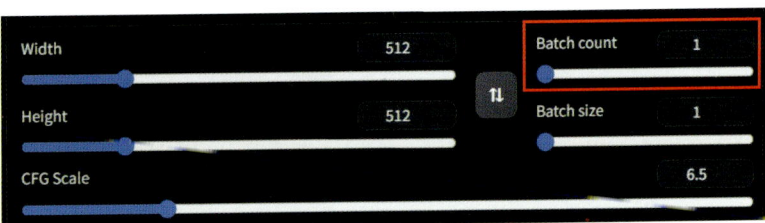

이렇게 아름다운 여성들이 자동으로 10장 생성되었습니다. 하단의 붉은 박스 안의 섬네일을 누르면 각각의 이미지를 볼 수 있습니다.

03. 취향에 맞는 아름다운 여성 만나기

이제 보니 스테이블 디퓨전도 보기에만 복잡하지 막상 이미지를 만들어내는 것은 별것도 아니네요. 그냥 원하는 이미지에 대한 프롬프트를 작성하면 되는 거였습니다. 조금 더 복잡한 프롬프트를 작성해 보면 어떨까요?

가령 호랑이 무늬의 흰 자켓을 입혀 보는 건 어떨까요?

 a beautiful woman in a tiger-patterned white jacket

위의 프롬프트를 넣어주니 옷차림이 바뀌면서 배경도 바뀌었습니다. 자켓을 입으니 야외 배경이 나오네요.

그런데 제가 원하는 배경이 아니라서 배경도 지정해 보겠습니다. 호랑이 무늬 자켓을 입었으면 밀림 배경이 어울릴 것 같습니다. jungle background라는 단어를 추가해 보겠습니다.

Beautiful woman in tiger-patterned white jacket, **jungle background**

저 상태에서 야구 모자를 쓰면 더 쿨한 느낌이 날 것 같습니다.

 Beautiful woman in tiger-patterned white jacket, **baseball cap**, jungle background

복장은 이미 나무랄 곳이 없네요.
밀림에 계시니 마체테를 손에 쥐어 드리겠습니다.

Beautiful woman in tiger-patterned white jacket **with Machete**, baseball cap, jungle background

생존을 위해 마체테를 드렸지만 약간 무서운 느낌이 들기 시작하네요. 살짝 미소를 짓게 만드는 게 나을 것 같습니다. 그리고 어디 가서 굶지 말라고 커다란 금목걸이도 드리는 게 나을 거 같아요.

Beautiful woman in tiger-patterned white jacket with Machete, baseball cap, **smile**, **large gold necklace**, jungle background

이렇게 생존력도 강하면서 인상까지 좋은 여성이 탄생했습니다.
함께 밀림을 헤매기엔 최적의 여성 같습니다. 그런데 이렇게 이미지에 조건이 많아지면서 원하는 이미지가 나오는 확률이 점점 낮아지고 있습니다. 예를 들면 앞서 보여드린 이미지 1장을 얻기 위해서 아래만큼의 마음에 들지 않는 이미지가 나왔었습니다.

보통은 물건을 든 손의 포즈가 이상하거나, 손 자체가 이상하거나, 프롬프트에 넣은 요소가 나오지 않기도 합니다. 심지어 최종적으로 선택한 이미지도 자세히 보면 손가락 표현이 어색합니다.

이처럼 AI 이미지생성 툴은 어쩔 수 없는 랜덤 성향을 가지고 있습니다.
그럼 아까 생성했던 이미지를 똑같이 다시 생성하고 싶으면 어떻게 해야 할까요?
그럴 땐 seed 값을 활용합니다. 아까의 이미지를 다시 보겠습니다.

이미지생성 창의 하단 부분을 자세히 보면,
Seed:1103942555라고 적힌 부분이 보일 것입니다.

숫자를 드래그해서 복사합시다.

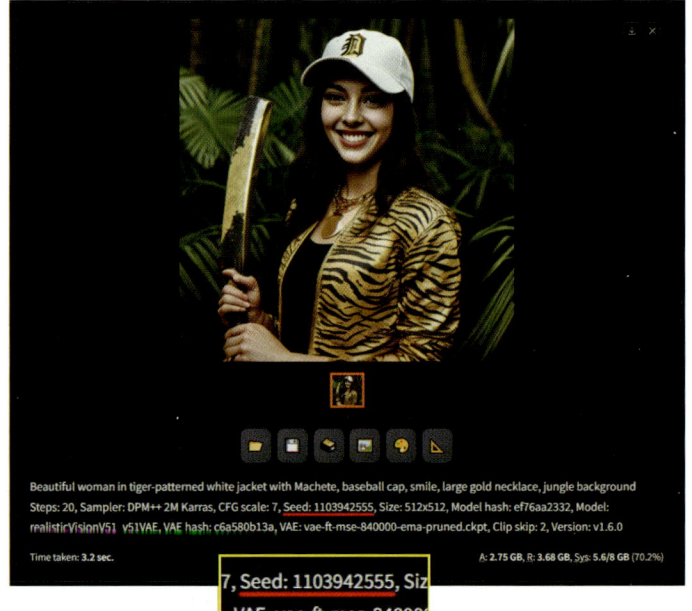

240

1번 Seed 창에 저 숫자를 복사해 넣으면 동일 프롬프트와 조건 아래에서는 같은 이미지를 계속 생산할 수 있습니다.

다시 랜덤 이미지를 생성하고 싶으면 2번 주사위 버튼을 눌러 -1로 만들어 주면 됩니다.

다시 생성 버튼을 눌러 보겠습니다.

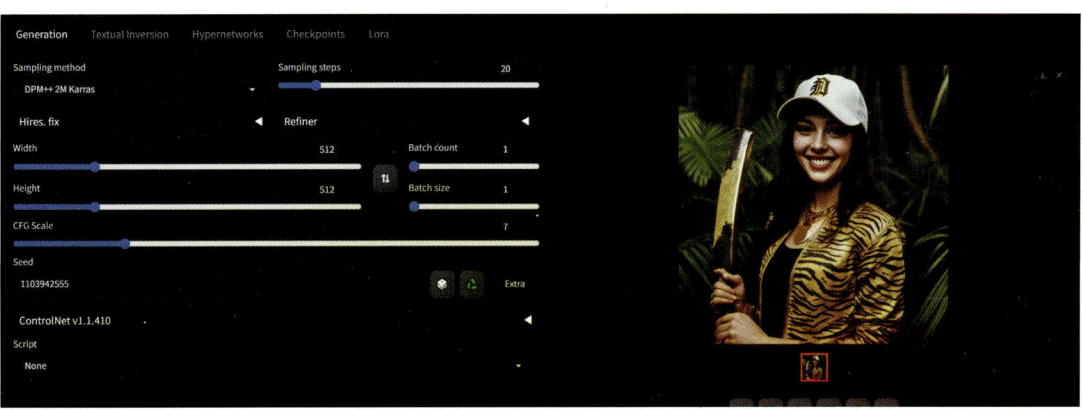

같은 여성을 또 만나니 반갑네요. 금을 두른 듯한 럭셔리한 마체테도 여전하네요.

이렇게 Seed 값을 고정해 놓으면 다른 장점도 있습니다. 이 상태에서 머리 색을 바꿔 보겠습니다.

프롬프트 파일제공	Beautiful woman in tiger-patterned white jacket with Machete, baseball cap, smile, **blue hair**, large gold necklace, jungle background

마체테가 다소 앙증맞게 변하기는 했지만, 비슷한 포즈를 유지하면서 헤어의 색상을 바꾸었습니다.
이렇게 Seed 값 고정을 잘 활용하면 어느 정도 이미지의 유사성(위 이미지의 경우 자세히 보면 인물의 생김새도 비슷합니다.)을 유지하면서 세부의 디테일을 변경할 수 있습니다.

04. 고해상도 이미지로 만들기

자, 여태 이미지를 512×512 사이즈로 생성하다 보니 이미지가 빨리 생성되는 것은 좋은데 해상도가 조금 아쉬웠습니다. 앞서 미드저니의 경우에는 이미지를 생성한 후 그 중 마음에 드는 이미지를 업스케일을 해줬었는데, 사실은 스테이블 디퓨전에도 비슷한 기능이 있습니다.

이곳 Hires.fix을 눌러주면 여러 개의 메뉴가 늘어납니다.

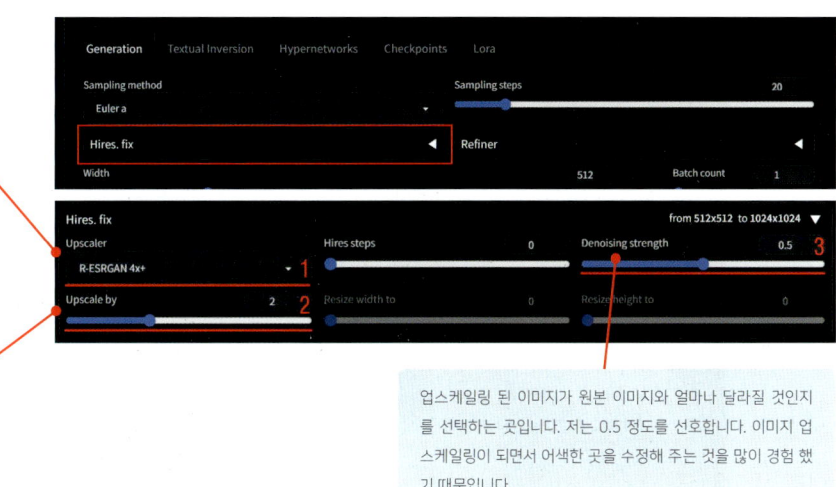

테이블 디퓨전 Webui가 제공하는 업스케일러 목록이 쭉 뜹니다. 고민하지 마시고 그냥 R-ESR-AN 4x+를 골라주세요. 현재는 이게 제일 좋습니다. (Latent도 무난합니다.)

존 해상도에서 몇 배로 업스케일링 할 것인지 선하는 곳입니다. 저는 2배로 선택했지만 그래픽드 성능이 좋은 분들은 3배 이상으로 해 주셔도 됩니다.

업스케일링 된 이미지가 원본 이미지와 얼마나 달라질 것인지를 선택하는 곳입니다. 저는 0.5 정도를 선호합니다. 이미지 업스케일링이 되면서 어색한 곳을 수정해 주는 것을 많이 경험 했기 때문입니다.

이렇게 세팅해 놓고 Generate 버튼을 눌러 주었습니다.

확대샷으로 이전과 차이를 비교해 보겠습니다.

이미지가 선명해졌을 뿐 아니라 세부의 디테일마저 추가되었습니다.

자세히 비교해 보면 마체테나 목걸이 얼굴, 모자 위의 마크까지 디테일이 추가되었음을 알 수 있습니다.

업스케일링 전

업스케일링 후

지금까지 스테이블 디퓨전에서 아주 기본적인 이미지생성 과정을 함께 해 봤습니다.

> **과정을 정리합니다**
>
> 1. 낮은 해상도 512×512로(스테이블 디퓨전 XL의 경우 1024×1024) 여러 개의 시안을 빠르게 생성한다.
> 2. 프롬프트를 수정해 가면서 자신이 원하는 이미지를 만든 후 Seed 값을 복사한다.
> 3. Seed 값을 고정해 놓고 프롬프트 수정으로 세부 이미지 수정한다.
> 4. 업스케일링을 통해서 해상도와 디테일을 보강하여 마무리한다.

스테이블 디퓨전에서 그림을 생성하여 완성하는 과정은 우리가 뎃생을 할 때 큰 덩어리를 잡고, 세부 디테일을 보강해 가는 요령과 유사합니다. 이런 순서로 이미지를 생성하면 시간을 많이 아낄 수 있습니다.

다음에는 좀 더 복잡한 프롬프트를 작성해 보면서, 스테이블 디퓨전의 프롬프트 구조에 대해서 좀 더 알아보도록 하겠습니다.

프롬프트는 엄마의 잔소리

5

01. '해라'와 '하지 마라'

앞서 미드저니 파트에서 프롬프트의 구조가 엄마의 잔소리와 비슷하다고 말씀을 드렸었습니다. 그런데 스테이블 디퓨전의 프롬프트 구조야말로 진정으로 완성된 엄마의 잔소리라고 할 수 있습니다. 잠시 어린 시절 어머니의 잔소리를 머릿속에 떠올려 보세요. 어머니의 모든 잔소리를 종합해 보면 크게 두 가지로 나뉘어져 있다는 것을 기억하실 겁니다.

바로,

'해라'와 '하지 마라' 입니다.

스테이블 디퓨전의 프롬프트는 `긍정 프롬프트`와 `부정 프롬프트`로 나누어져 있습니다.

`긍정 프롬프트`는 '해라'에 해당하고,
`부정 프롬프트`는 '하지 마라'에 해당합니다.

좀 복잡한 프롬프트를 예시로 들어 보겠습니다.

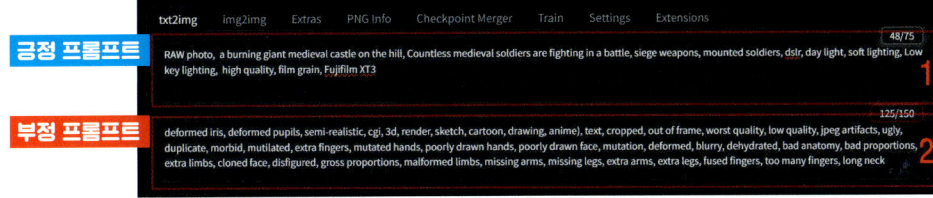

`긍정 프롬프트`
RAW photo, a burning giant medieval castle on the hill, Countless medieval soldiers are fighting in a battle, siege weapons, mounted soldiers, dslr, day light, soft lighting, Low key lighting, high quality, film grain, Fujifilm XT3

1번 박스 안의 문장까지는 이전에 많이 봤던 `정의`, `묘사`, `보완` 프롬프트 구조와 크게 다르지 않습니다. 여기까지를 `긍정 프롬프트`라 부릅니다. 내용을 보면 다음과 같습니다.

RAW 사진, 언덕 위 불타는 거대한 중세 성, 수많은 중세 군인들이 전투 중, 공성 무기, 기마병, **dslr**, **주간 조명**, **소프트 조명**, **로우 키 조명**, **고품질**, **필름 그레인**, **후지필름 XT3**

우선 위 이미지가 사진이라고 `정의`를 내렸고, 중세 공성전의 풍경을 `묘사`했습니다. 그리고 조명과 카메라, 화면효과 등이 `보완` 프롬프트로 쓰였습니다. 여기까지는 기존 Bing이나 미드저니의 프롬프트 활용방식과 크게 다르지 않습니다.

> cgi, 3d, render, sketch, cartoon, drawing, anime, text, cropped, out of frame, worst quality, low quality, jpeg artifacts, ugly, duplicate, morbid, mutilated, extra fingers, mutated hands, poorly drawn hands, poorly drawn face, mutation, deformed, blurry, dehydrated, bad anatomy, bad proportions, extra limbs, cloned face, disfigured, gross proportions, malformed limbs, missing arms, missing legs, extra arms, extra legs, fused fingers, too many fingers, long neck

그런데 아래쪽 2번 박스 안에 상당한 분량의 **부정 프롬프트**가 작성되어 있습니다.
보라색으로 표현한 부정 프롬프트의 내용을 해석해 보면 다음과 같습니다.

> cgi, 3d, 렌더, 스케치, 만화, 드로잉, 애니메이션, 텍스트, 크롭, 틀을 벗어남, 최악의 품질, 낮은 품질, jpeg 인공물, 못생긴, 중복, 병적, 훼손된, 여분의 손가락, 변형된 손, 잘못 그린 손, 잘못 그린 얼굴, 돌연변이, 기형, 흐린, 탈수, 나쁜 해부학, 나쁜 비율, 여분의 팔다리, 복제된 얼굴, 기형, 총 비율, 변형된 팔다리, 없어진 다리, 없어진 다리, 여분의 팔, 여분의 다리, 융합된 손가락, 너무 많은 손가락, 긴 목

자세히 읽어 보면 주로 cg 이미지, 서툰 그림과, 흐린 이미지, 잘못된 인체 표현에 대한 내용들이 들어 있습니다. 이처럼 부정 프롬프트는 내가 만들 이미지에서 원하지 않는 요소들을 다 적어주면 됩니다.

이러한 **부정 프롬프트**는 배경보다는 캐릭터를 표현할 때 더 중요하게 작용하는 편이며, 생성하는 이미지가 쓸만한 결과를 보여주는 확실한 효과가 있습니다.

02. 한 이야기 또 하기 신공과 높아지는 언성

앞서 어머니 잔소리의 큰 구조에 대해 설명을 드렸다면, 이번에는 어머니가 이야기의 특정 대목을 강조하시는 방법에 빗대어 설명을 해 보겠습니다.

같은 이야기를 수도 없이 반복해서 우리의 뇌에 그 문장을 깊이 새기는 방법도 있고, 특정 단어에 버럭 언성을 높여서 강조하시기도 합니다. 앞서 미드저니 편에서도 이를 이용해서 특정 단어를 반복해서 나열하거나 멀티 프롬프트를 이용하여 문장의 가중치를 조절했었습니다. 여기에서 문장이나 단어의 가중치를 어머니의 언성으로 대입하면 쉽게 이해하실 수 있을 것입니다.

스테이블 디퓨전도 미드저니처럼 특정 단어를 계속 반복하거나 단어에 가중치를 부여해서 단어의 의미를 강조할 수 있습니다. 특히 특정 문장 및 단어를 선택해서 가중치를 주는 게 좀 더 자유롭기 때문에 미드저니보다도 더 섬세한 조절이 가능합니다.

앞서의 공성전 이미지의 특정 단어를 강조해 보겠습니다.

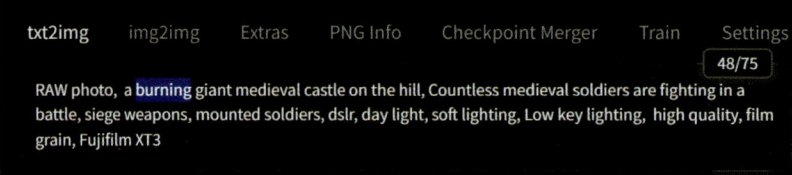

긍정 프롬프트 중에 "burning"을 강조해 보겠습니다. 마우스로 드래그한 다음,
Ctrl + ↑(위 화살표)를 눌러주면 해당 단어의 가중치를 높여 강조해 줄 수 있습니다. 반대로 Ctrl +↓(아래 화살표)를 눌러주면 해당 단어의 가중치를 낮출 수 있습니다.

가중치를 2 정도 주고 이미지를 생성해 보겠습니다.
보시다시피 중세의 성도 병사들도 존재감이 사라지고 불꽃만 강조됩니다.

다음은 가중치별 이미지의 변화입니다.

burning이라는 단어의 가중치가 높아 질수록 이미지의 다른 요소들은 점점 사라지고 불꽃만 강조되어 가는 것을 알 수 있습니다.

가중치가 2.5를 넘어가면 이미지의 다른 요소들은 다 사라지고 불타는 이미지만 남게 됩니다.

이와 같이 특정 단어의 가중치가 지나치면 프롬프트의 다른 요소들을 압도해서 이미지가 망가지기 때문에 적절한 값을 찾아야 합니다.

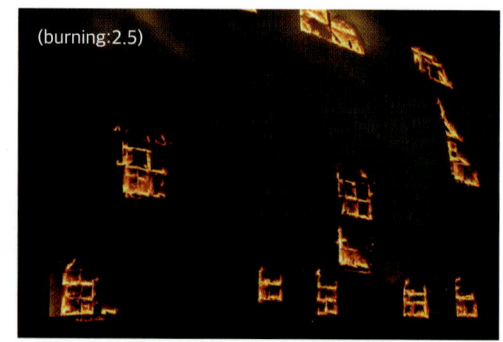
(burning:2.5)

이번에는 반대로 가중치를 낮추어 보겠습니다.

(burning:0.5)

가중치의 기본값은 1입니다. 가중치를 0.5로 주었더니, 화면에서 불꽃이 차지하는 비중이 확연히 줄어들었습니다. 이젠 중세의 공성전이라기보다는 캠프파이어를 즐기는 승마 동호회처럼 보입니다. 이처럼 가중치를 잘 활용하면 화면에서 특정 단어나 요소의 영향력을 강조하거나 줄일 수 있습니다.

(burning)

(burning:1.5)

프롬프트 가중치는 0.1 ~ 1.4 정도의 범위 안에서 적용해 주는 것이 일반적입니다.

03. 잔소리 실습 - 유로피안 엄지척녀

이제 프롬프트 작성이라는 것이 어린 시절부터 마르고 닳도록 들어 왔던 어머니의 잔소리와 별 차이가 없다는 것을 알게 되었습니다.

우리라고 잔소리 못 하겠습니까? 그냥 들은 대로 돌려주면 되는 겁니다. 여러 번 강조 드렸지만 AI는 화내거나 때리지 않습니다. 단순한 문장으로 시작해서 필요한 단어들을 추가하고, 가중치를 조절하면서 끝까지 원하는 이미지를 만들어 가는 과정을 연습해 보겠습니다.

먼저 만들고 싶은 이미지를 대략 구상해 보겠습니다.
우리는 유럽에 와 있습니다. 이곳에서 멋진 여자분과 친해졌는데 이분은 이상하게도 언제나 비키니를 입고 생활하십니다. 그리고 엄치척을 너무 좋아하셔서 언제나 엄치척을 하십니다.

이 정도면 정말 훌륭한 이미지가 나올 것 같네요. 시작해 보겠습니다.

먼저 스테이블 디퓨전의 기본 설정입니다. 그림처럼 세팅을 맞춰줍니다.

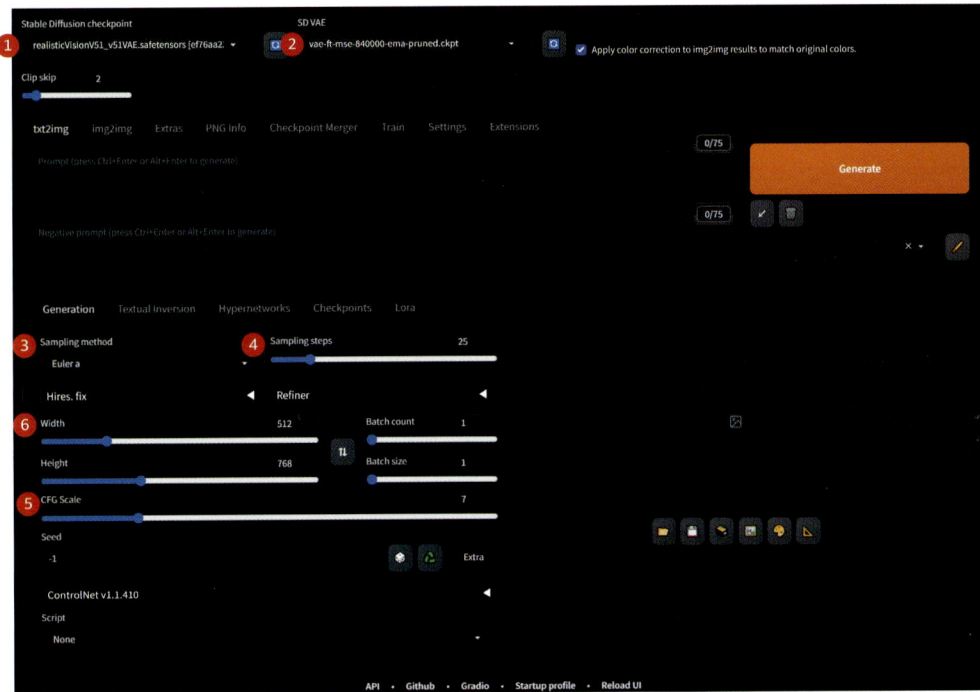

이렇게 세팅합니다

1. **checkpoint** : realisticVisionV51_v51VAE.safetensors
2. **SD VAE** : vae-ft-mse-840000-ema-pruned.ckpt
3. **Sampling method** : Euler a / 4. **Sampling steps** : 25 / 5. **CFG Scale** : 7
6. 이미지 사이즈 : 512×768

먼저 아주 기본적인 프롬프트를 작성하겠습니다.

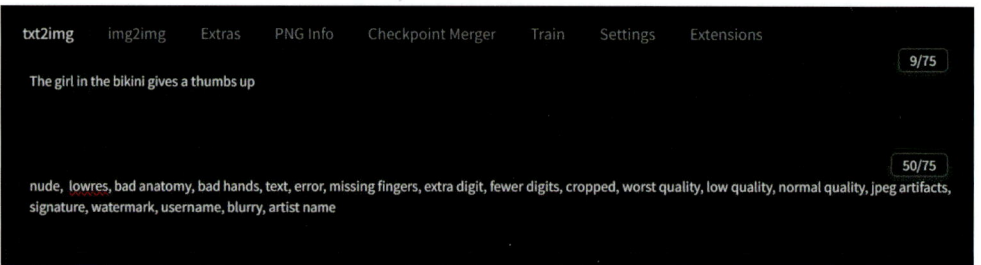

 The girl in the bikini gives a thumbs up

비키니를 입은 소녀가 엄지척을 한다.

 nude, lowres, bad anatomy, bad hands, text, error, missing fingers, extra digit, fewer digits, cropped, worst quality, low quality, normal quality, jpeg artifacts, signature, watermark, username, blurry, artist name

누드, 낮은 레스, 나쁜 해부학, 나쁜 손, 텍스트, 오류, 손가락 누락, 추가 숫자, 적은 숫자, 잘라내기, 최악의 품질, 낮은 품질, 정상 품질, jpeg 아티팩트, 시그니처, 워터마크, 사용자 이름, 흐린, 아티스트 이름

등을 적어줬습니다.

해석을 보면 알겠지만, 주로 낮은 품질에 대한 것들, 잘못된 인체, 잘못된 손 표현, 흐릿한 이미지, 낮은 해상도, 그리고 이미지에 글이나 사인, 워터마크 등이 나오는 것을 막는 내용으로 구성되어 있습니다.

어머니의 **'하지마라'**에 해당하는 잔소리가 매번 뻔하고 비슷한 것처럼, 어차피 이미지에서 사람들이 나오는 걸 싫어하는 요소들은 어느 정도 정해져 있기 마련입니다. 그래서 부정 프롬프트는 일일이 작성할 것 없이 미리 작성한 것을 저장해 놨다가 붙여넣기를 해도 상관이 없습니다.

또, nude를 적은 것은 비키니가 비교적 노출이 많은 복장이라 자칫하면 완전 누드 이미지가 나올 수 있기 때문입니다. (스테이블 디퓨전은 다른 이미지생성 툴에 비해 19금 표현을 대단히 거침없이 잘하기 때문에 주의해야 합니다.)

자, '해라'와 '하지 마라'가 어느 정도 정해졌습니다.
이번 이미지에서는 주로 긍정 프롬프트를 수정하면서 진행하고, 부정 프롬프트는 지금 상태로 고정해 놓고 따로 손대지는 않겠습니다,

첫 번째 결과물입니다.

체크포인트 모델이 좋아서 그런지 너무 쉽게 괜찮은 이미지가 나오네요. 이제 좀 살을 붙여 보겠습니다.

긍정 프롬프트를 다음과 같이 수정해주었습니다. 아름다운 소녀임을 분명하게 써 주고, 하늘색 꽃무늬 비키니로 지정해 줬습니다.

 RAW photo, The **beautiful** girl in the **skyblue flower-patterned** bikini gives a thumbs up

결과는 다음과 같습니다.

이번에는 머리카락 색상을 백발로 지정해주겠습니다. 배경도 해변보다는 유럽 거리로 변경해주었습니다.

RAW photo, The beautiful girl in the skyblue flower-patterned bikini gives a thumbs up, smile, **white hair**, **The background is a busy street in Europe**

나이도 18-year-old girl로 수정해 줬습니다.

RAW photo, The beautiful **18-year-old** girl in the skyblue flower-patterned bikini gives a thumbs up, smile, white hair, The background is a busy street in Europe

이처럼 표현하는 대상을 명확하고 구체적으로 표현해 주어야 AI가 잘 이해를 합니다.

길거리에 군중들도 있고 벽에 그래비티도 있으면 생동감이 있을 것 같습니다.

RAW photo, The beautiful 18-year-old girl in the skyblue flower-patterned bikini gives a thumbs up, smile, white hair, The background is a busy street in Europe, **large crowd, The wall is full of graffiti**

점점 원하는 이미지에 가까워지고 있습니다.
이제 원경에 랜드마크로 고딕성당을 넣어 주겠습니다.

RAW photo, The beautiful 18-year-old girl in the skyblue flower-patterned bikini gives a thumbs up, smile, white hair, The background is a busy street in Europe, large crowd, The wall is full of graffiti, **In the distance you can see an enormous Gothic tower**

점점 이미지에 표현해야 하는 요소가 많아지면서 AI가 헷갈려 하는 것이 보입니다. 고딕 성당은 멋지지만 배경에 군중이 보이지 않고, 엄지척도 애매해졌네요.

이제 이미지의 가중치를 조절해 줘야 할 시점이 온 것 같습니다. 머릿속에서 단어마다 어머니의 언성이 높아졌다 낮아졌다 하는 상황을 상상해 보세요.

(RAW photo:1.1), (The beautiful 18-year-old girl:1.4) in the skyblue flower-patterned bikini gives a (thumbs up:1.1), smile,(white hair:1.1), (The background is a busy street in Europe:1.2),(large crowd:1.3), (The wall is full of graffiti:1.1),(In the distance you can see an enormous Gothic tower:1.1)

이미지 가중치 조절로 중요한 단어 순으로 강조해 주면서 이미지의 밸런스를 맞추어 줬습니다. 한 번에 결과물이 나온 것처럼 보이겠지만 사실은 상당한 시행착오를 거치면서 찾은 밸런스 결과입니다.

이미지에서 어떤 요소가 가장 중요한지를 염두에 두고 문장의 위치와 이미지 가중치를 계속 변경해 가면서 본인의 마음에 드는 이미지가 나올 때까지 반복하는 것입니다.

위 이미지 정도가 제가 찾은 타협점인 것 같습니다.

여기에 조명과 카메라 등의 보완요소를 넣어 이미지를 한단계 더 향상 시켜 보겠습니다.

(RAW photo:1.1), (The beautiful 18-year-old girl:1.4) in the skyblue flower-patterned bikini gives a (thumbs up:1.1), smile,(white hair:1.1), (The background is a busy street in Europe:1.2),(large crowd:1.3), (The wall is full of graffiti:1.1),(In the distance you can see an enormous Gothic tower:1.1), soft lighting,(golden hour lighting:1.1), (Beautiful Color Grading:1.1), Kodak camera 50mm

녹색 보완 부분을 잘 보면, 여성을 표현하기 좋은 부드러운 조명, 석양 무렵의 아름다운 골든아워 라이팅, 그리고 아름답게 조절된 컬러그레이딩, 인물 사진에 좋은 코닥 카메라 50mm 등을 지정해 놨습니다. 제가 표현하고 싶은 요소들이 대부분 표현된 것 같습니다.

결과는 아래 이미지와 같습니다.

이제부터는 뽑기 운도 작용합니다.
Batch count로 30여 장을 생성한 후 가장 마음에 드는 이미지를 선택
후 업스케일링하겠습니다.

잠시 기다린 결과 이만큼의 이미지가 생성되었습니다. 512×768이라서 금방 생성되었네요.

저는 이 이미지로 골랐습니다. 인물도 큼직하게 강조되었고 들어갈 요소가 전부 들어갔으면서도 자연스럽고 공간감도 잘 살아 있다는 점이 마음에 드네요. 비키니가 하늘색이 아닌 것은 그냥 눈감아주기로 했습니다. 정 원하면 나중에 수정할 수도 있으니까요.

아래 그림처럼 빨간색 부분의 숫자를 복사해 줍니다.

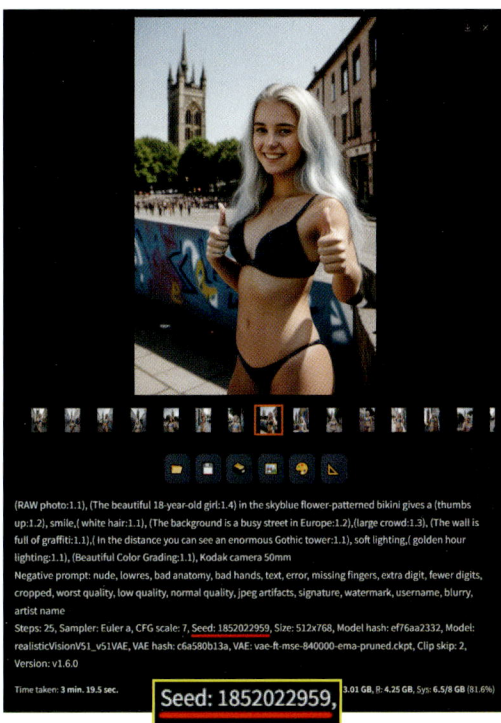

이번엔 이전에 했던 것처럼 이 이미지의 Seed 값을 복사 및 붙여넣기를 해서 Seed 값을 고정해 주겠습니다.

Seed란에 붙여 넣기 해 주면 Seed 값이 고정됩니다. 또한 Batch count를 다시 1로 고쳐서 한 번에 1개의 이미지만 생성할 수 있게 수정해 주었습니다.

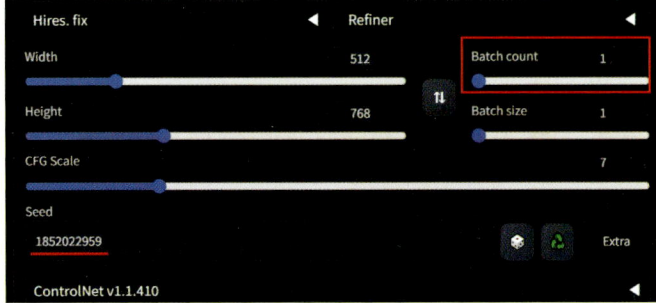

업스케일링을 위해 Hires.fix를 눌러서 다음과 같이 세팅한 후 Generate 버튼을 눌러줍니다.

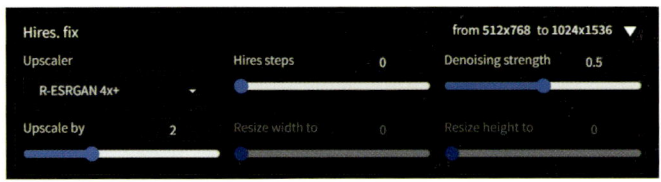

유로피안 엄지척녀가 선명하고 디테일한 이미지로 완성되었습니다!!

감사합니다 어머니! 이게 다 어머니의 잔소리 덕분이에요!

현재 이미지의 사이즈는 1024×1535이지만, 앞서 미드저니에서 소개했던 외부 업스케일러 Upscayl를 활용하면 4096×6144까지 업스케일링이 가능합니다.

Upscayl로 한번 더 업스케일링 해준 이미지의 디테일.

04. 이전에 작성한 프롬프트를 쉽게 불러 오는 법

여기까지 진행을 하셨다면 이미 수많은 이미지를 생성하셨을 것입니다. 그런데 그 이미지를 다시 보고 싶고, 프롬프트도 다시 활용하고 싶다면 어떻게 해야 할까요?

고맙게도 스테이블 디퓨전은 내가 생성한 이미지를 자동으로 저장해 줍니다.

이미지생성창의 아래쪽을 잘 보시면 이렇게 폴더 모양의 아이콘을 누르면 날짜 별로 이미지를 저장한 폴더가 열립니다

최근 날짜로 가보면 최근에 작업한 이미지들이 저장되어 있습니다.

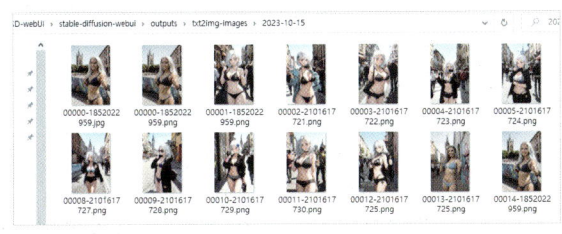

이번에는 저장된 이미지를 긍정 프롬프트 입력 창으로 드래그 해보겠습니다.

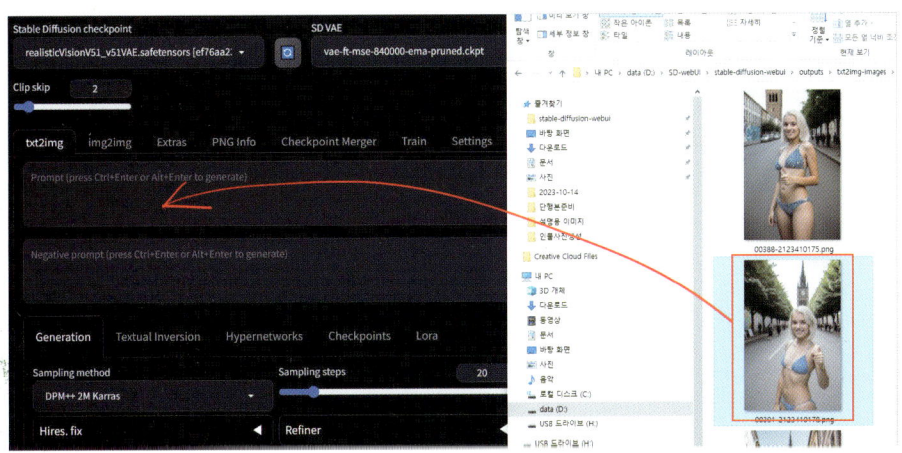

보시다시피 이미지에 담겨진 프롬프트 및 세팅과 관련된 정보들이 복사 됩니다.
오른쪽에 있는 작은 아이콘을 눌러 봅시다.

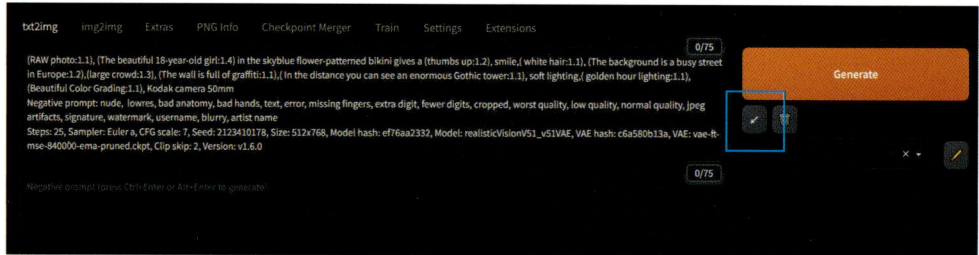

이미지를 생성할 때의 긍정, 부정 프롬프트와 Seed 값 및 기타 세팅값을 그대로 불러옵니다.

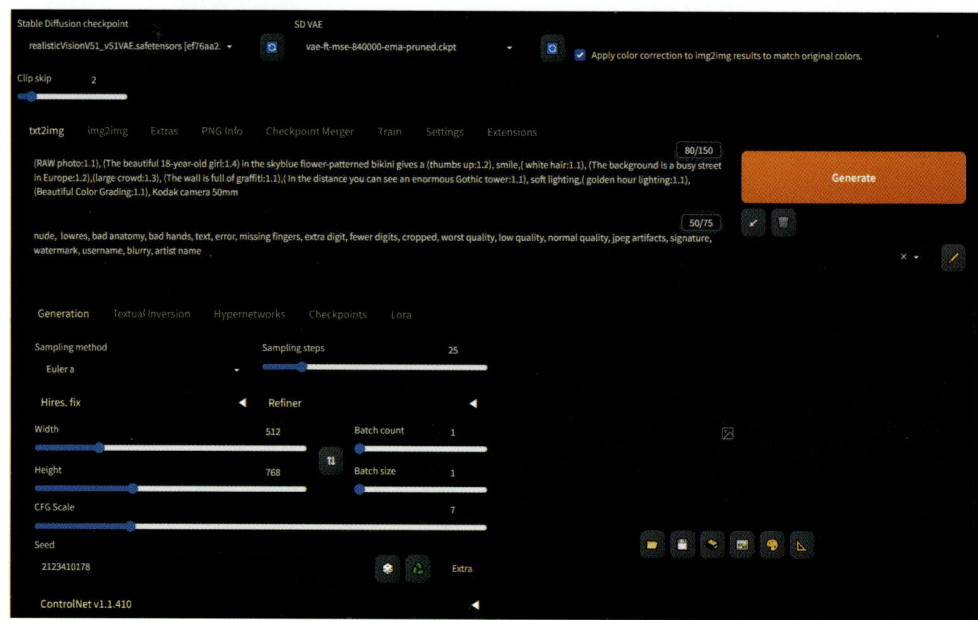

이미지를 생성해 보면 앞서 드래그한 이미지와 동일한 이미지가 생성됨을 알 수가 있습니다.

이처럼 스테이블 디퓨전에서 생성한 이미지들은 그 자체로 프롬프트와 환경 세팅의 서상 매제이기노 합니다. 특히 생성이미지도 협업을 할 경우에는 일일이 프롬프트를 주고받는 것 보다 이미지만 주고받으면 되니 엄청 편리합니다.

마음에 들거나 중요한 이미지 파일들은 꼭 잘 보관해 놓으시길 바랍니다.

체크포인트 모델 바꾸기

지금까지 Realistic Vision V5.1 체크포인트(checkpoint) 모델로 여러 가지 이미지를 만들어 왔습니다. 그런데 앞서 CivitAI 사이트에서 다른 모델들도 엄청 많았던 것을 기억하시나요?

Realistic Vision V5.1는 실사 이미지에 최적화된 모델이고, 특히 서양인을 잘 표현하는 모델입니다. 제 경우에는 사진 같은 느낌의 배경 이미지를 잘 표현해 주기 때문에 즐겨 쓰는 모델이기도합니다

CivitAI 사이트를 잘 찾아보면 자신의 취향이나 프로젝트에 딱 맞는 모델을 발견할 수도 있습니다. 체크포인트 모델은 수시로 업데이트되기 때문에 꾸준히 관심을 가지시는 게 좋습니다. 때로는 잘 작성된 프롬프트보다 좋은 모델을 고르는 게 훨씬 좋은 결과물을 보장해 주기 때문입니다.

체크포인트 모델을 바꿔서 만화풍의 이미지를 만드는 과정을 진행해 보겠습니다.

우선 CivitAI 사이트로 다시 접속하겠습니다.

`https://civitai.com`

검색 창에 Blazing Drive를 적어 넣고, 팝업으로 뜨는 체크포인트 모델 페이지로 들어갑니다.

해당 체크포인트 모델을 다운 받습니다. Blazing Drive 페이지에서 아직 나가지 말아주세요.

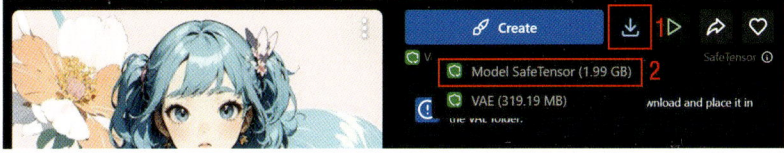

다운받은 파일을 아래 경로의 폴더 안에 복사해 둡니다.

> SD-webUI > stable-diffusion-webui > models > Stable-diffusion

앞에서 생성했던 유로피안 엄치척녀의 이미지를 활용해 프롬프트와 환경 설정을 그대로 불러옵니다.
모델을 다운받고 1번 버튼을 눌러 리프레쉬를 해줘야 2번 버튼을 눌렀을 때 체크포인트 목록에 뜹니다.

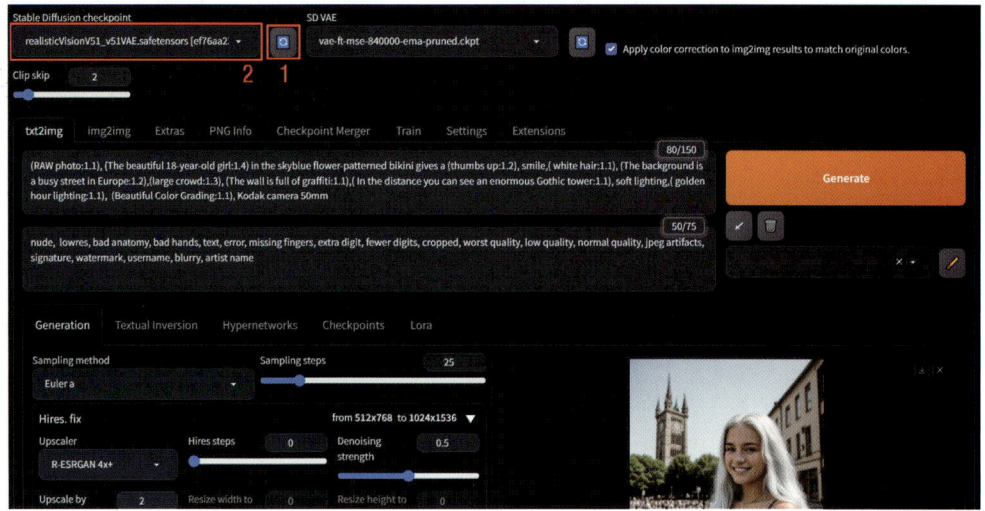

목록에서 방금 다운받은 blazingDrive 모델을 선택해 줍니다. 게임기에서 게임 CD를 갈아 끼우듯 다른 그림풍을 가진 체크포인트 모델로 교체가 된 것입니다.

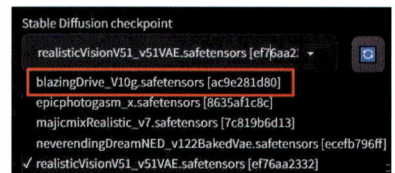

아까 열어놨던 blazingDrive 모델의 안내 페이지를 자세히 봅시다.
각 체크포인트 모델 페이지에는 모범사례의 이미지가 예시로 올라와 있습니다.
우측 하단의 빨간 박스 안의 정보란을 클릭해 봅니다.

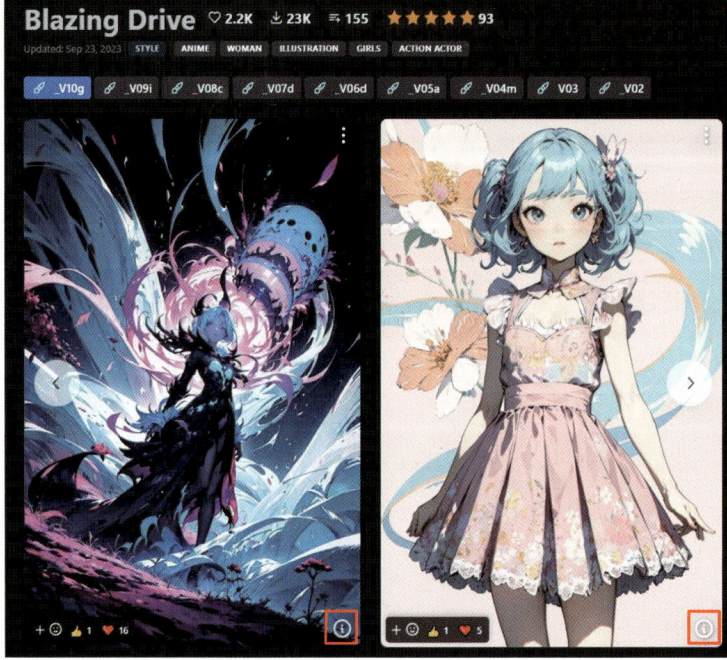

이처럼 위 모범사례의 이미지를 만들기 위해 쓰였던 설정들이 나옵니다. 이 설정은 해당 체크포인트 모델의 제작자가 생각하는 이상적인 세팅이기 때문에 그대로 활용하는 게 좋습니다.

앞으로 다른 모델을 다운받을 때도 해당 페이지에서 제작자가 추천하는 세팅을 유심히 관찰하시면 큰 도움이 되실 겁니다. 이 세팅대로 설정해 줍니다.

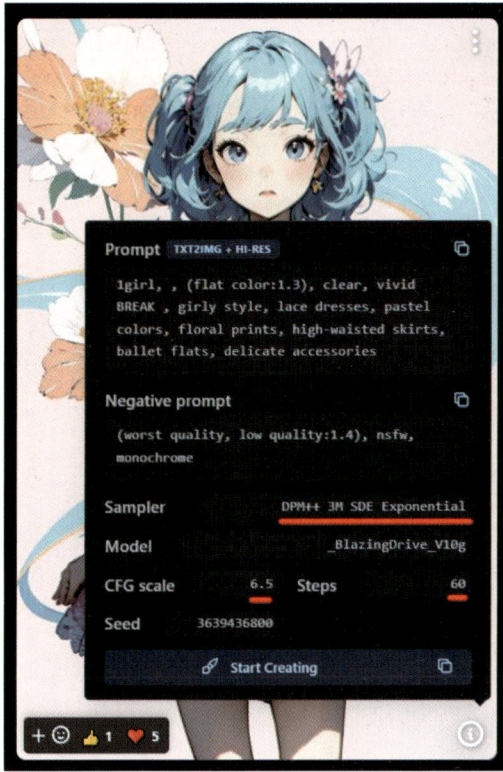

이렇게 세팅을 참고합니다

- **Sampler** : DPM++ 3M SDE Exponential
- **CFG scale** : 6.5
- **Steps** : 60

이번 모델이 만화풍이기 때문에 Hires.fix의 R-ESRGAN 4x+ 업스케일러를 R-ESRGAN 4x+ Anime6B로 교체해 줍니다.

이제 준비가 다 되었으니 이미지생성 버튼을 눌러 보겠습니다.

이렇게 동일 프롬프트에서 전혀 다른 그림풍의 이미지가 나왔습니다.
위와 같은 방식으로 동일 프롬프트를 유지하면서 Realistic Vision V5.1 외의 체크포인트 모델을 바꿔가며 나온 결과물들입니다. 각 체크포인트 모델의 특성을 자세히 관찰해 보고 어떤 모델이 자신의 취향에 맞는지 생각해보시기 바랍니다.

epiCphotoGasm-X

Henmix_Real

NeverEnding Dream(NED)

Blazing Drive

ControlNet을 활용해서 유년기의 추억을 조작하기

다들 한 번쯤 어린 시절을 보낸 추억의 장소를 가보신 적이 있으실 겁니다. 어릴 땐 그렇게도 멋져 보이던 장소들이 지금 보면 생각보다 너무 작고 낡았고 촌스러워서 실망스러울 때가 많을 겁니다. 추억 보정이라는 게 원래 그런 거지요.

그런데 만약에 어린 시절 추억의 장소의 사진을 누가 봐도 감탄할 만한 부촌으로 바꿀 수 있다면 어떨까요? 스테이블 디퓨전의 컨트롤넷(ControlNet)을 활용하면 가능합니다.

멋지게 몇 장 출력해서 맞선 보는 상대에게 보여 주는 것도 괜찮겠네요.
"제가 어린 시절에 이런 환경에서 살았습니다. 뭐... 자랑하는 건 아니고요!"

01. 부잣집 생성기

우선 이미지를 생성할 때마다 랜덤으로 부잣집 이미지를 생성해 주는 프롬프트부터 작성하겠습니다. 사진 같은 이미지를 원하기 때문에 realisicVisionV51 체크포인트 모델을 사용하겠습니다.

우선 아래의 세팅에 맞춰주세요.

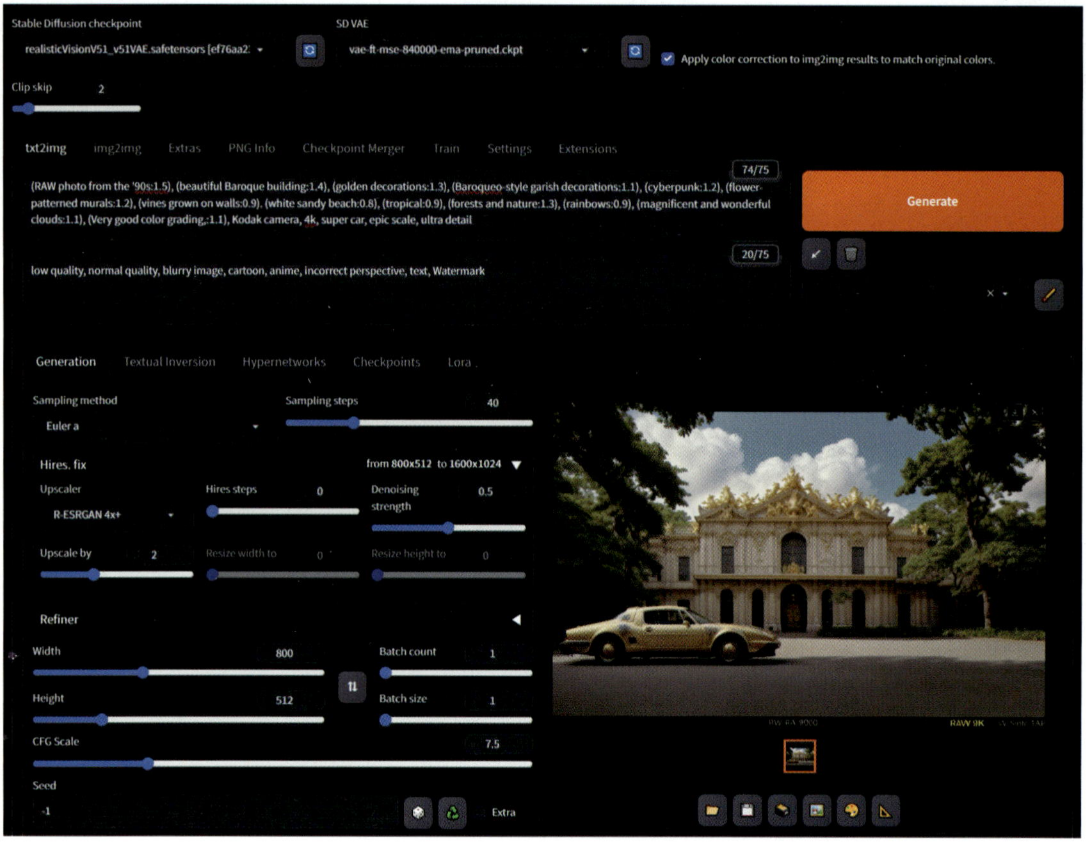

(RAW photo from the '90s:1.5), (beautiful Baroque building:1.4), (golden decorations:1.3), (Baroqueo-style garish decorations:1.1), (cyberpunk:1.2), (flower-patterned murals:1.2), (vines grown on walls:0.9), (white sandy beach:0.8), (tropical:0.9), (forests and nature:1.3), (rainbows:0.9), (magnificent and wonderful clouds:1.1), super car, (Very good color grading,:1.1), Kodak camera, 4k, epic scale, ultra detail

low quality, normal quality, blurry image, cartoon, anime, incorrect perspective, text, Watermark

프롬프트의 내용은 90년대의 사진으로 정의해서 좀 오래된 광경처럼 보이게 했고, 열대지방 하얀 모래 사장 위에 자연과 어울리는 바로크 건축양식의 건물과 최고급 슈퍼카를 묘사해 줬습니다. 그외 보완으로 코닥카메라로 찍었다는 설정과, 화질, 디테일, 넓은 화각에 대해 설정해 줬습니다.

테스트 삼아 몇 장 생성해 보겠습니다.

완전 인스타각입니다. 이제 이 정도 부잣집은 무한으로 생성할 수 있게 되었습니다.
이제 이 부잣집 스킨을 어린 시절 추억에 장소에 씌우기 위해서 컨트롤넷(ControlNet)을 사용해야 합니다.

02. 컨트롤넷(ControlNet)의 기본 인터페이스

드디어 스테이블 디퓨전에서 가장 중요한 기능인 컨트롤넷(ControlNet)을 소개할 수 있어서 기쁘네요. Bing이나 미드저니와 비교했을 때 스테이블 디퓨전의 가장 큰 장점은 컨트롤넷(ControlNet)입니다.

게임 컨셉아트나 일러스트레이션에 관심이 많은 분이라면, 단순히 재미를 넘어 실무에 쓸만한 이미지를 만들기 위해서는 반드시 컨트롤넷을 사용할 수 있어야 합니다. 뭔가 거창하게 말씀을 드렸지만 실제로 사용해 보면 무척 쉽습니다. 재미있으니 꼭 실습 해 보세요!

먼저 인터페이스를 간략하게 살펴 보겠습니다.

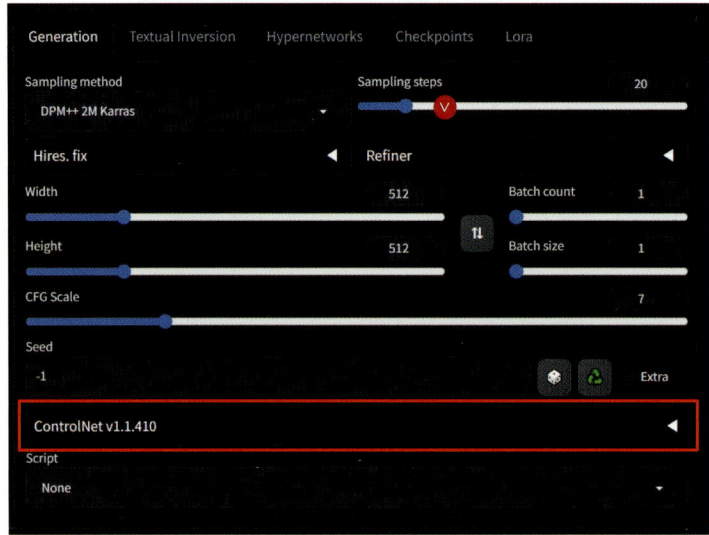

컨트롤넷 인터페이스의 모습입니다.
처음 보면 상당히 복잡해 보입니다. 상세한 설명은 직접 이미지를 만들면서 하기로 하고,
지금은 간략하게 가장 중요한 요소들만 설명하고 넘어가겠습니다.

스테이블 디퓨전(Stable Diffusion) 가지고 놀아보기 4

컨트롤넷은 Seed 메뉴 밑에 있습니다. 한 번 클릭하면 컨트롤넷 전용 인터페이스가 쫙 펼쳐집니다.

컨트롤넷 유닛이 3개가 들어 있습니다. 보통은 컨트롤넷을 하나만 사용해도 되지만 경우에 따라서는 2개에서 4개까지(WebUI Settings에서 유닛 수를 조절할 수 있습니다.) 사용하는 경우가 있습니다. 그럴 때 이 곳에서 각자의 컨트롤넷을 선택하여 각자 설정을 해 줄 수가 있습니다. 이렇게 여러 개의 컨트롤넷을 동시에 사용하는 것을 '멀티 컨트롤넷'이라고 합니다.

컨트롤넷에서 사용할 참조 이미지를 넣는 공간입니다. 그냥 필요한 이미지를 드래그해서 저 공간에 넣거나, 클릭해서 업로드하면 됩니다.

여러 가지 기능들이 들어 있지만 "Enable"이 제일 중요합니다. Enable의 체크박스를 체크해 줘야 컨트롤넷이 작동하기 때문입니다.

Low Vram은 자신이 Vram이 8기가 이하일 때 원하시면 체크해 주시고, (보통은 잘 안 합니다.) Pixel Perfect는 출력 이미지 사이즈와 컨트롤넷에 활용하는 이미지 사이즈를 맞춰주는 기능입니다. 그냥 항상 켜 두면 됩니다.

컨트롤넷으로 이미지를 어떤 식으로 제어할 건지 선택하는 곳입니다. 일단은 이렇게만 알아두고 넘어가겠습니다. 직접 해 봐야 알 수 있는 부분이기 때문입니다.

'전처리기(Prepocessor)'와 모델(Model)을 선택할 수 있는 곳입니다.

컨트롤넷에는 이미지에서 어떤 부분을 제어할 건지 수많은 방법들을 제공하는데, WebUI의 구버전에선 4번에서 선택한 컨트롤 타입에 맞춰서 일일이 수동으로 선택해 줘야 했지만, 최근 업데이트에서는 4번의 선택에 따라 자동으로 '전 처리기'와 모델이 선택됩니다.

03. 추억의 장소 조작하기

메뉴 설명이 잘 이해되지 않더라도 괜찮습니다.
지금부터 따라 해 보면 금방 이해가 될 것입니다. 일단 아래 이미지를 다운받으시길 바랍니다.

이 이미지는 저에게는 어린 시절의 추억이 있는 장소 중 하나의 사진입니다. 이미 멋진 장소이지만 좀 더 인스타각으로 개조해 주겠습니다.

txt2img 모드에서 컨트롤넷 인터페이스를 열고, 컨트롤넷의 이미지 영역으로 드래그합니다.

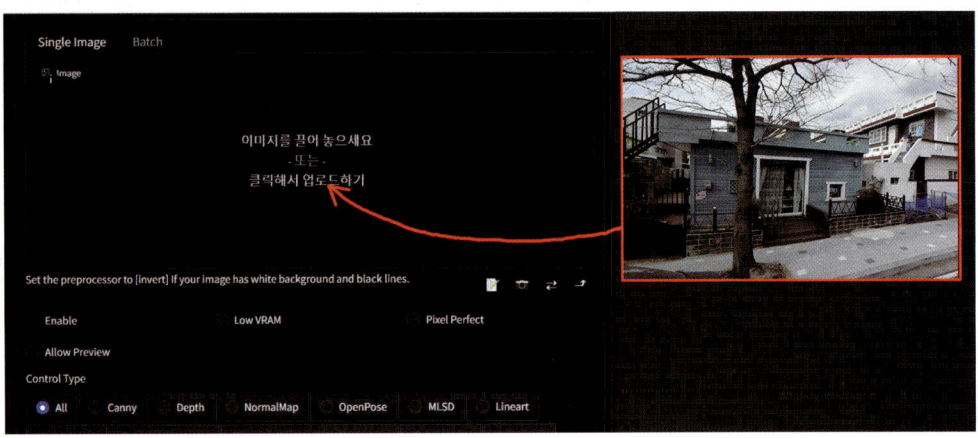

Enable과 Pixel Perfect를 체크해줍니다.

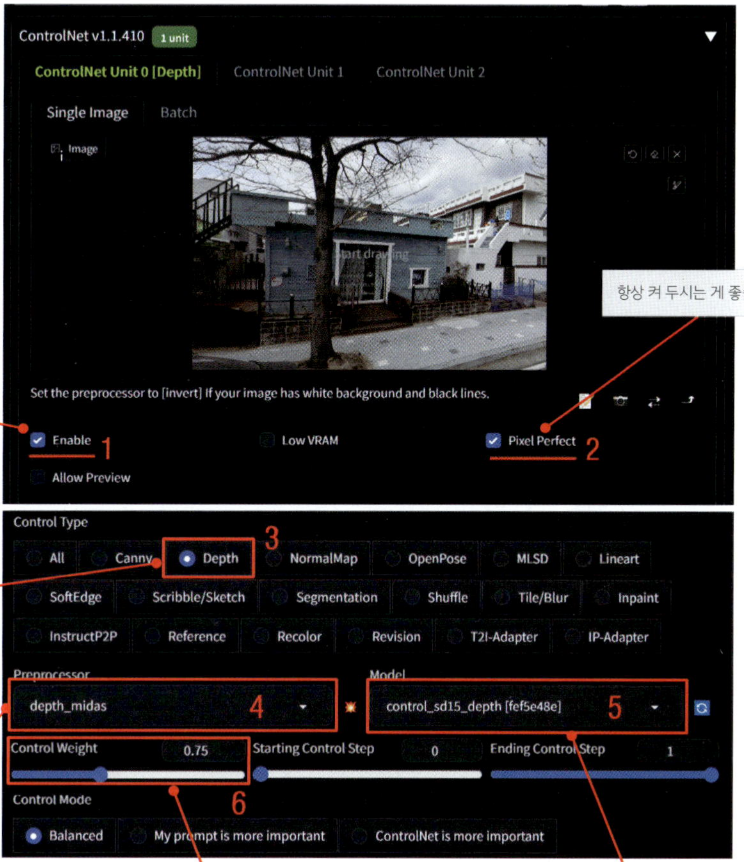

스테이블 디퓨전(Stable Diffusion) 가지고 놀아보기 4

컨트롤넷 ON / OFF 기능입니다.

항상 켜 두시는 게 좋습니다.

컨트롤 타입을 Depth(깊이) 값으로 선택해 줍니다. 이 타입을 선택하면 내가 컨트롤넷에 올린 이미지의 Depth 정보를 분석해서 그 Depth 정보에 따라 이미지를 생성해 줍니다.

Depth 타입을 선택했기 때문에 그에 맞춰서 자동으로 선택이 되었습니다. 만약 자동으로 되지 않거나, 다른 것을 선택하고 싶으시다면 직접 눌러서 선택할 수 있습니다.

Control Weight는 결과물이 컨트롤넷에서 선택한 모델에 얼마나 충실할지를 선택하는 가중치입니다. 1이면 100% 충실할 것을 요구하는 수치입니다. 보통 0.85 정도의 수치를 넣어서 AI에게 약간의 자유를 주는 편입니다. 위 이미지의 경우에는 실험결과 0.75정도의 수치에서 더 좋은 결과를 보여줘서 0.75로 설정해 줬습니다. 본인의 선택에 맞게 조절해 주면 됩니다.

전처리기에 맞춰져서 자동 선택되지만, 혹시 선택되어 있지 않다면, 직접 control_sd_15_depth 모델을 선택해 줍니다.

이제 설정이 끝났으니 생성 버튼을 눌러 보겠습니다.

제가 이런 환경에서 자랐다는 걸 보여드릴 수 있어서 기쁘네요. 자랑하는 건 아닙니다.

원본과 비교해 보겠습니다.

보시다시피 원본 이미지의 골격과 구조를 그대로 유지하고 있습니다.
맨 오른쪽은 스테이블 디퓨전이 원본 이미지를 어떤 식으로 이해하는지를 보여줍니다.
이미지의 Depth(깊이) 정보가 거리 순으로 밝음 > 어두움으로 표현해 주고 있습니다.

같은 방법으로 다른 장소도 개조해 보았습니다.

지금까지 ControlNet Depth 타입에 대해서 알아봤습니다.
예시에서는 건물만 예로 들었지만 인물을 표현할 때도 아주 유용하게 쓰일 수 있습니다.

예를 들어 보겠습니다.
옆의 이미지는 앞서 엄치척녀를 포토샵에서 잘라서 가로로 긴 이미지를 만든 후 컨트롤넷에 넣고 위 이미지들과 동일 프롬프트로 이미지를 생성해 본 결과입니다.

첫 번째 이미지가 컨트롤넷에 넣은 원본 이미지이고, 가운데가 생성된 이미지입니다.

프롬프트에 인물에 대한 어떠한 언급이 없었는데도 불구하고 인물의 깊이 정보에 맞게 인물을 생성해 줬습니다. 대신 원경의 성당이나 기타 배경에 방금 만든 부잣집 생성기에 나오는 요소들이 반영되었습니다.

세 번째의 Depth Map 이미지를 보면 스테이블 디퓨전이 원본 이미지를 어떻게 이해하여 새로운 이미지로 생성했는지 예측할 수 있습니다.

위 프롬프트와 세팅을 그대로 사용해서 여러분의 가지고 있는 사진들을 개조해보시기 바랍니다.

익숙해지면 응용 분야가 끝이 없다는 것을 알게 되실 겁니다.

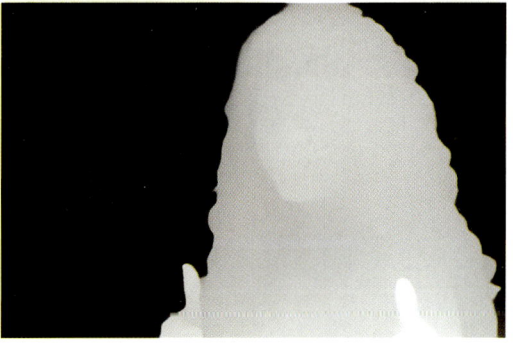

간단한 스케치로
마계 풍경 만들기

이번에는 컨트롤넷의 scribble을 이용하여 간단한 스케치로 풍부한 디테일의 이미지를 만드는 법을 실습해 보겠습니다.

먼저 앞서 부잣집 생성기와 마찬가지로 마계 생성기를 세팅해 보겠습니다.

다음 세팅을 그대로 따라 해보시기 바랍니다.

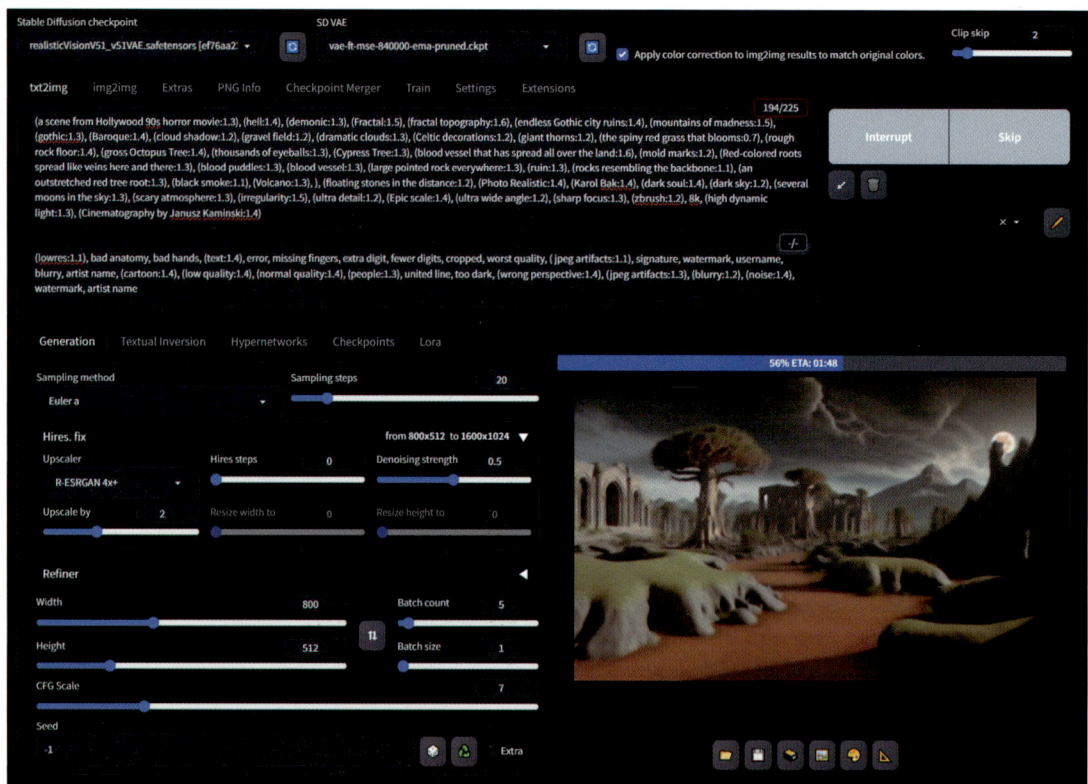

(a scene from Hollywood 90s horror movie:1.3), (hell:1.4), (demonic:1.3), (Fractal:1.5), (fractal topography:1.6), (endless Gothic city ruins:1.4), (mountains of madness:1.5), (gothic:1.3), (Baroque:1.4), (cloud shadow:1.2), (gravel field:1.2), (dramatic clouds:1.3), (Celtic decorations:1.2), (giant thorns:1.2), (the spiny red grass that blooms:0.7), (rough rock floor:1.4), (gross Octopus Tree:1.4), (thousands of eyeballs:1.3), (Cypress Tree:1.3), (blood vessel that has spread all over the land:1.6), (mold marks:1.2), (Red-colored roots spread like veins here and there:1.3), (blood puddles:1.3), (blood vessel:1.3), (large pointed rock everywhere:1.3), (ruin:1.3), (rocks resembling the backbone:1.1), (an outstretched red tree root:1.3), (black smoke:1.1), (Volcano:1.3),), (floating stones in the distance:1.2), (Photo Realistic:1.4), (Karol Bak:1.4), (dark soul:1.4), (dark sky:1.2), (several moons in the sky:1.3), (scary atmosphere:1.3), (irregularity:1.5), (ultra detail:1.2), (Epic scale:1.4), (ultra wide angle:1.2), (sharp focus:1.3), (zbrush:1.2), 8k, (high dynamic light:1.3), (Cinematography by Janusz Kaminski:1.4)

(lowres:1.1), bad anatomy, bad hands, (text:1.4), error, missing fingers, extra digit, fewer digits, cropped, worst quality, (jpeg artifacts:1.1), signature, watermark, username, blurry, artist name, (cartoon:1.4), (low quality:1.4), (normal quality:1.4), (people:1.3), united line, too dark, (wrong perspective:1.4), (jpeg artifacts:1.3), (blurry:1.2), (noise:1.4), watermark, artist name

이번 이미지는 긍정 프롬프트가 대단히 길게 작성되었습니다.

프롬프트를 작성할 때의 원칙은 명확한 주제를 간결하게 표현해야 한다는 것입니다. 하지만 이번 프롬프트는 일부러 복잡하고 길고 난잡하게 작성되어 있습니다. 이유는 이미지의 랜덤 성향을 오히려 더 강화시켜 주기 위함입니다. 즉, 여러 번 생성해도 조금씩 다른 이미지가 생성되기를 바라기 때문입니다. 긍정 프롬프트의 내용은 다음과 같습니다.

(할리우드 90년대 공포영화의 한 장면: 1.3), (지옥: 1.4), (악마적인: 1.3), (fractal: 1.5), (fractal 지형: 1.6), (끝없는 고딕 도시 유적: 1.4),(광기의 산:1.5), (고딕:1.3), (바로크:1.4), (구름 그림자:1.2), (무덤:1.2), (극적인 구름:1.3), (켈틱식 장식:1.2), (거대한 가시:1.2),(가시 돋친 붉은 풀: 0.7), (거친 바위 바닥: 1.4), (기괴한 문어 나무: 1.4), (수천 개의 눈알: 1.3), (사이프러스 나무: 1.3), (온 땅에 퍼진 혈관: 1.6), (곰팡이 자국: 1.2), (붉은 뿌리가 핏줄처럼 여기저기 퍼져 있음: 1.3), (혈액 웅덩이: 1.3),(혈관: 1.3), (큰 뾰족한 바위가 여기저기 있다: 1.3), (폐허: 1.3), (등뼈와 비슷한 바위: 1.1), (붉은 나무 뿌리: 1.3), (검은 연기: 1.1),(화산: 1.3), (원경에 떠 다니는 돌들: 1.2), (포토리얼: 1.4), (Karol Bak: 1.4), (dark soul: 1.4),(어두운 하늘:1.2), (하늘에 여러 개의 달:1.3), (무서운 분위기:1.3), (불규칙함:1.5), (극도의 디테일:1.2), (엄청난 스케일:1.4), (초광각:1.2), (급격한 초점:1.3), (zbrush:1.2), 8k, (역동적인 라이팅:1.3), (Janusz Kaminski에 의한 촬영:1.4)

위 프롬프트에 내용은 주로 스케일 큰 마계의 풍경을 묘사할 때 들어갈 만한 세부 내용들을 길게 나열한 것입니다. 이렇게 길고 복잡한 내용을 프롬프트에 나열하면 AI가 한꺼번에 표현하지 못합니다. 그렇다고 너무 랜덤으로 두면 괜찮은 이미지가 나오지 못하기 때문에 원하는 이미지가 나올 때까지 문장의 순서와 이미지 가중치를 한참 조절해서 작성된 프롬프트입니다.

다음은 그 결과물입니다.

체크포인트 모델 : realisticVisionV51
SD VAE : vae-ft-mse-840000-ema-pruned.ckpt
Clip skip : 2

보시다시피 한가지 프롬프트로 다양한 마계의 풍경을 생성할 수가 있습니다. 하지만 이런 스타일의 생성기는 컨트롤넷과 함께 사용할 때 진정한 성능을 발휘할 수가 있습니다.

이제 ControlNet의 Scribble 타입에 대해서 알아보겠습니다.

컨트롤넷 설정입니다.

이전과 동일하게 Enable, Pixel Perfect를 체크해 주고, 컨트롤 타입은 Scribble/Sketch 타입으로 선택합니다. 그러면 자동으로 4번 전처리기와 모델은 scribble_pidinet과 control_sd15_scribble이 선택됩니다.

하지만 scribble_pidinet 보다는 전처리기를 scribble_xdog로 바꿔주시기 바랍니다.

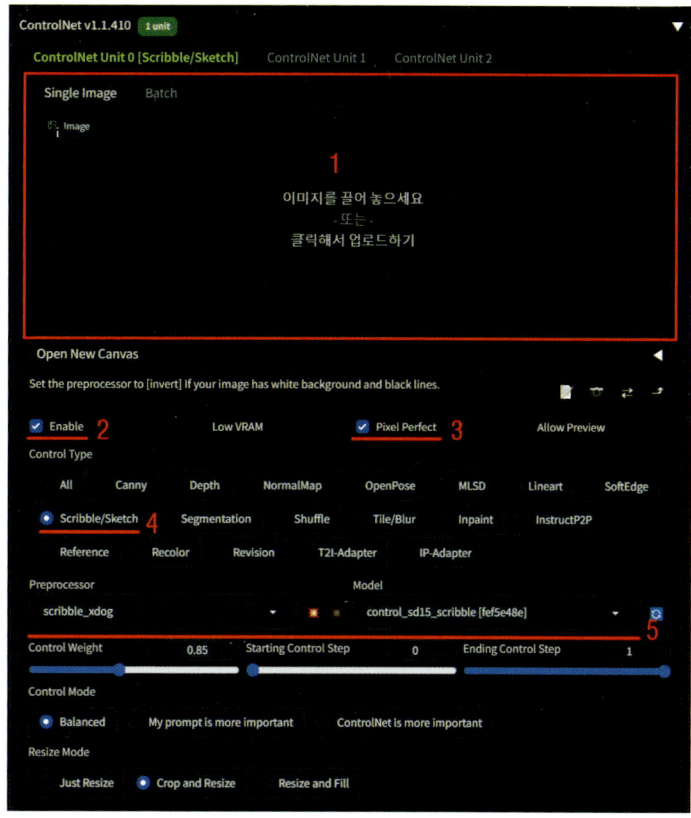

이렇게 세팅이 되었으면 간략하게 그린 스케치를 1번 박스 안에 드래그해서 넣어줍니다.

여기서는 다음 스케치를 넣어주겠습니다. 이 이미지는 출력 이미지의 비율에 맞춰 800×512 사이즈로 작업 되었습니다. 이와 같이 이미지를 넣고 앞서와 같이 생성 버튼을 눌러 보겠습니다.

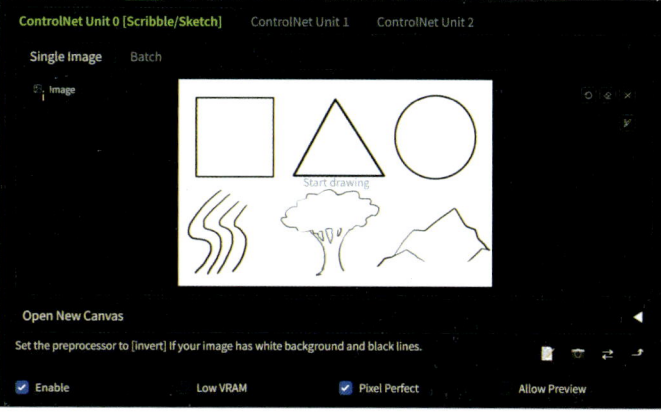

보시다시피 AI는 심플한 스케치의 형태를 참조하여 프롬프트의 요소 중에 비슷한 이미지를 생성해 냅니다. 위 이미지를 보면 박스 형태는 창문처럼, 삼각형은 삼각형의 언덕처럼 해석하는 것을 알 수 있습니다. 이를 잘 이용하면 스케치를 이용하여 원하는 이미지를 어느 정도 예측해 가면서 만들 수 있습니다.

예를들어 역시 포토샵에서 800×512 사이즈로 작업한 다음 스케치 이미지를 넣으면, 다음과 같은 정겨운 결과물을 얻을 수 있습니다.

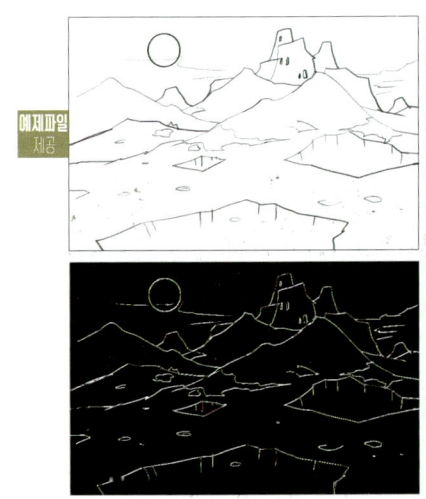

Scribble 타입에서 AI가 스케치를 어떻게 인식하는지 보여주는 그림

적당히 건축물처럼 끄적였던 곳에는 건물이 생성되어 있고, 둥글게 표현한 곳은 달이 되어 있으며, 웅덩이처럼 표현한 곳은 비슷한 실루엣을 가진 거대한 나무줄기로 변해 있습니다. 이처럼 컨트롤넷 Scribble 타입을 잘 사용하면 단순히 랜덤에 의지해서 생성 버튼을 반복해서 누르는 것보다 의도+우연의 결과로 재미있는 이미지를 마음껏 양산할 수 있습니다.

몇 가지 예시를 더 보여 드리겠습니다.

너무나 아름답습니다.

발로 그리는 중세마을

게임 배경원화가로 일하다 보면 반드시 마주치는 장벽이 있습니다. 바로 평범한 중세 마을 그리기입니다. 뭔가 마법 기운이 충만한 과장된 마을을 그린다면 오히려 쉬울 수 있지만, 정말로 평범한 중세 마을을 그리려면 오히려 그 특유의 느낌을 잘 고증하기가 쉽지 않습니다.
이럴 때 AI의 빅데이터를 활용해 보면 어떨까요?

적절한 체크포인트 모델과 지금까지 연습한 컨트롤넷 Scribble 타입을 잘 활용하면 상대적으로 쉽게 그릴 수 있습니다.

일단 아래 세팅과 프롬프트를 입력하여 중세 마을 생성기를 만듭니다.

 RAW photo, view of a medieval fantastic town, (ivy-covered house:1.1), stone houses, (baroque ornate decorations:1.2), rolling hills, meadows,(wild flowers of various colors:1.2) , fruit trees, cobblestone paths, cottages, a well, wood fence, (a river:0.8), (a wooden bridge:1.1), wild grass, wild flowers, quaint, (sense of awe:1.2), picturesque, rustic, lush, epic, abundant, greenery, (cinematic lighting:1.2), high quality, high contrast, realistic lighting, center of frame, , 4k textures, adobe lightroom, photolab, hdr, intricate, elegant, highly detailed, sharp focus, insane details, intricate details, hyperdetailed, harsh cinematic light, outdoor atmosphere, epic scale, wide angle

(lowres:1.1), bad anatomy, bad hands, (text:1.4), error, missing fingers, extra digit, fewer digits, cropped, worst quality, (jpeg artifacts:1.1), signature, watermark, username, blurry, artist name, (cartoon:1.4), (low quality:1.4), (normal quality:1.4), (people:1.3), united line, too dark, (wrong perspective:1.4), (jpeg artifacts:1.3), (blurry:1.2), (noise:1.4), watermark, artist name, (Glass:1.4), (modern:1.2)

아래 세팅대로 맞춰 줍니다.

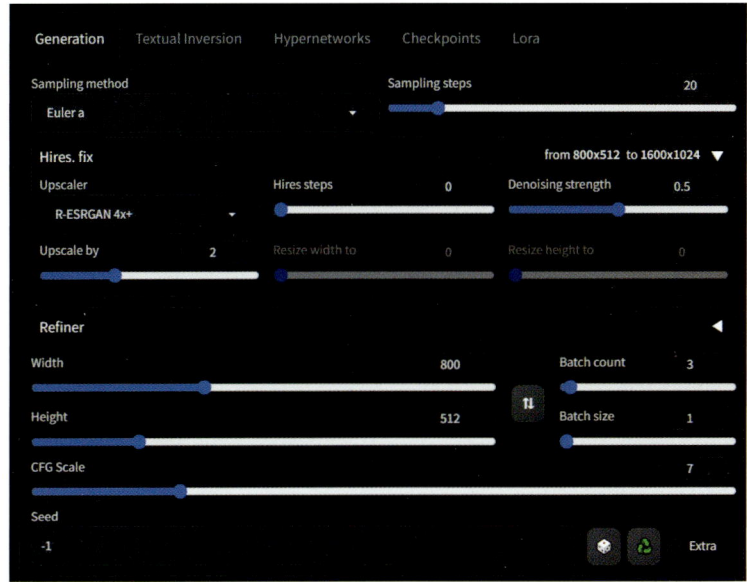

세팅이 끝났다면 이미지를 생성해 보겠습니다.

랜덤 생성을 해도 이미 멋집니다만, 실무에 쓰려면 원하는 구도와 의도에 맞게 쓸 수 있어야 합니다.

다음 스케치 그림을 컨트롤넷에 넣어서 이미지를 생성해 보겠습니다.

이미지를 참조하여 컨트롤넷을 설정합니다.

다른 요소들은 이전 이미지와 비슷하지만, Control Weight이 0.75를 주어서 앞의 이미지보다 살짝 낮게 설정되어 있습니다. Control Weight를 낮게 주면 AI에게 자유도를 좀 더 부여하게 됩니다. 이번 이미지처럼 건물 디자인이 필요한 이미지에 Control Weight를 너무 빡빡하게 주면 오히려 이미지의 품질이 떨어지는 경향이 있습니다.

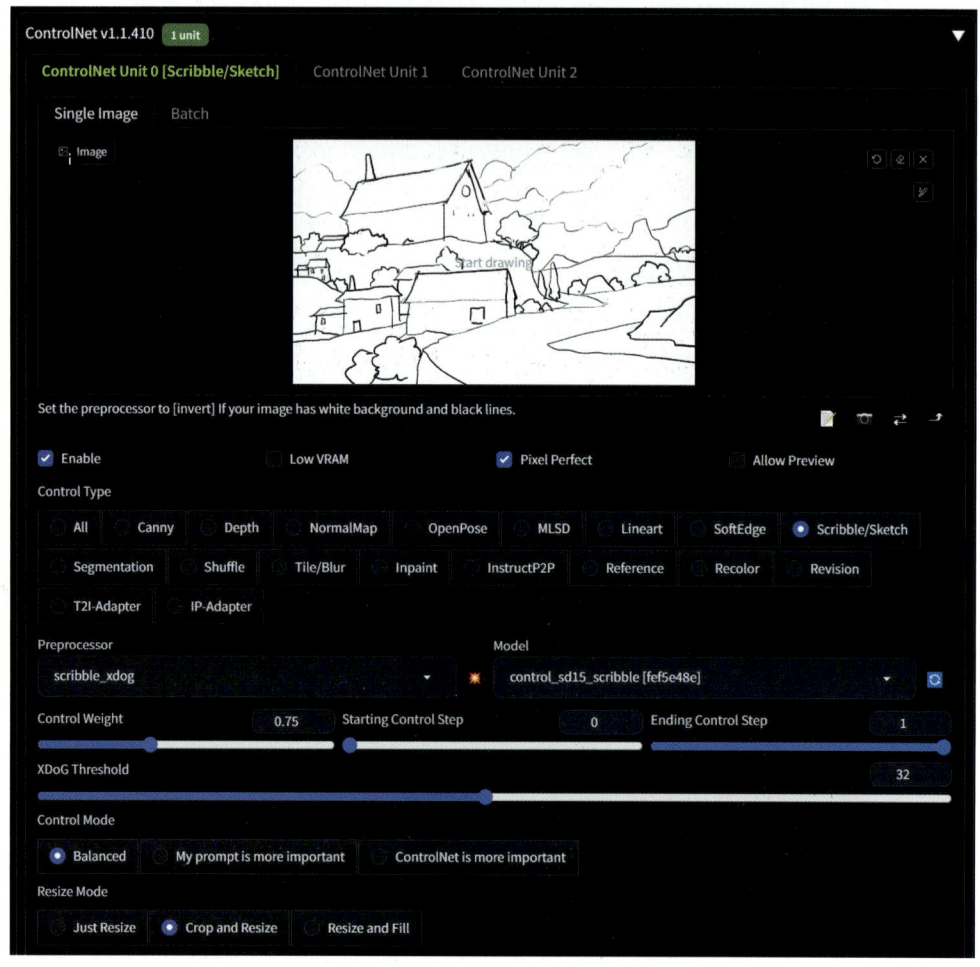

> Control Weight는 0~1까지 줄 수 있으며, 0일 경우 컨트롤넷에 전혀 영향 받지 않고, 1일 경우 컨트롤넷에 완전한 영향을 받게 됩니다.

이번 이미지는 앞서 유로피안 엄지척녀를 생성할 때처럼, 일단 Hires.fix를 사용하지 않은 저해상도 이미지로 빠르게 다양한 시안을 생성하고, 그중 마음에 드는 이미지의 Seed 값을 얻어 고정한 후 Hires.fix를 활용한 고해상도 이미지를 만드는 게 시간을 효율적으로 활용하는 방법입니다.

Hires.fix를 비활성화한 상태(800×512) 해상도에서 20개 정도의 시안을 빠르게 생성한 후, 마음에 드는 시안을 고르고 Seed 값을 복사하여 Seed 값을 넣어줍니다.

이곳에 붙여 넣기를 해 줍니다.

그 후 이렇게 Hires.fix를 활성화 한 다음 생성 버튼을 누르면 됩니다.

위 과정을 거쳐 다음과 같은 이미지를 얻었습니다.

이런 식으로 프로젝트나 개인의 의도에 맞추어 배경 이미지를 얼마든지 생성할 수가 있습니다.
원본 스케치와 최종 생성된 이미지를 비교해 보면, 원본 스케치에서 애매하게 표현된 투시도 수정되어 있습니다 그리고 오른쪽의 작은 건물의 경우는 스케치로 제시한 실루엣에 맞게 알아서 건물디자인까지 했다는 것을 알 수 있습니다.

발로 그리는 슈퍼 히어로

마계의 풍경과 중세 마을을 발로 그리는 게 가능하다면 아마 다른 것도 가능하지 않을까요? 다들 어렵게 생각하는 캐릭터는 어떨까요? 이번에는 슈퍼 히어로를 생성해 보겠습니다. 주제가 바뀌었지만 작업 과정은 거의 비슷합니다.

앞서 중세마을을 그리던 과정을 생각하면서 슈퍼히어로를 AI로 그리려면 어떤 과정을 거쳐야 하는지 한 번 정리해 봤습니다

스테이블 디퓨전으로 슈퍼 히어로를 그리는 방법

1. 슈퍼 히어로 생성기 제작 (프롬프트 작성)
2. 낮은 해상도(512×800)로 마음에 드는 시안이 나올 때까지 빠르게 생성
3. 마음에 드는 시안이 나오면 Seed 값을 복사한 후 붙여넣기 해서 Seed 값을 고정
4. 간단한 스케치를 한 후 컨트롤넷의 Scribble 타입으로 지정
5. Hires.fix 업스케일러를 활성화하고 원하는 해상도로 업스케일링된 이미지 생성

제가 여러 번 시행착오를 하면서 찾아낸 가장 효율적인 과정입니다.
이 중에서 가장 힘들고 정성이 많이 들어가는 과정은 1번의 프롬프트를 작성하여 원하는 이미지생성기를 만드는 과정입니다. 프롬프트 작성에 익숙해졌더라도 원하는 이미지가 나올 때까지 상당한 실험과 시행착오를 거쳐야 합니다. 하지만, 일단 적절한 생성기를 만들어 놓으면 다방면으로 응용해서 활용할 수 있습니다.

앞으로 프롬프트 작성이 점점 더 쉬워질 것은 분명합니다. 하지만 평소에 원하는 이미지를 프롬프트로 작성하는 연습을 많이 해 보시면 앞으로 AI로 이미지를 만드는데 큰 도움이 되실 겁니다.

프롬프트를 작성하는 과정을 순서대로 보여드리겠습니다.

이번에 표현할 캐릭터는 유럽의 중세 기사의 느낌이 묻어나는 미래 전사로 정했습니다. 최종적으로는 상당히 복잡한 프롬프트지만 단순하게 시작해 보겠습니다.

잘 생긴 짧은 머리 서양인으로 설정하고 Cinematic으로 영화 같은 영화 같은 화면을 정의하겠습니다.

긍정 프롬프트
Cinematic, Handsome Western man, short hair
잘 생긴 짧은 머리 서양인

그리고 네가티브 프롬프트는 최소한 필요한 것만 적겠습니다.

부정 프롬프트
wrong hand, wrong body, wrong perspective
잘못된 손, 잘못된 몸, 잘못된 원근감

결과를 한 번 보겠습니다.
체크포인트 모델은 여전히 realisticVisionV51을 사용하겠습니다.

부담스럽지만, 잘생긴 것 같습니다. 하지만 이 상태로는 그냥 할리우드 배우의 사진처럼 보입니다.

이제부터는 '컨셉'의 요소를 넣어보겠습니다.

우선 중세 풍의 미래 갑옷을 입히고 버려진 낡은 성당을 배경으로 세팅해 보겠습니다.

긍정 프롬프트

Cinematic, Handsome Western man, short hair, **future warrior** in medieval armor style attire, enormous Gothic-style ruins of an abandoned cathedral's interior background

긍정 프롬프트

Cinematic, Handsome Western man, short hair, Cyborg, future warrior in medieval armor style attire, **complex electronic devices, arms and legs with robo technology,** enormous Gothic-style ruins of an abandoned cathedral's interior background

프롬프트 안에는 분명 future warrior라는 대목이 있었음에도 불구하고 너무 평범한 중세 갑옷 복장의 사나이가 뻘쭘하게 서 있습니다. 아무래도 미래적인 느낌이나 SF적인 요소들을 추가해서 잔소리 좀 해야 할 것 같습니다.

사이보그, 복잡한 전자장치, 로봇 기술이 적용된 팔다리 등을 추가해 줬습니다. 결과를 보겠습니다.

미래적인 요소들을 잔뜩 넣었는데, 아직도 애매합니다. 갑옷 디자인이 너무 단순한 것 같습니다.

좀 더 장식적인 요소들에 대한 내용과 보완에 해당하는 내용들도 추가해 보겠습니다.

> **긍정 프롬프트**
>
> Cinematic, Handsome Western man, short hair, Cyborg, future warrior in medieval armor style attire, complex electronic devices, arms and legs with robo technology, **Gothic decoration, red cape, very complex and decorative design, greeble, cyberpunk**, enormous Gothic-style ruins of an abandoned cathedral's interior background, Hasselblad, natural light coming in from a window, Low key illumination, blue-toned color grazing, Sharp Focus, ultra detail, epic scale

갑옷을 꾸며줄 장식적인 요소들과 망토를 추가했습니다.
기계적인 디테일을 높여줄 중요 단어인 greeble과 cyberpunk도 추가해 줬습니다.

그리고 보완 요소로 핫셀블라드 카메라, 창문으로 들어오는 자연광, 로우키 라이팅, 블루 톤의 컬러 그레이딩, 예리한 초점, 높은 디테일과, 거대한 스케일 등을 추가해 줬습니다.

그럼 결과를 보겠습니다.

조금은 나아졌지만 아무리 봐도 슈퍼히어로 같아 보이지는 않습니다. 이럴 땐 유명한 프로젝트의 이름을 추가해 주는 것도 도움됩니다.

여기서는 ANTHEM, Robocop, Halo 등의 프로젝트의 이름을 적어줬습니다. 일종의 레퍼런스를 제시해 주는 것이라고 보면 됩니다. 그리고 가중치를 조절해서 중요 단어들을 더욱 강조해 주었습니다.

그렇게 해서 다음과 같은 긍정 프롬프트가 만들어 졌습니다.

긍정 프롬프트

(Cinematic:1.2), (Handsome Western man:1.3), (Cyborg:1.6), (short hair:1.3), (future warrior in medieval armor style attire:1.5), (complex electronic devices:1.4), (arms and legs with robo technology:1.3), (Gothic decoration:1.2), (red cape:1.2), (very complex and decorative design:1.4), (greeble:1.3), (cyberpunk:1.2), (enormous Gothic-style ruins of an abandoned cathedral's interior background:1.3), (a lot of melted candles:1.2), (Hasselblad:1.2), natural light coming in from a window, (Low key illumination:1.3), (blue-toned color grazing:1.1), (Sharp Focus:1.1), (ultra detail:1.3), (epic scale:1.2), (master chief:0.6), (ANTHEM:1.2), (Robocop:1.1), (Halo:0.6)

부정 프롬프트

(mask:1.4),(Helmet:1.4), (robot face:1.4), wrong hand, wrong body, wrong perspective

얼굴을 마스크나 헬멧으로 가리지 않도록 부정 프롬프트에 mask, Helmet, robot face 등을 추가해 주었습니다.

결과를 보겠습니다.

이제야 좀 히어로 같네요.
적당히 중세 기사 복장을 응용한 듯한 슈트 디자인도 괜찮고 거만한 포즈도 그럴듯합니다.

이 정도 세팅이 되었으면 낮은 해상도에서 많은 시안을 잡은 후 그중에서 제일 마음에 드는 이미지의 Seed 값을 추출하도록 하겠습니다.

낮은 512×800 해상도의 시안들을 20개 정도를 만들어서 다음과 같은 시안들을 얻었습니다

이 시안으로 Seed 값을 고정했습니다.
앞으로 이 캐릭터와 유사한 캐릭터를 마음껏 생산할 수 있겠네요.

드디어 발로 그림을 그릴 차례가 왔습니다! 포토샵으로 아래와 같은 그림을 그려줬습니다.
이미지의 왜곡을 막기 위해 생성될 이미지와 비율을 맞춰서 512×800 해상도로 스케치를 했습니다.

이렇게 3가지 정도의 스케치를 해 봤습니다.

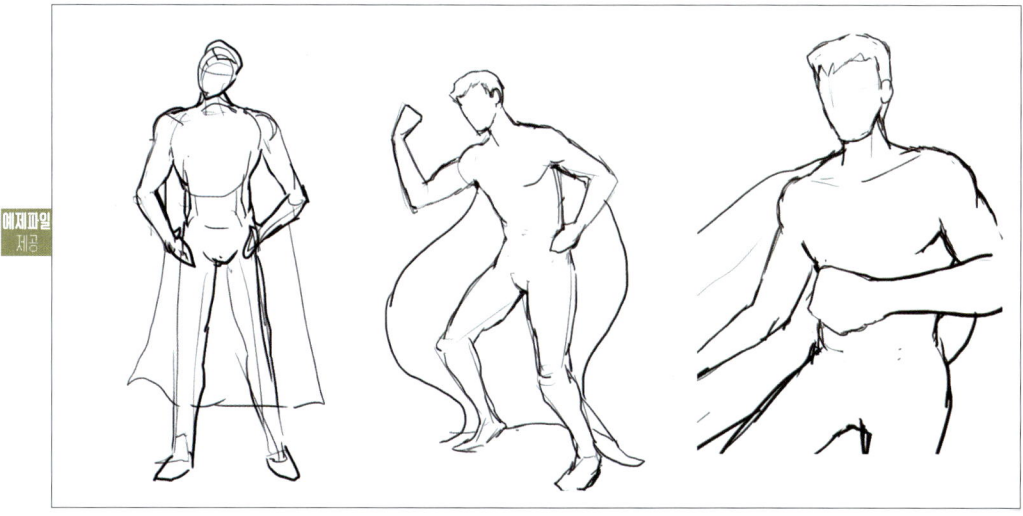

이제 아래와 같이 세팅을 맞추겠습니다. 사실상 앞 중세마을 생성기와 거의 동일합니다.

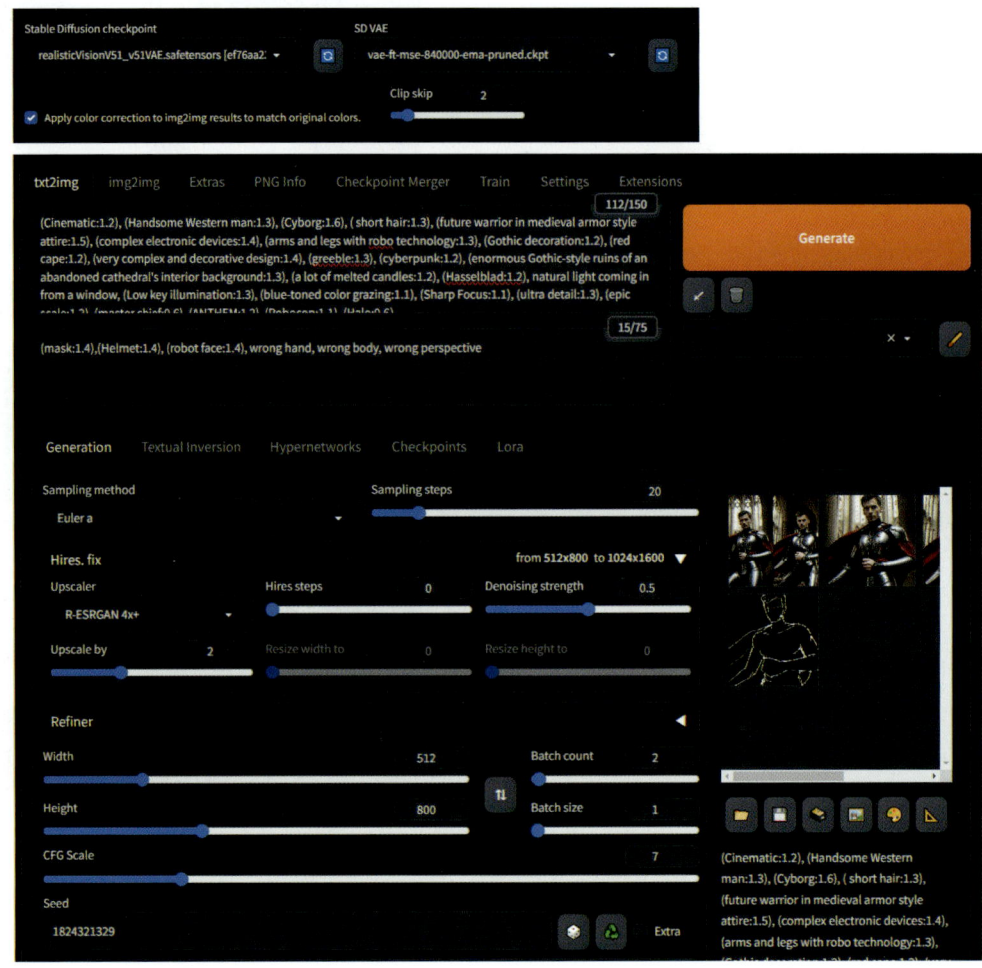

Batch count를 2장으로 세팅한 이유는, seed 값을 고정했지만 간혹 예상을 벗어나는 이미지가 나오기 때문에 유사한 이미지 2장 정도를 여유로 얻어 선택하기 위해서입니다.

컨트롤넷의 설정입니다.

Scribble/Sketch 타입을 선택하고, 전처리기(Preprocessor)는 Scribble_Xdog, Model은 control_sd15_scribble을 선택합니다. Control Weight는 0.75로 선택하여 AI에게 약간의 해석의 자유를 줬습니다. 우측은 결과입니다.

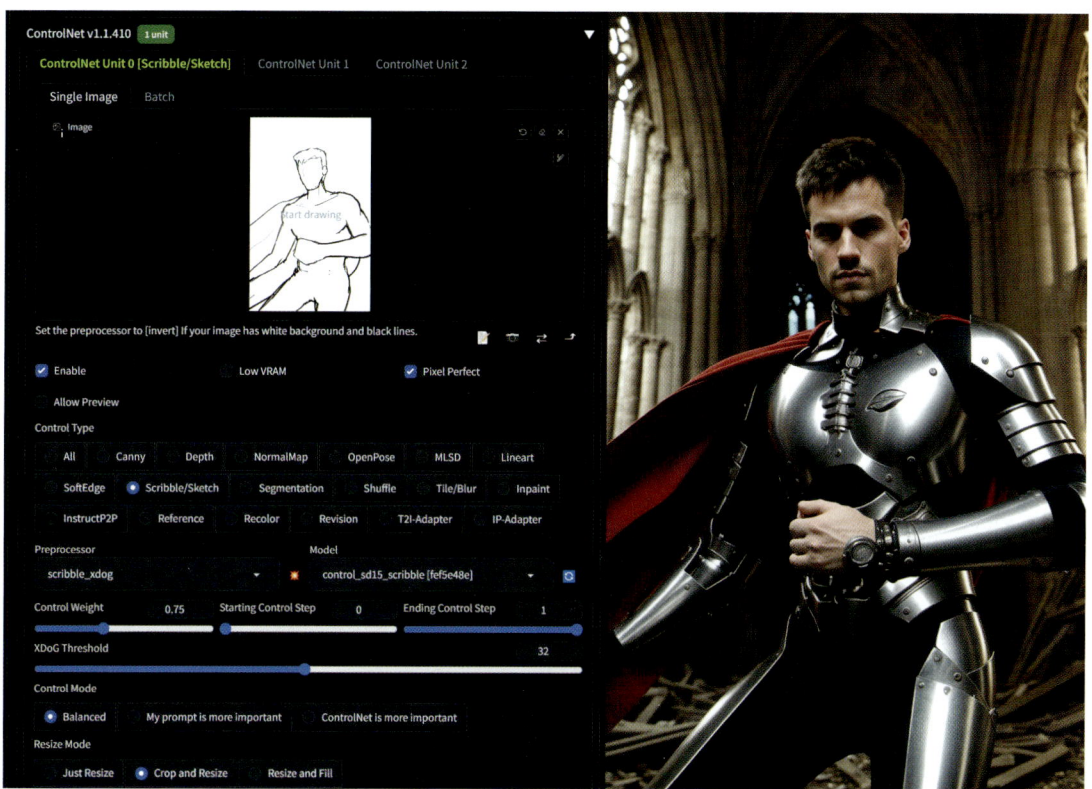

쏟아부은 정성에 비하면 상당히 괜찮은 결과물이 나왔습니다. 물론 캐릭터의 생김새는 호불호가 갈릴 수 있습니다.

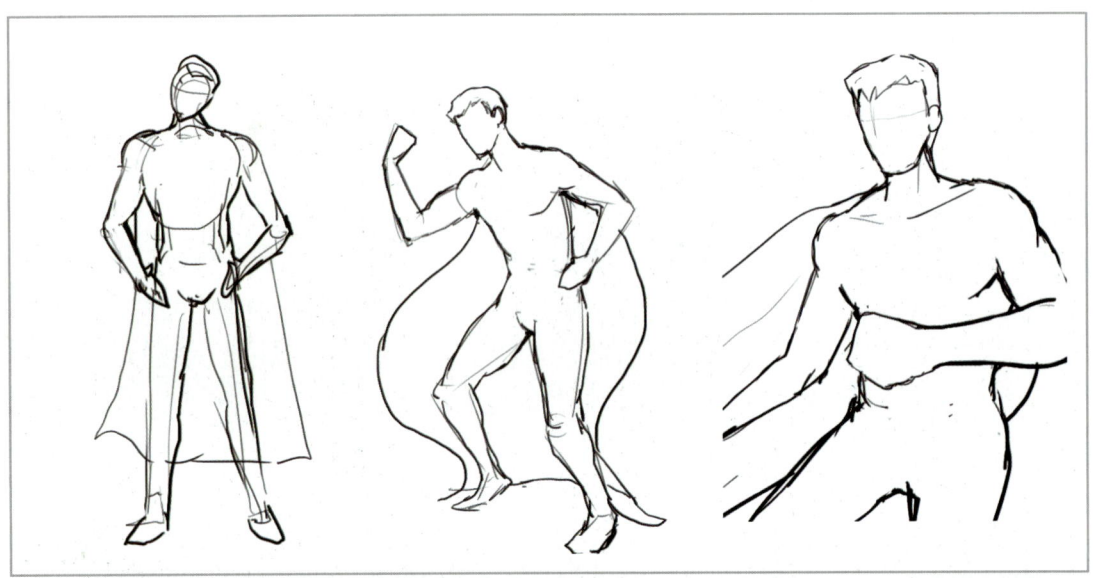

간혹 그림을 그려오던 분들이 AI 때문에 직업을 잃어버릴까 걱정하시는 분들을 많이 봤었습니다.
아시다시피 AI에게 일을 시키는 방식은 크게 2가지가 있습니다. 말보 정보를 선달하는 방법과 이미지로 정보를 전달하는 방법입니다. 그림을 잘 그리는 분들은 이미지로 정보를 전달할 때 압도적인 이점을 가지게 될 것입니다. 실제로 Scribble 모드에서도 충실하게 잘 그려진 스케치일 수록 결과물이 잘 나오게 마련입니다.

앞으로 그림을 잘 그리는 사람은 혼자서 영화를 만들 수 있는 시대가 올 것입니다. 위의 예를 보시면 아시겠지만 이미 영화 스틸컷 정도의 느낌은 쉽게 표현할 시대가 오고 있는 것입니다.

마지막으로 똑같은 설정과 스케치에서 체크포인트 모델을 바꾸면 어떤 느낌인지 보겠습니다.

보시다시피 간단한 스케치로 그림을 그릴 수 있을 뿐 아니라, 그림체도 마음대로 선택할 수 있습니다.

지금까지 스테이블 디퓨전의 Scribble 기능을 활용해서 다소 혼란스러운 마계 이미지에서, 좀 더 정리된 중세 마을 이미지, 다들 어렵게 생각하는 캐릭터까지 이미지를 생성해 봤습니다. 간략하게 원하는 바를 스케치로 표현하는 능력으로 앞으로 얼마나 많은 일들을 할 수 있을지 상상해 보시기 바랍니다.

여기까지 스테이블 디퓨전의 [txt2img] 기능으로 멋진 이미지 만드는 과정을 함께 진행해 봤습니다.
서두에서 스테이블 디퓨전에서 가장 핵심적인 기능이 **'글로 이미지를 만드는 기능(txt2img)과 그림으로 그림을 만드는 과정(img2img) 두 가지 뿐이다'**라고 말했던 것이 기억나시나요? 이제 절반까지 온 셈입니다.

이제부터는 또 하나의 큰 축인 img2img를 이용하여 지금까지 만든 슈퍼히어로 이미지를 수정해 보겠습니다.

img2img로 이미지 수정하기

지금까지는 작성된 글을 이미지로 생성하는 방식으로 이미지를 만들어 왔었습니다. 이제 스테이블 디퓨전 기능의 또 다른 큰 축인 이미지를 다른 이미지로 변환하는 기능(img2img)을 활용하여 이미지를 만들어 보겠습니다.

우선 인터페이스를 살펴보겠습니다.

01. img2img 인터페이스 살펴보기

img2img를 활용하려면 상단의 이곳을 누르면 img2img용 페이지로 전환됩니다.

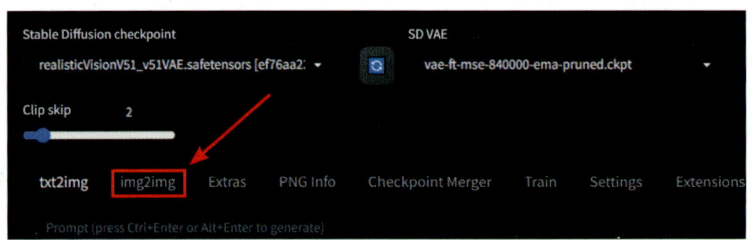

1번과 2번은 앞서 txt2img에서 봤던 긍정 프롬프트과 부정 프롬프트 입력창입니다.
3번 창은 txt2img에서는 볼 수 없었던 이미지 입력창입니다. 이곳에 이미지를 넣고 수정이 가능하다는 점이 txt2img와 가장 다른 점이라고 할 수가 있습니다. 이곳의 인터페이스를 좀 더 자세히 보겠습니다.

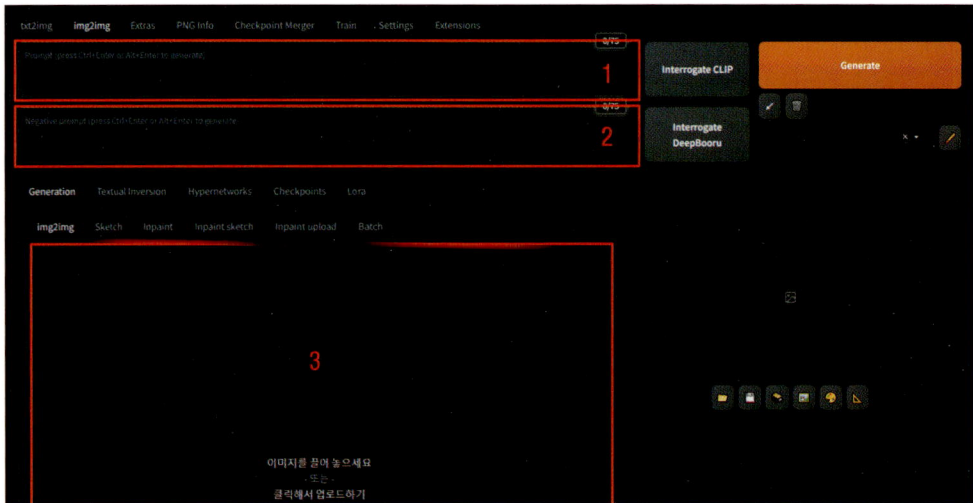

img2img 이미지 입력창입니다.
상당히 많은 기능들이 있지만 이 책에서 주로 사용하는 기능 위주로 설명하겠습니다.

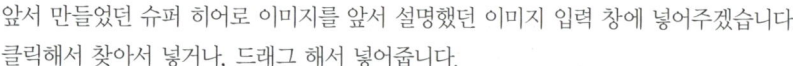

02. 슈퍼 히어로 성별 바꾸기

앞서 만들었던 슈퍼 히어로 이미지를 앞서 설명했던 이미지 입력 창에 넣어주겠습니다.
클릭해서 찾아서 넣거나, 드래그 해서 넣어줍니다.

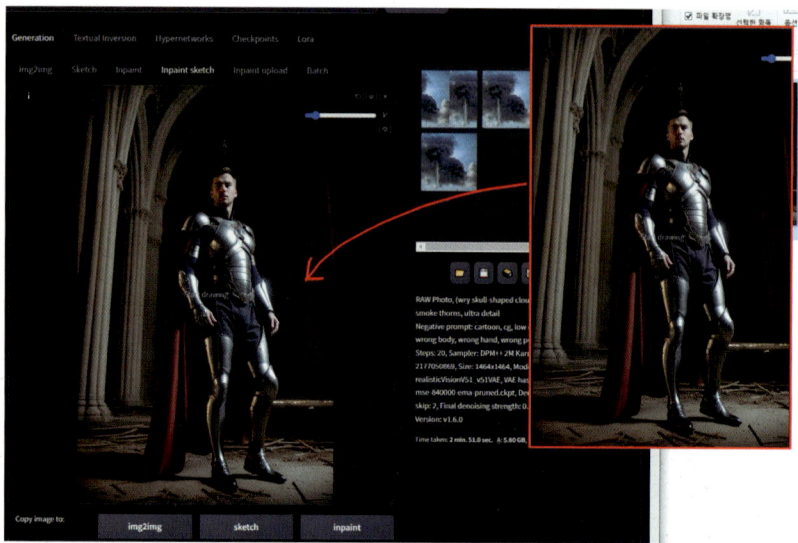

다음은 같은 이미지를 긍정 프롬프트 입력창에 드래그해서 프롬프트 및 설정도 그대로 가져옵니다.

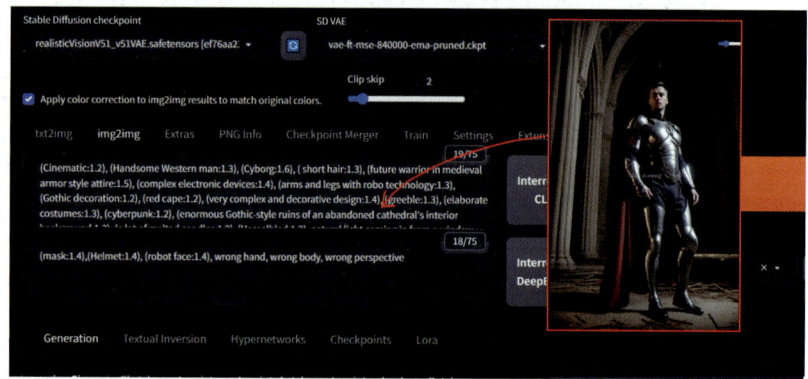

생성된 이미지의 프롬프트 및 기본 설정 가져오기

이미지를 긍정 프롬프트 박스 안으로 드래그 한 후 빨간 박스 안 아이콘을 누르면 자동으로 긍정, 부정 프롬프트 및 각종 설정이 세팅됩니다.

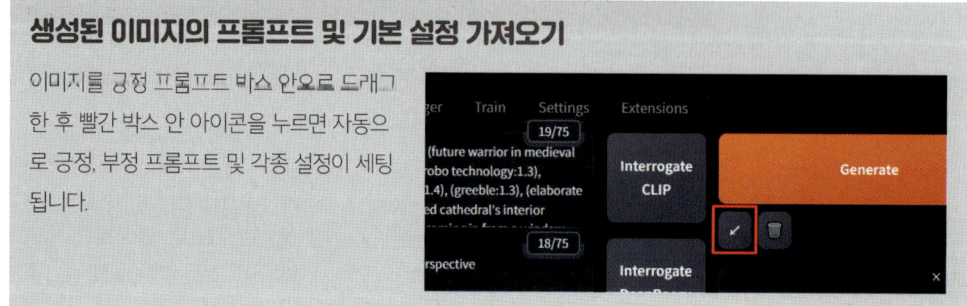

이 과정을 거친 후의 화면입니다. 원본 이미지와 동일한 환경으로 세팅된 것을 알 수 있습니다.
Seed 값도 이미지의 Seed와 동일하게 세팅이 되었습니다.

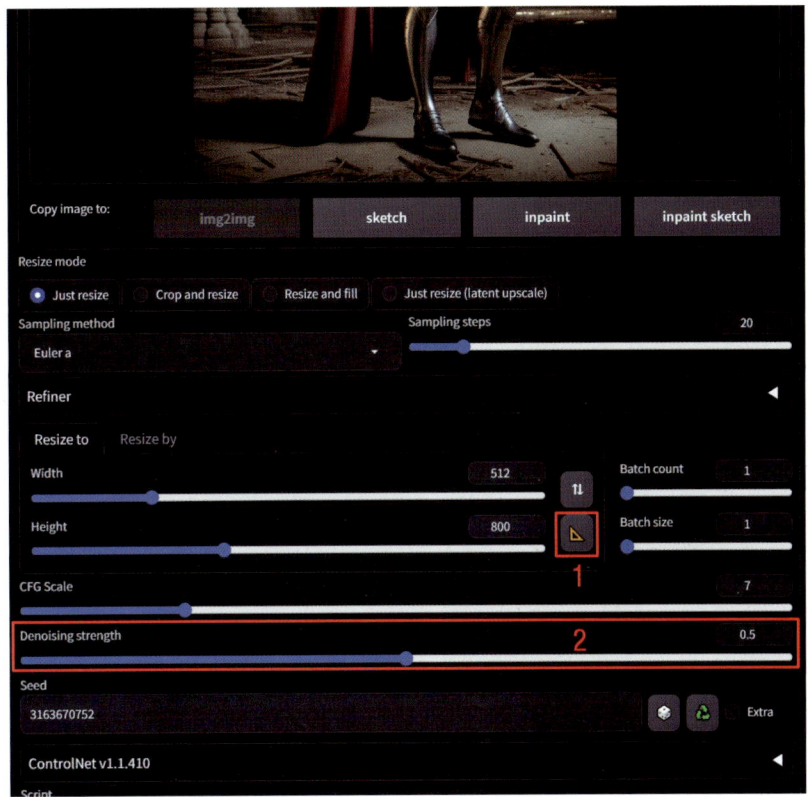

여기서 1번 삼각자 모양의 버튼을 눌러주면 원본 이미지와 새로 생성할 이미지의 사이즈를 정확하게 맞춰줄 수 있습니다.

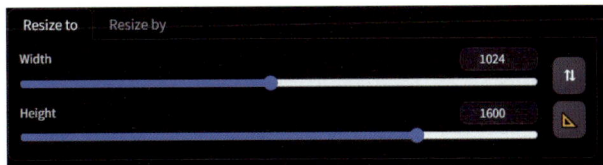

2번 박스 안의 Denoising strength는 새로 생성될 이미지가 원본 이미지와 얼마나 달라질 것인지를 정해 줄 수 있으며 원본에 비해 약간만 바꿀 생각이라면 0.25~0.35 사이가 적당합니다. 완전히 다른 이미지로 바꾸려면 더 높은 수치를 넣어도 무방합니다. 여기에서는 0.35로 해 주겠습니다.

마지막으로 프롬프트를 변경해보겠습니다.

프롬프트에서 성별을 결정해 주었던 "Handsome Western man" 부분을 "beautiful Western woman"으로 변경해 줍니다.

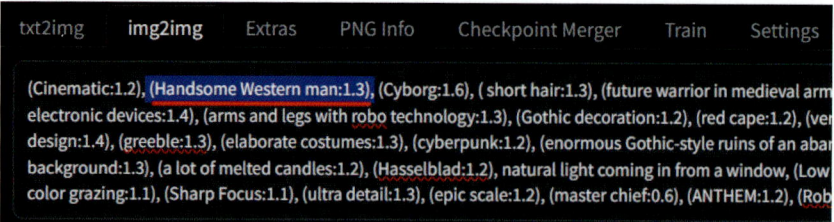

이제 생성해 보겠습니다.

원본 이미지

새로 생성된 이미지

보시다시피 성별이 변경되었습니다. 갑옷의 형태도 성별에 맞게 변경된 것을 알 수 있습니다. 하지만 전체적인 이미지의 색감과 분위기 구도는 원본을 거의 그대로 유지하고 있습니다.

03. inpaint 기능을 활용하여 머리색 바꾸기

이번에는 inpaint 기능을 활용하여 헤어 스타일을 변경해 보겠습니다. 이미지를 부분적으로만 수정하고 싶을 때 유용한 기능입니다.

이미지생성 창 하단에 팔레트 모양의 아이콘을 눌러서 생성한 이미지를 inpaint로 보내줍니다.

 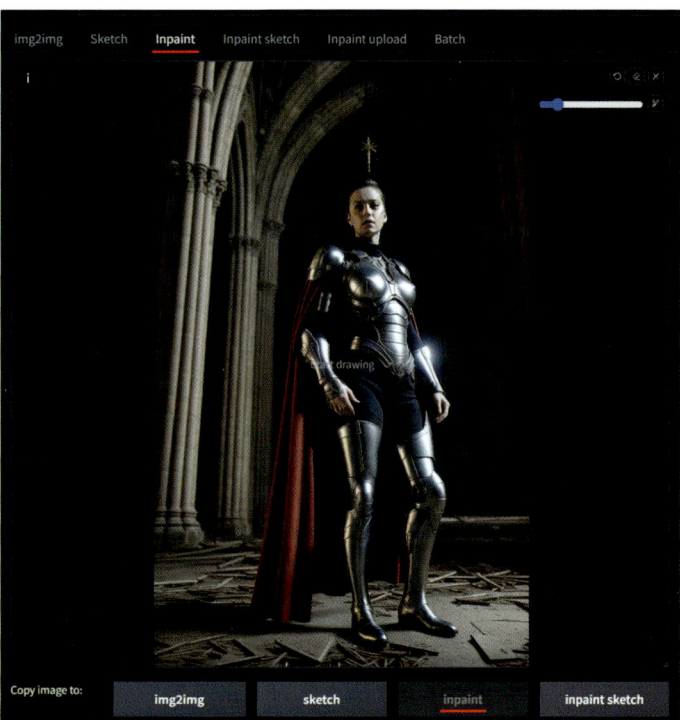

이미지가 inpaint로 보내졌습니다. 우측 상단의 아이콘에 주목해 줍니다.

1번은 마스킹 영역을 그리다가 Undo를 할 수 있는 아이콘입니다.
2번은 화면에 그려진 마스킹 영역을 모두 지우는 아이콘입니다.
3번은 불러왔던 이미지 자체를 취소하는 아이콘입니다.

4번은 화면에 마스킹 영역을 그릴 수 있습니다. 옆의 슬라이드 바는 마스킹 영역을 칠하는 브러쉬의 크기를 조절해 줍니다.

4번을 클릭하고 적절한 크기로 브러쉬를 조절한 후 헤어 스타일 영역을 칠해줬습니다.

이제 프롬프트를 수정해 주겠습니다.
Short hair 부분을 Red hair으로 변경해 줍니다.

이미지를 생성해 보면 다른 곳은 그대로이고 머리색만 변경되었습니다.

한 번 더 해 보겠습니다.

04. inpaint 기능을 활용하여 망토색 바꾸기

망토를 여성적인 핑크색 꽃무늬로 변경해 보겠습니다.

이전과 같은 방식으로 inpaint에서 망토의 영역을 마스킹해 줍니다.

프롬프트에서 "Red cape"를 "pink flower-patterned cape"로 변경하고 이미지를 생성해 줍니다.

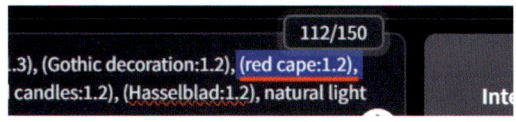

이번에는 변화의 폭이 큰 편이기 때문에 Denoising strength를 1로 주겠습니다.

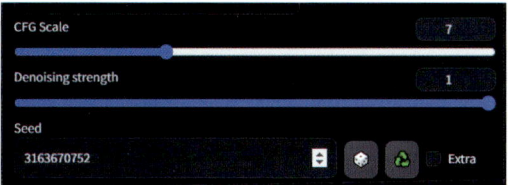

다음과 같은 결과가 나왔습니다.
뭔가 밸런스가 맞지 않고 꽃무늬도 적용되지 않았지만, 여성스러워 보이기는 하네요.

지금까지 스테이블 디퓨전의 img2img를 활용하여 기존 이미지를 변경하는 과정을 진행해 봤습니다.

inpaint 기능은 스테이블 디퓨전의 수많은 기능 중에서도 핵심입니다. 앞으로도 자주 사용하게 될 것이니 잘 숙지해 놓도록 합시다.

img2img + ControlNet으로 디자인하기

12

지금까지는 이미지를 생성하거나, 그림을 만든다고 표현해 왔던 것을 제목에서 "디자인"이라고 표현했습니다. 말 그대로 img2img와 컨트롤넷(ControlNet)을 잘 활용하면 '디자인'을 할 수 있습니다.
다음 예시 작업을 봐 주시기 바랍니다.

왼쪽은 제가 포토샵으로 만든 썸네일 이미지이고 오른쪽은 스테이블 디퓨전의 img2img + ControlNet 으로 만든 결과물입니다. 이런 작업의 결과물을 단순히 우연에 의지한 생성 이미지로 봐야 할까요?

또 다른 예시입니다.

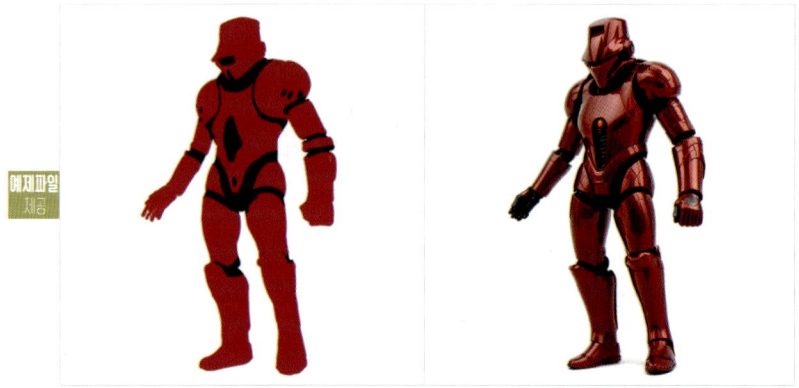

위 이미지의 경우 세부 디테일은 프롬프트로 진행되었지만, 결과물에 가장 큰 영향을 미치는 것은 간략하게 표현된 썸네일 이미지입니다. 즉, 커다란 실루엣은 컬러 썸네일 드로잉으로, 깊은 세부는 프롬프트로 완성한 이미지인 것입니다. 이런 경우 단순히 자동으로 생성된 이미지라고 표현하기는 어려울 것입니다.

저는 이러한 방식의 프로세스가 잘 훈련된 디자이너와 AI가 보여주는 가장 좋은 협력 스타일이라고 생각합니다. 이를 위해서는 포토샵 활용이 필수이기 때문에 앞으로의 과정에는 기본적으로 포토샵을 함께 활용하겠습니다.

01. 장신구 프롬프트 작성하기

우선 txt2img 모드에서 장신구 생성기를 만들어 보겠습니다.
다음 프롬프트를 입력합시다. 프롬프트를 만드는 과정은 지금까지 많이 해 왔기에 생략하겠습니다.

긍정 프롬프트
RAW Photo, Ornate brooch, red sapphires, yellow gemstones, silver, Celtic pattern, white background, complicated design, ultra detail

부정 프롬프트
lowres, text, error, extra digit, fewer digits, cropped, worst quality, low quality, normal quality, jpeg artifacts, signature, watermark, username, blurry, artist name

우선 txt2img 모드에서 세팅은 옆의 이미지를 참조로 해주세요. 사이즈가 512×512로 변경된 것 외에는 이전의 세팅과 비슷합니다.

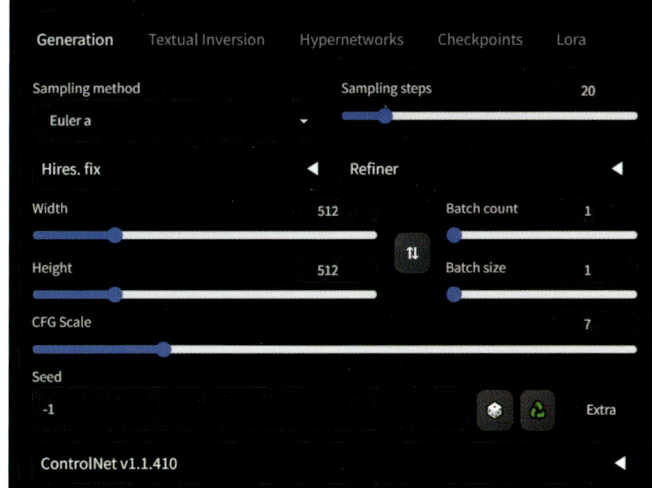

Batch count를 6 정도로 설정해서 6개의 시안을 만들어봅니다. 이 중에서 하얀 백그라운드가 잘 반영되었고 디자인도 마음에 드는 두 번째 시안의 Seed 값을 추출하겠습니다.

Seed 값을 복사해서 Seed에 붙여줍니다.

Hires.fix 업스케일러 값을 아래와 같이 설정한 다음에 이미지를 1개만 생성합니다.

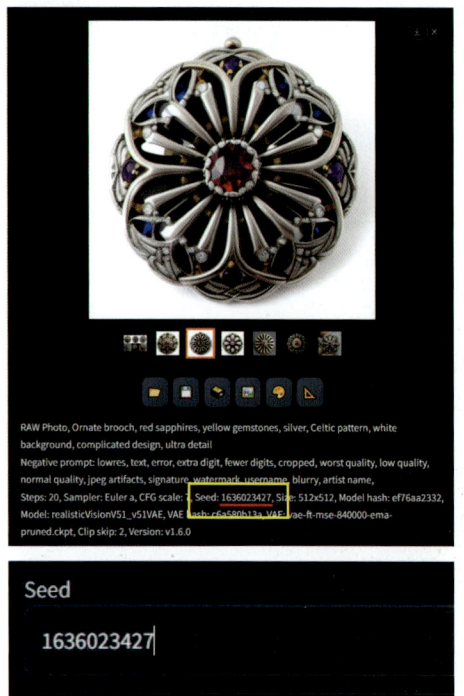

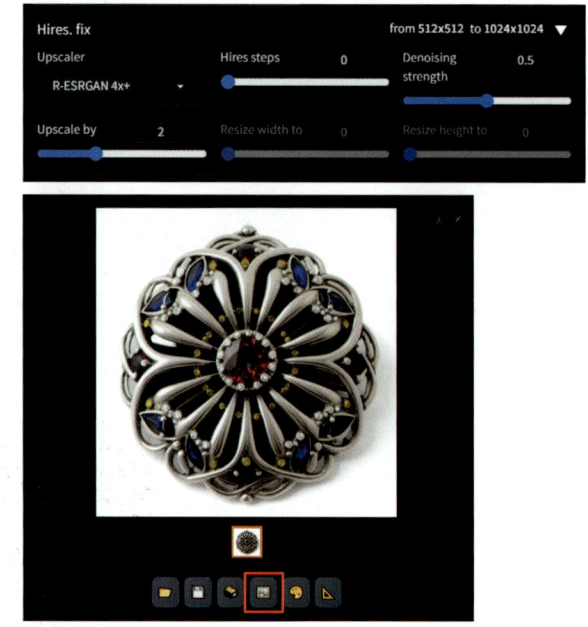

이제 1024×1024로 업스케일링 된 이미지를 얻었습니다. 박스 안의 그림 모양 아이콘을 눌러서 이미지를 img2img로 보내줍니다.

그림 모양 아이콘을 눌러서 img2img로 들어온 모습입니다.
이미지가 전송이 되었을 뿐 아니라 해당 이미지의 프롬프트 및 세팅 값까지 전부 전송되었습니다.
지금은 저 브로치 이미지를 수정하려는 것이 아니기 때문에 우측 상단의 x아이콘을 눌러 이미지를 삭제해 줍니다.

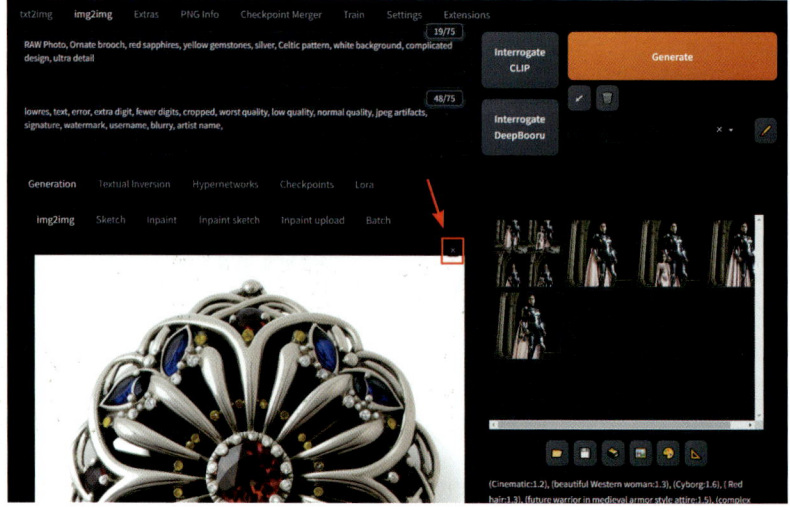

02. ControlNet Depth 타입으로 디테일 높이기

세팅값은 다음과 같이 맞춰주세요.(사이즈와 Seed 값은 자동으로 맞춰져 있을 것입니다.)
Denoising strength는 평소에는 0.35 정도 맞추었지만 여기서는 1로 설정했습니다.

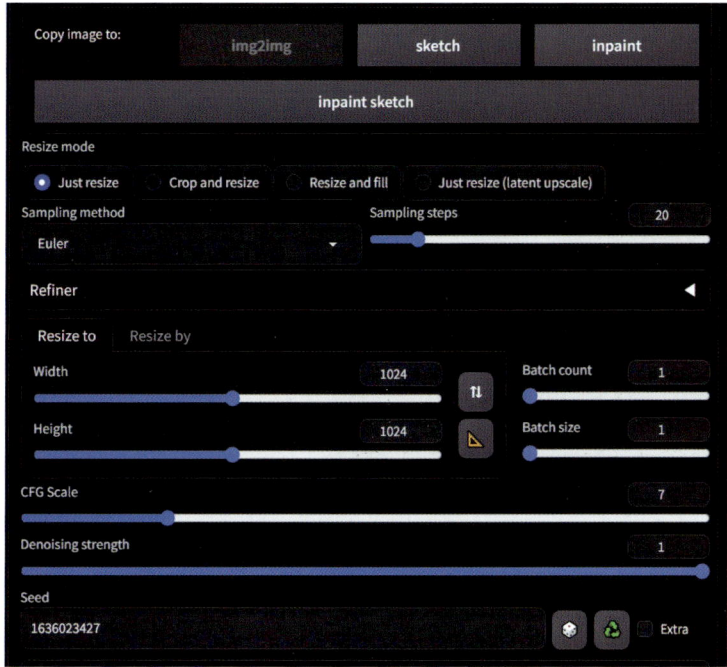

이제 포토샵에서 1024×1024 사이즈로 실루엣을 디자인해 주어야 합니다.

프롬프트의 내용을 생각하면서 간단히 디자인을 합니다. 포토샵에서 빨간색 사파이어와 노란색 보석으로 장식된 은색 브로치를 디자인해 주었습니다.

이제 이 이미지를 img2img에 넣어 주겠습니다.

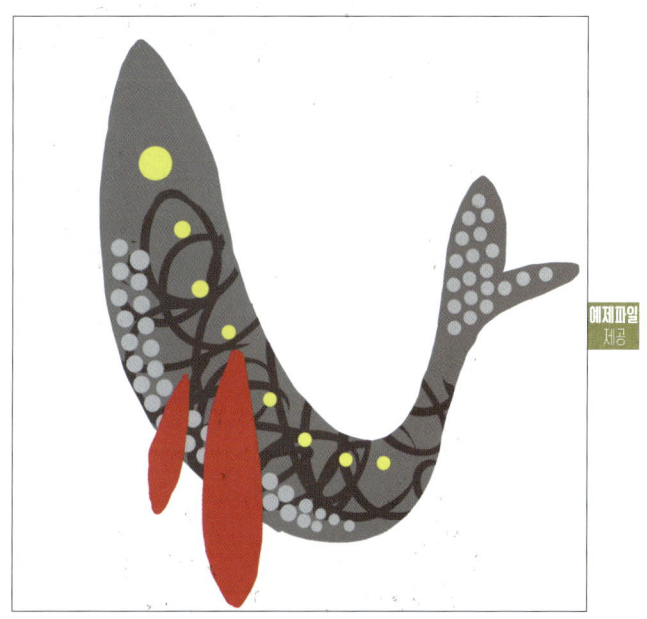

그림과 같이 넣어줬습니다. 이제 컨트롤넷을 보겠습니다.

ControlNet에서 Enable과 Pixel Perfect를 선택해 주고, Control Type를 Depth로 선택해 줍니다. ControlNet Depth로 이미지의 외곽 형태를 고정시키고 내부의 디테일을 올려 주는 방식입니다.

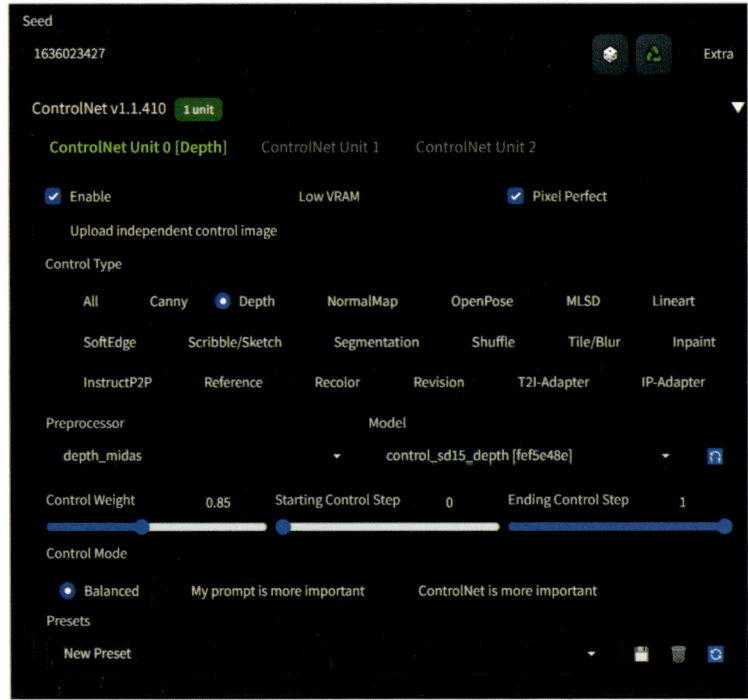

이제 생성 버튼을 눌러 보겠습니다.

다음과 같은 결과물이 나왔습니다. 디자인은 나쁘지 않은데 군데군데 색감이 타버린 것이 눈에 거슬립니다. 아무래도 Denoising strength 값을 너무 강하게 준 것 같습니다.

이번에는 0.5 정도로 조절하고 다시 해보겠습니다.

다음과 같은 결과물이 나왔습니다.
이미지가 깨지지는 않았지만 완성도가 좀 아쉽습니다.

이럴 때는 붉은 박스 안의 그림 모양 아이콘을 눌러서 생성된 이미지를 다시 img2img의 이미지 입력창에 넣어줍니다.

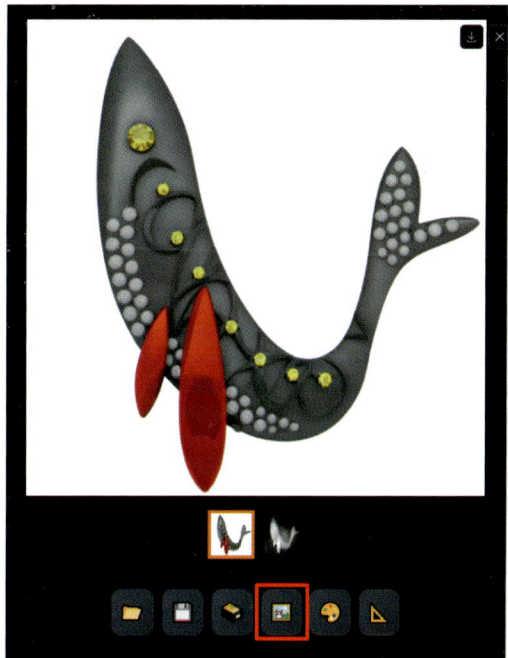

이번에는 Denoising strength 값을 0.35정도로 조절하고 다시 생성을 하겠습니다.

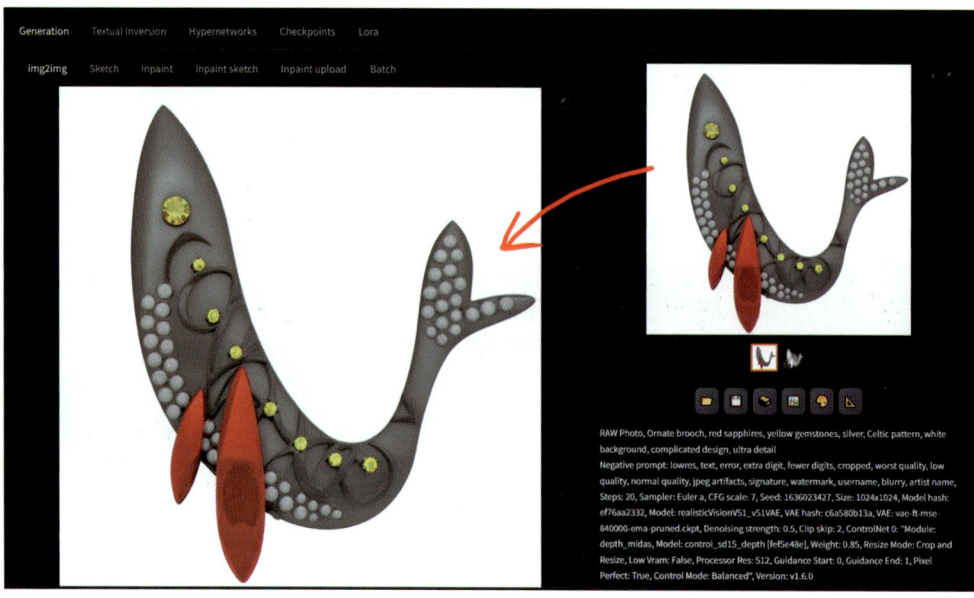

이 과정을 거쳐서 나온 이미지입니다.
하지만 아직도 완전히 만족스럽지는 않습니다.
다시 여러 번 반복하고, Denoising strength 값을 조절해 가면서 만족할만한 결과가 나올 때까지 반복해 줍니다.

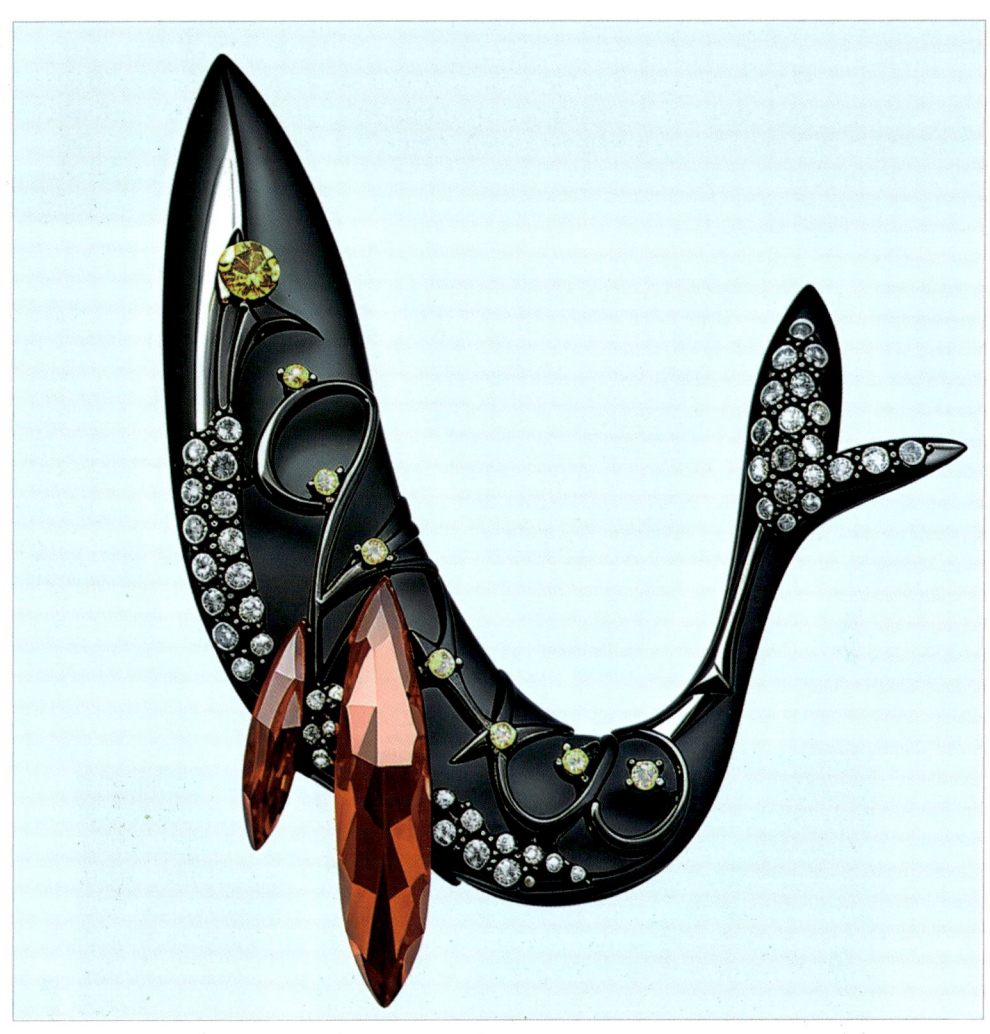

과정을 여러 번 반복하여 위와 같은 이미지를 얻었습니다.

이처럼 생성한 이미지를 다시 이미지 입력창에 넣고 다시 생성하여 디테일을 살짝 올리고, 같은 과정을 계속 반복하면서 원하는 디테일을 얻어가는 과정을 스테이블 디퓨전 사용자 사이에서 '살살 달래기'라고 부릅니다. (Denoising strength 값을 0.2 ~ 0.5 정도로 유지해 주는 것이 좋습니다.)

위 방식은 브로치뿐 아니라 인물 등 모든 단순한 이미지를 디테일 높은 이미지로 만들 때 좋은 방식입니다.

(img2img + ControlNet + Loopback)
러프한 스케치로 정교한 슈퍼히어로 이미지 만들기

앞서 작성했던 슈퍼히어로 프롬프트를 그대로 활용하여, 포토샵으로 만든 러프한 컬러 썸네일로 슈퍼히어로를 만들어 보겠습니다. 앞서 txt2image 모드에서 ControlNet을 사용해서 만들 때는 발로 그린 그림으로 슈퍼 히어로를 만들었다면 이번에는 나름 손으로 그려야 합니다. 그 대신 내가 원하는 디자인을 조금 더 정확하게 반영할 수 있는 장점이 있습니다.

01. 슈퍼 히어로 프롬프트 추출하기

이미 만들어 놓은 이미지가 있기 때문에 어렵지 않게 가져올 수 있습니다.
앞서 해 봤듯이 기존 슈퍼히어로 이미지 중 하나를 img2img의 이미지 입력창에 넣어줍니다.
그리고 Generate 옆의 버튼을 눌러 이미지의 프롬프트와 설정을 적용해 줍니다.

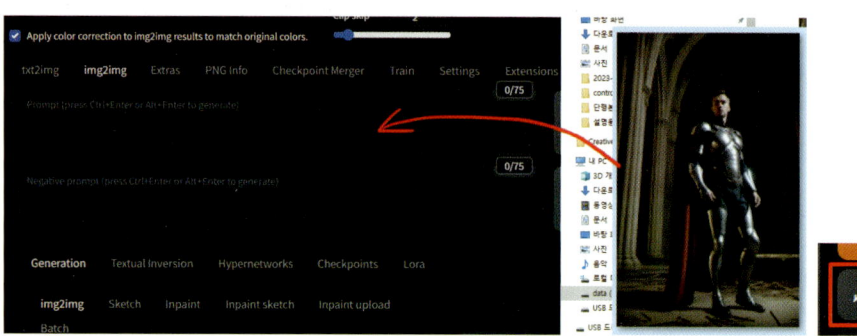

이미지를 넣고 설정을 불러왔으면 그림처럼 자동으로 세팅이 되었을 것입니다.

Denoising strength는 0.3으로 설정해 줍니다.

Seed 값은 넣어준 이미지에 따라 그때그때 다르기에 그대로 활용합니다.

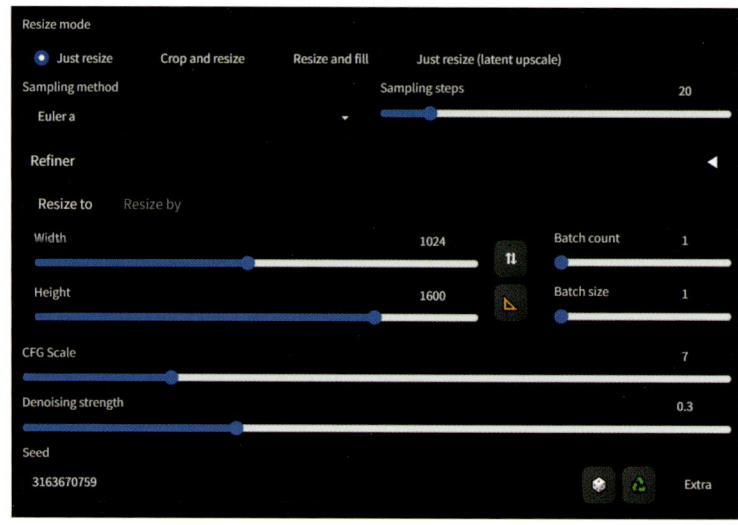

02. 포토샵에서 섬네일 이미지 만들기

너무 날림으로 그린 것도 아니고, 그렇다고 정성을 쏟아서 그린 것도 아닌 절묘한 그림을 준비했습니다.

03. 멀티 컨트롤넷 설정하기

이미지를 img2img에 넣었습니다.

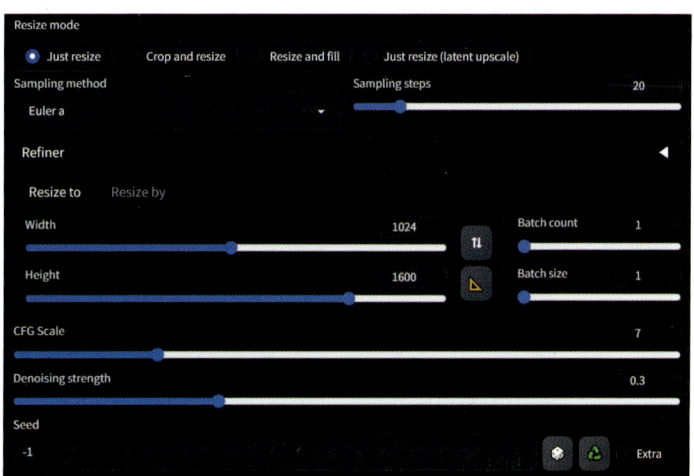

나머지 세팅을 위와 같이 맞춰줍니다.
Seed 값은 사용한 이미지마다 다를 수 있습니다.

이번에는 컨트롤넷 타입을 Depth와 Canny 두 가지를 한꺼번에 사용하겠습니다.
이렇게 두 가지를 함께 사용하는 것을 멀티 컨트롤넷이라고 합니다.

ControlNet Unit 0을 누르고 아래쪽 세팅을 참고해서 설정해 줍니다.

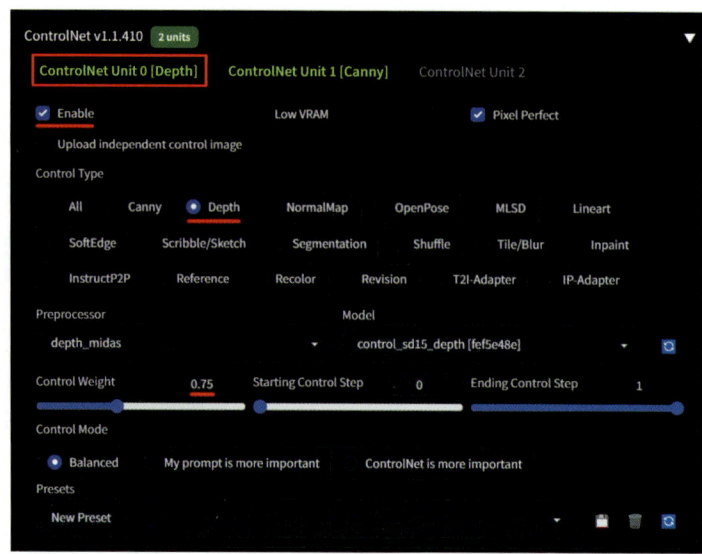

ControlNet Unit 1을 누르고 아래쪽 세팅을 참고하여 설정해 줍니다.

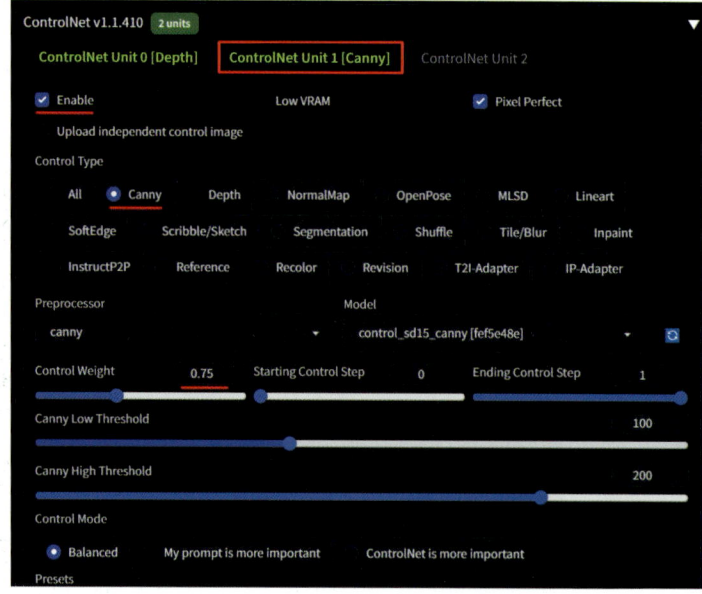

앞서 제가 그린 그림이 간략한 선화에 심플하게 채색을 한 형태였음을 기억하실 것입니다.
2개의 컨트롤넷을 활용해서 하나는 Depth 타입으로 채색된 면을 인식하게 하고,
다른 하나의 컨트롤넷은 Canny로 선화를 인식하게 합니다.

04. Loopback 설정 (자동 살살 달래기)

화면을 맨 아래쪽으로 쭉 내리면 Script 메뉴가 있습니다.
이곳을 누르면 서브메뉴들이 나타나고 여기서 Loopback을 선택해 줍니다.

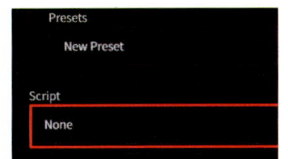 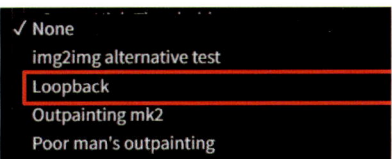

다음과 같이 Loopback을 설정해 줍니다.

앞 단원에서 브로치를 생성할 때 0.5~0.35 정도의 Denoising strength로 생성한 이미지를 다시 원본 이미지 입력창에 넣고 생성을 반복하면서 완성도를 높였던 것을 기억하실 것입니다. **Loopback이 그 과정을 자동으로 해 주는 기능입니다.**

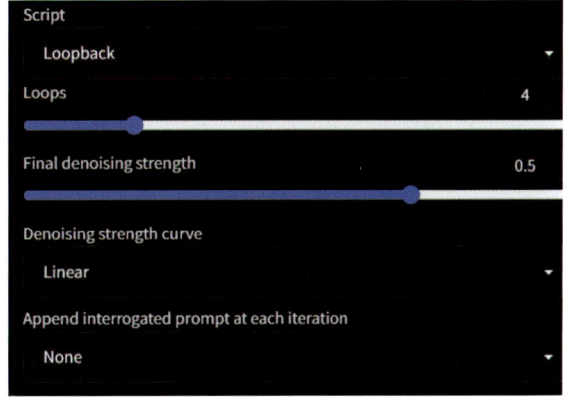

Loops는 이미지의 반복생성 횟수입니다.
여기서는 4번으로 설정해 줬습니다. 즉, 생성한 이미지를 다시 원본 이미지 입력 창에 넣고 다시 수정하는 과정을 4번 한다는 뜻입니다.
Final denoising strength는 마지막에 얼마나 이미지를 변형시킬 것인지를 정해 줍니다. 여기서는 0.5로 설정했습니다.

앞서 Denosing strength를 0.3으로 설정했던 것을 기억하시나요?
즉, 0.3~ 0.5 사이를 4번에 거쳐서 이미지를 생성하게 되는 것입니다. 조금씩 디테일해지는 과정입니다.

이제 이미지생성을 실행해 보겠습니다.
이렇게 4단계로 서서히 디테일이 올라가는 이미지가 4장 나왔습니다.

맨 마지막 이미지를 다시 원본 이미지 입력란에 넣고 동일한 셋업으로 Loopback 과정을 한 번 더 해 주겠습니다. 이런 방식으로 원하는 이미지가 나올 때까지 계속 반복해 주는 것입니다.

저는 여기까지 진행했습니다.
이 이상은 이미지의 퀄리티가 높아지지 않습니다. 이럴 땐 포토샵에서 디테일을 추가해 줄 수 있습니다.

이렇게 포토샵으로 디자인이 명확해 보이게 디테일을 더 추가해 주고, 이 이미지를 다시 이미지 입력 창에 다시 넣어, 또 Loopback 과정을 반복해 줍니다.

스테이블 디퓨전(Stable Diffusion) 가지고 놀아보기 **4**

최종적으로 디테일을 여기까지 올려주고, 포토샵에서 간단하게 색감 보정을 해서 마무리했습니다. 분명히 제가 디자인한 스케치에서 발전을 시켰는데 결과물이 지나치게 포토리얼 해서 남들한테 보여줄 때는 꼭 제 스케치를 증거로 제시해야 할 것 같습니다.

이런 방식으로 포토샵과 스테이블 디퓨전을 함께 연계하면 좀 더 완성도 높은 이미지를 쉽게 만들 수 있을 것입니다.

(img2img + ControlNet + Loopback)
아이 그림 다듬어 주기

가끔 웹 커뮤니티 사이트를 보면 유치원 초등학생 아이의 그림을 부모가 원작의 느낌을 그대로 살리면서도 멋지고 디테일 높게 다시 그려서 아이에게 선물로 줬다는 포스팅을 보신 적이 있으실 것입니다.

저는 그림을 전문적으로 그리는 사람이지만, 너무 게을러서 아이의 어린 시절에 그런 그림을 선물해 준 적이 없었습니다. 하지만 스테이블 디퓨전의 img2img, ControlNet, Loopback 기능을 잘 활용하면 아이의 어릴적 그림을 그럴듯하게 바꿔주는 것이 그다지 어려운 일이 아닙니다.

우선, 아이가 그린 그림이 필요합니다. 여기서는 제 아이가 7살 무렵에 그린 그림을 준비했습니다. 행복한 인어공주를 그린 그림입니다. 보고 있는 제가 다 행복해지네요.

솔직히 제 눈에는 이미 이 자체로 너무 멋지고 아름다운 그림입니다. 아마 그런 생각 때문에 당시에는 아이 그림을 고쳐서 그려볼 생각을 못 했던 모양입니다. 하지만 조금 뒤늦은 감이 있지만, AI를 활용해서 한번 고쳐 보겠습니다.

스테이블 디퓨전을 켜서 img2img 탭으로 들어왔습니다.
체크포인트 모델은 애니메이션풍인 blueboys2D_v30을 불러왔습니다.

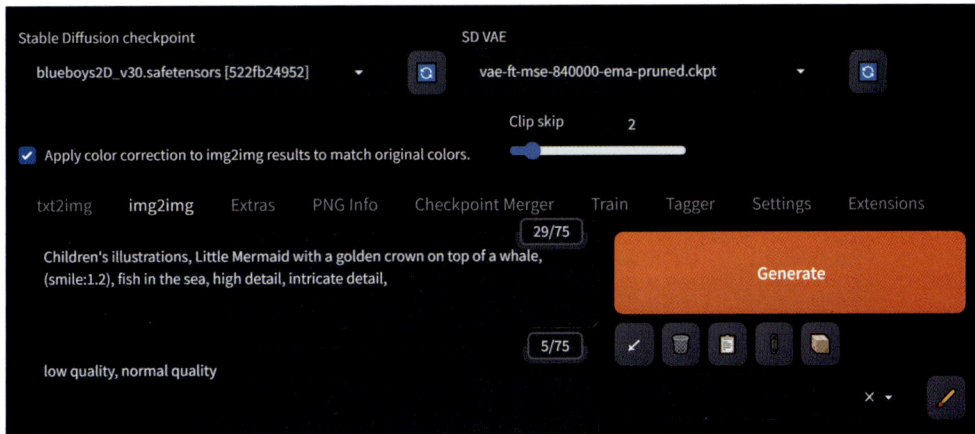

Children's illustration, Little Mermaid with a golden crown on top of a whale, (smile:1.2), fish in the sea, high detail, intricate detail

(아동 일러스트레이션, 고래 위에 탄 황금 왕관을 쓴 인어공주, 미소, 바닷속엔 물고기들, 높은 디테일)

low quality, normal quality

아이의 그림을 img2img의 이미지 입력창에 넣었습니다.

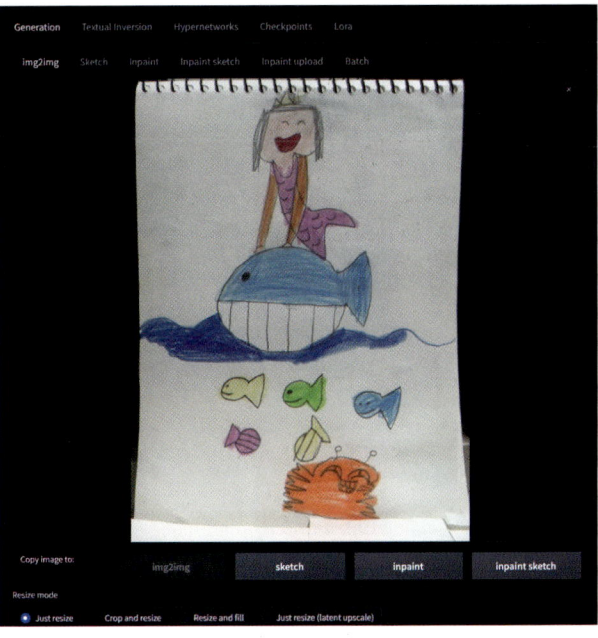

사이즈는 900×1200 이미지 사이즈와 똑같이 맞췄습니다.

Batch count는 1, CFG Scale은 7, Sampling steps는 이미지를 좀 더 심도 깊게 만들기를 원했기에 40 정도로 평소보다 높게 주었습니다. Denoising strength는 Loopback 기능을 활용할 것이기 때문에 0.25로 아주 낮게 주었습니다.

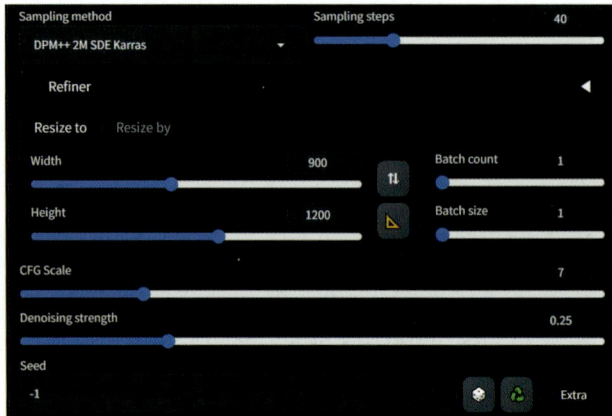

이제 컨트롤넷 설정입니다. 컨트롤 타입은 Depth로 설정해 줬습니다. AI에게 조금은 자유도를 주기 위해 ControlWeight 값을 0.75 정도로 주었습니다.

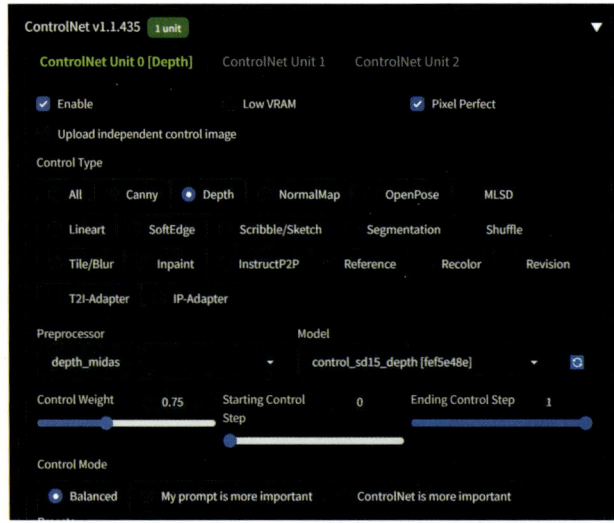

마지막으로 Loopback 설정입니다. 수치를 참조해 주세요.

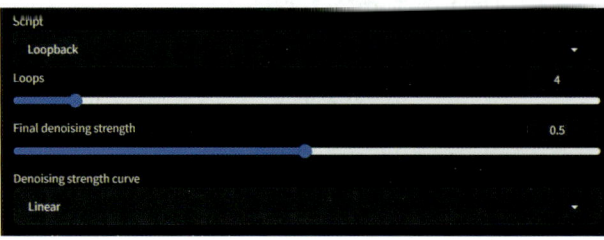

이제 Generate버튼을 눌러서 생성해 주세요.

이 과정을 통해 아래와 같은 4단계의 시안을 얻었습니다. 원본의 색감과 이미지의 실루엣을 최대한 유지하면서 변형되어 가는 것을 알 수 있습니다.

원본 이미지와 나란히 놓은 최종 결과물입니다. 원본과 비교해서 제 아이에게 보여주면 무척 즐거워할 것 같네요. 하지만 솔직히 제 눈에는 아직도 원본의 그림이 훨씬 더 아름다워 보입니다.

여기까지 스테이블 디퓨전의 기본적인 기능들과 기본 활용에 대해서 살펴 보았습니다.
다음 장부터는 AI 생성 툴들을 종합적으로 활용하여 본격적인 컨셉아트를 만들어 보겠습니다.

5

여러 툴을 같이 써서
이미지 완성도 높이기

두 가지 룰

지금까지 Bing image creator, 미드저니(Midjourney), 스테이블 디퓨전(Stable Diffusion)의 이미지 생성 AI 툴의 기본 사용법을 익혔습니다. 이 세 가지 툴은 각각의 강점이 있고 용도에 따라 활용할 수도 있지만, 함께 사용하면 더 큰 효과를 볼 수 있습니다.

이제부터 이 3개의 툴과 Chat GPT와 포토샵을 같이 활용하여, 실무에 쓸만한 고퀄리티의 컨셉아트와 일러스트레이션을 제작해 보겠습니다.

이미지생성 AI 툴로 컨셉아트나 기타 실무용 이미지를 만드는 작업에 앞서 유의할 점 2가지를 말씀드리겠습니다.

> - AI 툴로 완벽한 이미지 생성을 목표로 하지 않는다.
> - AI 툴은 조수이고 그림은 내가 그린다.

제가 위의 두 가지 원칙을 만들어 놓은 이유는 단순합니다.

첫 번째의 원칙을 정한 이유는 흔히 AI로 이미지를 만드는 분들이 흔히 범하는 실수인 오직 한가지 AI 툴만으로 완벽한 이미지를 만들려는 의지가 강해서 지나치게 시간을 낭비하는 것입니다. 저 또한 그랬었습니다. 한때 AI 이미지의 문제점으로 유명했던 기형적인 신체나 손가락 문제는 그림을 그릴 줄 아는 사람이면 그냥 포토샵에서 직접 고치면 됩니다. 손가락이 잘 나오는 새로운 모델을 구하거나, 다른 기능을 탐구하는 데 시간을 낭비할 필요가 전혀 없습니다. 물론 조만간에 더 좋은 모델이 나오고, 더 좋은 툴이 나올 것입니다. 그건 그때 활용하면 됩니다.

두 번째 원칙을 정한 이유는 다음과 같습니다.
만약 팀에 믿을 수 없을 정도로 뛰어난 뎃생력을 가진 인턴이 들어왔다고 생각해 보세요. 그 인턴의 그림 실력이 아무리 뛰어나더라도 결국은 여러분이 인턴을 이끌어서 프로젝트에 적합한 결과물을 만들어야만 합니다. 즉, 본인이 AI 툴의 디렉터 역할을 해 주셔야 합니다. 아무리 뛰어난 이미지 생성 툴이라도 혼자서 회사 업무를 이해할 수도, 해낼 수도 없습니다. AI가 만드는 이미지는 뛰어날 때도 많지만 거기에 지나치게 의존하거나 빠져들면 정작 실무에 쓸만한 작업을 만들기가 힘들어집니다.

위 2가지 사항을 염두에 두고 이제 실질적인 컨셉아트를 시작해 보겠습니다.

스테이블 디퓨전과 포토샵으로
포토리얼한 환타지 일러스트 그리기

이미지 생성 AI 시대가 열렸지만, 아직도 포토샵은 이미지를 만들 때 최강의 툴입니다.
여기서 잠깐 기존의 작업 방식을 떠올려 볼까요?
우리는 하나의 이미지를 완성하기 위해서 여러 가지 이미지 레퍼런스를 수집하고, 재질 및 형태에 소스로 활용할 만한 이미지 소스를 수집하거나 직접 그려냅니다. 이렇게 모인 이미지들을 조합 및 덧칠하고, 보정하는 과정 등을 거쳐서 완성된 이미지를 만들어 왔습니다. 즉, 포토샵은 온갖 이미지 재료를 담고 섞고 볶아서 이미지 요리를 만드는 그릇 같은 존재입니다.

생성 AI를 활용한 이미지 작업에서도 포토샵은 똑같은 역할을 할 수 있습니다. 더구나 최근에는 포토샵 자체에도 상당히 유용한 이미지 생성 기능이 포함되기도 했습니다.

우선 스테이블 디퓨전과 포토샵을 함께 활용하는 과정을 알아보겠습니다.

01. 구상하기 - ChatGPT 활용

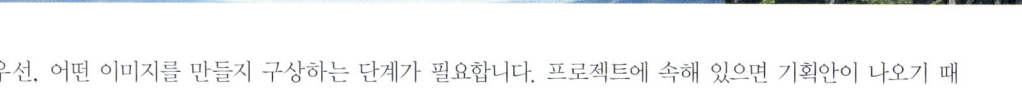

우선, 어떤 이미지를 만들지 구상하는 단계가 필요합니다. 프로젝트에 속해 있으면 기획안이 나오기 때문에 고민이 필요 없지만, 개인 작업이라면 머리가 복잡해집니다. 이렇게 소재를 정하지 못해서 고민이라면 Chat GPT를 활용해 보실 것을 권장합니다.

다음은 제가 Chat GPT를 사용한 예시입니다.

> **01** 안녕. 서양 중세풍 환타지 일러스트를 그리려고 하는데 소재를 못 정하고 있어. 10가지 정도 멋진 소재를 추천해 줄수 있어?
>
> 안녕하세요! 환타지 중세풍 일러스트를 그리는 것은 흥미로운 작업일 것입니다. 다음은 멋진 중세풍 환타지 일러스트를 위한 10가지 아이디어입니다:
>
> 1. 용사와 드래곤 전투: 용사가 강력한 드래곤과 맞서 싸우는 장면을 그릴 수 있습니다.
> 2. 요술사의 주문: 중세풍 요술사가 주문을 외우며 마법을 사용하는 모습을 담아보세요.
> 3. 성을 지키는 기사: 성을 둘러싸고 있는 성벽을 지키는 기사들의 모습을 그려보실 수 있습니다.
> 4. 마법의 숲: 신비로운 숲 속에서 요술과 마법 생물들이 어울리는 장면을 창조해보세요.
> 5. 피리 부는 엘프: 우아한 엘프가 피리를 연주하는 장면을 그릴 수 있습니다.
> 6. 마법의 서재: 마법서와 이른바 "금요일의 서재"에서 힌트를 찾는 모험가를 그려보세요.
> 7. 중세 마을의 일상: 중세 마을에서 일상적인 생활을 하는 사람들의 모습을 포착해보세요.
> 8. 뱀파이어의 무행: 어둡고 고요한 뱀파이어의 성에서 무행이 벌어지는 장면을 그려보세요.
> 9. 요술사의 학교: 젊은 요술사들이 마법을 배우는 학교의 교실을 그려보실 수 있습니다.
> 10. 중세 토너먼트: 기사들이 토너먼트에서 대결하고 관중들이 감탄하는 모습을 그릴 수 있습니다.
>
> 이러한 아이디어 중 하나를 선택하여 중세풍 환타지 일러스트를 그려보시기 바랍니다. 각 소재는 독특하고 매력적인 작품을 만들 수 있는 좋은 출발점이 될 것입니다. 행운을 빕니다!

다소 식상하지만 고민하지 않아서 좋군요. 저는 이 중에서 피리부는 엘프를 해 보기로 했습니다. 그리고, 여기에서 끝내는 것이 아니라 Chat GPT에 좀 더 자세한 기획안을 요구하겠습니다.

01 5번 피리부는 엘프가 좋을것 같아. 엘프가 숲속에서 피리를 부는 광경으로 정하고, 일러스트화를 하기 좋게 좀 더 자세하고 구체적인 장면 묘사를 서술해 줬으면 해

 피리 부는 엘프의 일러스트를 만들기 위한 자세하고 구체적인 묘사를 아래와 같이 제시해 드리겠습니다:

장면 설명:
엘프는 그림의 중심에 위치하며, 숲의 신비로운 환경에 둘러싸여 있습니다. 장면은 일몰 시간, 해가 서서히 지는 곳에서 벌어지고 있습니다. 엘프가 높은 나무 줄기 위에 서서 피리를 연주하고 있습니다. 나무들은 녹색 잎사귀로 덮여 있고, 해의 마지막 빛이 나무꼭대기를 비춥니다. 엘프의 의상은 우아하고 중세풍으로, 실버와 녹색 톤의 옷과 장신구로 장식되어 있습니다.

엘프의 모습:
- 엘프는 가늘고 우아한 체형을 가지고 있으며, 길고 우아한 화이트 헤어가 바람에 흔들립니다.
- 그녀는 흰색 드레스를 입고 있으며, 드레스는 마법적으로 빛나는 실버 자수로 장식되어 있습니다.
- 손에 들고 있는 피리는 우아한 디자인을 가지고 있고, 피리 소리가 숲 전체에 울려 퍼지고 있습

환경:
- 엘프 주변의 숲은 고요하고 신비로운 분위기를 자아냅니다. 빛나는 연두와 녹색 잎사귀가 나무에 뒤덮여 있고, 작은 꽃들이 지면을 덮고 있습니다.
- 나무들은 높게 솟아오르며, 그림의 위쪽에서 내려오는 황금빛 햇빛을 받아 빛나고 있습니다.
- 먼 거리에는 다른 엘프의 모습이 간간히 보이고, 그들도 피리 소리에 귀 기울이며 숲을 산책하고 있습니다.

빛과 그림자:
- 일몰로 인해 나무와 잎사귀 사이로 비치는 금빛 햇빛이 그림 전체에 따뜻한 빛을 더합니다.
- 엘프와 피리는 주변 환경과 대비를 이루며 뚜렷하게 표현됩니다.
- 그림자는 나무와 나뭇잎 사이로 흘러내려, 숲의 미스테리를 강조합니다.

이렇게 구체적으로 묘사된 장면을 그려보면, 피리 부는 엘프가 숲에서 마법적인 순간을 경험하는 모습을 아름답게 표현할 수 있을 것입니다. 행운을 빕니다!

이 정도면 이미지를 만들기에 충분하고도 남을 정도로 상세한 묘사네요.
예전 같으면 이 글과 부합하는 이미지 자료를 찾기 위해서 인터넷을 힌참 뒤졌겠지만 이젠 그런 필요가 없습니다. 이 내용을 그냥 프롬프트로 활용해도 될 것 같습니다.

여러 툴을 같이 써서 이미지 완성도 높이기

 아주 좋아. 작성된 내용을 잘 반영하지만, 이미지 생성툴에 알맞게끔 요약해서 영문 프롬프트로 작성해 줘.

 Certainly! Here's a concise English prompt suitable for use in an image generation tool:

Scene Description:
Create an enchanting fantasy illustration featuring an elf standing on a tall tree trunk in a mystical forest at sunset. The elf is elegantly dressed in a silver and green gown, with long flowing white hair that sways in the breeze. She plays a beautifully adorned silver flute, and the ethereal melody fills the entire forest. The forest is bathed in the warm golden light of the setting sun, with lush green leaves and tiny flowers covering the ground. The tall trees cast long, graceful shadows, and in the distance, other elves can be seen strolling through the enchanted woods, drawn by the captivating flute music.

위 과정을 거쳐서 아래 문장을 얻었습니다. 번역 내용도 봅시다.

Create an enchanting fantasy illustration featuring an elf standing on a tall tree trunk in a mystical forest at sunset. The elf is elegantly dressed in a silver and green gown, with long flowing white hair that sways in the breeze. She plays a beautifully adorned silver flute, and the ethereal melody fills the entire forest. The forest is bathed in the warm golden light of the setting sun, with lush green leaves and tiny flowers covering the ground. The tall trees cast long, graceful shadows, and in the distance, other elves can be seen strolling through the enchanted woods, drawn by the captivating flute music.

해 질 녘 신비로운 숲에 서 있는 엘프가 등장하는 매혹적인 판타지 일러스트레이션. 엘프는 은색과 초록색 드레스를 우아하게 입고 긴 흰 머리카락을 바람에 휘날리고 있다. 그녀는 아름답게 장식된 은색 플루트를 연주하고, 그 미묘한 선율이 숲 전체를 가득 채운다. 숲은 석양의 따뜻한 황금빛으로 물들어 있고 무성한 초록 잎과 작은 꽃들이 땅을 덮고 있다. 키 큰 나무들이 길고 우아한 그림자를 드리우고, 멀리서 들려오는 매혹적인 피리 연주에 이끌려 마법에 걸린 숲을 거니는 엘프의 모습이 보인다.

02. 스테이블 디퓨전으로 샘플 이미지 생성해보기

이제 이 문장을 그대로 활용해서 스테이블 디퓨전으로 이미지를 생성해 보겠습니다.

멋진 이미지 설정이지만 인물보다 숲이 너무 강조된 느낌입니다.
이미지의 포맷을 세로로 길게 바꾸고, 프롬프트도 좀 더 다듬어 보겠습니다.

긍정 프롬프트 프롬프트 파일제공

(oil painting in the Neo-classics style:1.3), (beautiful elf plays a silver flute:1.3), (elegantly dress in a silver and green gown:1.2), long flowing white hair, breeze, (she standing on a tall tree trunk in a mystical forest at sunset:1.3), The forest is bathed in the warm golden light of the setting sun, with lush green leaves and tiny flowers covering the ground. The tall trees cast long graceful shadows, colorful field of wildflowers, Hasselblad, (medium-shot:1.3), ultra detail, epic scale

부정 프롬프트 프롬프트 파일제공

bad body, bad hand, low quality, normal quality, cartoon, nude

필요 없는 문장들을 줄이고, 촬영한 카메라의 종류와 인물 사진에 알맞은 샷 종류 등을 넣어줬습니다.

다음은 그 결과물입니다.

상당히 괜찮은 이미지가 나왔습니다. 하지만 구도가 애매하고, 주인공 엘프가 화면에서 차지하는 비중도 너무 작습니다. 또 주변 숲에 여러 가지 색상의 꽃이 피어난 효과를 보여주고 싶습니다.

이 문제를 수정하기 위해서 다른 시안을 잡아보겠습니다.

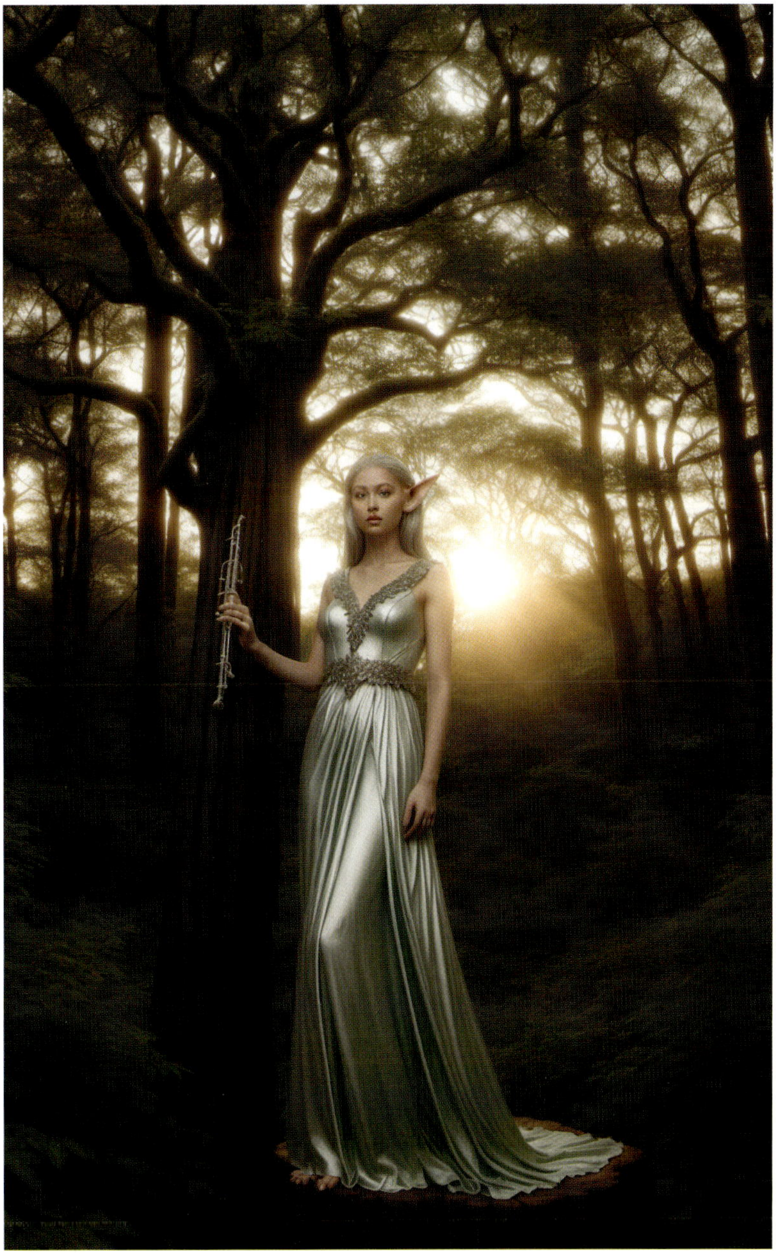

아래와 같은 결과들이 나왔습니다.

그냥 한숨이 나오네요.

여기서 realisticVisonV51 체크포인트 모델의 단점이 드러납니다. 조금만 구성 요소들이 많아지거나, 내용이 복잡해지면 구도가 멋지게 나오지 않습니다. 이는 이 체크포인트 모델이 사진을 기반으로 학습한 영향이 큰 것 같습니다. 아무래도 사진에 기반한 이미지 데이터 셋이기 때문에 사람이 그린 듯한 구도를 만드는 데에는 다소 부족한 느낌입니다. 이 상태에서는 수백 장을 생성해도 마음에 드는 이미지가 나오기 힘듭니다.

물론, 프롬프트를 최적화하고 수많은 시안을 잡아서 이 문제를 해결할 수도 있겠지만, 좀 더 단순한 해결 방법은 바로 적합한 체크포인트 모델로 바꾸는 것입니다.

지금까지 애용해 왔던 realisticVisonV51은 사진 같은 정교한 이미지를 만드는 데 큰 장점을 가지고 있지만, 판타지 일러스트나 상상 속의 존재 등을 표현할 때는 다소 어울리지 않는 구도를 만드는 경향이 있습니다.

03. 체크포인트 모델 바꿔서 샘플 이미지 생성하기

이러한 스타일류의 일러스트에 최적화되어 있고 캐릭터를 큼직하게 표현해 주는 blueboys2D_v30 모델을 활용하겠습니다.

아래 링크에서 체크포인트 모델을 다운받아서 해당 체크포인트 모델 폴더에 저장해줍니다.

 https://civitai.com/models/22441/blueboys2d

SD-webUI ▸ stable-diffusion-webui ▸ models ▸ Stable-diffusion

아래는 blueboys2D_v30 모델로 생성한 이미지들입니다.
보시다시피 평균적으로 훨씬 판타지일러스트에 보다 적합한 구도의 이미지를 만들어 줍니다.
저는 이 이미지 중에서 하나를 선택했습니다.

04. 포토샵에서 수정해서 가이드 이미지 완성하기

이미지를 자세히 보면 손가락 표현, 피리 표현 등에 문제가 많습니다. 이것마저 완벽하게 표현하려면 이미지를 얼마나 더 생성해야 할지 모르겠습니다.

앞서 제가 말씀드렸던 제 1번 원칙을 다시 상기해 봅니다.

- 이미지생성 AI 툴로 완벽한 이미지 생성을 목표로 하지 않는다.

저는 이미지를 더 생성하는 대신 이미지를 바로 포토샵으로 보내서 수정하는 길을 선택하겠습니다.

이처럼 수정하였습니다.
캐릭터를 더 키우고 손가락을 수정하고, 아래쪽에 길게 늘어져 있던 이상한 파이프를 삭제하였습니다.

그런데 이 이미지는 만화나 애니메이션 스타일에 가깝기 때문에 포토리얼한 일러스트와는 동떨어진 게 아닌지 의문을 품는 분도 많을 겁니다.

사실 이 이미지는 최종 결과물을 만들기 위한 가이드 이미지입니다. 여기서는 가이드 이미지를 컨트롤넷(ControlNet)과 함께 활용하여 최종적 이미지를 얻는 것이 이번 과정의 목표입니다.

05. ControlNet에 넣어 시안 생성하기

앞의 가이드 이미지를 다시 컨트롤넷(ControlNet)의 이미지 입력창에 넣고 Depth 타입을 선택합니다. 또한 체크포인트 모델을 realisticVisonV51로 선택합니다.

아래 이미지의 설정을 참고해 주세요.

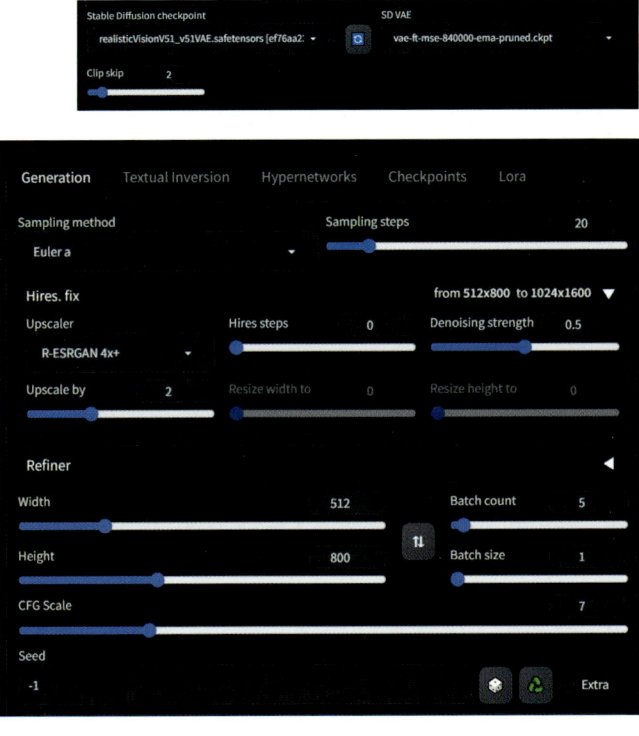
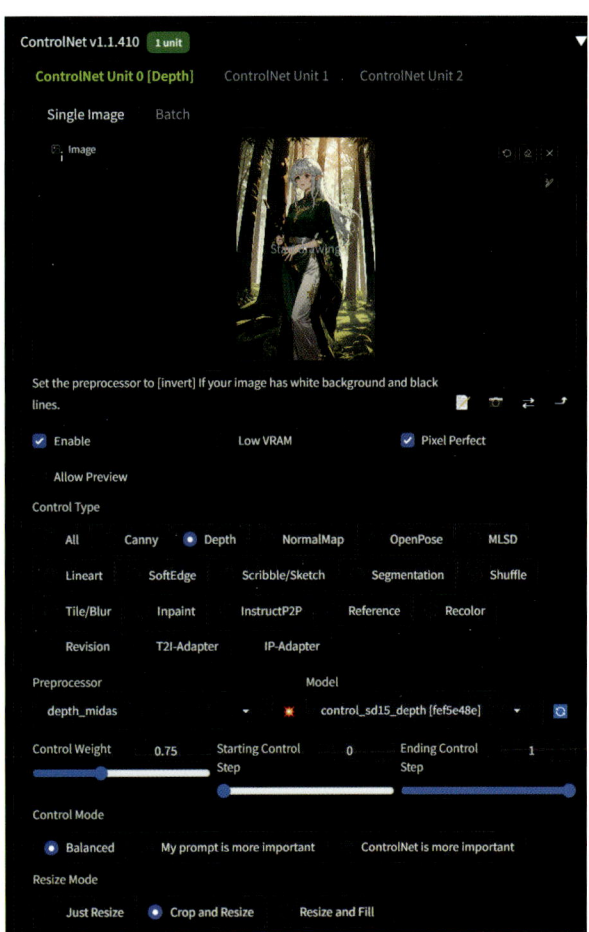

이와 같이 설정했다면 생성 버튼을 눌러 업스케일링된 시안 이미지 5개를 생성합니다.
(시안 작업이 아니라, 컨트롤넷으로 구도와 캐릭터의 포즈를 고정했기 때문에 업스케일링된 이미지를 바로 생성해도 상관없습니다. Seed 값도 고정할 필요가 없습니다. 오히려 -1로 설정해서 같은 포즈 및 구도의 다양한 이미지를 얻는 것을 권장합니다.)

위와 같이 같은 포즈의 다양한 이미지를 여럿 확보했습니다. 이제 위 이미지 중에서 제일 괜찮은 이미지를 바탕으로 삼고 나머지 이미지 중에 괜찮은 요소를 가진 이미지들을 선별하여 부분 수정을 해줍니다.

06. 포토샵에서 합성하여 최종 이미지 만들기

생성된 시안 중에서 다음의 세 가지 이미지를 선택하여 첫 번째 이미지를 전체적인 바탕으로, 두 번째 이미지의 얼굴 부분, 세 번째 이미지의 옷 장식을 사용해 주기로 했습니다. 포즈와 구도가 동일하기 때문에 필요한 부분만 남기고 지워주는 방식으로 매트페인팅 했습니다.

포토샵에 3가지 이미지를 불러와 레이어 마스크를 활용하여, 필요 없는 부분은 지우고 필요한 부분만 남기는 식으로 합성해 줍니다.

손 부분을 더 고친 결과물입니다. 같은 방식으로 바닥에 꽃도 추가해 줬습니다.

마지막으로 색 보정을 더 해주고 얼굴을 약간 더 수정하여 다음과 같이 만들어 줬습니다.

이번 과정을 정리해 보겠습니다.

> **정리**
>
> 1. Chat GPT를 활용해 이미지의 아이디어를 얻기
> 2. Chat GPT를 활용해 문장을 요약하여 프롬프트 얻기
> 3. 프롬프트 수정하고 알맞은 체크포인트 모델을 활용하여 가이드 이미지 만들기
> 4. ControlNet과 원하는 그림풍의 체크포인트를 활용하여 가이드 이미지를 활용하여 원하는 이미지 만들기

LoRA를 활용하여
성형 미인 만들기

스테이블 디퓨전에는 성형 시술처럼 얼굴을 변경해줄 수 있습니다. LoRA라는 모델을 활용하면 됩니다.

LoRA는 Checkpoint 모델처럼 스테이블 디퓨전용 이미지 모델입니다. Checkpoint 모델에 비하면 1/10 정도의 작은 용량을 가졌으며, 모든 것을 잘 표현하는 것보다는 특정 영역을 잘 표현하도록 학습된 모델입니다. 예를 들어 캐릭터의 얼굴을 집중적으로 학습시켜 k-pop 아이돌의 얼굴처럼 표현해 주는 것도 가능합니다.

01. LoRA 다운받기

우선 LoRA 모델을 다운받아 보겠습니다.
다시 한번 Civiai에 접속한 후 우측 상단에 박스 안을 클릭해 봅니다.

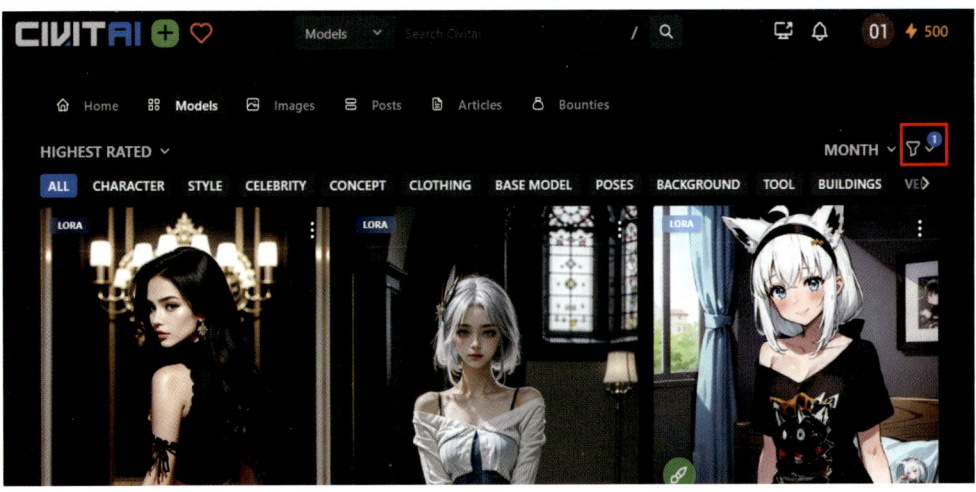

클릭하면 검색 필터 리스트가 나오는데 여기서 LoRA를 체크해 줍니다.

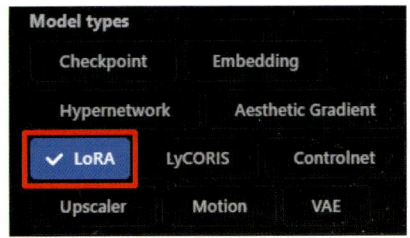

필터링 결과 LoRA 모델의 목록만 나옵니다. 이 상태에서 여러 가지 LoRA를 구경할 수 있습니다. 하지만 목록이 너무 길기 때문에 검색해서 찾아보겠습니다.

1번 모델 검색란에 Korea를 치면 아래쪽에 KoreanDollLikeness_v10 모델이 뜹니다. 2번을 눌러 해당 페이지로 갑니다.

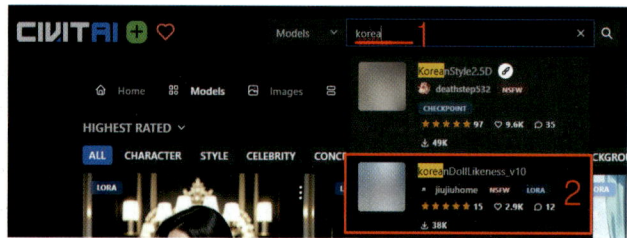

KoreanDollLikness_v10 페이지에서 파일을 다운로드 받아 줍니다.

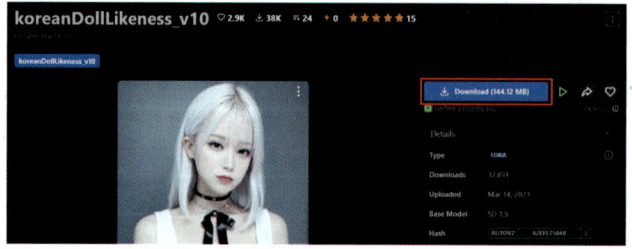

Stable-diffusion-webui/models/Lora 폴더 안에 다운 받은 Lora파일을 저장해 놓습니다.

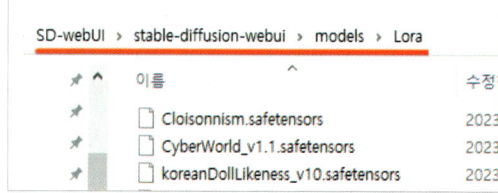

같은 방식으로 cyber world도 다운받습니다.

nijiarmor LORA 모델도 다운받습니다.
두 파일도 마찬가지로 models/Lora 안에 저장해 둡니다.

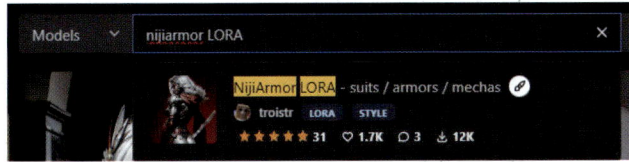

02. LoRA를 적용하여 얼굴을 변경해 주기

이제 다시 위 이미지의 프롬프트를 가져와야 합니다. 아까 생성했던 이미지를 긍정프롬프트 입력창에 드래그합니다.

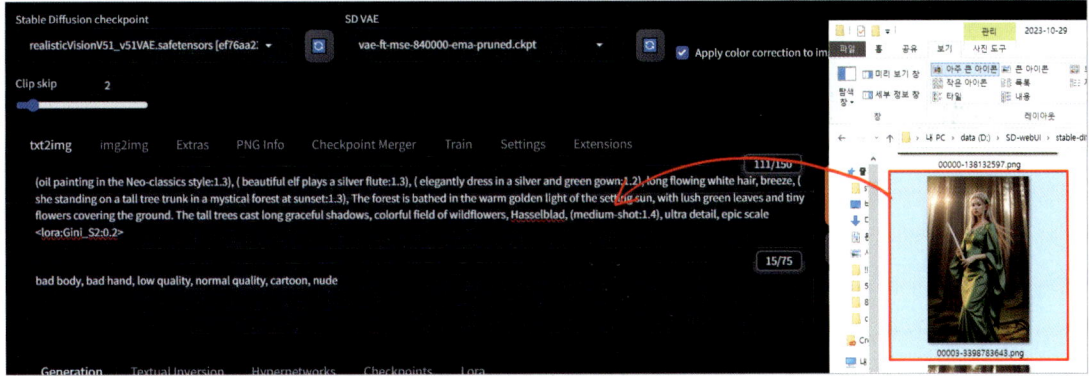

이전과 마찬가지로 세트 버튼을 눌러주면 그림의 설정이 자동으로 세팅됩니다.

설정을 다음과 같이 합니다.

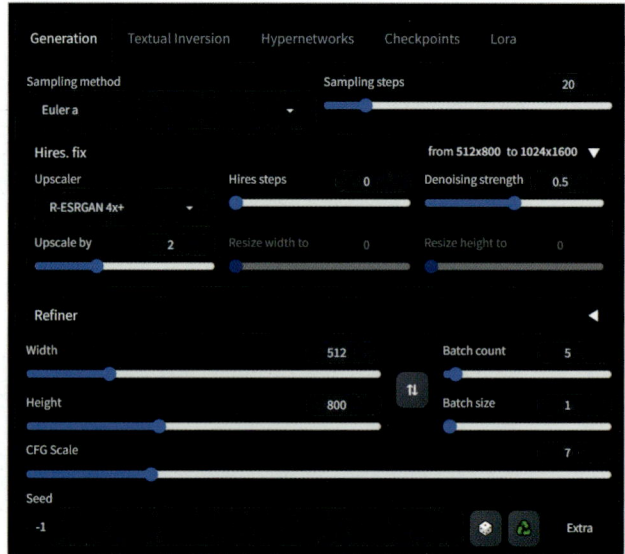

컨트롤넷에는 아까 최종적으로 만들었던 일러스트를 512×800 사이즈로 넣고, Control Type은 Depth로 설정합니다.

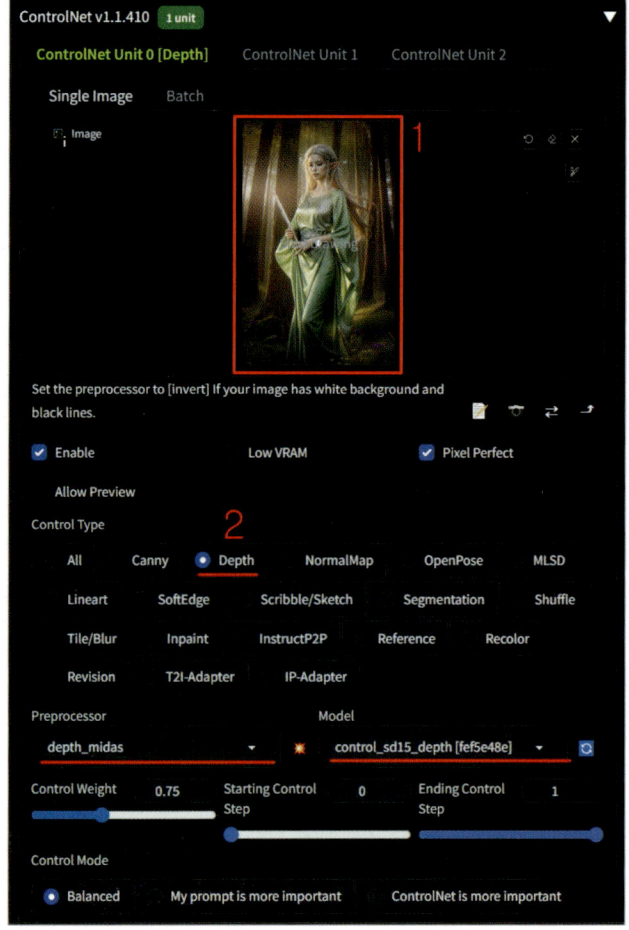

5 여러 툴을 같이 써서 이미지 완성도 높이기

이제 LoRA를 설정하겠습니다.

긍정 프롬프트를 클릭해 놓은 상태에서 아래쪽 Lora 버튼을 클릭합니다.

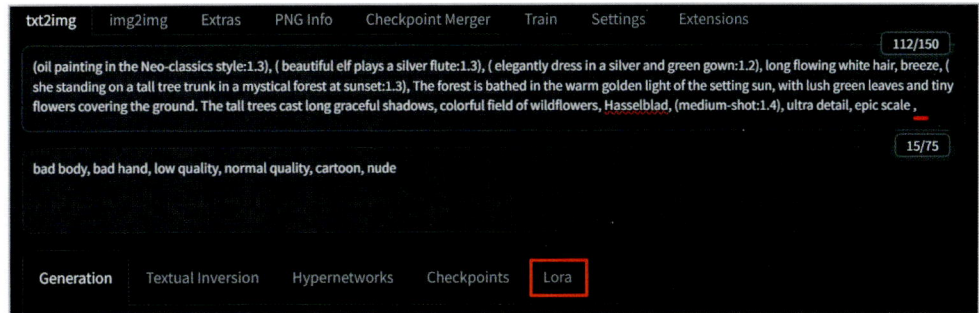

1번 로라를 눌렀으면 위처럼 LoRA들을 선택할 수 있는 페이지가 뜹니다. 2번 Refresh 버튼을 한 번 눌러서 혹시나 로딩이 안 된 LoRA 파일을 불러오고, KoreanDolllikeness를 눌러서 선택합니다. KoreanDolllikeness는 캐릭터의 얼굴을 K-pop 스타처럼 변경해 주는 LoRA입니다.

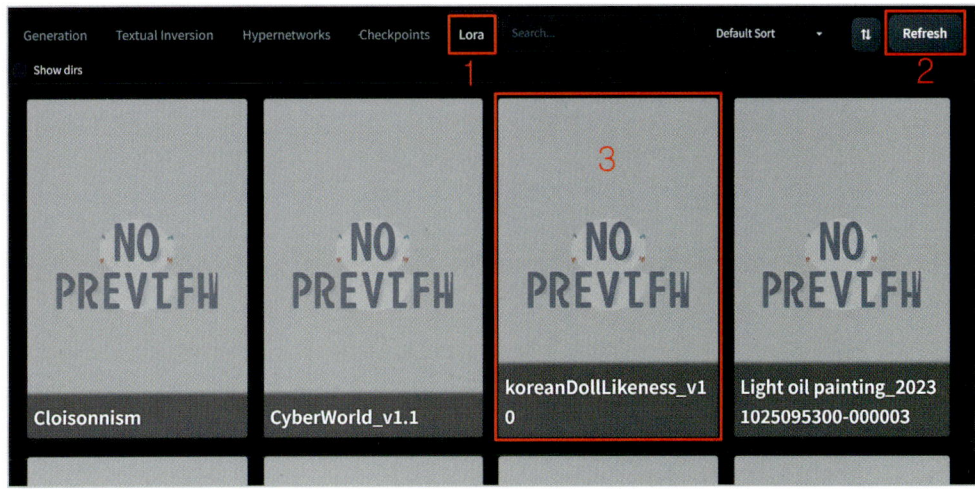

제대로 선택했다면 긍정프롬프트에 〈lora:Gini_S2:1〉 문장이 추가됩니다.

〈lora:Gini_S2:0.2〉로 고쳐 이미지 가중치를 0.2 정도로 수정해 줬습니다.

이제 컨트롤넷과 LoRA 설정이 끝났으니, 이미지를 생성해 보겠습니다.

프롬프트의 변경이 전혀 없었는데도, 확실히 얼굴이 변형된 것을 알 수가 있습니다. 기왕이면 얼굴도 고친 김에 신체도 변경해 보겠습니다.

03. LoRA를 적용하여 신체 개조하기

이번에는 체크포인트 모델을 henmixReal_v40을 선택해 줍니다(없다면 Civitai에서 검색 후 다운받으세요.).

긍정 프롬프트도 수정하겠습니다. 신체 개조를 위해 사이보그와 금속 갑주 등을 추가해 줬습니다.

(RAW Photo:1.2), (beautiful elf:1.3), (long flowing white hair:1.1), (highly decorative ornate metal armor:1.2), (Cyborg:1.2), (greeble:1.4), Cloak, (The forest is bathed in the warm golden light of the setting sun:1.3), (The tall trees cast long graceful shadows:1.1), (colorful field of wildflowers:1.2), Hasselblad, ultra detail, (medium-shot:1.3)

이렇게 입력하고 LoRA 선택창에서 다운받았던 세 가지 LoRA(CyberWorld, koreanDollLikeness, nijiarmor)를 각각 선택해 줍니다. CyberWorld, nijiarmor는 메카닉 표현을 도와주는 로라입니다.

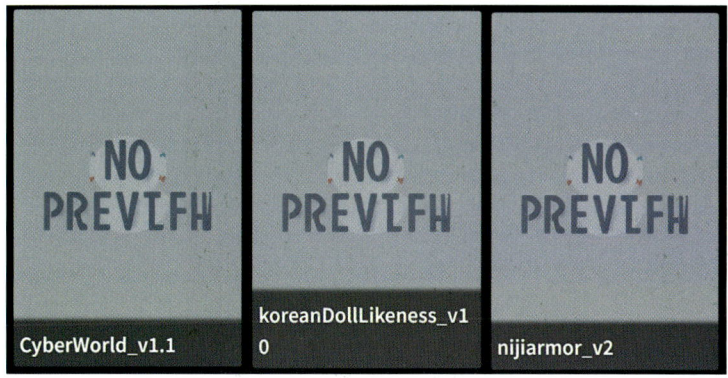

아까 다운받았던 세 가지 LoRA를 각각 선택해 줍니다.
나머지 세팅과 컨트롤넷 설정은 앞의 이미지와 똑같이 해줍니다.

(RAW Photo:1.2), (beautiful elf:1.3), (long flowing white hair:1.1), (highly decorative ornate metal armor:1.2), (Cyborg:1.2), (greeble:1.4), Cloak, (The forest is bathed in the warm golden light of the setting sun:1.3), (The tall trees cast long graceful shadows:1.1), (colorful field of wildflowers:1.2), Hasselblad, ultra detail, (medium-shot:1.3), <lora:CyberWorld_v1.1:0.2>, <lora:nijiarmor_anime_v2:0.3>, <lora:Gini_S2:0.5>

이제 생성해 보겠습니다.

지나치게 많이 고친 것 같지만 그래도 아름다운 여성 캐릭터로 변경되었습니다.

이처럼 LoRA를 잘 활용하면 기본 체크포인트 모델만으로 표현이 어렵던 부분들을 잘 보완해 줄 뿐 아니라 물감도 섞어서 사용하듯이 여러 가지 LoRA를 함께 써서 복합적인 효과를 얻을 수 있습니다. 위 이미지는 외모를 K-pop 아이돌 스타일로 바꿔주고, 신체의 기계적인 디테일을 올려주는데 CyberWorld와 nijiarmor LoRA를 활용하였습니다.

이 책에서는 다루지 않지만, LoRA를 개인이 직접 제작해서 활용하는 것도 가능합니다. 현시점에서는 AI 생성 이미지에 개인의 개성을 표현할 수 있는 가장 좋은 방법이 개인이 각자 만들어낸 전용 LoRA라고 생각합니다.

Bing, 스테이블 디퓨전, 포토샵을 활용하여 이미지 완성하기

가이드 이미지를 얻는 방식은 여러 가지가 있습니다.
이번엔 Bing image creator를 가지고 가이드 이미지를 얻어 보겠습니다.

01. Bing Image Creator로 이미지 만들기

다음은 Chat GPT를 활용해서 작성된 바로크풍 성 앞에 서있는 마법사에 대한 상세한 프롬프트를 제가 약간 고친 것입니다. 번역된 내용도 참고해 보세요.

> RAW Photo of a mage, adorned in an ornate, deep blue robe with silver filigree, standing before a grand tower embellished in Baroque style. The mage wields a staff adorned with glowing, mystical symbols and crystals, casting a powerful spell that radiates with a shimmering energy. Their white hair flows over their shoulders, and their determined, wise eyes meet the viewer. The tower's majestic spires and balconies serve as a backdrop, and moonlight bathes the scene in an enchanting glow, evoking an atmosphere of mystique and grandeur

> 바로크 양식으로 장식된 웅장한 탑 앞에 서 있는, 은빛으로 장식된 화려하고 짙은 파란색의 예복을 입은 마법사의 사진입니다. 마법사는 신비로움을 상징하는 수정 지팡이를 휘두르며 반짝이는 에너지를 발산하는 강력한 주문을 시전하고 있습니다. 어깨 너머로 흰 머리카락이 흘러내리고 결연하고 지혜로운 눈빛으로 시선을 처리합니다. 타워의 웅장한 첨탑과 발코니가 배경이 되고 달빛이 매혹적인 빛으로 장면을 비추어 신비롭고 웅장한 분위기를 보여줍니다.

위 프롬프트를 활용, Bing image creator로 이미지를 만들어 다음과 같은 4장의 이미지를 얻었습니다.

큰 이미지로 다시 보니 상당히 멋지네요.
복장의 화려함도 잘 어울리고, 적절한 이펙트, 특히 배경 묘사가 정말 일품입니다.

이처럼 멋진 소스이지만 Bing image creator에도 약점은 있습니다.
우선 정사각형 이미지만 만들 수 있다는 점과 해상도가 1024×1024로 고정되어 있다는 점입니다. 이 한계를 벗어나려면 스테이블 디퓨전과 포토샵이 필요합니다.

여기서는 생성된 이미지 중에서 세 번째 수염남의 이미지를 활용해서 진행해 보겠습니다.

02. 포토샵의 생성형 확장 기능으로 세로로 긴 이미지 만들기

우선 이미지를 포토샵으로 불러옵니다. 단축키 C를 눌러 자르기 도구를 불러옵니다.

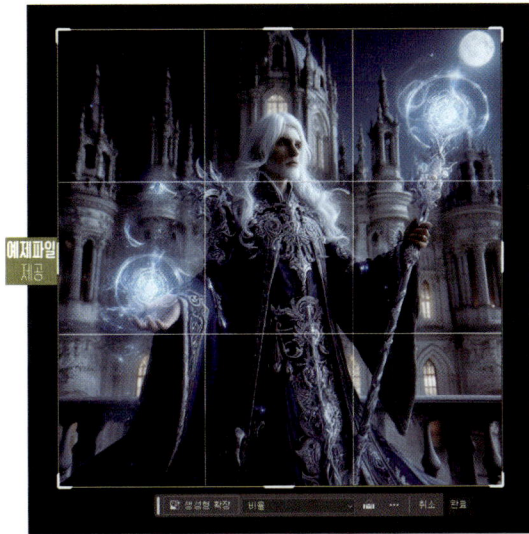

이미지를 아래로 길게 확장하고, 하단 팝업창에 있는 "생성형 확장" 버튼을 눌러줍니다.

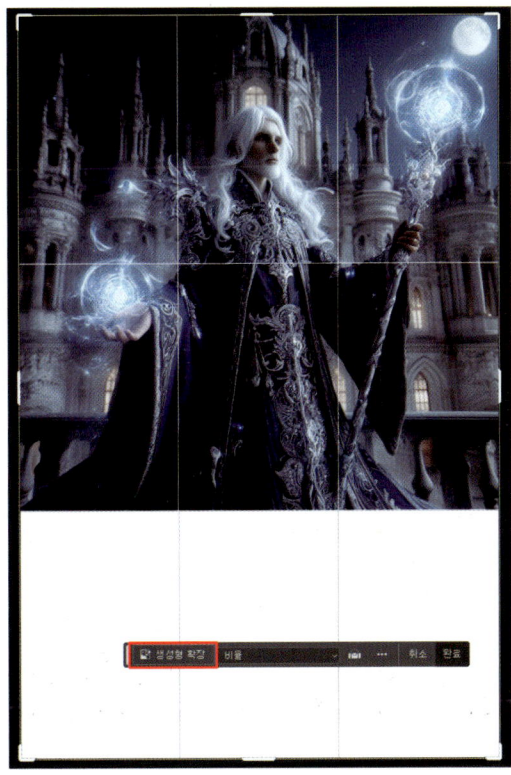

프롬프트 입력 창이 나오는데 아무 글도 적지 말고 그냥 생성 버튼을 눌러줍니다.

보시다시피 아무 프롬프트를 적지 않았음에도 포토샵에서 알아서 이미지를 적절하게 확장해 줍니다.

속성 창에는 확장된 이미지의 시안이 3개 있습니다.

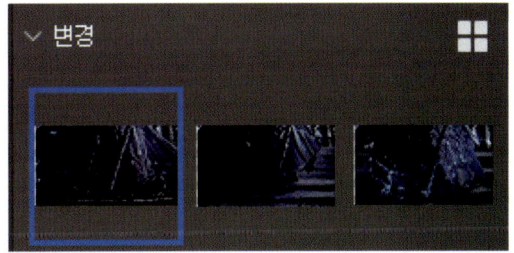

속성창 안의 각 시안을 선택했을 때 이미지가 변경되는 모습입니다.

첫 번째를 선택해서 이미지를 만들었습니다.

보시다시피 기존 이미지를 자연스럽게 확장해 주는 'outpainting' 기능은 현재로서는 포토샵이 가장 탁월합니다.

미드저니에도 Pan 기능이 있고, 스테이블 디퓨전에도 유사한 기능이 있지만, 현재로는 포토샵이 가장 사용하기도 편하고 성능도 좋은 것 같습니다.

이 책에서는 앞으로 이처럼 이미지를 확장할 때는 포토샵의 [생성형 채우기] 기능을 활용하도록 하겠습니다.

03. Upscayl로 고해상도 이미지 만들기

이제 해상도 문제를 해결하도록 하겠습니다.
스테이블 디퓨전에도 업스케일러가 있지만 앞서 소개해 드렸던 Upscayl를 활용해 보겠습니다.
성능이 좋고 사용이 간편하기 때문입니다. (더 좋은 업스케일러 툴이 있다면 그것을 사용해도 됩니다)

앞서 설명했지만 한 번 더 사용법을 말씀드리겠습니다.
이미지를 드래그합니다. 혹은 "Step 1 SELECT IMAGE"를 눌러서 이미지를 넣어 줍니다.

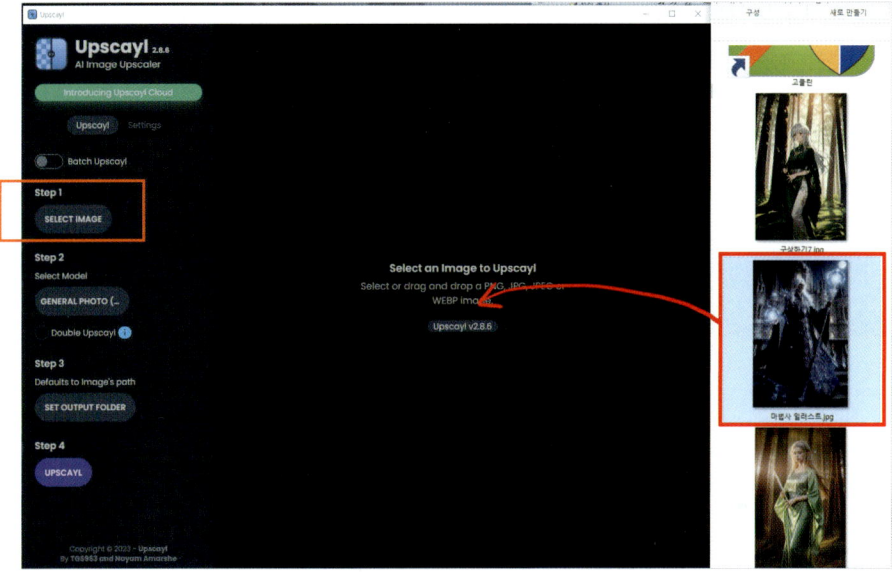

"Step 3 GENERAL PHOTO"를 눌러서 고해상도로 업스케일링 한 이미지를 내보낼 폴더를 지정합니다.

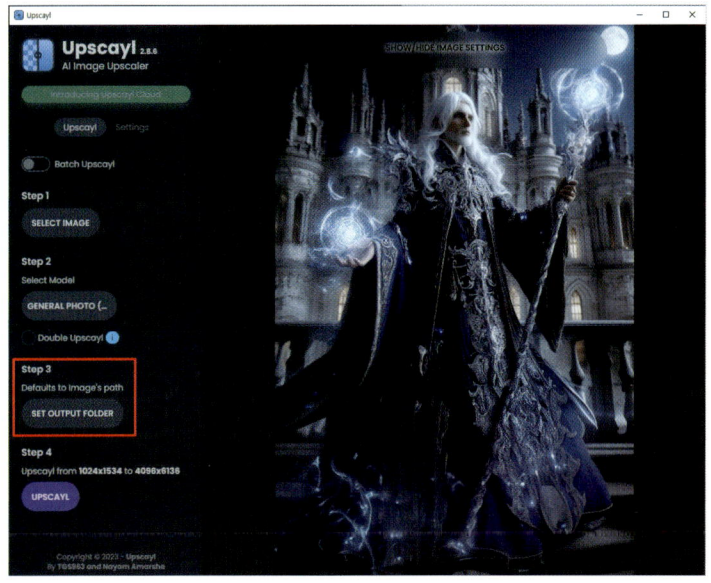

이제 Step4를 누르면 손쉽게 4배의 고해상도 이미지를 얻을 수 있습니다.

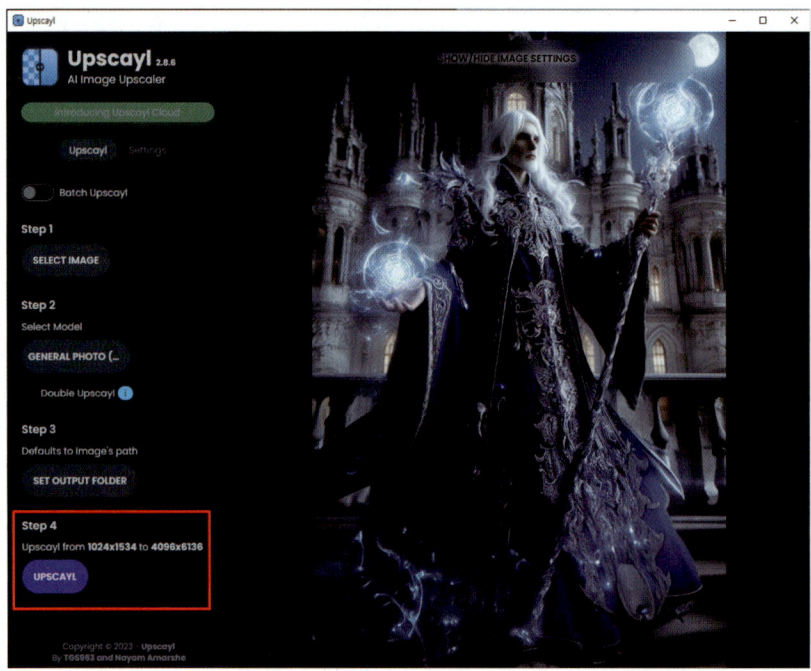

33% 확대 이미지입니다. 보시다시피 이미지의 해상도와 품질이 훨씬 좋아졌습니다.

04. 스테이블 디퓨전 img2img로 디테일 올리기

앞서 업스케일링을 한 이미지를 100% 해상도로 보겠습니다.

해상도는 업그레이드가 됐지만, 얼굴의 생김새까지 업그레이드되지는 않았습니다. 오히려 이미지의 사이즈가 4배로 커지면서 작게 봤을 때는 보이지 않던 어설품도 4배가 되었습니다.

이럴 때 스테이블 디퓨전의 img2img 기능을 활용하면 디테일을 보정할 수가 있습니다. 그러나 이 이미지를 스테이블 디퓨전에서 통째로 수정하기에는 해상도가 너무 큽니다(4096×6136).

이 문제를 가장 쉽게 해결하는 방법은 고성능의 컴퓨터와 'RTX 4090'처럼 VRAM램이 넉넉한 고가의 그래픽 카드를 구입하면 됩니다. 하지만, 이 책을 보시는 분들은 대부분은 엄청난 고사양의 컴퓨터를 보유하고 있지 않을 것입니다. 저만해도 RTX 2060으로 모든 작업을 해 왔고, 일반적인 회사 컴퓨터에 달린 그래픽 카드의 사양도 RTX 3060 정도입니다.

그래서 저는 무작정 사양 높은 컴퓨터로 작업하기보다는 다른 방식을 제시하려고 합니다.
이미지의 특정 부분을 적당한 사이즈로 포토샵에서 잘라서 스테이블 디퓨전에서 디테일을 높이는 방식입니다. 약간 번거롭기는 하지만, 이 방식을 쓰면 저처럼 RTX 2060으로 작업하시는 분도 충분히 고해상도의 이미지를 만들 수가 있습니다.

우선 이미지를 포토샵으로 불러옵니다.

이렇게 불러온 이미지를 놔두고 Ctrl+N을 눌러 새로운 이미지를 만듭니다.

디테일을 높이고 싶은 부분을 1200×1200의 프레임 안에 위치시킵니다.

새 이미지 해상도를 1200×1200로 해줍니다(꼭 정해진 사이즈는 아닙니다. 본인의 사양과 그래픽 카드의 성능에 맞추어서 정하셔도 됩니다).

1200×1200사이즈의 이미지를 jpg로 내보냅니다.

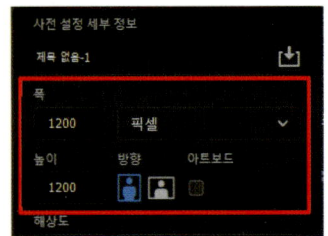

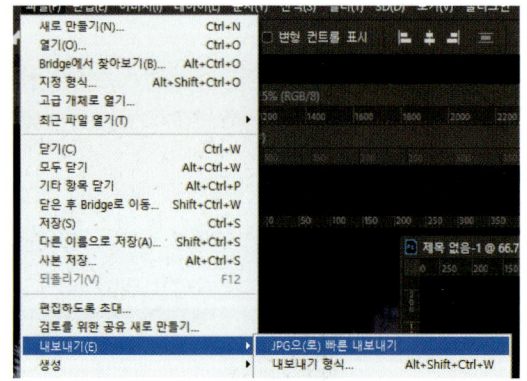

업스케일링 된 고해상도의 이미지를 1200×1200 사이즈의 새 창에 넣어줍니다.

여러 툴을 같이 써서 이미지 완성도 높이기 **5**

이제 스테이블 디퓨전을 다시 켭니다.

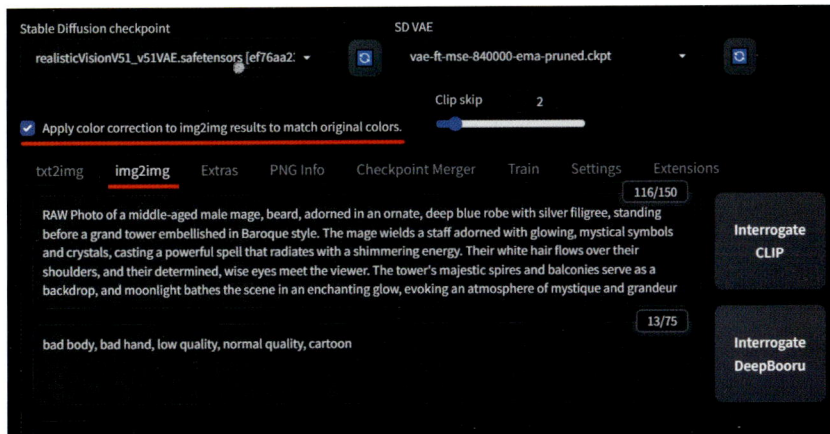

스테이블 디퓨전을 제대로 설정하셨다면 밑줄친 Apply color correction to img2img results to match original colors 를 꼭 체크해 주시기 바랍니다. 그래야 원본 이미지와 생성된 이미지의 색상이 달라지는 것을 방지할 수 있습니다.

Bing image creator에 넣었던 프롬프트를 그대로 활용하여 스테이블 디퓨전 img2img 모드의 프롬프트 입력창에 넣어 줍니다.

RAW Photo of **a middle-aged male mage**, **beard**, adorned in an ornate, deep blue robe with silver filigree, standing before a grand tower embellished in Baroque style. The mage wields a staff adorned with glowing, mystical symbols and crystals, casting a powerful spell that radiates with a shimmering energy. Their white hair flows over their shoulders, and their determined, wise eyes meet the viewer. The tower's majestic spires and balconies serve as a backdrop, and moonlight bathes the scene in an enchanting glow, evoking an atmosphere of mystique and grandeur

"a middle-aged male mage, beard"를 추가해서 중년 남성을 좀 더 강조해 주고, 수염 단어를 추가해 주었습니다.

부정 프롬프트는 기본적인 것만 넣어줬습니다.

bad body, bad hand, low quality, normal quality, cartoon,

이미지 입력란에 아까 만든 1200×1200 크기의 이미지를 넣어 주고, 삼각자 모양의 아이콘을 클릭하여 생성될 이미지 사이즈를 1200×1200으로 만들어 줍니다. 이후 나머지 설정도 참고하고, Denoising strength를 0.35 정도로 세팅합니다.

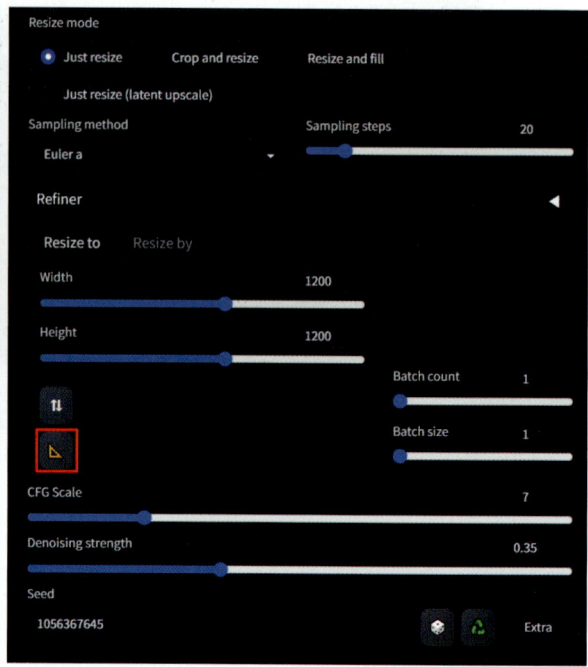

컨트롤넷 설정을 참고한 후, 생성 버튼을 눌러 보겠습니다.

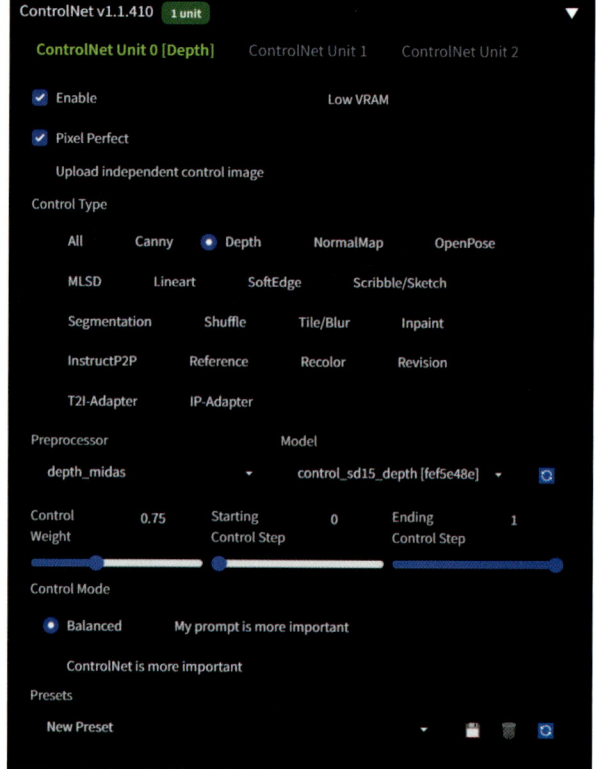

생성된 결과물입니다.

원본

img2img + ControlNet

플레이스테이션2 게임의 그래픽과 플레이스테이션5 게임의 그래픽을 비교하는 것 같습니다. 스테이블 디퓨전의 img2img는 원본 이미지의 디테일이 높을수록 더 좋은 퀄리티를 보여주는 경향이 있습니다.

이제 이렇게 나온 결과물을 마우스 오른 버튼을 눌러서 복사합니다.

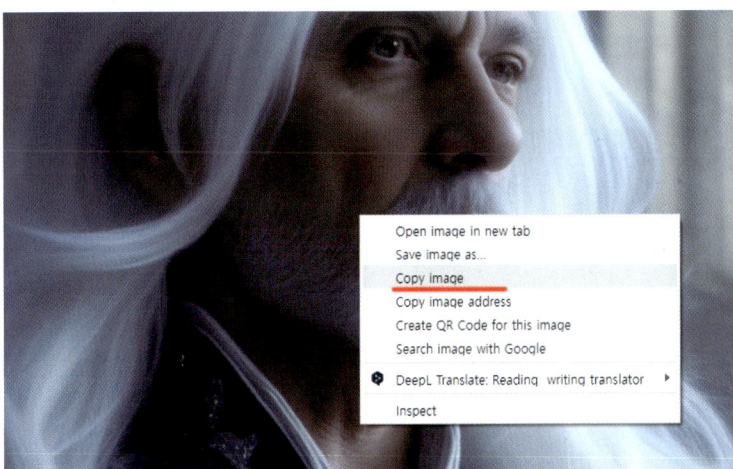

업스케일링 해 놨던 포토샵의 원본 이미지 위치에 붙여 넣기를 합니다.

붙여넣기 한 이미지의 레이어에 레이어 마스크를 만들고 필요 없는 부분을 에어브러쉬로 자연스럽게 지워줍니다.

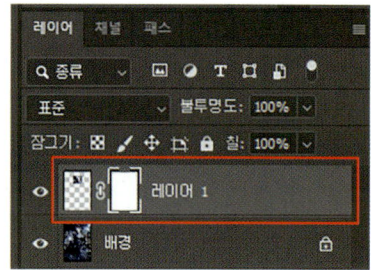

이렇게 자연스럽게 합성이 되었습니다. 같은 요령으로 이 이미지의 중요 포인트 들의 디테일을 올려 줍니다.

화면의 모든 곳의 디테일을 올리지 않아도 상관없습니다.
아래 이미지에서 붉게 표시된 영역 정도가 가장 중요한 포인트들입니다. 이 영역을 벗어나는 곳은 지나치게 디테일을 올리면 오히려 이미지의 주제가 죽게 됩니다. 앞의 과정을 반복하여, 이미지의 포인트 부분의 디테일을 올려줍니다.

05. 포토샵에서 수정 및 보정하여 완성하기

이제부터는 AI만으로는 해결되지 않습니다. 포토샵에서 브러쉬를 이용하여 왼쪽의 이미지를 오른쪽 이미지로 변경해 주었습니다. 주로 로브의 아래쪽의 실루엣을 다듬어 줬습니다. 시선의 중심이 되는 부분은 아니기 때문에 흐름 위주로만 다듬고 디테일을 더 높이지는 않았습니다.

포토샵에서 보정하고 색 보정 및 비네팅을 해서 이렇게 마무리했습니다.

미드저니, 스테이블 디퓨전, 포토샵으로 유화풍 캐릭터 이미지 만들기

이번에는 미드저니로 유화 느낌의 컨셉아트를 만드는 과정을 연습해 보겠습니다.
지금까지의 과정과 유사하지만, 미드저니는 Pan 기능 등을 활용하여 자체 편집이 가능한 툴이기 때문에 고품질의 배경이 더욱 돋보이는 이미지를 만들기에 용이합니다.

01. 미드저니 niji 모드로 가이드 이미지 만들기

이번에는 바이킹 전사를 표현해 보겠습니다.

 full body shot, Nordic Viking warrior with a battle axe, The warrior should have long blond hair, large muscular body, wear leather and metal armor with Nordic designs, and possess a rugged appearance. Northern Europe's Wild Mountain Background, ultra detail, wide angle, --niji 5 --s 250 --ar 9:16

미드저니는 포토리얼한 이미지를 만드는데 뛰어난 툴이기는 하지만 지금은 가이드 이미지를 만드는 것이 목표이기 때문에 niji 모드를 활용했습니다.

옆의 이미지는 1차로 만든 것입니다.
niji 모드는 만화나 애니풍에 특화된 생성엔진답게 기본 모드에 비해서 훨씬 과장된 형태의 이미지를 만들어 주기 때문에 게임 캐릭터를 디자인할 때 대단히 유용합니다.

미드저니의 Pan 기능을 활용하여 이미지를 좀 더 확장해주었습니다.

02. 포토샵에서 구도와 보정하기

포토샵으로 불러와서 생성형 확장 기능으로 구도를 다듬어 주겠습니다.
C를 눌러 크롭 기능을 활성화한 다음, 캐릭터가 바라보는 방향으로 이미지를 가로로 더 확장합니다.

[생성형 채우기] 버튼을 클릭하고 생성 버튼을 눌러줍니다.

같은 과정을 거쳐서 위쪽으로도 이미지를 확장해 주고, 아래쪽은 약간 잘라내서 안정적인 구도를 만들어 줬습니다. 위 이미지를 잘 살펴보면 바이킹이 들고 있는 창을 포함해서 몇 군데 어색한 부분들이 보입니다. 이런 부분들은 포토샵에서 수정하겠습니다.

포토샵에서 어색한 부분들을 수정해 줬습니다. 사실 지금 상태로도 훌륭한 일러스트인 것 같습니다. 하지만 이 책에서는 최대한 디테일을 살리는 일러스트과정을 소개할 목적이기 때문에 저 이미지에서 더 디테일 업을 해주겠습니다.

03. 이미지 크기 조절 및 img2img에서 디테일 올리기

이미지 크기를 조정해서 높이를 1024로 맞춰줍니다.

제 경우 이미지 크기가 1497×1024입니다. 사이즈를 조절한 이미지를 jpg로 내보냅니다.

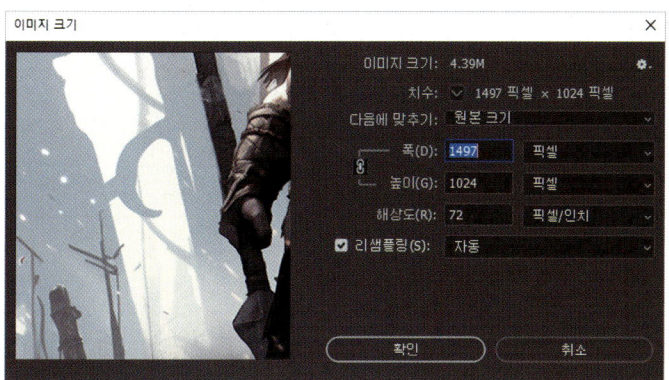

이제 img2img로 가서 미드저니에서 작성했던 프롬프트를 아래와 같이 수정해서 붙여넣기 했습니다.

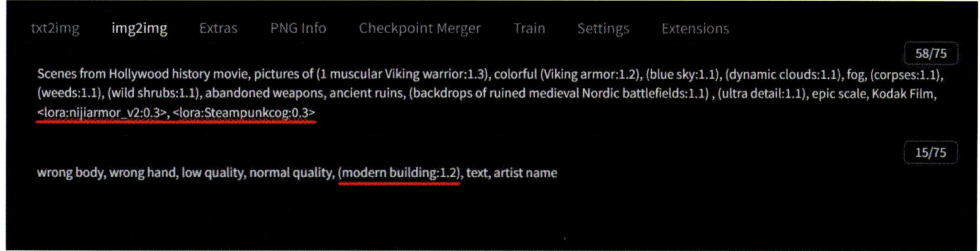

긍정 프롬프트

Scenes from Hollywood history movie, pictures of (1 muscular Viking warrior:1.3), colorful (Viking armor:1.2), (blue sky:1.1), (dynamic clouds:1.1), fog, (corpses:1.1), (weeds:1.1), (wild shrubs:1.1), abandoned weapons, ancient ruins, (backdrops of ruined medieval Nordic battlefields:1.1), (ultra detail:1.1), epic scale, Kodak Film, <lora:nijiarmor_v2:0.3>, <lora:Steampunkcog:0.3>

부정 프롬프트

wrong body, wrong hand, low quality, normal quality, (modern building:1.2), text, artist name

앞서 미드저니 프롬프트에서 배경 묘사가 부족했기 때문에 스테이블 디퓨전에서는 배경이 잘 나오지 않아서 (blue sky:1.1), (dynamic clouds:1.1), fog, (corpses:1.1), (weeds:1.1), (wild shrubs:1.1), abandoned weapons, ancient ruins, (backdrops of ruined medieval Nordic battlefields:1.1) 등의 배경을 묘사하는 프롬프트를 대폭 추가해 주었습니다.

또, 앞서 실험의 결과에 맞춰 각 단어나 문장의 가중치를 조정해 주었습니다(실제로는 이 실험에 들어가는 시간이 상당히 소요됩니다.). 또한 현대 건물이 생성되는 것을 막기 위해 부정 프롬프트에 modern building을 넣어줬습니다.

마지막으로 기본 체크포인트 모델로는 이미지 디테일의 한계가 있어 퀄리티를 더 높여주기 위해서 LoRA를 적용해 주었습니다.
(NijiArmor LORA, Steampunkcog LoRa를 Civitai에서 검색 후 다운받으세요.).

아까 내보낸 1497×1024사이즈의 이미지를 img2img의 이미지 입력창에 넣어줍니다.

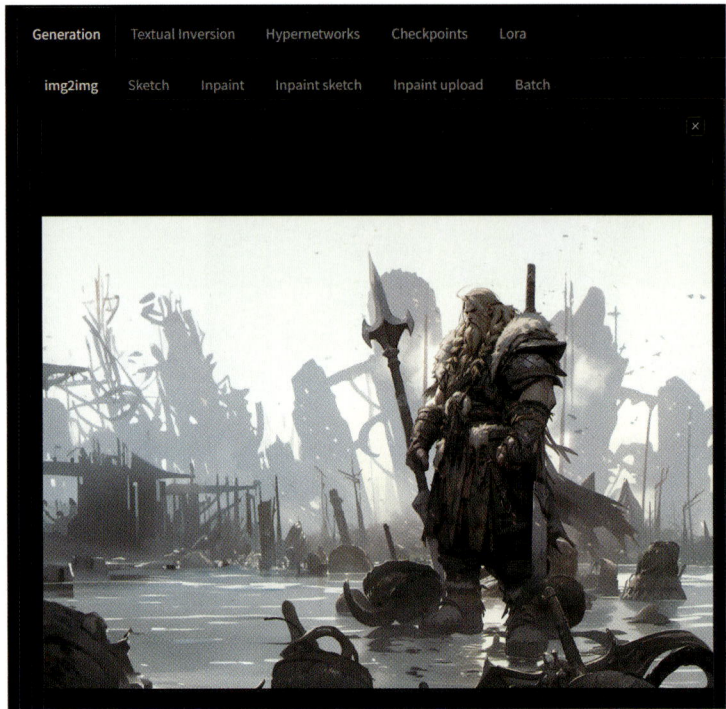

세팅을 다음과 같이 맞춰주세요. 사실 앞의 이미지들과 설정이 거의 비슷합니다. 박스 안의 삼각자를 눌러 생성 이미지의 사이즈를 입력한 이미지와 맞춰 주고, Denoising strength를 0.3으로 세팅합니다.

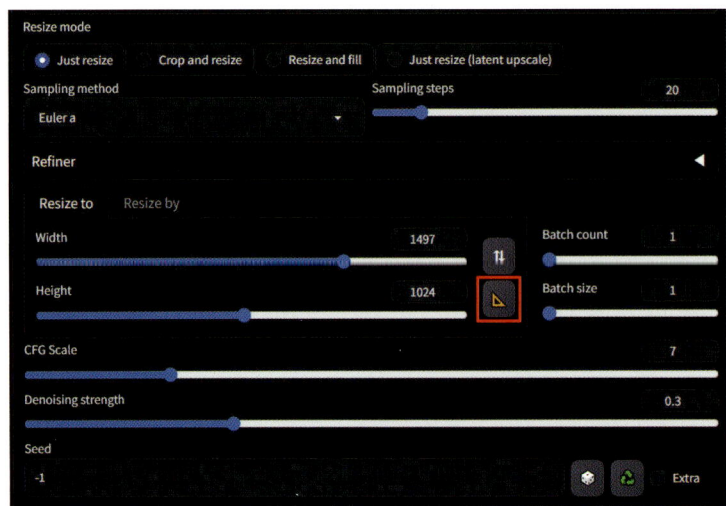

ControlNet 설정은 다음과 같습니다.

Depth 타입을 선택하여 이미지의 실루엣을 보호하겠으며, Loops를 사용하겠습니다.

Loops는 4번 반복하고, 최종 denoising strength는 0.8로 지정했습니다.

이제 실행해 보겠습니다.

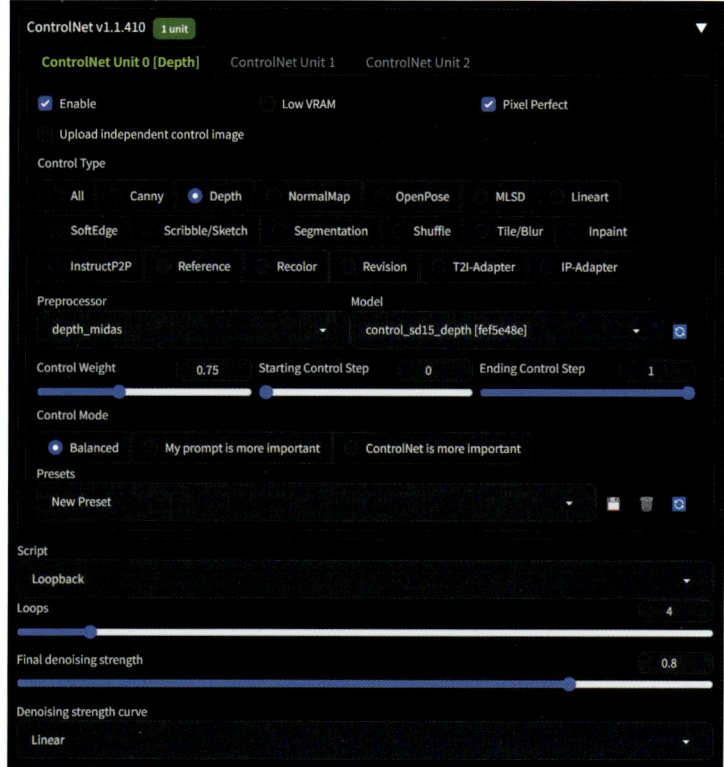

Loops의 실행결과 4단계의 이미지가 나왔습니다.

저는 3단계의 이미지가 마음에 들었습니다.

3단계 이미지를 좀 더 크게 보겠습니다.

04. 2차 수정 및 업스케일링

3단계 이미지를 포토샵으로 불러와서 마음에 안 드는 부분을 수정하겠습니다.

이렇게 수정했습니다.

현대 건물처럼 보이는 건물들의 실루엣을 바꾸고, 어색하게 각진 부분들을 자연스럽게 수정해 주었습니다. 물론 색감도 제 취향대로 변경해 주었습니다. 이 단계에서의 수정은 각자의 미학대로 눈높이대로 수정하면 됩니다.

이제 인물의 디테일을 더 올리기 위해 해상도를 더 높여 주겠습니다.

앞에서 여러 번 사용했던 Upscayl를 활용하여 해상도를 4배 올려준 후 포토샵에서 50%로 줄여서 2992×2048로 만들어 줬습니다.

05. img2img에서 디테일 업하여 원본에 합성하기

포토샵에서 1024×1024 사이즈의 새 창을 만들어 준 다음 업스케일링 했던 이미지를 넣었습니다.
이 이미지를 jpg로 내보낸 후 스테이블 디퓨전의 img2img 창에 넣고 Denoising stength를 0.35정도 주고 다음과 같이 디테일을 더 올려줬습니다.

중요 부분마다 업스케일링 한 부분들을 서로 이어 붙여서 다음과 같은 이미지를 만들었습니다.
아무래도 원경에 큰 성이 있으면 좋을 것 같습니다. 창을 든 손도 어색하네요.
이제 또 포토샵으로 직접 손을 볼 타이밍입니다.

06. 3차 수정하기 및 img2img 활용

이와 같이 원경의 성을 간단하게 드로잉을 해 줬습니다.

드로잉한 부분을 1024×1024로 내보내서
스테이블 디퓨전의 img2img에서 디테일을 올려줍니다.

이렇게 쉽게 디테일이 올라갔습니다.
디테일이 필요한 부분이 있다면 부분적으로 가볍게
그려주고 스테이블 디퓨전의 img2img를 활용해서
디테일을 올려주면 됩니다.

07. 포토샵에서 회화적인 붓터치 추가하기

이렇게 이미지가 거의 마무리되었습니다.

사진이나 3D 같은 느낌으로는 이 정도 선이면 완성에 가깝다고 볼 수 있습니다. 하지만 여기에서 한 단계 더 나가서 포토샵에서 유화적인 터치감을 넣어주겠습니다. 가식적일 수도 있지만 화면에 밀도감을 더 높여 줄 수도 있습니다. 그리고 대체로 사람들은 회화적인 질감의 이미지를 좋아합니다.

5 여러 툴을 같이 써서 이미지 완성도 높이기

저는 이렇게 마무리했습니다.

회화적인 터치감을 넣어주면서 화면의 밸런스를 맞추고, 디테일의 강약을 넣어줬습니다. 완성하고 보니 남의 마을에 불을 질러 놓고 앞에서 폼 잡는 전사의 그림이 되었네요. 엄청 영웅적입니다.

마지막으로 위 방식으로 이미지를 만든 과정을 다시 정리해 보겠습니다.

> **정리**
>
> - 어떤 툴(직접 스케치, Bing, 미드저니 등)이든 가이드 이미지 확보
> - 포토샵의 생성형 확장 기능을 활용하여 이미지의 구도를 완성
> - 스테이블 디퓨전의 img2img 기능과 ControlNet의 Depth 타입을 활용하여 전체 디테일 올려주기
> - 디테일이 올라간 이미지를 포토샵에서 색감 및 디테일을 수정
> - 이미지 업스케일링으로 해상도를 올려줌
> - 다시 중요 포인트를 적당한 사이즈로 잘라서 img2img로 디테일을 올리고 다시 포토샵에서 합성
> - 작업을 반복하다가 어느 정도 완성도가 나오면 수정 및 후보정, 혹은 붓 터치 느낌 등을 추가하여 완성

6

컨셉아트 실무 과정
AI와 함께 해 보기

제목에 실무라고 붙였지만, 사실 개인이 실무 수준의 컨셉아트를 만드는 데에는 많은 큰 난관이 있습니다. 실무의 컨셉아트라는 것은 결국 기획과 깊은 연관을 가지고 있기 때문입니다.

컨셉아트는 그림 자체로 상품이 되는 일러스트레이션과는 좀 다릅니다. 컨셉아트의 가장 큰 역할은 컨텐츠 제작 과정에서 기획을 시각화 하는 커뮤니케이션 도구에 더 가깝습니다. 쉽게 이야기하면 기획서에 있는 문자언어를 누구나 알아보기 쉬운 시각언어로 바꿔주는 역할이라고 생각하시면 됩니다.

이런 업무의 성격 탓인지 회사 작업은 능숙하게 잘 하던 수많은 원화가분들이 막상 개인 작업을 시작하려고 하면 도대체 뭘 그려야 할지조차 떠오르지 않는다는 분들을 많이 봤습니다. 사람들은 자신이 하는 일은 과대평가하는 경향이 있고, 타인이 하는 일은 과소평가하는 경향이 있습니다. 수많은 그래픽 작업자들이 흔히 과소평가하는 작업이 기획입니다.

혼자서 개인 작업을 시도해 볼 때 뭘 그려야 할지 잘 떠오르지 않고, 그림도 잘 그려지지 않는데 회사작업은 문제없이 해 왔다면, 그 사람은 사실은 기획자분들 덕을 보고 살아오신 것입니다.

저는 게임 기획에 전문성이 있는 사람이 아닙니다. 따라서 실무수준이라고 말하는 것은 과장이 있을 수밖에 없습니다.

하지만 Chat GPT가 나온 이후로는 어느 정도 흉내를 낼 수 있게 되었고, 기획을 받아서 컨셉아트 실무 작업을 하는 과정도 어느 정도 시뮬레이션할 수 있게 되었습니다. 물론 이 과정은 전문적인 기획자의 수준에 비하면 흉내내기에 불과합니다. 하지만 혼자서 이미지를 그릴 때 AI를 활용하여 기획적인 도움을 받을 수 있다는 것만 해도 이미 큰 강점이 있습니다. 최소한 같이 의논할 대상이라도 있는 거니까요.
그 과정을 앞 단원에서 이미 어느 정도 맛보기로 보여드리기도 했습니다.

이번 장에서는 게임의 어느 한 지역에 필요한 컨셉을 모든 툴과 수단을 동원해서 완성해 가는 과정을 함께 해 보겠습니다.

일단 Chat GPT로 시작해 보겠습니다.

Chat GPT로 게임 비주얼 기획하기

01. Chat GPT에게 역할 부여하기

Chat GPT를 실무적인 용도로 활용할 때는 AI에 명확한 역할을 정해주고 질문을 하는 것이 좋습니다. 예를 들어 게임을 위한 컨셉아트에 대한 기획이 필요하다면 AI를 스스로를 기획자라고 설정하게 만들고 질문을 하는 것이 더 고품질의 대답을 들을 수가 있습니다.

예시를 들어 보겠습니다. 일단 어떤 종류의 게임을 만들지부터 정해 보겠습니다.
그러기 위해서 Chat GPT에 베테랑 기획자의 지위를 부여하겠습니다.

다음은 Chat GPT와의 대화 내용입니다.

> **나**
>
> 안녕. 이제부터 네가 베테랑 게임 기획자라고 생각하고 역할을 해줬으면 좋겠고, 모든 대답을 경험 많은 기획자처럼 해줬으면 좋겠어. 앞으로 너의 이름은 '꿀도리'라고 부를 거야. 그리고 내 질문은 아래와 같아.
>
> 꿀도리. 비주얼적으로 아주 참신한 게임 컨셉아트를 만들고 싶은데, 구성요소 자체는 우리가 흔히 아는 요소들로 구성 되었으면 좋겠어. 예를 들어 SF와 서양 중세 시대극의 요소를 섞는다든지 해서 시각적으로 독특했으면 좋겠고, 이미지 생성 AI에게 맡겼을 때 좋은 결과물이 나올 만큼 이미지 데이터가 많은 소재를 활용했으면 좋겠어. 이런 점들을 고려해서 비주얼적으로 재밌을 만한 게임 설정을 10개 정도 제시해 주면 좋겠어.

> **Chat GPT**
>
> 비주얼적으로 참신한 게임 컨셉을 만들기 위해 고려할 수 있는 10가지 아이디어를 제시해 드리겠습니다. 각 아이디어는 서로 다른 시대와 장르를 혼합한 독특한 경험을 제공할 것입니다.
>
> **스팀펑크 공간 어드벤처** : 서양 중세 기사와 스팀펑크 기술이 공존하는 우주선에서의 모험. 비행선과 갑옷을 갖춘 기사들이 외계 생명체와 싸우며 우주 탐험을 합니다.
>
> **마법과 로봇의 플랫폼 게임** : SF와 마법을 결합한 2D 플랫폼 게임. 주인공은 마법으로 조종 가능한 로봇을 이용해 스페이스 시티에서 미션을 수행합니다.
>
> **미궁 탐험 타워 디펜스** : 중세 성과 고대 미궁이 결합된 타워 디펜스 게임. 플레이어는 타워를 건설하고 몬스터와 싸워가며 미로 같은 구조의 레벨을 클리어합니다.
>
> **로맨틱 판타지 대전쟁** : 중세 로맨스와 고대 우주 전쟁의 결합. 플레이어는 우주 여신과 함께 로맨스를 꽃피우면서 우주 제국을 구하는 모험에 나섭니다.

시간 여행 서바이벌 : 시대 이동이 가능한 고전 SF 무기와 마법을 이용해 시간을 넘나들며 생존 여정을 떠납니다.

스팀펑크 마법 슈팅 : 서양 중세 마법과 스팀펑크 기술을 결합한 3D 슈팅 게임. 플레이어는 다양한 마법 무기와 스팀팩을 사용하여 적들과 전투합니다.

로봇 기사단의 시대 : 고대 기사와 로봇 기사단이 협력하여 미래 세계에서 인류를 지키는 RPG. 플레이어는 퀘스트를 완료하고 세계를 탐험하며 역사를 바꿉니다.

톱니바퀴 모험 : 스팀펑크와 중세 기사의 세계에서 톱니바퀴로 작동하는 기계 동물을 타고 모험을 떠나는 플랫폼 게임.

타임 트래블 판타지 대전 : 중세 마법과 시간 여행을 결합한 대규모 전략 게임. 플레이어는 다른 시대로 강력한 무기와 마법을 가져가서 전투를 치러나갑니다.

우주 도전과 흥정 : 중세 상인이 우주에 들어가 행성 간 거래를 하는 시뮬레이션 게임. 플레이어는 자원을 수집하고 흥정을 통해 부를 축적합니다.

이러한 아이디어들을 기반으로 게임 컨셉을 더 발전시키고 구체화하여 시각적으로 독특하면서도 매력적인 게임을 만들 수 있을 것입니다.

처음 질문을 할 때 Chat GPT를 베테랑 기획자로 정의 내려준 것을 주의 깊게 봐주시기 바랍니다. 이미지를 생성할 때 가장 첫 문장은 프롬프트에서 가장 우선순위가 높은 중요한 위치이기 때문에 이곳에 가장 중요한 키워드를 넣어주곤 합니다. 이미지생성 툴에서는 이곳에 이미지가 어떤 종류인지에 대한 정의가 들어갔고, Chat GPT에서는 대답하는 AI가 어떤 존재인지를 정의를 내려줬습니다. 재미있게도 이 채팅방을 벗어나기 전에는 AI는 계속 "꿀도리"라는 이름을 가진 베테랑 기획자처럼 행세할 것입니다(이 채팅방은 Chat GPT의 히스토리에 계속 남아 있고 언제든 다시 들어가서 활용할 수 있습니다.).

그외에 질문의 디테일을 참조해 주세요. 그냥 단순히 뭐가 좋냐고 물어본 것이 아니라, 구체적으로 제약 사항과 권장사항, 용도에 대하여 상세하게 설명하고 있습니다. 이 부분은 결과물에 필요한 실질적인 디테일을 제공하는 면에서 이미지생성 툴에서 프롬프트를 작성할 때의 묘사 부분과 유사한 측면이 있습니다. 특히 원하는 요소들을 설명할 때는 긍정 프롬프트와 비슷하고, 원하지 않는 요소나 제약에 대해 설명할 때는 부정 프롬프트와 비슷합니다. 결국은 Chat GPT에게 일을 지시할 때도 앞서 소개한 엄마의 잔소리 원칙은 유효하다는 이야기입니다.

마지막으로 10개 정도 항목으로 제시해 달라고 하거나, 중요도 순으로 대답해 달라고 하거나, 영문으로 작성해 달라고 하는 등의 지시 사항은 앞서 이미지 프롬프트의 보완과 유사한 면이 있습니다. 한번 정리 해보겠습니다.

Chat GPT에게 업무를 지시하는 요령

1. 역할 정의

이제부터 네가 베테랑 게임 기획자라고 생각하고 역할을 해줬으면 좋겠고, 모든 대답을 경험 많은 기획자처럼 해줬으면 좋겠어. 네 이름은 꿀도리이고, 내 질문은 아래와 같아.

2. 구체적인 지시 사항(권장 사항과 제약사항 포함)

비주얼적으로 아주 참신한 게임 컨셉아트를 만들고 싶은데, 구성요소 자체는 우리가 흔히 아는 요소들로 구성되었으면 좋겠어. 예를 들어 SF와 서양 중세 시대극의 요소를 섞는다든지 해서 시각적으로 독특했으면 좋겠고, 이미지 생성 AI에 맡겼을 때 좋은 결과물이 나올 만큼 이미지 데이터가 많은 소재를 활용했으면 좋겠어.

3. 지시 사항 보완

비주얼적으로 재미가 있을 만한 게임 설정을 10개 정도 제시해 주면 좋겠어.

02. Chat GPT와 함께 해답의 영역을 좁혀가기

원하는 대답을 얻기 위해서 답변 영역을 좁혀 줄 필요가 있습니다. 막연히 게임이라고 처음에 물어봤던 범위를 RPG라고 좁혀줬습니다.

> **나** 꿀도리. 같은 방식으로 5개 정도 다시 제안하되, 이번에는 RPG 장르로 제한해서 설정을 잡아줘.

> **Chat GPT** 물론, RPG 장르에 맞는 게임 설정 아이디어를 제시해 드리겠습니다.
>
> - **데스펑크 마법 서사** : 중세 마법과 스팀펑크 기술을 활용한 어둠의 세계를 탐험하는 RPG. 플레이어는 어둠의 힘에 맞서고 자신의 운명을 찾아나섭니다.
>
> - **마법과 로봇의 대결** : 중세 마법사와 고대 로봇의 대결을 다루는 RPG. 플레이어는 마법과 고대 기술을 활용하여 강력한 적들과의 전투에 나섭니다.
>
> - **스팀펑크 우주 모험** : 스팀펑크 기술과 우주 모험을 결합한 RPG. 플레이어는 우주선을 조종하며 다양한 행성에서 임무를 수행하고 우주를 탐험합니다.
>
> - **로봇 기사의 서사시** : 중세 기사와 로봇으로 이루어진 로봇 기사단의 이야기를 다루는 RPG. 플레이어는 모험을 통해 기사단을 이끄는 역할을 맡습니다.
>
> - **마법과 스팀펑크 레볼루션** : 중세 마법과 스팀펑크 혁명의 시대를 다루는 RPG. 플레이어는 혁명가로서 도시를 바꾸고 정치적으로 영향을 끼칩니다.
>
> 이러한 RPG 설정은 중세와 스팀펑크, 우주 등 다양한 요소를 조합하여 흥미로운 이야기와 게임 플레이를 제공할 것입니다. 게임 개발자들은 이러한 아이디어를 바탕으로 고유하고 중독성 있는 RPG를 만들 수 있을 것입니다.

개인적으로 [마법과 로봇의 대결]이 마음에 듭니다. 꿀도리에게 좀 더 상세한 설정을 요청하겠습니다.

03. Chat GPT와 함께 기획 초안 추출하기

나 꿀도리. 네가 말한 안 중에 3번 마법과 로봇의 대결에 대한 설정을 좀 더 상세하게 잡아 줬으면 좋겠어. 간략한 시놉시스와 세계관, 주인공에 대한 설정, 대표적인 종족들에 대한 설정 등이 필요해

Chat GPT 물론, "마법과 로봇의 대결"에 대한 더 상세한 설정을 제공해 드리겠습니다.

- **게임 시놉시스** : "마법과 로봇의 대결"은 중세 마법과 고대 로봇 기술의 충돌을 다루는 RPG로, 플레이어는 마법사로서 기술과 마법의 균형을 찾아야 합니다. 게임은 마법과 로봇이 공존하는 고대 도시와 그 주변 지역을 배경으로 합니다.

- **세계관** : 게임 세계는 고대 도시인 "테크로메이"와 그 주변 지역으로 구성됩니다. 테크로메이는 높은 기술력과 마법의 힘을 지닌 도시로, 로봇과 마법사들이 함께 살아가는 곳입니다. 그러나 기술과 마법 사이의 갈등이 성큼거리고 있습니다.

- **주인공에 대한 설정** : 플레이어는 "아이브릴"이라는 중세 마법사를 조작합니다. 아이브릴은 테크로메이에서 태어난 엘프로, 기술과 마법의 조화를 찾기 위한 모험에 나섭니다. 그는 다양한 마법 주문을 다룰 수 있으며 로봇과 마법의 힘을 결합하여 강력한 무기와 장치를 창조할 수 있습니다.

[대표적인 종족들에 대한 설정]

- **엘프 마법사**: 주인공인 아이브릴의 종족으로, 마법에 능통한 엘프들은 기술과 마법을 조화롭게 사용하는 능력을 가지고 있습니다.

- **기계 인간**: 테크로메이에서 태어난 로봇 종족으로, 다양한 기술과 무기를 내장한 기계 몸을 가지고 있으며, 강력한 신체 능력을 지녔습니다.

- **드워프 기술자**: 로봇을 만들고 수리하는 데 능숙한 드워프 종족은 테크로메이의 공학에 중요한 역할을 합니다.

- **게임 요소** :
플레이어는 도시와 지역을 탐험하며 다양한 퀘스트를 수행합니다.
마법과 로봇 기술을 결합하여 고유한 무기와 장치를 개발합니다.
갈등과 결정을 통해 이야기의 진행을 결정할 수 있으며, 다양한 엔딩이 존재합니다.
"마법과 로봇의 대결"은 기술과 마법의 대립, 다양한 종족 간의 관계, 그리고 역동적인 이야기로 가득 찬 RPG로, 플레이어는 중세와 스팀펑크의 세계에서 흥미진진한 모험을 경험하게 됩니다.

위 과정을 통하여 그림의 소재거리가 될 만한 대략적인 기획 초안이 나왔습니다. 물론 당연히 마음에 드는 것과 마음에 들지 않는 것들이 혼재되어 있는 초안입니다.

이제 세부 기획안들을 만들어 가면서 관련 아트웍을 만드는 과정을 보여드리겠습니다.

Chat GPT로 게임 로고 만들기

앞의 대화에 이어서 게임의 제목을 정하고 로고도 만들어 보겠습니다.

나 꿀도리 좋아. 마법과 로봇의 대결에 대한 너의 설정이 마음에 들어. 저런 설정에 어울리는 제목으로는 뭐가 있을까? 너무 길지 않고, 부르기 편한 발음의 이름이면서 RPG에 어울리는 제목이면 좋겠어.

Chat GPT "마벨롯 : 기술과 마법의 대결"이라는 제목은 게임의 설정과 내용을 강조하면서도 짧고 기억하기 쉬운 제목일 것입니다. "마벨롯"은 "마법"과 "로봇"을 합성한 단어로, 게임의 주요 요소를 반영합니다. 이 제목은 RPG 게임을 대표하는 모험과 판타지의 요소를 함께 나타내며, 플레이어에게 도전과 탐험의 경험을 약속하는 제목일 것입니다.

나 마벨롯은 한국 사람 입장에서는 부르기가 좀 어려운 것 같아. 더 좋은 건 없을까? 10가지 정도의 안을 보여줬으면 해.

Chat GPT 사용자 편의성을 고려하여 한국어 환경에서 발음하기 쉬운 제목 아이디어를 제공해 드리겠습니다.

- **매직메카니즘**: 환상의 결합
- **로보매지**: 고대 기술과 마법의 충돌
- **마법과 메탈**: 시간의 대립
- **레갸시**: 로봇과 마법의 대결
- **스팀펑크 마법기**: 시공을 헤치고
- **마법로보트**: 고대 기술의 시대
- **테크노마법**: 마법과 기계의 오딘
- **스팀서프**: 기술과 마법의 서사
- **로봇메이지**: 시간을 초월하다
- **마법의 유령과 로봇력**: 기술의 전쟁

이러한 제목 아이디어 중에서 선택하거나 수정하여 원하시는 게임 제목을 찾을 수 있을 것입니다.

나 테크노마법을 그냥 영문 발음대로 테크노매직이라고 하고 대신 마법과 기계의 오딘이라는 부제목은 다른 거로 좀 바꾼 안을 5개 정도 보여줘.

Chat GPT "테크노매직"으로 발음하면 좀 더 부르기 쉬울 것이며, 부제목을 변경하겠습니다.

- **테크노매직** : 기계와 마법의 대결
- **테크노매직** : 시간과 우주의 충돌
- **테크노매직** : 고대 비밀과 마법
- **테크노매직** : 미래의 마법사
- **테크노매직** : 신비한 혁명의 시작

이러한 부제목을 통해 게임의 내용과 분위기를 강조할 수 있을 것입니다. 원하시는 부제목을 선택하거나 수정하여 적합한 제목을 찾아보세요.

나 1번 안이 좋은데 기계와 마법의 대결을 조금만 더 재밌게 표현할 방법이 없을까?

Chat GPT 물론, "기계와 마법의 대결"을 더 흥미롭게 표현하는 방법으로 아래와 같이 제안해 드릴게요.

테크노매직 : 기계와 마법의 대결 - 기계극마격전

이렇게 부제목을 추가하면 "기계극마격전"이라는 용어는 게임 내용을 간결하게 요약하고, 독자의 호기심을 자극할 것입니다. 게임의 기술과 마법 간의 대립을 더욱 화려하게 묘사하고자 한 것이죠.

나 '기계극마격전'은 어떤 뜻이지? 혹시 한자어야?

Chat GPT
"기계" (機械) - 기계, 자동장치를 나타내는 한자어입니다.
"극마" (極魔) - 극한과 마법을 결합한 단어로, 극한의 마법 또는 매우 강력한 마법을 의미합니다.
"격전" (擊戰) - 격렬한 전투, 전쟁을 의미하는 한자어입니다.

이로써 "기계극마격전"은 기계와 강력한 마법이 충돌하는 격렬한 전투나 대결을 의미하는 표현이 됩니다.

위 과정을 통해서 '테크노매직'이라는 제목과 '기계극마격전'이라는 적당히 난해한 부제목도 얻었습니다. 이제 로고 디자인에 대한 조언을 얻어보겠습니다. 제 머릿속에도 어렴풋한 형태가 있는데 얼마나 서로 의견이 비슷할지 궁금하네요.

나 꿀도리. 테크노매직이라는 게임 타이틀을 이미지 생성 AI를 활용해서 로고로 제작하고 싶은데, 세부적인 디테일과 분위기, 전체적인 형태감 등에 대해서 상세한 조언을 담은 프롬프트를 작성해 줘. 한글로 해도 상관없지만, 대신 너무 길어서는 안 돼.

Chat GPT "테크노매직" 로고는 마법과 기계의 충돌을 표현하며, 현대적이고 강인한 느낌을 제공해야 합니다. 강렬한 글씨체와 진한 파란색 또는 검정색 기본 색상을 사용하되, 보라색, 녹색 또는 골드와 같은 화려한 강조색을 활용하여 로고를 화려하게 만들어야 합니다. 마법과 기계를 상징하는 디자인 요소를 로고에 포함시켜 게임의 핵심 테마를 강조하고, 입체적인 형태감과 강렬한 분위기를 전달할 수 있어야 합니다.

위 내용을 프롬프트로 좀 더 정리하고, 고전적인 느낌도 추가해 보았습니다.

RPG 게임의 로고, "테크노매직" 로고는 마법과 기계의 충돌을 표현, 현대적이고 강인한 느낌과 고전적인 느낌을 제공, 강렬한 글씨체, 진한 파란색 또는 검정색 기본 색상, 보라색 녹색 또는 골드와 같은 화려한 강조색을 활용한 화려한 장식, 마법과 기계를 상징하는 디자인 요소, 묵직한 금속의 재질감, **극도의 디테일, 언리얼 엔진**

이제 미드저니의 프롬프트로 넣어서 진행해 보겠습니다.

미드저니에서는 아래와 같은 로고 디자인이 나왔습니다.

이번에는 Bing image creator에 프롬프트를 넣어보았습니다.

미드저니나 Bing image creator나 그럴듯한 로고 디자인을 해 주지만, 디테일은 미드저니가 좋고, 글자 인식율은 Bing image creator가 더 나은 것 같습니다(여러분이 이 책을 보는 시점에는 둘 다 더 개선되었을 것입니다.).

포토샵에서 Bing의 글자 로고와 미드저니의 배경 디자인을 합쳐보겠습니다.

로고 디자인에 전혀 소양이 없으니 얼핏 봐서 그럴 듯하게 보이는 선에서 정리하고 스테이블 디퓨전에서 디테일만 더 올려줄 예정입니다.

스테이블 디퓨전 img2img 모드에서 디테일을 올려준 결과물입니다.

딱히 정성을 기울이지 않은 것치고는 그럴듯합니다. 로고는 이걸로 정하겠습니다.

Chat GPT와 함께 고대 마법도시 테크로메이 디자인하기 3

Chat GPT가 작성한 테크로메이의 주요 설정은 아래와 같습니다.

> 고대 도시인 "테크로메이"와 그 주변 지역으로 구성됩니다.
> 테크로메이는 최첨단 테크놀러지의 기술력과 마법의 힘을 지닌 도시로, 로봇과 마법사들이 함께 살아가는 곳입니다. 그러나 테크놀러지 기술과 마법 사이의 갈등이 성큼거리고 있습니다.

프롬프트로 활용하기 위해 Chat GPT에 도시의 경관에 대한 좀 더 상세한 설명을 요구했습니다.

나
꿀도리. 앞에 네가 설정한 대로, 높은 기술과 마법의 힘이 공존하는 고대 도시 테크로메이에 대한 컨셉 아트를 그리려고 해. 도시의 생김새와 디자인적인 특징을 이미지 생성 AI에 사용할 수 있도록 상세하게 정리해 달라는 거야. 판타지 게임에 나오는 도시임을 감안하고, 친숙한 요소들을 담고 있으면서 독창적이었으면 좋겠어.

Chat GPT
네, 이해했습니다. "테크로메이" 도시의 외관적 특징을 더 상세하게 정리해 보겠습니다.
이 도시는 판타지 세계에서 고유하면서도 친숙한 요소를 담아야 합니다.

- **신비로운 기기와 마법 파티오네(Marvelous Contraptions and Magic Piazzas)** : "테크로메이" 도시의 거리와 광장은 다양한 기계와 마법적인 장치로 가득합니다. 건물과 거리의 모든 코너에는 회전식 기계, 레버, 크리스털 구슬, 무한한 무두질을 하는 피아노 등이 있으며, 마법사들과 시민들의 상호작용을 통해 활성화됩니다.

- **마법의 감각적인 조명(Enchanting Illumination)** : 도시는 마법의 빛과 마법진에 의해 밤에도 빛나는데, 건물들과 길거리는 다양한 색으로 밝게 빛나며, 조명은 비상한 무드를 조성합니다.

- **플로레스칸 화려한 돔(Floriscan Ornate Domes)** : 도시의 건물은 화려한 플로레스칸 양식에 따라 작성되어 있으며, 화려한 돔과 탑으로 장식되어 있습니다. 이 돔은 도시의 랜드마크로서 도시 내 어디서나 보일 수 있습니다.

- **신비로운 교량과 수로(Marvelous Bridges and Waterways)** : 도시는 수로로 통과되며, 수로 위에는 신비로운 교량과 다리가 있습니다. 이 교량과 다리는 건물과 땅의 사이를 연결하면서도 화려한 장식으로 장관을 이룹니다.

- **신비로운 공중 정원(Marvelous Sky Gardens)** : 도시의 높은 건물은 비상한 정원과 식물들로 장식되어 있습니다. 이들 정원은 하늘을 향해 뻗으며, 도시의 아름다움을 강조합니다.

- **신비로운 상절기 시장(Mystical Equinox Markets)** : 테크로메이 도시에서는 계절마다 신비한 시장이 열립니다. 이 시장에서는 마법 물품, 고대 아티팩트, 무기, 마법 스크롤 등이 거래되며, 도시의 계절 문화를 반영합니다.

- **시간 마법의 탑(Chronomagic Towers)** : "테크로메이"에는 시간을 조종하는 마법의 탑이 있으며, 이 탑은 도시의 중심부에 위치합니다. 탑은 높이 솟아오르며, 시간과 공간을 관리하는 중심적인 역할을 합니다.

이러한 상세한 특징과 독창적인 요소를 고려하여 "테크로메이" 도시의 컨셉 아트를 그리면, 판타지 세계에서 고유하고 인상적인 도시를 만들 수 있을 것입니다.

도시에 대한 상세한 설명을 얻었으니 이제 이 내용을 영어로 요약해 달라고 하겠습니다.

나 아주 훌륭하다. 이 내용을 이미지 생성 AI용 프롬프트로 쓰기 위해서인데, 내용을 다 포함하면서도, 간략하게 한 문단으로 표현하고 영어로 작성해 줘.

Chat GPT 물론, 이미지 생성 AI 용 간략한 프롬프트를 아래와 같이 영어로 작성해 드리겠습니다 :

"Create concept art for the city of 'Techromay' in a fantasy setting where advanced technology and magic coexist. The city features marvelous contraptions, enchanting illumination, floriscan ornate domes, marvelous bridges, and waterways. It boasts marvelous sky gardens, mystical equinox markets, and a central Chronomagic Tower that controls time and space. The art should capture the unique and captivating blend of these elements, immersing viewers in a visually stunning and magical world."

위 작성된 프롬프트에서 약간 더 사진 같은 느낌을 강조하여 아래 프롬프트를 얻었습니다.

RAW Photo, concept art for the city of 'Techromay' in a fantasy setting where advanced technology and magic coexist, enchanting illumination, floriscan ornate domes, marvelous bridges, and waterways. It boasts marvelous sky gardens, mystical equinox markets, central Chronomagic Tower that controls time and space. The art should capture the unique and captivating blend of these elements, visually stunning magical world --s 250 --v 6.0 --style raw

위 영어 문장을 그대로 미드저니에 넣어본 결과입니다.

세 번째 이미지를 선택해서, Pan 기능을 활용하여 구도를 만들고, 포토샵에서 마법 문양 이펙트를 추가하여 다음과 같은 이미지를 얻었습니다. 이 이미지를 **마법도시 테크로메이**로 정하겠습니다.

위의 전경 씬 외에도, Chat GPT가 작성한 도시의 각 부분을 활용하면 각 지역의 세부 컨셉도 만들 수가 있습니다.

- 신기한 기기와 마법 파티오네(Marvelous Contraptions and Magic Piazzas)
- 마법의 감각적인 조명(Enchanting Illumination)
- 플로레스칸 화려한 돔(Floriscan Ornate Domes)
- 신비로운 교량과 수로(Marvelous Bridges and Waterways)
- 신비로운 공중 정원(Marvelous Sky Gardens)
- 신비로운 계절 마켓(Mystical Equinox Markets)
- 시간 마법의 탑(Chronomagic Towers)

예를 들어 위의 목록 중에 "시간 마법의 탑"을 기존 프롬프트의 정의에 추가하면 다음과 같은 프롬프트를 작성할 수 있습니다.

photo of time magic tower::3, city of 'Techromay' in a fantasy setting where advanced technology and magic coexist. The city features marvelous contraptions, enchanting illumination, floriscan ornate domes, marvelous bridges, and waterways. It boasts marvelous sky gardens, mystical equinox markets, and a central Chronomagic Tower that controls time and space. The art should capture the unique and captivating blend of these elements, immersing viewers in a visually stunning and magical world --v 6.0 --s 250

이 프롬프트를 미드저니에 넣어서 "시간 마법의 탑"의 결과물을 얻었습니다.

이러한 방식으로 정의 부분에 도시의 부분에 대한 단어를 적고, 나머지 묘사 부분에 도시 전반에 대한 묘사를 남겨 놓는 방식으로 같은 공간에 있다는 느낌을 강조해 줄 수 있습니다.

같은 방식으로 도시의 각 지역의 이미지를 생성해 보겠습니다.

신비로운 공중 정원 (Marvelous Sky Gardens)

photo of Marvelous Sky Gardens::3, city of 'Techromay' in a fantasy setting where advanced technology and magic coexist. The city features marvelous contraptions, enchanting illumination, floriscan ornate domes, marvelous bridges, and waterways. It boasts marvelous sky gardens, mystical equinox markets, and a central Chronomagic Tower that controls time and space. The art should capture the unique and captivating blend of these elements, immersing viewers in a visually stunning and magical world --v 6.0 --s 250

컨셉아트 실무 과정 AI와 함께 해 보기 **6**

신비로운 교량과 수로 (Marvelous Bridges and Waterways)

photo of Marvelous Bridges and Waterways::3, city of 'Techromay' in a fantasy setting where advanced technology and magic coexist. The city features marvelous contraptions, enchanting illumination, floriscan ornate domes, marvelous bridges, and waterways. It boasts marvelous sky gardens, mystical equinox markets, and a central Chronomagic Tower that controls time and space. The art should capture the unique and captivating blend of these elements, immersing viewers in a visually stunning and magical world --v 6.0 --s 250

컨셉아트 실무 과정 AI와 함께 해 보기 **6**

신비로운 계절 마켓 (Mystical Equinox Markets)

concept art of Mystical Equinox Markets::3, city of 'Techromay' in a fantasy setting where advanced technology and magic coexist. The city features marvelous contraptions, enchanting illumination, floriscan ornate domes, marvelous bridges, and waterways. It boasts marvelous sky gardens, mystical equinox markets, and a central Chronomagic Tower that controls time and space. The art should capture the unique and captivating blend of these elements, immersing viewers in a visually stunning and magical world --v 6.0 --s 250

정의 부분이 "Photo of"에서 "concept art"로 바뀐 이유는, 기존 Photo로 했을 때 원하는 이미지가 나오지 않았기 때문입니다.

> 현실에 없는 이미지 중 원하는 이미지가 잘 나오지 않는 경우 concept art로 하면 나올 확률이 더 높아집니다.

멋진 이미지들을 얻었습니다. 그런데 맨 처음 생성했던 마법도시의 풍경과는 다소 연결성이 약해 보입니다. 이럴 때는 이전에 만든 이미지를 이미지프롬프트로 활용하면 간단하게 해결할 수 있습니다.

앞에 생성했던 도시 전경 이미지(좌우를 확장하기 전 이미지)를 찾아서 마우스 오른 버튼을 누르고 링크복사하기를 눌러줍니다. 그리고 이미지 링크를 프롬프트란에 붙여 넣기 해 줍니다.

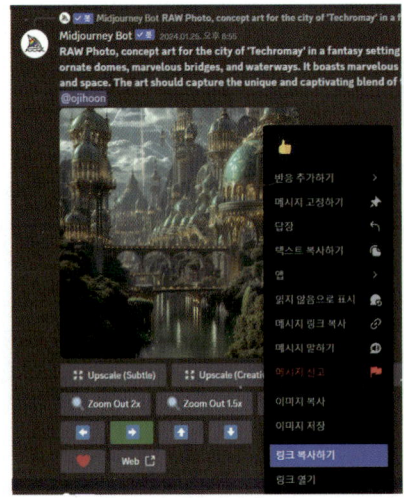

어중간한 시장 이미지도 오른 마우스를 눌러 링크를 복사합니다.

앞 이미지 프롬프트 뒤에 역시 붙여넣기 합니다. 이렇게 해서 이미지 프롬프트 두 개가 입력되었고 각자 비중은 50 : 50입니다. 엔터를 눌러 보겠습니다.

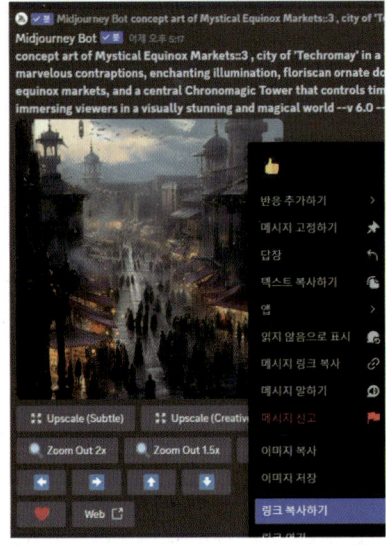

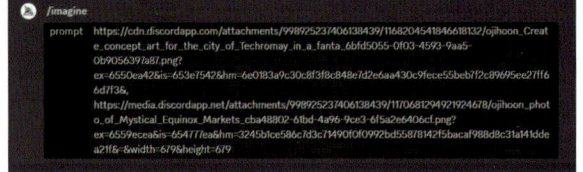

앞서 생성했던 도시 전경과 어울리는 적절한 이미지를 생성했습니다. 이런 식으로 미드저니에서 생성한 이미지를 서로 섞어가면서 원하는 이미지를 만들어 낼 수 있습니다.

그런데 이미지를 자세히 보면 다소 디테일이 약해 보입니다. 위 이미지의 컨셉은 유지하면서 디테일만 더 보강하려면 어떻게 해야 할까요? 이럴 때는 Vary(Subtle) 기능을 활용하면 좋습니다.

Remix mode에서 ultra detail, unreal engine 5라는 구문을 추가해 주겠습니다. 이미지의 컨셉이나 설정은 건드리지 않고 디테일과 사실적인 재질감만 보강해 주는 키워드들입니다.

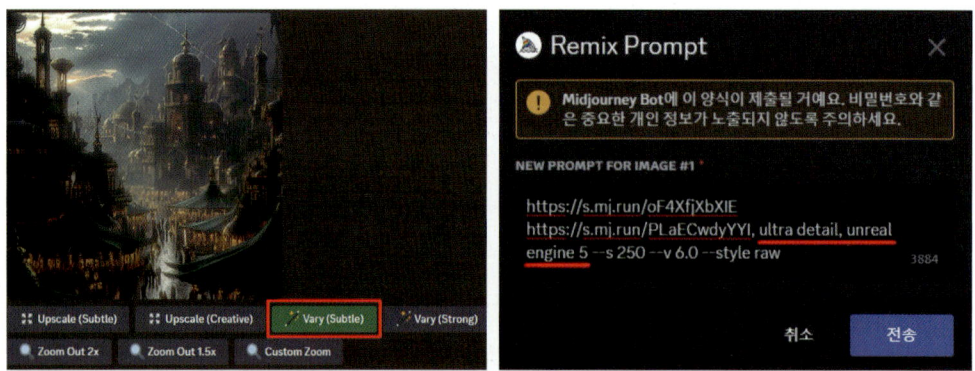

디테일이 더 보강된 이미지를 얻었습니다.

Pan 기능을 활용하여 가로로 긴 이미지를 만들어 봤습니다. 이제 제대로 도심에 있는 재래시장 같은 느낌이 나기 시작하네요. 하지만 시장이 텅 비어 보여서 지나다니는 행인들이 필요한 것 같습니다. 예전 같으면 일일이 그리거나, 알맞은 이미지 소스를 찾아 인터넷을 헤매야 했죠.

미드저니의 Vary(Region) 기능을 활용해서 해결해 보겠습니다. Vary(Region) 버튼을 눌러 보겠습니다.

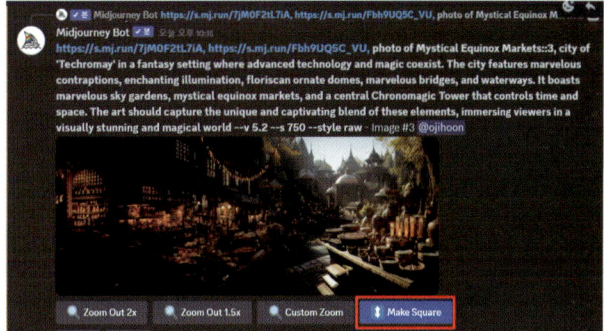

화면의 아래쪽을 드래그하여 선택하고, 아래 텍스트 프롬프트의 정의 부분을 (시장을 가득 채운 상인과 행인들) photo of merchants and passers-by who filled the market으로 변경해줬습니다. 영역 선택과 프롬프트 수정이 끝나면 박스 안을 눌러 실행해 줍니다.

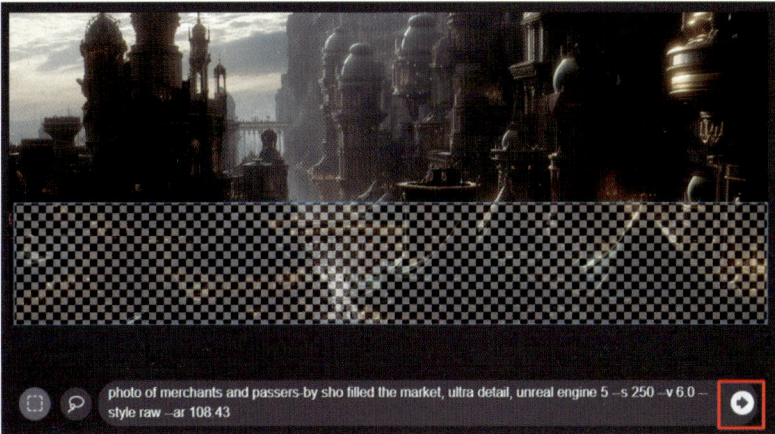

시안들이 나왔습니다. 저는 첫 번째 이미지를 선택해 줬습니다.

위 과정을 거쳐 나온 이 시장 이미지 자체도 상당히 괜찮지만, 저는 앞에 생성한 이미지에 합성할 소스 이미지로 활용하겠습니다.

이미지의 사이즈를 잘 조절한 후에 레이어 마스크 기능을 활용해 필요 없는 부분을 잘 지워줘서 합성합니다.

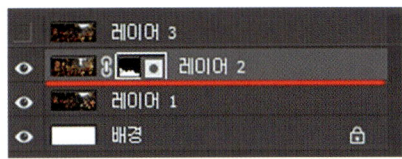

포토샵에서 합성 및 색감 조절, 간단한 리터칭을 통해 위와 같은 시장에 상인과 행인이 가득한 최종 이미지를 얻었습니다. 위 이미지처럼 구성 요소들이 많은 복합적인 이미지는 텍스트 프롬프트만으로 한 번에 얻기는 상당히 까다롭습니다.

그럴 땐 미드저니의 여러 기능들을 적극 활용해서 조금씩 자신이 원하는 이미지로 만드는 과정이 필요하고 최종적으로는 포토샵이 필요한 경우도 많습니다. 결국 AI 이미지도 원하는 결과물을 얻기 위해서는 상당한 노력이 들어가는 법입니다. 좀 더 디테일을 높이고 싶다면 스테이블 디퓨전 img2img를 활용하거나 포토샵을 활용하면 됩니다.

여기에서는 이 정도에서 정리하겠습니다.

chatGPT와 함께 주인공 디자인하기 4

01. Chat GPT와 함께 엘프 마법사 디자인 하기

이번에는 Chat GPT와 함께 게임 테크노매직의 엘프마법사 주인공을 디자인해 보겠습니다.

나
안녕! 꿀도리. 네가 작성한 게임 기획안 중에 주인공에 대한 설정 중 엘프 마법사에 대해서 물어보려고 해. 네가 주인공이 아이브릴의 종족이라고 했고 기술에도 능하고 마법에도 정통하다고 했는데, 이미지 생성 AI에 쓸 아주 구체적인 프롬프트가 필요하기 때문에, 캐릭터의 외모와 옷차림, 체형 등을 최대한 상세하게 서술해 줘.

Chat GPT
안녕하세요! 아이브릴, 엘프 마법사의 외모와 옷차림, 체형에 대한 상세한 프롬프트를 작성해 드리겠습니다:
"Create a concept art for the character 'Ivrim,' an elven mage in the 'Techromay' game. Ivrim is a male elf ~너무 길어서 중략~ Overall, Ivrim's appearance embodies the perfect fusion of elven grace and technological mastery, making him a captivating and enigmatic character in the game."

나
아주 훌륭해. 이제 위 긴 프롬프트의 내용을 최대한 반영해서 한 문단의 영문으로 요약해 주길 바란다.

Chat GPT
Certainly, my apologies for the previous description. Here's a revised one for a female elven mage character:
"Create a concept art for 'Ivrim,' a female elven mage in the 'Techromay' game. Ivrim possesses a tall, slender physique with ethereal features, including pointed ears, striking emerald eyes, and a fair complexion with an otherworldly radiance. Her long, flowing silver hair shimmers with a magical aura and is partially tied with an intricate, delicate silver circlet adorned with glowing gems. Ivrim wears an elegant robe of deep forest green, featuring runic patterns and golden embroidery, seamlessly blending elven grace with technological elements. She adorns a pendant with a floating crystal, serving as her magical focus, and a belt with pockets for her magical components. Overall, Ivrim's appearance epitomizes the fusion of elven elegance and technological mastery, creating an enigmatic and captivating female character."

위에서 얻은 문장을 다듬어서 **정의** 부분을 "full body PHOTO of elf"로 해 주고, **묘사** 부분 위주로 간략화해 준 다음, intricate detail, ultra detail, steampunk core, fullbody shot, cinematic lighting, cyberpunk core 등의 **보완** 프롬프트를 넣어 주었습니다.

full body PHOTO of elf, high tech dress armor, Shiny electronic parts, include a magic staff in her hand, ethereal emerald eyes, flowing silver hair with a circlet, elaborate metal chestpiece with steampunk elements, Her deep forest green robe is adorned with intricate runic and gear motifs, magic city background, intricate detail, ultra detail, steampunk core, fullbody shot, cinematic lighting, cyberpunk core --s 250 --v 6.0 --style raw --ar 9:16--ar 9:16 --v 5.2 --s 250

다음은 미드저니로 생성한 그 결과물입니다.
좌측 가운데 이미지의 복장이 가장 기술과 마법이 조화되는 테크노매직이라는 게임 제목과 잘 어울리는 것 같습니다. 이 이미지를 가지고 계속 작업을 진행해보겠습니다.

포토샵의 생성형 확장 기능을 이용하여 이미지를 좀 더 확장시켜서 캐릭터의 전신이 드러나는 이미지를 얻었습니다.

지나치게 복잡하거나, 어색한 노이즈와 디테일이 많은 부분을 포토샵 브러쉬를 활용해 간단하게 수정해줬으며, Upscayl를 활용한 업스케일링을 통해 이미지의 사이즈를 키워줬습니다.

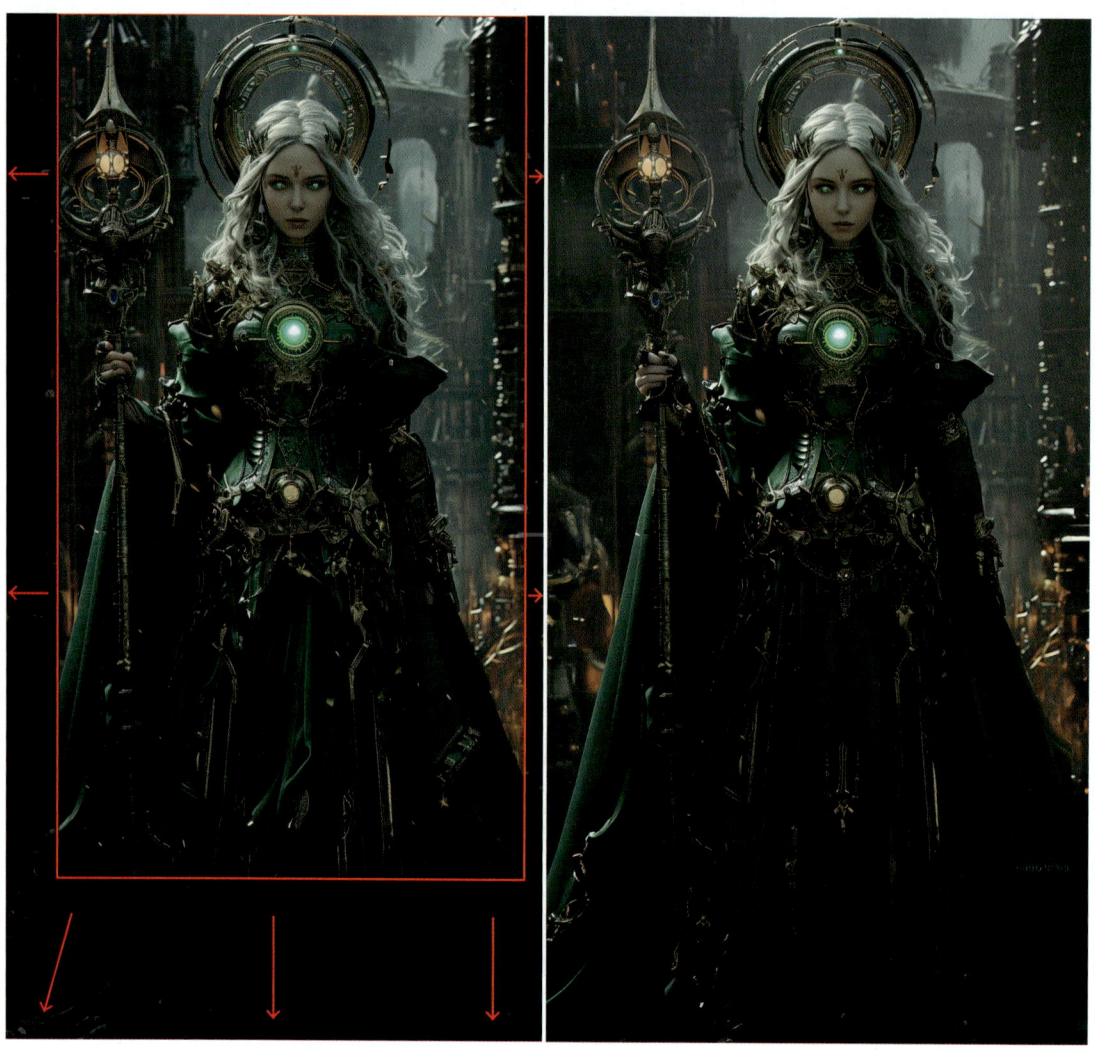

스테이블 디퓨전의 img2img 기능을 활용하여 디테일을 높여가는 과정입니다.
마지막으로 포토샵에서 색감을 조절하여 마무리했습니다.

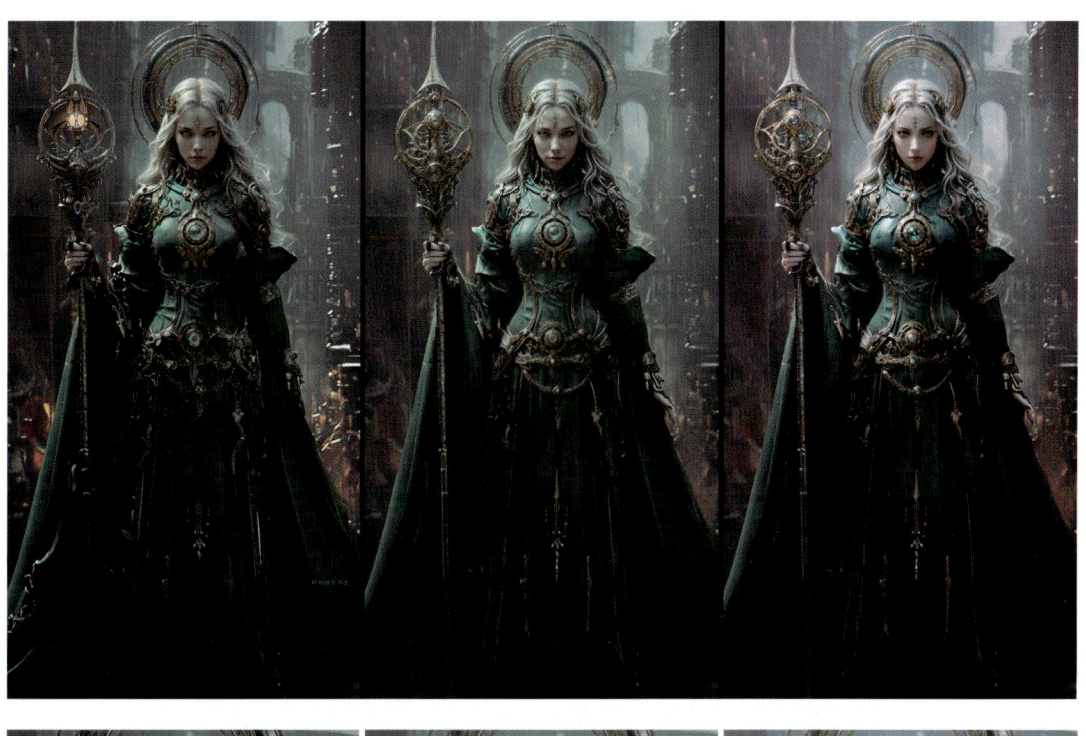

자세히 보면 얼굴 부분이 완전한 실사가 아니라 약간의 애니메이션 느낌으로 처리되어 있습니다.

스테이블 디퓨전에서 img2img 모드에서 디테일을 올릴 때 실사 체크포인트 모델(realisticVisionV51)로 디테일을 올려주고 마지막으로 애니메이션용 체크 포인트 모델(blueboy2D_v30)로 낮은 Denoising strength(0.25)로 살짝 디테일을 가미해 줬습니다.

지나치게 실사 느낌이 강하고 어색한 느낌이 나서 이렇게 처리해 줬습니다.

최종 완성된 디자인입니다.

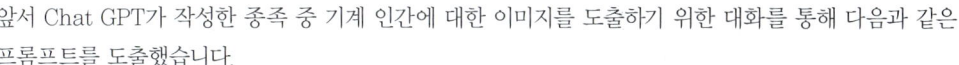

02. 기계인간 디자인하기

앞서 Chat GPT가 작성한 종족 중 기계 인간에 대한 이미지를 도출하기 위한 대화를 통해 다음과 같은 프롬프트를 도출했습니다.

> "기계 인간 : 테크로메이에서 태어난 로봇 종족으로,
> 다양한 기술과 무기를 내장한 기계 몸을 가지고 있으며,
> 강력한 신체 능력을 지녔습니다."

나
꿀도리 오래간만이야. 앞서 네가 작성했던 기획서에서 테크로메이에서 태어난 로봇 종족의 외모에 대해 상세한 문서가 필요해. 마법과 기술이 공존하는 세계관이기 때문에 겉모습이 기계적이라기보다는 정교한 공예품 같은 게 좋을 것 같아. 이런 풍의 이미지를 표현하기에 좋은 미술 사조를 추천해 주는 것도 좋을 것 같아.

Chat GPT
안녕하세요! 로봇 종족의 외모를 정교한 공예품과 같은 미술적 풍경으로 표현하려면 스팀펑크 아트와 오토마타 아트의 요소를 고려할 수 있습니다.

- **스팀펑크 아트 (Steampunk Art):** 스팀펑크는 19세기 산업혁명과 빅토리아 시대의 산업화와 기술 발전을 기반으로 하는 미쉘라 가수퍼, 에하르트, Jules Verne와 같은 작가의 소설을 기반으로 한 미술적 스타일입니다. 이 스타일은 정교한 기계 장치, 독특한 세부 사항, 기어와 톱니바퀴 등의 기계적 요소를 강조합니다. 로봇 종족의 외모를 스팀펑크 스타일로 디자인하면, 기계적인 특징과 정교함을 강조할 수 있을 것입니다.

- **오토마타 아트 (Automata Art):** 오토마타는 자동 기계 형태로서, 장식적인 디자인과 정교한 움직임을 특징으로 합니다. 이 스타일은 정밀한 기계 작업과 장식적 요소, 그리고 상세한 조각과 문양을 강조합니다. 로봇 종족을 오토마타 아트의 영감을 받아 디자인하면, 고유하고 아름다운 외모를 창조할 수 있을 것입니다.

이러한 미술 사조의 요소와 스타일을 활용하여 로봇 종족의 외모를 표현하면, 정교함과 아름다움을 강조하며, 마법과 기술의 조화로운 세계관을 시각적으로 잘 나타낼 수 있을 것입니다.

나
그럼 앞선 기획서의 내용에 맞춰서 이미지 생성 AI에 활용하기 좋게끔 프롬프트를 작성해 주면 좋겠어 외모의 묘사가 최대한 디테일 하면 좋겠어

Chat GPT
물론, 태어난 로봇 종족의 외모를 묘사하는 이미지 생성 AI용 프롬프트를 아래와 같이 작성해 드리겠습니다:
Create a detailed concept art for a member of the robotic race native to the city of 'Techromay' in the 'Techromagic' game. The robotic being exhibits a craftsmanship reminiscent of steampunk and automata art, with intricate and ornate features. Their body, composed of polished, gleaming brass and copper materials, is adorned with delicate engravings, gears, cogs, and ornamental patterns. Their limbs and joints exhibit a high level of precision and detailing, resembling clockwork mechanisms. The eyes are captivating, featuring luminescent emerald lights that convey both intelligence and an otherworldly quality. Their overall appearance embodies the perfect blend of exquisite craftsmanship and magical technology

프롬프트를 그대로 미드저니에 넣은 결과는 다음과 같습니다.

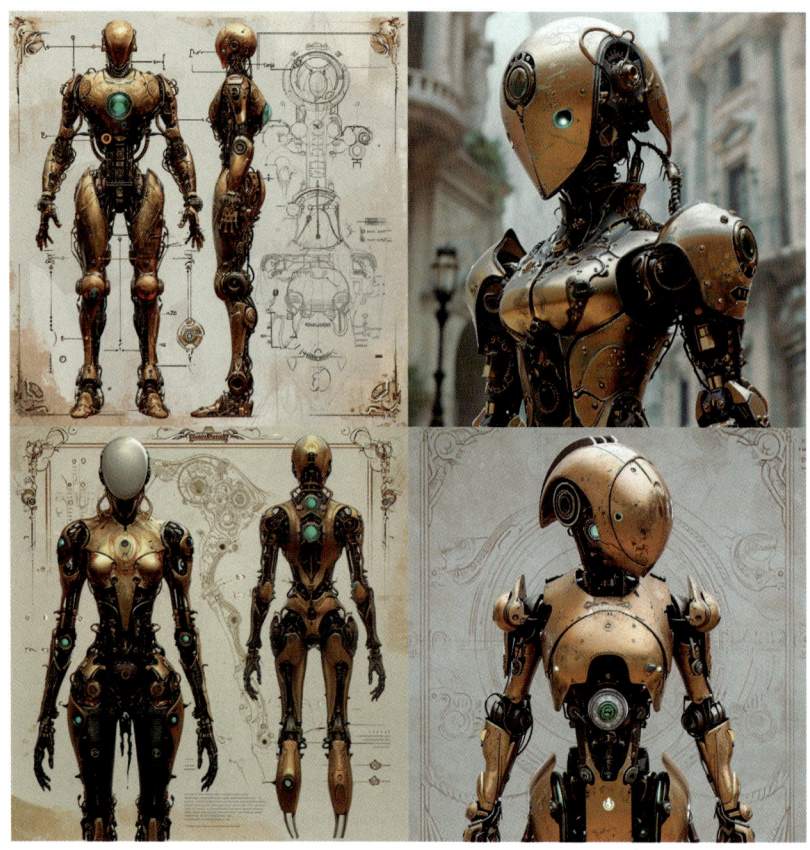

스팀펑크의 영향을 받은 공예적인 느낌의 디자인이 아주 잘 살아 있는 것 같습니다. 하지만 이 로봇은 단순한 등장인물이 아니라 주인공 캐릭터 중 하나이기 때문에 개성이 있어야 할 것 같습니다. 저는 이 로봇의 직업을 무도가로 설정했습니다. 도복을 입고 있으면 멋질 것 같고 무술인 다운 언행으로 개성도 살아날 것 같습니다. 그래서 Chat GPT에 다시 요청했습니다.

> **나**
> 앞선 로봇을 생성한 결과가 아주 마음에 들기는 하는데, 주인공으로서 개성이 더 필요할 것 같아, 이 로봇이 무도가이며 무술 도복을 입고 있다는 설정을 추가해서 프롬프트를 다시 작성해 줄 수 있어?

> **Chat GPT**
> 무도가로서 무술 도복을 입은 로봇 주인공을 위한 프롬프트를 작성해 드리겠습니다:
> "Create a concept art for the main character, a robotic martial artist, in the 'Techromay' game. The robot combines elements of martial arts and technology, adorned in a traditional martial arts uniform that seamlessly blends with their steampunk-inspired robotic features. The martial arts uniform is made of high-quality, deep indigo fabric with intricate patterns and metallic accents, symbolizing their connection to both martial arts discipline and technological prowess. Their metallic body exhibits polished brass and copper materials, engraved with ornate details and mystical runes that enhance their martial abilities. Their glowing emerald eyes radiate a sense of wisdom, determination, and an otherworldly martial prowess. This character embodies the perfect fusion of ancient martial traditions and advanced technology, making them a truly unique and captivating protagonist."

컨셉아트 실무 과정 AI와 함께 해 보기 6

훨씬 나아졌습니다. 특히 마스크를 쓴 것처럼 표현된 얼굴은 인간인지 기계인지 애매해 보여서 더 좋은 것 같네요. 한편으로는 약간 닌자처럼 보여서 프롬프트를 직접 수정해야 할 필요가 있어 보입니다.

프롬프트의 정의 부분을 Photo로 변경해 줍니다.

RAW Photo of robotic martial artist, white martial arts uniform, big fist, The robot combines elements of martial arts and technology, steampunk-inspired robotic features, symbolizing their connection to both martial arts discipline and technological prowess, Their metallic body exhibits polished brass and copper materials, engraved with ornate details and mystical runes that enhance their martial abilities, glowing emerald eyes, This character embodies the perfect fusion of ancient martial traditions and advanced technology, fullbody shot, ultra detail, greeble --ar 9:16 --v 6.0 --style raw

407

결과는 다음과 같이 나왔습니다.

약간은 더 무술가다워졌네요. 하지만 아직도 도복을 입지 않는 점이 마음에 안 듭니다.

프롬프트로 해결하려면 시간이 오래 걸릴 것 같아서 포토샵에서 도복을 살짝 그려준 결과입니다.

포토샵에서 러프하게 도복을 합성한 이미지를 스테이블 디퓨전 img2img에서 컨트롤넷 Depth 타입으로 디테일을 올려준 후, 포토샵에서 리터칭해 주고 완성하겠습니다.

최종 완성된 결과입니다.

03. 드워프 기술자 디자인하기(대량 시안 만들기)

> "드워프 기술자 :
> 로봇을 만들고 수리하는 데 능숙한 드워프 종족은
> 테크로메이의 공학에 중요한 역할을 합니다."

마지막 주인공 캐릭터인 드워프 기술자를 디자인해 보겠습니다.
지금까지 해 온 것처럼 Chat GPT에게 자문을 구하겠습니다.

나
꿀도리 안녕. 저번에 네가 설정했던, 드워프 기술자에 대한 상세한 묘사가 필요해. 게임의 주인공급 캐릭터인 만큼 개성도 좀 있었으면 해, 로봇을 수리하는데 능한 드워프 기술자의 외모를 최대한 자세하게 묘사해 줘.

Chat GPT
안녕하세요! 드워프 기술자로서 개성 있는 캐릭터를 묘사하는 이미지 생성 AI용 프롬프트를 작성해 드리겠습니다:
"Create a detailed concept art for the main character, a dwarf technician in the 'Techromay' game. The dwarf technician has a robust, stocky physique with a prominent beard, a symbol of their dwarven heritage. Their weathered face bears the marks of countless hours spent repairing and fine-tuning advanced technology. Their skin has a tan complexion from working outdoors, and their eyes, deep and wise, reflect years of experience in the field. The technician's attire is a mix of practicality and steampunk aesthetics, featuring a leather apron with pockets for tools and gadgets, overalls made from sturdy fabric, and a pair of goggles perched atop their forehead. They carry a belt loaded with various specialized instruments and a toolbox that attaches to their belt, showcasing their ability to repair and tinker with advanced machinery. Their metallic prosthetic arm, a testament to their own craftsmanship, adds a unique and captivating touch to their appearance. This character embodies the perfect blend of traditional dwarven craftsmanship and technological expertise, making them a memorable and distinctive protagonist."

나
대단히 훌륭한데 좀 간추려주면 좋겠어.

Chat GPT
물론, 더 간결한 묘사로 프롬프트를 다시 작성해 드리겠습니다:
"Create a concept art for the main character, a robust dwarf technician in the 'Techromay' game. The technician, with a stocky build and a prominent beard, exudes experience and expertise. They wear a steampunk-inspired outfit, including a leather apron with tool-filled pockets, sturdy overalls, and goggles resting on their forehead. Their metallic prosthetic arm and belt of specialized instruments emphasize their skill in repairing and tinkering with advanced machinery, making them a unique and memorable protagonist."

너무 말귀를 잘 알아들어서 웃음이 다 나옵니다.
Chat GPT가 작성한 프롬프트를 그대로 미드저니에 넣어보겠습니다.

컨셉아트 실무 과정 AI와 함께 해 보기 **6**

프롬프트를 최적화해 주지도 않았는데도 위의 결과물이 이미 너무 멋지네요. 특히 세 번째 이미지가 마음에 듭니다. 그런데 지금까지 실사풍으로 이미지를 만들어 온 것에 비해 회화의 느낌이 강하기 때문에 프롬프트를 조금 수정하겠습니다.

> **RAW Photo of a robust dwarf technician in the 'Techromay' game.** The technician, with a stocky build and a prominent beard, exudes experience and expertise. They wear a steampunk-inspired outfit, including a leather apron with tool-filled pockets, sturdy overalls, and goggles resting on their forehead. Their metallic prosthetic arm and belt of specialized instruments emphasize their skill in repairing and tinkering with advanced machinery, making them a unique and memorable protagonist. --v 6.0 --s 250 --style raw --ar 3:5

나머지는 그대로 두고 정의 부분을 컨셉아트에서 사진으로 바꿔줬습니다.
또한 캐릭터를 표현하기 알맞게 이미지의 가로세로 비율을 3:5로 정했습니다.(--ar 3:5)

위와 같이 좀 더 실사풍의 이미지들이 나왔습니다. 하지만 딱히 마음에 드는 이미지가 없습니다. 이렇게 내가 원하는 게 뭔지 확신이 없을 때는 최대한 시안을 많이 잡는 게 나을 것 같습니다.

아마 컨셉아트 실무를 해 보신 분은 방향성을 정해주거나, 결정을 내리지 않으면서 무작정 많은 시안을 요구하는 직장 상사를 겪어 보셨을 겁니다. 대부분 본인이 뭘 원하는지 모르는 경우입니다. 이번엔 우리가 똑같은 방식으로 AI를 부려 먹을 차례입니다.

저는 동일 프롬프트에 대해 4번을 재생산해서 다음과 같은 썸네일을 얻었습니다.

캐릭터의 전신이 모두 나온 이미지만 추려서 업스케일링을 해 줬습니다.

이렇게 4가지 시안을 추려냈습니다. 하지만 여기에서 선택하려니 또 울렁증이 옵니다.
잘 모르겠으니 최대한 더 많은 시안을 더 보고 싶습니다. 실무자에게 이런 지시를 내렸으면 사내 익명 게시판에서 유명 인사가 되거나, 대량으로 퇴사자가 발생했을지도 모르겠네요.

이럴 때는 Vary(Strong)를 활용하면 실루엣은 유지하면서 다양한 스타일로 시안을 잡아줍니다.

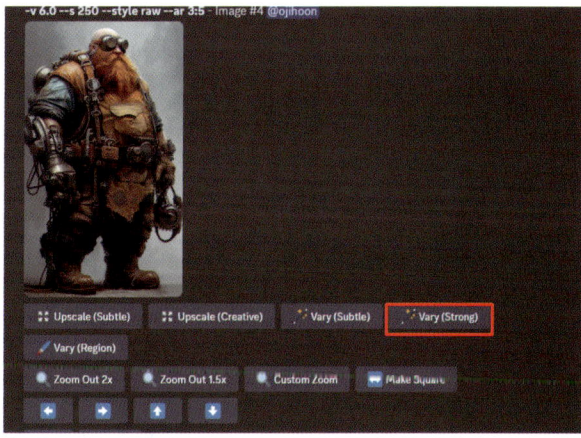

아래와 같은 4가지 다른 시안을 잡아줬습니다.
색상과 복장은 유사하지만 조금씩 다른 타입의 캐릭터가 탄생했습니다.

나머지 캐릭터들도 Vary(Strong)으로 각각 4개의 캐릭터 시안을 만들어 보겠습니다.

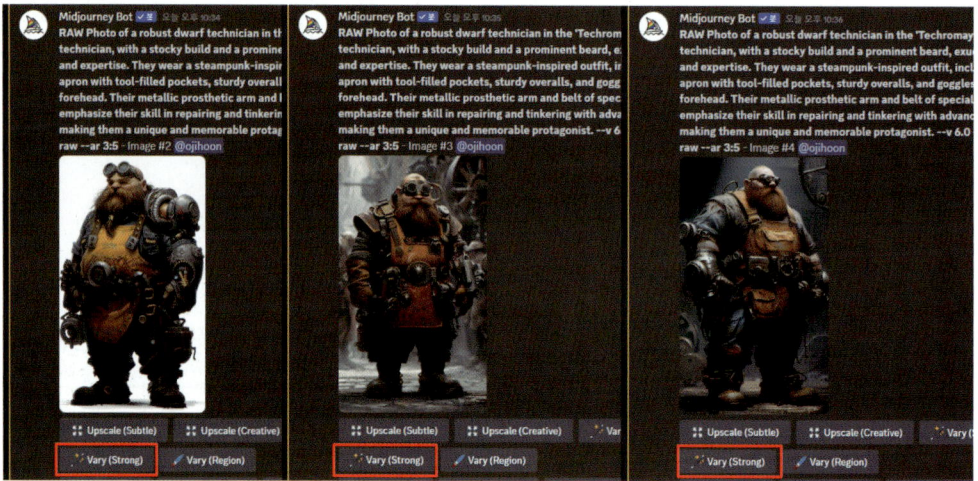

순식간에 비슷비슷하면서 미묘하게 다른 시안을 12개 뽑았습니다. 어느 정도 방향성이 정해졌을 때 이렇게 많은 시안을 보면 확실히 선택의 폭이 넓을 것 같습니다.

솔직히 아직도 뭐가 제일 좋은지는 모르겠지만 이 정도 미묘한 차이까지 감별하는 까다로운 컨펌자라는 건 충분히 어필한 것 같습니다. 다시는 AI가 저를 우습게 보지는 못할 거예요.

저는 이 시안으로 선택했습니다.
약간 삐딱해 보이면서도 너드(Nerd) 같아 보이는 게 마음에 듭니다. 하지만 생각보다는 디테일이 부족해 보여서 포토샵과 스테이블 디퓨전에서 수정해 보겠습니다.

우선 이미지의 해상도를 높이기 위해 미드저니 자체에서 지원하는 업스케일링을 해서 해상도를 높여 주겠습니다.

짜잔! 1696×2848 해상도의 이미지로 업스케일링이 되었습니다.

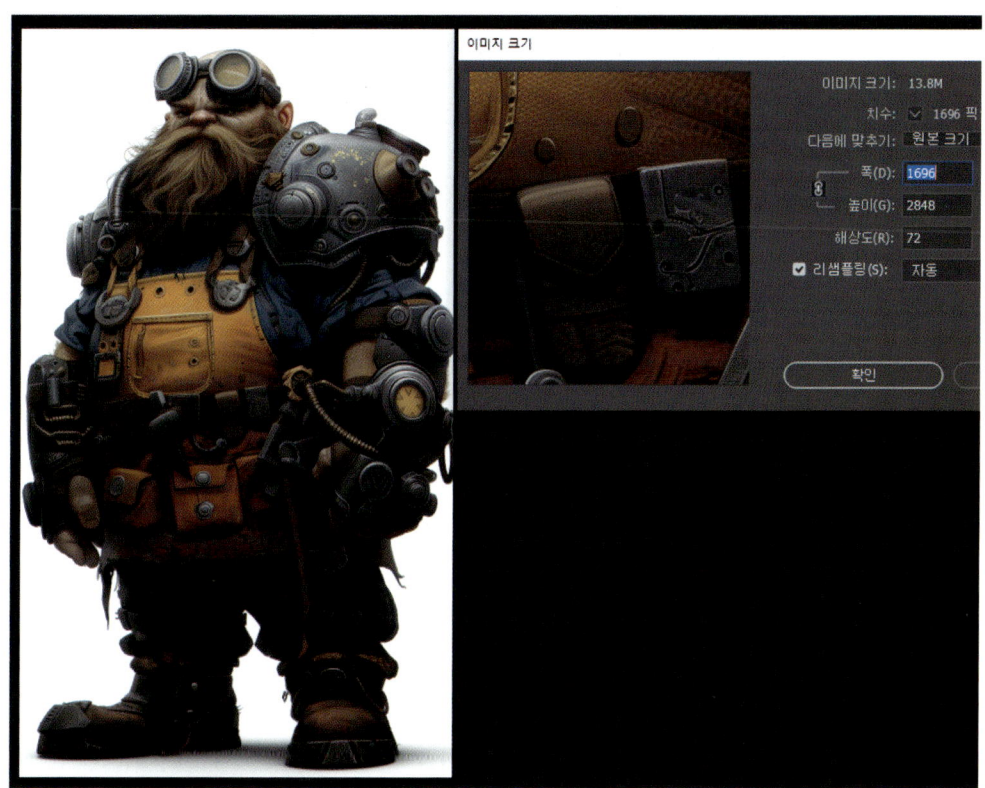

포토샵의 생성형확장 기능을 활용하여 오른쪽의 약간 잘린 부분을 자연스럽게 만들어 줬습니다. 이 상태로 스테이블 디퓨전의 img2img 기능을 활용하여 디테일을 올려주겠습니다.(다음 페이지)ㅋ

이렇게 마무리했습니다(스테이블 디퓨전 img2img에서 미드저니와 동일 프롬프트를 사용. realisticVisionV51 체크포인트 모델을 활용했으며, Steampunkcog, CyberWorld Lora를 활용했습니다.).

Chat GPT와 함께 몬스터 디자인하기

게임의 무대와 주인공들이 정해졌으니, 이번엔 악역을 디자인해 보겠습니다.
앞에서 충분히 예시를 들었기 때문에 대화를 통하여 악역의 목록을 정하는 과정은 생략하고 결과만 보여드리겠습니다.

Chat GPT의 도움을 받아 작성한 목록은 아래와 같습니다.

- 악당 종족 (10가지를 추천해줬지만 3가지만 추렸습니다.)

> 1. 스팀고블린 (Steam Goblins) : 기술력과 강력한 무기를 사용하는 스팀파워에 중독된 고블린 종족으로, 판타지와 스팀펑크의 결합으로 미친 열망을 표현합니다.
>
> 2. 마법송이 (Enchanti) : 화려한 외모와 강력한 마법 능력을 지닌 정령 생명체로, 고요한 숲과 사냥에 아름다운 존재로 등장하며, 실제로는 무자비한 자연의 지배자들입니다.
>
> 3. 기계유닛 (Mechanoids) : 고대 로봇 종족으로, 고도의 기술력을 지닌 존재로, 도시를 점령하고 높은 기술력을 악용합니다.

- 악당 보스

> 1. 무한 황제 드라쿨로스(Emperor Dracorus the Infinite) : 수십 세대를 지배하고 영생을 쫓는 불멸의 드래곤 대왕으로, 화염과 얼음의 마법을 통해 거대한 화염 폭풍과 얼음 폭풍을 창조합니다.
>
> 2. 기계 황제 메카라이트(Emperor Mecharite) : 고대 기계문명의 황제로, 거대한 전투 기계군을 지배하며, 도시를 강제로 정복하는 기술적 지배자입니다.

이 중에서 우선 무한 황제 드라쿨로스의 이미지를 만들어 보겠습니다.

01. 무한황제 드라쿨로스 디자인하기

나 꿀도리. 앞서 말한 무한 황제 드라쿨로스가 마음에 드는데 이미지 생성 AI용으로 쓸 수 있게 프롬프트를 작성해 줬으면 해. 외모에 대한 최대한 구체적이고 상세한 묘사가 필요하고, 추상적인 표현은 자제했으면 좋겠어. 그리고 한 문단의 영어로 작성해 줘.

Chat GPT 무한 황제 드라쿨로스의 외모에 대한 상세한 프롬프트를 다음과 같이 작성해 드립니다:

"Create a detailed concept art for Emperor Dracorus the Infinite, a colossal and imposing ancient dragon in the 'Techromay' game. Dracorus boasts massive, ebony-scaled wings that stretch majestically and powerfully. His obsidian scales are adorned with intricate, ancient runes that shimmer with an ominous, otherworldly glow. His eyes, the color of molten gold, radiate intelligence and centuries of wisdom. Enormous horns curl from his skull, while razor-sharp fangs protrude menacingly from his jaw. His serpentine body is robust and muscled, covered in obsidian and ebony scales that give him an air of invincibility. Dracorus exudes a sense of ageless authority and commands the very essence of fire and shadow, making him an awe-inspiring and formidable presence in the game's world."

한글 "'테크로메이' 게임 속 무한 황제 드라쿠로스의 상세한 컨셉 아트를 만듭니다. 드라쿠로스는 거대하고 위용 있는 고대 용으로, 강력하게 펼쳐진 어둠으로 뒤덮인 거대한 날개를 자랑합니다. 그의 흑요석처럼 반짝이는 비늘은 복잡하고 고대의 룬으로 장식되어 있으며, 불길하고 이 세계적인 빛을 발산합니다. 그의 눈은 금속 화분과 같은 황금빛을 띠며, 지혜와 세기의 지식을 빛냅니다. 그의 뿔은 그의 두개골에서 뒤로 휘어지며, 그의 아주 날카로운 어금니는 위협적으로 튀어나옵니다. 그의 뱀 모양의 몸은 튼튼하고 근육질로, 불판과 흑요석 비늘로 덮여 있어 무적의 느낌을 줍니다. 드라쿠로스는 무한한 권위감을 풍기며 불과 그림자의 본질을 지배하는, 경외감을 불러일으키는 엄청난 존재입니다."

이번에는 처음부터 한 문단의 영어로 작성해 달라고 이야기를 했더니, 장황한 중간 과정을 건너뛰고 처음부터 한 문단의 적절한 길이의 영어 프롬프트를 얻을 수가 있었습니다. 이걸 그대로 미드저니에 넣어 보겠습니다.

아래와 같은 결과가 나왔습니다.
4개의 시안 중 2개만 추렸습니다. 멋지지만 개성이 좀 부족한 것 같습니다.

Niji 모드로 다시 생성을 해 보겠습니다.

훨씬 낫습니다. Niji 모드가 확실히 캐릭을 더 매력 있게 표현하는 것 같습니다. 첫 번째 이미지가 마음에 듭니다. 포토샵으로 불러오겠습니다.

포토샵에서 이미지 사이즈를 1827×1024로 조절했습니다. 앞서 여러 번 반복해서 작업했듯이, 1024×1024 사이즈의 새 창을 띄운 후 새 창에 이미지를 복사해서 부분부분 스테이블 디퓨전에서 이미지 업그레이드를 해 주기 위해서입니다.

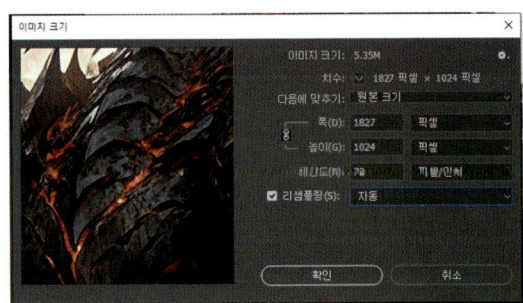

체크포인트 모델은 henmixReal_v40을 사용했습니다.(henmixReal은 실사 풍 판타지를 표현하기에 괜찮은 모델입니다.) 프롬프트는 미드저니에 입력했던 프롬프트를 거의 그대로 활용했습니다.

이제 이 이미지를 가이드 이미지 삼아 스테이블 디퓨전에서 디테일을 올려주겠습니다.

체크포인트 모델은 여전히 henmixReal_v40입니다.

img2img에서 ControlNet을 Depth 타입으로 진행했습니다.

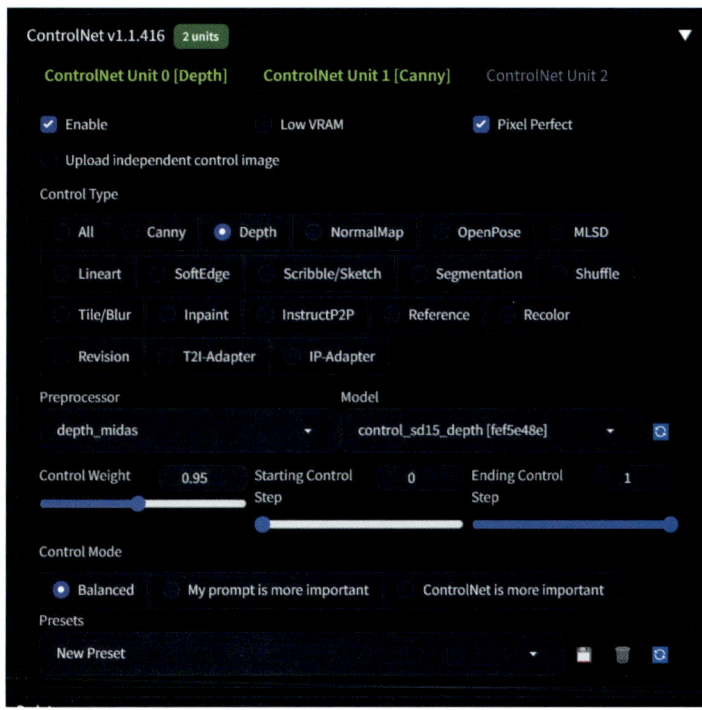

Denoising을 0.25로 잡고 Loopback의 Final denoising strength를 0.5로 잡아서 최대한 천천히 디테일을 올려 나갔습니다.

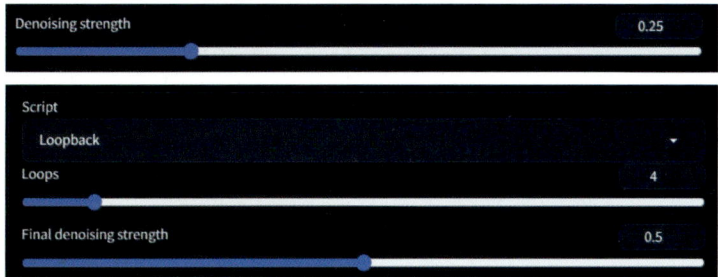

앞서 여러 번 반복했던 방식대로, 스테이블 디퓨전 img2img에서 Loopback을 활용하여
다음처럼 디테일 이미지 3개를 얻었습니다. 이렇게 디테일업된 이미지를 포토샵에서 합성해 줍니다.

디테일업된 각 이미지를 포토샵에서 모아서 레이어 마스크를
이용하여 필요한 부분만 남기고 합성하는 방식으로 이미지를
만들어 줍니다.

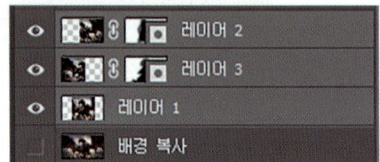

그 결과로 아래와 같은 이미지를 얻었습니다.

원래 이미지에 비하여 훨씬 입체감과 디테일이 올라간 이미지를 얻었습니다.
왼쪽 상단의 날개 부분에 어색한 부분이 보입니다. 자주 있는 경우니 수정 과정을 보여드리겠습니다.

어색한 부분을 라소툴로 선택해서 생성형 채우기를 해 줍니다.

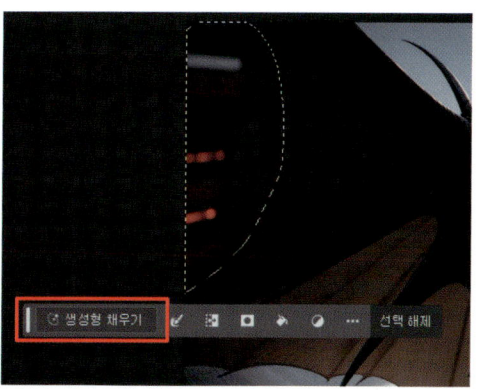

위와 같이 수정되었습니다. 이처럼 이미지의 연속성을 해치는 부분적인 오류들에 대해서는 생성형 채우기를 활용하면 아무런 프롬프트를 작성하지 않아도 포토샵이 알아서 수정을 해줍니다.

기존에 포토샵에서 하던 대로 색감 조절 및 이펙트 느낌을 추가하여 이미지를 만들어 주었습니다.
이제 좀 악당 같아졌네요. 아니 괴수 같아진 걸까요?

마지막으로 AI 그림 특유의 맨질맨질한 질감을 보완하기 위해서 녹슨 금속 질감 텍스쳐를 레이어 속성 중에서 오버레이로 올려주겠습니다.

녹슨 금속의 텍스쳐를 오버레이로 올려놓고 보니 거친 느낌이 마음에 들어서 용뿐만 아니라 화면 전체적으로도 강약을 조절하면서 합성해 줬습니다. 이미지의 거친 느낌이 더 강조되어서 좋네요.

이렇게 무한황제 드라쿨로스 (Emperor Dracorus the Infinite)의 이미지는 마무리 하였습니다.

이미지생성 AI 초창기에는 사람 외의 몬스터 디자인은 AI가 잘 처리하지 못하는 것이 약점이던 시절이 있었습니다. 보시다시피 그 약점은 빠르게 극복되고 있네요.

02. 스팀고블린 디자인하기

"스팀고블린 (Steam Goblins): 기술력과 강력한 무기를 사용하는
스팀파워에 중독된 고블린 종족으로,
판타지와 스팀펑크의 결합으로 미친 열망을 표현합니다."

이제 흔히 말하는 잡몹인 스팀고블린을 디자인해 보겠습니다. 앞서와 비슷한 과정을 거쳐 Chat GPT에서 아래와 같은 프롬프트를 얻었습니다.

Chat GPT: "Create a detailed concept art for a Steam Goblin character in the 'Techromay' game. The Steam Goblin possesses a rugged and mechanical appearance, standing at an average height with a stout, robust build. Their skin is tinted with a metallic sheen, showcasing the influence of steam-powered machinery on their physiology. Their eyes gleam with a fiery intensity, revealing their affinity for steam and technology. They wear an assortment of gears, cogs, and mechanical accessories as part of their attire, which combines steampunk aesthetics with a practical yet stylish look. Steam Goblins typically carry steam-powered tools and weapons, embodying their devotion to steam-based technology and their penchant for mechanical ingenuity."

한글: "'테크로메이' 게임 내 스팀고블린 캐릭터의 상세한 콘셉트 아트를 만들어주세요. 스팀고블린은 견고하고 기계적인 외모를 가지며, 평균적인 키에 튼튼하고 튼튼한 체구를 가졌습니다. 그들의 피부는 금속적인 빛깔을 띠며, 스팀 기반 기술이 그들의 생리에 미치는 영향을 보여줍니다. 그들의 눈은 불길처럼 강렬하게 빛나며, 스팀과 기술에 대한 애정을 드러냅니다. 그들은 본질적으로 스팀펑크 미학과 실용적이면서도 스타일리시한 복장을 착용하며, 여러 가지 톱니바퀴, 코그, 기계적인 액세서리를 포함하고 있습니다. 스팀고블린은 일반적으로 스팀 기반 도구와 무기를 휴대하며, 스팀 기술에 대한 애정과 기계적인 역량을 대표합니다."

미드저니에서 생성된 결과입니다.
할리우드 60년대 B급 영화에 나올 것 같은 디자인입니다. 별로 마음에 들지 않습니다.

niji 모드로 해 보겠습니다.

이번에는 지나치게 귀여운 것 같네요. 그나마 두 번째 이미지가 원하는 바랑 비슷한 것 같습니다. 두 번째 시안과 유사한 더 많은 시안을 얻기 위해 Vary(Strong)을 활용하겠습니다.

두 번째 이미지를 업스케일링하고 Vary(Strong) 버튼을 눌러 줬습니다.

베리에이션을 얻었습니다만, 별로 마음에 들지 않습니다.

하지만, 무한정 시안을 잡는 것도 좋은 방법은 아니므로 여기서는 첫 번째 안을 수정해서 사용하겠습니다.

포토샵에서 수정해 봤습니다.
기계적인 요소들을 더 추가해 주고, 손에 든 정체불명의 물체를 무기로 바꿔줬습니다. 캐릭터의 개성이 강하기 때문에 원경에서도 실루엣이 잘 드러날 것입니다.

이처럼 뭔가를 디자인할 때 맨땅에 헤딩하듯이 처음부터 디자인하는 것보다는 AI가 디자인해 놓은 기본적인 형태를 활용해서 디자인하면 시간 대비 큰 효율성을 가져올 수가 있습니다.

이제 이 이미지를 가이드 이미지 삼아 스테이블 디퓨전에서 디테일을 올려주겠습니다.
체크포인트 모델은 여전히 henmixReal_v40 입니다.

img2img에서 ControlNet을 Depth 타입과 Canny 타입 두 가지 타입을 동시에 적용한 멀티컨트롤넷을 사용했습니다.

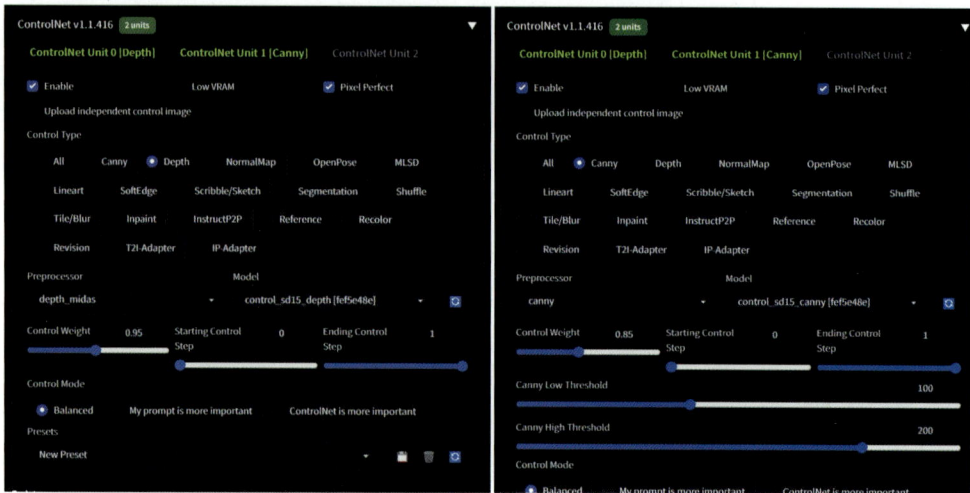

Denoising을 0.25로 잡고 Loopback의 Final denoising strength를 0.5로 잡아서 최대한 천천히 디테일을 올려 나갔습니다.

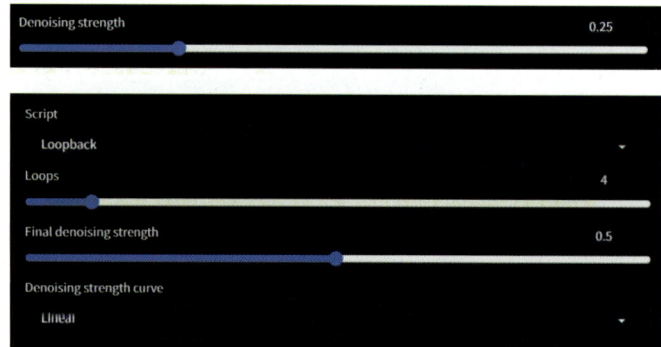

다음은 디테일을 올린 이미지들입니다. 첫 번째 이미지는 얼굴 등의 인상은 잘 나왔지만 아직 선화의 느낌이 남아 있습니다.

두 번째 이미지는 기계 등의 표현이 좋아졌지만, 피부색이 변했고, 얼굴이 완전히 달라졌습니다.

위 두 이미지를 포토샵에 불러와 괜찮은 부분만 남기는 식으로 서로 합성하겠습니다.

이와 같이 포토샵에서 합성하고 어색한 부분을 수정하고 색보정을 한 후 마무리를 했습니다.

캐릭터, 배경, 로고가 같이 나오는 게임광고 이미지 만들기

6

이 책에서 소개하고 있는 툴들은 현시점에서 장점을 가진 툴들이고, 앞으로는 또 어떤 툴이 부각될지 혹은 지금 쓰이는 어떤 툴이 사라질 지 알 수 없습니다. 워낙 변화가 빠르기 때문에 1년 후에는 지금은 전혀 알지 못하는 툴이 대세의 툴이 될지 모르는 게 요즘 AI 업계의 현실입니다. 하지만 대세 툴이 어떤 것으로 변하더라도, 각 툴의 성격을 잘 파악하고 필요한 곳에 적절히 쓰면서, 포토샵과 함께 이미지를 만들어 가는 프로세스 자체는 크게 변하지 않을 것 같습니다.

그런 의미에서 여러 가지 툴을 함께 써서 이미지를 만들어가는 과정을 소개해 봤습니다.

다음 장에서는 Chat GPT 4.0을 활용하여 또 다른 이미지생성 방식인 대화형 이미지 생성을 소개해 드리겠습니다.

7

그래픽노블(Graphic Novel) 만들어 보기

Chat GPT와 대화하며 그래픽 노블 생성하기

01. 왜 Chat GPT4로 작업하는가?

앞 단원에서는 Chat GPT 3.5(무료 버전)을 활용해서 기획을 만들고, 또 이미지 생성을 도와주는 프롬프트를 작성했습니다. 이번 장에서는 Chat GPT 4.0(유료 버전)을 활용하여, 미리 작성된 스토리에 맞게 이미지를 생성하는 과정을 함께 해 보겠습니다.

현재 Chat GPT 4.0이 제공하는 이미지 생성 모델은 Bing image creator와 같은 "DALL-E3"이지만, Bing이 정사각형 포맷의 이미지만 제공하는 데 비하여, Chat GPT 버전의 DALL-E3는 이미지의 가로 세로 비율을 마음대로 조절할 수 있을 뿐 아니라, 이미지의 생성과 수정을 AI와 채팅하듯이 처리할 수 있다는 큰 장점을 가지고 있습니다.

Chat GPT 4가 다른 이미지 툴에 비해 가진 가장 큰 장점은 텍스트와 이미지를 입력하여 보고 읽게 만들 수 있으며, 그 자료를 참조해서 스스로 판단해서 이미지를 만들어 낼 수 있다는 점입니다. 이처럼 AI가 눈과 귀를 가지고 여러 가지 방법으로 정보를 주고받는 것을 멀티모달(Multi Modal)이라고 부릅니다. 이런 특성에 의해 일일이 프롬프트를 작성할 필요 없이 편하게 대화하듯 이미지를 생성하는 것도 가능합니다. 앞서 진행해 왔던 프롬프트 작성이 약간의 코딩 같은 성격이 있었다면, Chat GPT 4.0을 통한 이미지 생성은 자연어를 사용하여 실제 인간 작업자와 대화하며 작업하는 과정과 많이 유사합니다.

앞으로 AI로 이미지를 만드는 과정은 Chat GPT4와의 작업 방식처럼 대화형으로 변해 갈 것 같습니다.

그래서 이번 장에서는 대화형으로 이미지를 만드는 과정을 소개하겠습니다. 또한 이렇게 만들어진 이미지를 포토샵으로 마무리하는 방식도 소개해보겠습니다.

Chat GPT 3.5 <--> 4.0 선택 방법

https://chat.openai.com에 접속하면 좌측 상단에서 Chat GPT의 버전을 선택해주실 수 있습니다.

02. 왜 그래픽 노블인가?

그래픽 노블은 만화와 소설의 중간 정도의 예술성이 높은 만화를 뜻하는 말이었지만, 현재는 일반적으로 미국 만화를 지칭하는 장르로 많이 받아들여지고 있습니다. 여기서 만화나 코믹스가 아닌 그래픽 노블을 만들어 보려는 이유는 그래픽 노블은 대사나 액션보다 내레이션에 해당하는 문장이 많이 들어가고, 정적인 화면이 많아도 크게 어색해 보이지 않기 때문입니다.

아시다시피 AI 이미지 생성 툴들은 아직은 캐릭터의 일관성과 동작의 컨트롤 제어에 약점을 가지고 있습니다. 그래서 명확한 연출과 액션씬을 넣기보다는 난해한 장면과 혼란스러운 대사를 넣어서 일부러 난해하게 만든 듯한 느낌으로 제작해 보겠습니다.

03. 가이드 이미지 만들기(사전준비)

Chat GPT에 참고 자료로 줄 이미지를 만들려고 합니다.
미드저니에서 다음 프롬프트를 입력했습니다.

A page from the graphic noble on the cyberpunk of the Lewar genre, colored pen drawing, mega city, ultra detail, epic scale, wide angle, eye level shot --v 6.0 --ar 2:1 --s 250

누와르 장르의 사이버펑크 세계관의 그래픽 노블의 한 페이지를 원한다고 쓰고 구체적인 장면 묘사는 적지 않았습니다. 다음은 그 결과물입니다.

대단히 두루뭉술한 프롬프트였는데도 상당히 그럴듯한 배경 이미지가 생성되었습니다.

여기서는 첫 번째 이미지를 선택했습니다. 분위기가 대단히 마음에 듭니다.

이 이미지에 캐릭터를 넣기 위해 Vary(Region) 기능을 활용하기로 했습니다.

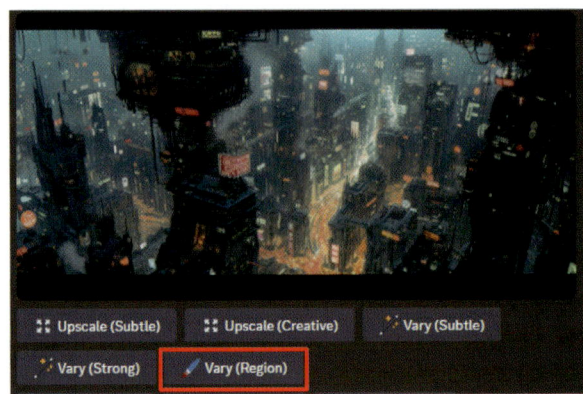

[1번 박스] 에디트 모드에 들어와서 캐릭터가 들어 갈 공간을 큼직하게 선택해 줬습니다.

[2번 박스]의 프롬프트 입력란에는 기존 프롬프트 외에 '노란 모자를 쓴 사이보그 형사가 수사를 위 해 거리를 돌아다니고 있다'는 문장을 추가해 줬습 니다.

> **프롬프트 파일제공**
> A page from the graphic noble on the cyberpunk of the Lewar genre, Detective Cyborg, a middle-aged man in a trench coat wearing a yellow fedora, stands looking at the city --v 6.0 --ar 2:1 --s 550

그 결과로 나온 시안들입니다. 생각만큼 괜찮은 시안을 얻기가 어렵네요.
여기서는 세 번째로 정했습니다. 이렇게 나온 시안을 Pan 기능으로 가로 영역을 넓혀 주겠습니다.

Pan 기능을 활용하여 오른쪽으로 이미지를 확장합니다.

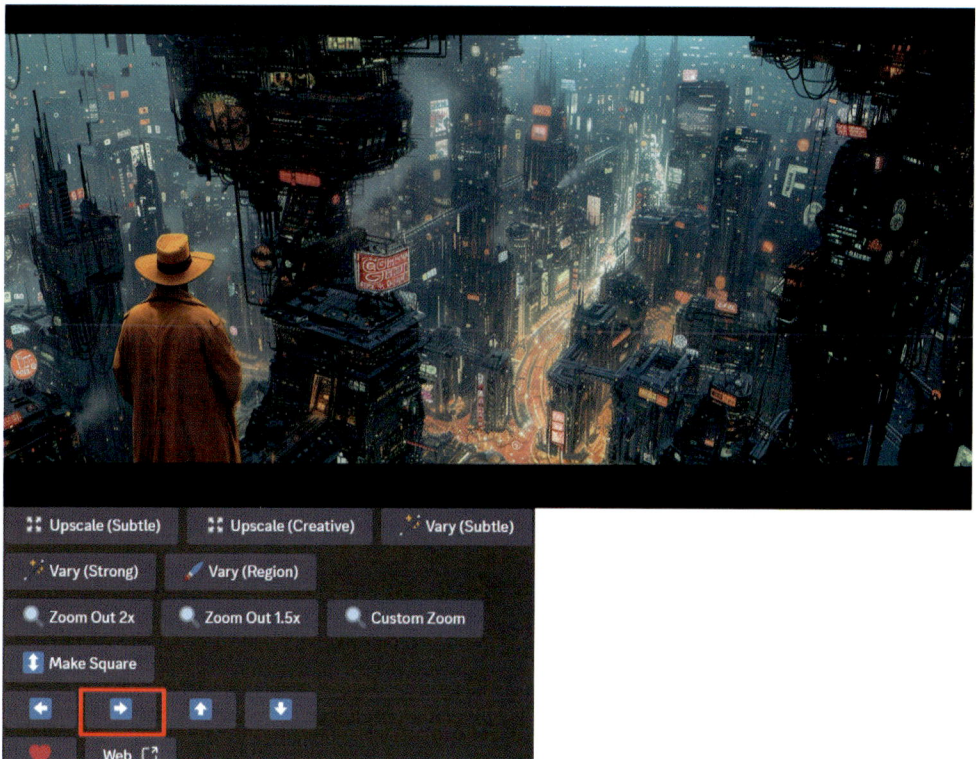

이 과정을 통해 다음과 같은 가이드 이미지를 얻었습니다.
포토샵에서 살짝 수정한 후 이번 장의 타이틀 이미지로도 사용했습니다.

그래픽노블(Graphic Novel) 만들어 보기 **7**

Chat GPT와 대화하며
그래픽 노블 생성하기

우선 제가 쓴 간략한 시놉시스는 아래와 같습니다(Chat GPT를 활용해서 기획과 시나리오를 작성할 수 있지만 앞의 6장에서 충분히 보여드렸기 때문에 이번 장에는 이미지 생성에 대한 내용만 다루겠습니다).

> 사이보그 기술이 발전한 대도시 37지구는 계속되는 연쇄살인 사건 때문에 혼란스럽다. 살인이 일어난 지역에는 붉게 빛나는 커다란 꽃들이 피고 번성하는데, 이 꽃에서 추출할 수 있는 마약 성분 때문에 살인 사건이 일어난 지역은 더 무서운 우범지대로 변해가고, 도시는 하루도 평화로운 날이 없다. 주인공은 이 도시의 하부 다운타운에서 탐정 사무실을 운영하면서 붉은 꽃의 정체를 알아내기 위해 애쓴다.

이렇게 적당히 잡아놓은 설정을 뼈대로 Chat GPT와 대화를 해 보겠습니다.

01. 방의 성격 정의하기

Chat GPT 홈페이지에 접속합니다.

> https://chat.openai.com

우선 새로운 방을 생성하고 방의 성격을 정의하는 것부터 시작하겠습니다.

유료 버전의 Chat GPT 왼쪽 상단의 이 버튼을 눌러 줍니다.

새 창이 떴습니다.
또한 왼쪽 상단에 현재 Chat GPT 버전이 4인지를 꼭 확인합니다. (3.5버전에서는 이미지 생성을 지원하지 않습니다.)

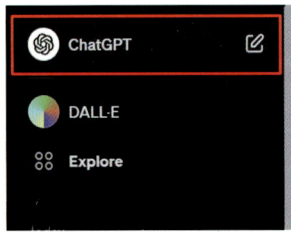

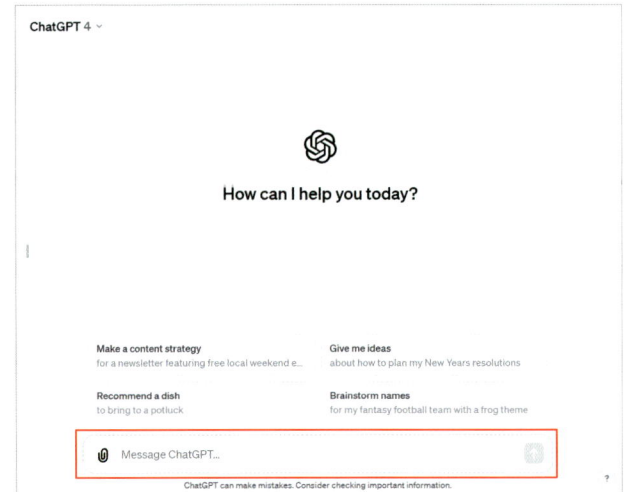

02. 채팅방 정의하기

우리는 지금까지 수많은 이미지를 만들어 오면서 정의가 얼마나 중요한지 많은 경험을 쌓아 왔습니다. 이는 Chat GPT를 사용함에 있어서도 똑같습니다. 특히 Chat GPT는 채팅방 자체의 용도를 정의해줄 수 있습니다.

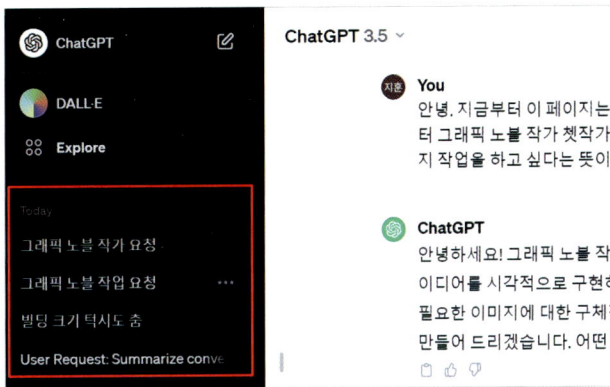

Chat GPT의 왼쪽을 잘 살펴보면 지금까지 Chat GPT와 나누었던 대화들의 히스토리가 저장되어 있습니다. 해당 채팅방을 들어가면 그 방에서 진행하던 업무를 계속 진행하는 것이 가능합니다. 따라서 해당 채팅방의 성격을 잘 정의해 놓으면, 특정 작업에 특화된 작업용 채팅방을 만드는 것이 가능합니다.

이제 새로 생긴 채팅방의 용도를 정의하겠습니다.
사실은 이미 6장에서 이미 해 봤던 과정입니다. 하지만 6장의 Chat GPT는 3.5 버전이기 때문에 묻는 말에 대답만 할 수 있고, 이미지를 인식하거나 생성하지는 못했었습니다. 앞서 기획을 위해 3.5를 활용할 때는 텍스트 분량이 너무 길어 요약본을 사용했지만, 이번에는 화면을 그대로 캡처하여 진행 과정을 정확하게 보실 수 있도록 하겠습니다.

이제 정의를 내려 보겠습니다.

먼저 "그래픽 노블을 만들기 위한 특별 페이지"로 페이지에 대한 정의를 내려줬습니다.

Chat GPT가 본인의 역할을 정확하게 이해하고 대답할 준비가 되어 있다는 점을 눈여겨봐 주세요. 이제 이 방에서 Chat GPT는 "챗 작가"라는 이름을 가진 그래픽노블의 그림 작가입니다.

이제 아래 프롬프트 입력창에 Chat GPT가 참조할 내용들을 입력해 줍니다.

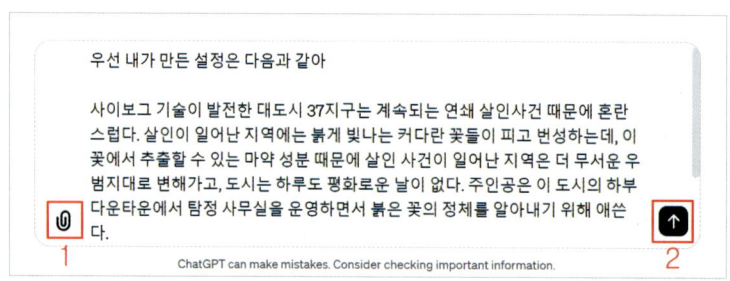

문서를 작성할 때 주의할 점은 문장을 쓰고 Enter 키를 누르면 프롬프트가 그냥 전달되어 버린다는 점입니다. 문장의 줄바꿈을 할 때는 반드시 Shift + Enter로 줄바꿈을 하시기 바랍니다.

또한, [1번 박스]의 클립 모양 버튼을 누르면 Chat GPT에 이미지 및 문서를 입력할 수가 있습니다. 가령 특정 소설에 대한 작업을 시키고 싶다면 300페이지 내의 분량이라면 텍스트나 pdf 파일을 통째로 입력시켜서 참조시키는 것도 가능합니다. 놀라울 뿐이죠.

원하는 글을 다 작성하셨다면 Enter 키나 [2번 박스]의 화살표 아이콘을 눌러서 내용을 전달할 수 있습니다.

아래처럼 아주 기본적인 설정과 참고할 이미지를 제시해 줬습니다.

그래픽노블(Graphic Novel) 만들어 보기

 ChatGPT
그림으로 제공해주신 대도시 37지구의 설정은 매우 독특하고 상세합니다. 사이버펑크 장르의 깊이 있는 분위기가 느껴지며, 탐정의 신비로운 모습이 이야기의 중심을 잘 표현하고 있습니다. 붉게 빛나는 꽃과 그에 얽힌 마약 성분, 연쇄 살인사건 등이 이 도시의 어두운 면을 잘 드러내고 있습니다.

이러한 설정을 바탕으로, 이야기의 다음 장면이나 캐릭터에 대해 더 자세한 묘사나 요청 사항이 있다면 알려주세요. 그래픽 노블의 다음 페이지를 만드는 데 필요한 이미지를 제작해 드릴 수 있습니다.

챗 작가가 글의 내용과 이미지의 내용을 아주 잘 이해하고 있음을 알 수 있습니다.
이제 구체적인 이미지에 대한 지시를 해 보겠습니다.

03. 채팅으로 그래픽 노블 생성하기

 You
맨 먼저 탐정이 길을 나서서 37지구의 뒷골목을 지나가는 과정을 그래픽 노블처럼 적절한 컷을 나눠서 만들어줘. 지나가는 길에 불량스러워 보이는 사이보그 불량배나, 네온사인 간판들이 많은 상업지대를 지나서 점점 인적이 드문 뒷골목에 들어서는데, 뒷골목엔 배관들과 전선이 가득하고 지저분한 쓰레기들이 널려있어.

윗글이 기존 앞 단원의 프롬프트 작성 스타일과 많이 다르다는 것을 유심히 봐주세요. 그냥 자연스럽게 대화하듯이 지시하고 있습니다. 위 글에 대한 Chat GPT의 대답은 아래와 같습니다.

그래픽 노블 스타일의 연속된 장면을 생성했습니다. 이 이미지들은 탐정이 미래적인 사이버펑크 도시, 37지구의 뒷골목을 걷는 모습을 담고 있습니다. 첫 번째 패널에서는 탐정이 네온사인과 사이보그 불량배들로 둘러싸인 길로 나서는 장면을, 두 번째 패널에서는 네온 불빛 아래에서 어슬렁거리는 사이보그 불량배들의 모습을, 마지막 세 번째 패널에서는 인적이 드문 뒷골목으로 들어서는 탐정의 모습을 보여줍니다. 각 장면은 사이버펑크 세계의 어두운 분위기와 세세한 디테일을 표현하고 있습니다.

그야말로 끝내줍니다. 거의 완벽하게 자기 역할을 이해하고 있네요. 하지만 제가 주인공에 대한 설정을 하지 않은 탓에 주인공의 캐릭터가 너무 밋밋합니다.

주인공의 외모에 대해 간략하게 지시를 해줬습니다.

You
매우 좋은데 탐정이 주인공이라는걸 한눈에 알수 있게 복장에 특징을 주고 싶어. 다른 캐릭말고 주인공 탐정 캐릭에만 중절모를 씌워주면 좋겠고 항상 담배를 물고 있게 해줘

ChatGPT

주인공 탐정 캐릭터의 이미지를 만들었습니다. 이 이미지는 그의 특징인 중절모와 입에 끼운 담배를 강조하여, 사이버펑크 세계관 속에서 그가 주인공임을 분명히 보여줍니다.

갑자기 주인공 캐릭터의 이미지를 만들어줬습니다. 저는 설정만 하려고 했는데 아예 이미지화 시켜버렸네요. 그래서 그냥 이 이미지를 활용하기로 했습니다.

You
좋아 저 이미지를 앞으로 주인공의 모습이라고 정해놓자.

ChatGPT
알겠습니다. 제공해주신 이미지를 주인공 탐정 캐릭터의 모습으로 사용하겠습니다. 이 캐릭터 디자인을 기반으로 앞으로 그래픽 노블을 계속 진행해 나가면 좋겠네요. 다음으로 진행하고 싶은 장면이나 이미지가 있다면 언제든지 말씀해 주세요.

그래픽노블(Graphic Novel) 만들어 보기

주인공의 이미지에 대해 Chat GPT와 어느 정도 의견을 맞춘 후 다시 처음 이미지를 만들 때 썼던 지시문을 다시 반복했습니다.

 You
좋아 그럼 앞에 했던 작업을 다시 해보자. 주인공을 윗 이미지로 반영해서 해주면 돼

맨 먼저 탐정이 길을 나서서 37지구의 뒷골목을 지나가는 과정을 그래픽 노블처럼 적절한 컷을 나눠서 만들어줘. 지나가는 길에 불량스러워 보이는 사이보그 불량배나, 네온사인 간판들이 많은 상업지대를 지나서 점점 인적이 드문 뒷골목에 들어서는데, 뒷골목엔 배관들과 전선이 가득하고 지저분한 쓰레기들이 널려있어.

 ChatGPT

탐정이 지구 37의 뒷골목을 거닐며, 주변의 사이버펑크적 요소들과 함께 특유의 분위기를 풍기는 그래픽 노블 스타일의 연속된 장면을 새롭게 생성하였습니다. 탐정의 독특한 모습이 강조된 이 이미지들을 이야기를 전개하는 데 사용하실 수 있습니다.

 You
매우 좋아 계속 해보자

이제 주인공의 생김새가 반영된 버전으로 그래픽 노블의 첫 부분이 완성되었습니다. 무척 흡족하네요. 다음 페이지의 내용으로 넘어가겠습니다.

 ChatGPT
좋습니다. 다음 장면이나 그래픽 노블의 다음 단계에 대해 구체적인 지시를 주시면, 그에 맞는 이미지를 만들어드리겠습니다. 어떤 장면을 상상하고 계신가요?

 You
좋아 챗작가. 이제 탐정이 정말 후미진 골목에 들어왔어. 그 골목 끝에 기괴한 붉은 꽃이 잔뜩 핀 한 집의 대문이 있어. 탐정은 조심스럽게 다가가서 그 집 문을 손으로 살짝 건드렸는데, 자동으로 열리는 거야. 이 광경을 앞서 만든 이미지와 동일한 그림체와 동일한 주인공으로 그래픽 노블의 형식에 맞추어 멋지게 컷을 나누어서 표현해줘

지시를 할 때 종종 맨 처음에 지정한 "챗 작가"처럼 이름을 종종 불러주는 것은 맨 처음에 페이지에 내렸던 정의와 역할을 상기시켜 주기 위해서입니다. 그리고 장면 설명을 마친 후에도 그래픽 노블의 형식에 맞추어 달라고 또 한 번 강조하면서 AI에게 자신의 역할을 잊지 않도록 계속 상기시켜 줍니다.

주인공 탐정이 후미진 골목의 기괴한 붉은 꽃이 핀 집에 다가가는 장면을 그래픽 노블 스타일로 잘 표현했습니다. 이제 이야기가 어떻게 전개될지 기대가 되네요. 다음 장면이나 추가적인 요청이 있으시면 말씀해 주세요.

맨 마지막에 주인공이 2번 등장한 것이 아쉽지만, 포토샵에서 수정이 가능하다는 걸 감안하면 이 정도면 나름 잘 표현한 것 같습니다. 다음 내용을 더 진행하겠습니다.

You
자 챗작가. 우리 주인공은 어느 방안에 들어왔어. 각종 전자 장비로 어지럽혀져 있고, 바닥에는 먹다만 음식물들이 널부러져 있는 방안에 여기저기 붉은 꽃이 피어서 괴기스러워 보여. 주인공이 방 가운데 다가가서 보니 한 남자가 죽어서 쓰러져 있어. 이 장면을 그래픽 노블 형식에 맞게 컷을 멋지게 나누어서 이미지를 만들어줘

ChatGPT

주인공 탐정이 전자 장비들과 음식물이 널부러진 방 안에 들어서서 죽은 남자를 발견하는 장면을 그래픽 노블 형식에 맞춰 표현했습니다. 주변의 붉은 꽃들이 이 괴기스러운 상황을 더욱 부각시키고 있습니다. 이야기를 계속 진행하시거나 추가 요청이 있으시면 알려주세요.

이번에는 뭔가 애매한 장면이 나왔습니다. "컷을 멋지게 나누어" 달라고 지시한 게 원인이 된 것 같습니다. 제가 의미하는 멋짐이 적절함 혹은 알맞음에 가까웠다면 Chat GPT는 말 그대로 스타일리쉬하게 나누어 달라는 의미로 해석한 것 같습니다.

> **You**
> 매우 멋진 이미지이기는 한데 다소 상징적인 느낌이 들고 컷의 분할이 좀 애매한거 같어. 일단 화면의 중심에 주인공의 뒷모습이 있었으면 하고, 만화를 보는 사람이 주인공의 뒷모습을 따라 가면서 상황을 감상하는 느낌이 들면 좋겠어. 그렇게 주인공의 시선에 따라서 방의 구석 구석을 살펴 보다가 죽은 시체를 발견하는 연출이면 아주 멋질거 같아. 그 과정을 컷으로 나누어서 잘 만들어진 영상물의 콘티처럼 이야기의 흐름이 느껴지면 좋겠어. 자 그럼 위의 이미지를 이 조건에 맞춰서 멋진 그래픽 노블로 만들어줘

우리가 직장에서 자주 경험하듯 의사소통에 문제가 생기면 일단 말이 길어집니다. Chat GPT와 일하는 저의 모습도 마찬가지 같습니다. 이렇게 말이 길어지면 또 생각하지도 못한 문제가 생기기 마련이죠.

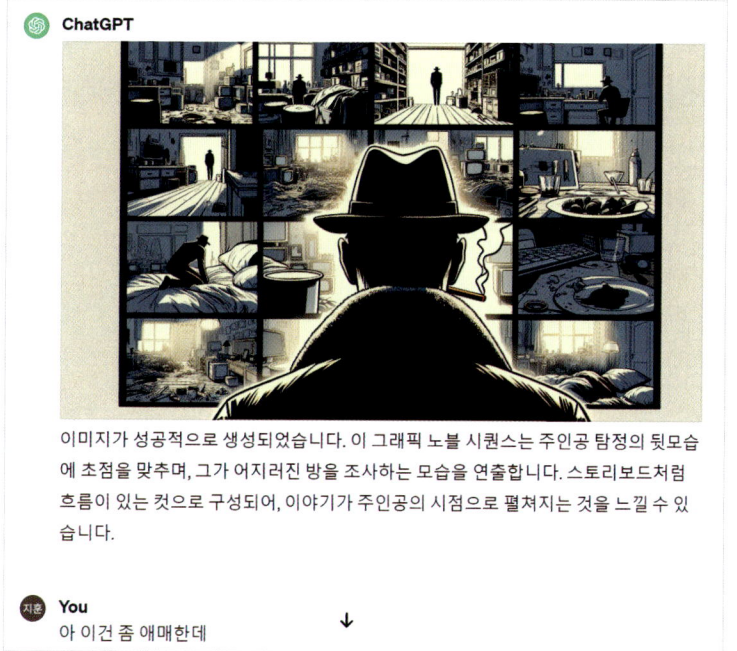

네네……. 많이 애매합니다.

그냥 프롬프트를 이용하기로 했습니다. 앞서 작업했던 이미지를 클릭하면 큰 이미지로 볼 수 있습니다.

이렇게 큰 창으로 떴을 때 우측 상단에 위치한 붉은 박스 안의 아이콘을 누르면 Chat GPT가 작성한 프롬프트를 볼 수 있습니다.

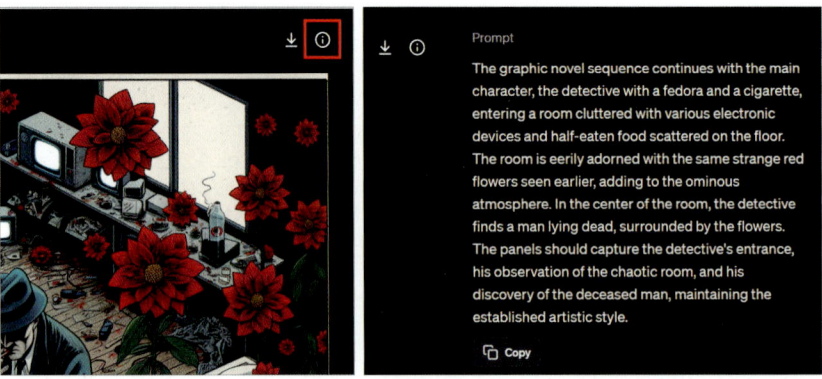

그동안 제가 Chat GPT와 평범한 자연어로 대화해서 생성해 온 이미지들은 사실은 Chat GPT가 프롬프트를 알아서 작성해서 DALL-E3에 입력해서 만든 결과물들이었습니다. 이 프롬프트를 그대로 복사했습니다.

> The graphic novel sequence continues with the main character, the detective with a fedora and a cigarette, entering a room cluttered with various electronic devices and half-eaten food scattered on the floor. The room is eerily adorned with the same strange red flowers seen earlier, adding to the ominous atmosphere. In the center of the room, the detective finds a man lying dead, surrounded by the flowers. The panels should capture the detective's entrance, his observation of the chaotic room, and his discovery of the deceased man, maintaining the established artistic style.
>
> 위 이미지를 그냥 한 컷으로 묘사해줘.

위와 같이 복사한 프롬프트를 입력하고 별도의 컷 분할 없이 묘사해 줄 것을 지시했습니다.

이제야 마음에 들게 나왔네요. 단지 이미지가 좌우로 더 넓었으면 좋겠습니다. 한 번 지시해 보겠습니다.

아……이게 아닌데요. 게다가 시체가 왜 갑자기 탐정으로 돌변해서 담배까지 피우고 있는 거죠!?!??

Chat GPT 4로 직접 이미지를 생성하는 것은 여기까지 하겠습니다.
대단히 유능하고 놀라운 면과 한계가 동시에 느껴집니다.

하지만, 가까운 시일 내에 웹툰이나 그래픽 노블 만드는 방식이 어떻게 변화될 수 있는지에 대한 힌트가 되기도 하는 작업이기도 했습니다. 좀 더 확장해서 생각하면, 애니메이션은 어떨까요? 혹은 영화는 요? 일반에 공개된 기술이 이 정도 수준이면 공개되지 않은 기술들은 또 어떻게 준비되고 있을까요?

이 기술이 이제 시작임을 생각하면 앞으로 몇 년 동안 어떤 것들이 등장할지 기대가 되면서도 업계 종사자로서 마음 한편으로는 걱정이 앞서기도 합니다. 하지만 아직은 사람이 직접 손을 봐야 쓸만한 것이 될 것 같습니다.

이제 만들어진 이미지들을 활용해서 포토샵에서 수정 및 종합을 해 보겠습니다.

04. 포토샵에서 수정하기

아까 생성했던 이미지들을 다운받은 후 포토샵에서 불러왔습니다.
부분적으로 어색한 곳을 찾아서 수정해 주겠습니다. 예를 들면 아래 이미지에서는 박스 부분의 컷 순서가 어색하고, 주인공이 갑자기 2명이 등장하는 문제가 있습니다.

컷의 순서를 바꾸고 주인공이 두 명으로 된 부분은 이렇게 선택한 후 Shift + F5를 눌러 "내용인식"으로 칠을 하면 자연스럽게 수정할 수가 있습니다.

또한 아까 좌우가 너무 좁아서 아쉬웠던 위 이미지의 경우엔 크롭으로 좌우를 확장한 후 포토샵의 생성형 채우기 기능으로 이미지를 확장할 수가 있습니다.

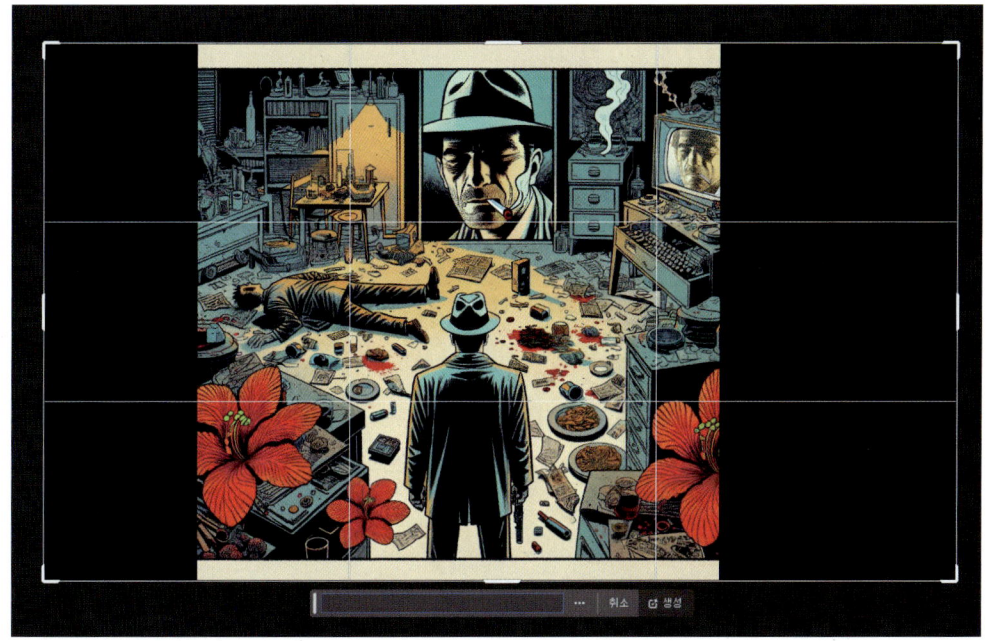

위 이미지가 그 결과입니다. 포토샵 자체의 생성 AI 기능들 또한 갈수록 발전할 것이기에 이미지를 만들 때 선택의 폭이 아주 넓어졌습니다.

지금까지의 과정들을 종합해서 다음과 같은 그래픽 노블 페이지 만들었습니다.

그래픽노블(Graphic Novel) 만들어 보기 **7**

이렇게 Chat GPT4를 활용하여 그래픽 노블 페이지를 만들어 봤습니다.

8

AI 이미지 생성 툴과 Blender를 함께 쓰기

Blender의 기초

이번 장에서는 AI 이미지 생성 툴로 만든 이미지가 블렌더(Blender)와 함께 어떻게 응용되어 되어 쓰일 수 있는지 보여드리려고 합니다.

블렌더는 현재 가장 확장세가 빠른 3D 툴이고, 오픈 소스 GPL 라이선스이기 때문에 언제 어디서든 무료로 사용할 수 있습니다. 또한 이러한 특성 때문에 AI 이미지 생성 기술과 가장 빠르게 융합하고 있는 3d 툴이기도 합니다(이 책은 Blender 4.0 버전을 기준으로 작성되었습니다.).

이 책의 성격상 블렌더의 기능에 대해서 일일이 설명해 드릴 수는 없을 것 같습니다. 가장 기본적인 기능은 설명을 하겠지만 좀 더 복잡한 설명은 생략하겠습니다. AI로 생성한 이미지가 3D에서도 어떤 가능성을 가지고 있는지 간단하게 확인해 보고 앞으로 3D 분야와 자연스럽게 융합하게 될 AI 이미지 생성 툴의 미래를 예측해 보는 시간을 갖도록 하겠습니다.

이 책은 AI 생성 이미지 툴에 대한 책이지만, 이 장의 주요 툴인 블렌더가 완전 처음이신 분들이 많기 때문에 기초적인 사용법을 아주 간략하게 설명해 드리겠습니다. 앞으로 블렌더의 활용 범위가 너무 넓기 때문에 꼭 사용해 보실 것을 권장합니다.

01. 블렌더(Blender) 다운로드 및 설치

우선 이번 장의 메인 툴인 블렌더를 다운받고 설치하겠습니다.

앞서 말씀드렸듯이 Blender는 무료 툴이기 때문에 검색 엔진에서 "블렌더"라고 검색하여 쉽게 공식 사이트를 찾아서 들어 갈 수 있고 언제 어디서든지 다운로드하실 수가 있습니다.

블렌더 주소(https://www.blender.org/)로 접속한 후 상단의 download 탭을 눌러서 다운로드 페이지로 이동합니다.

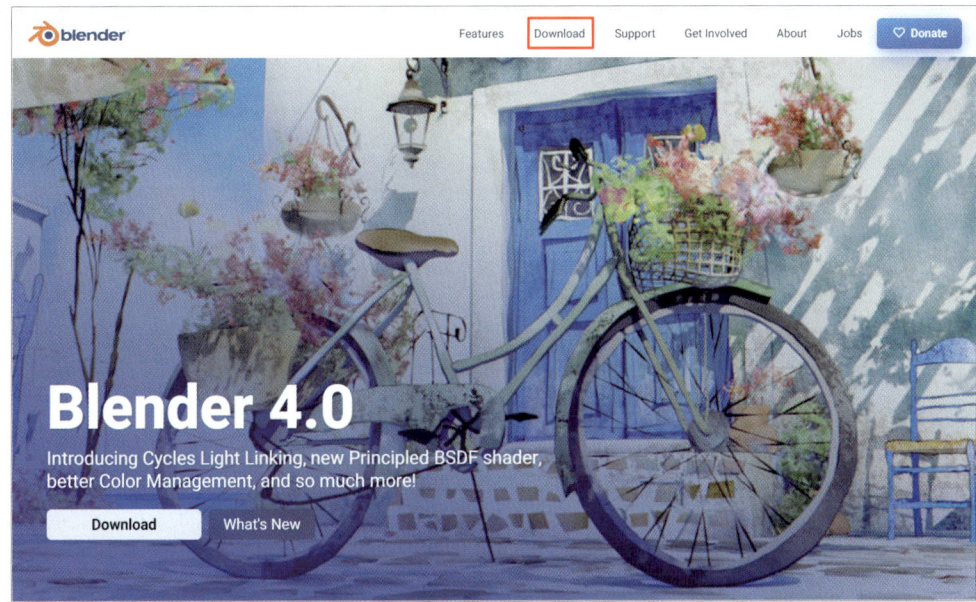

다운로드 페이지에서는 항상 블렌더의 최신 버전을 다운받을 수 있습니다. 원하는 운영체제를 선택하여 다운로드하면 됩니다. (기부 페이지가 뜨는데 기부하지 않아도 다운로드 가능합니다.)

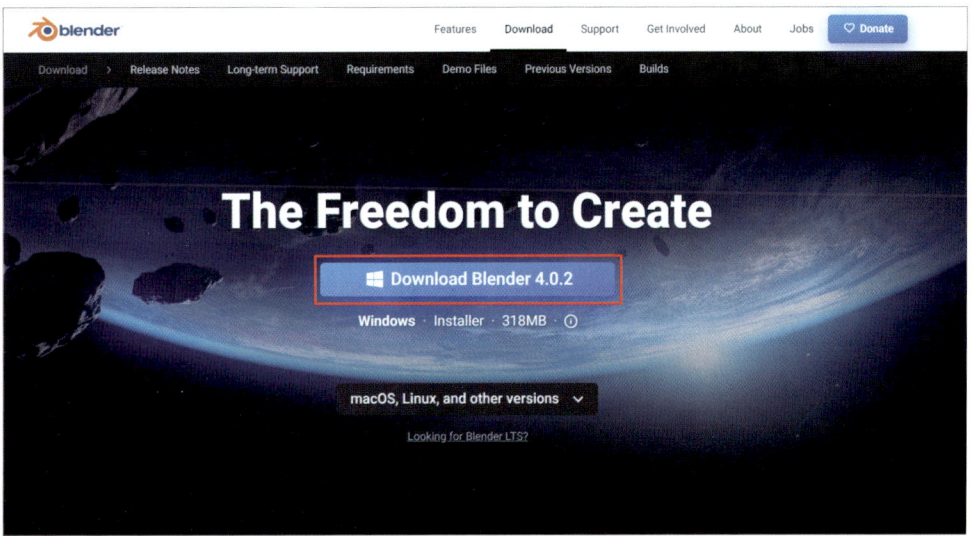

기본적인 애플리케이션 설치 방법과 동일하게 블렌더를 설치하면 됩니다.

02. 오브젝트 움직이기

본격적으로 블렌더를 활용하기 전에 제일 기본적인 조작 설명을 하겠습니다.
이미 아시는 분은 그냥 넘어가셔도 됩니다.

블렌더 기본 실행 화면입니다.
복잡해 보이는 인터페이스 화면에 회색 박스 하나가 있습니다. 마우스를 움직여 박스를 클릭해 봅시다.

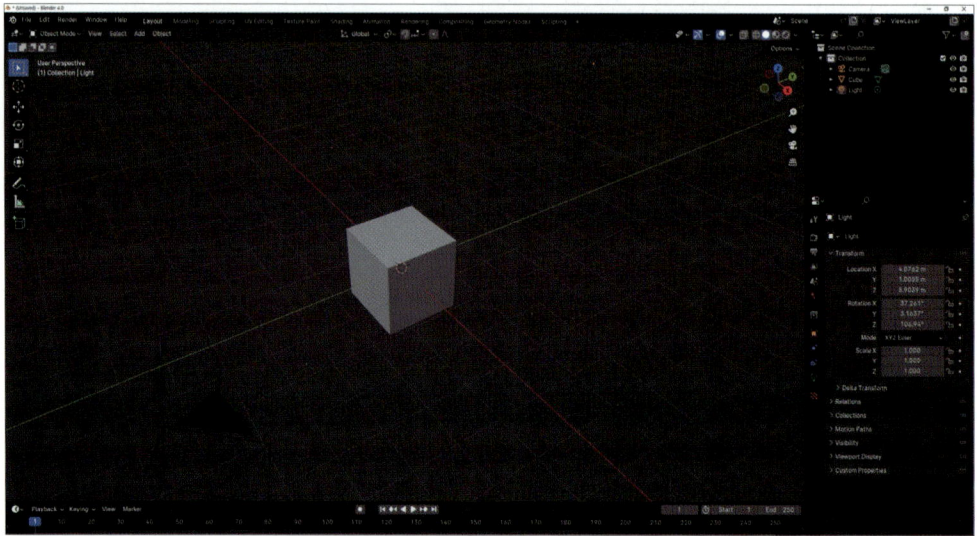

박스 주변에 오렌지색 테두리가 생기면서 해당 오브젝트가 선택되었다고 알려줍니다. 블렌서 화면의 오른쪽 상단을 보면 Outliner에 해당 오브젝트가 선택되어 있는 것이 보입니다.

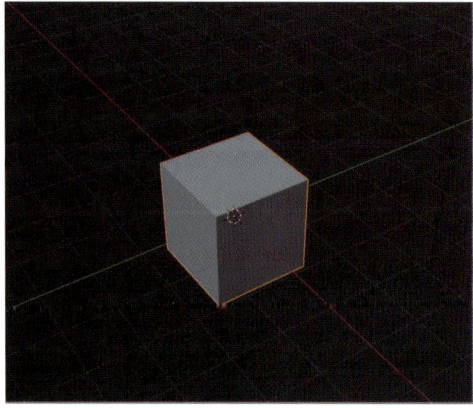 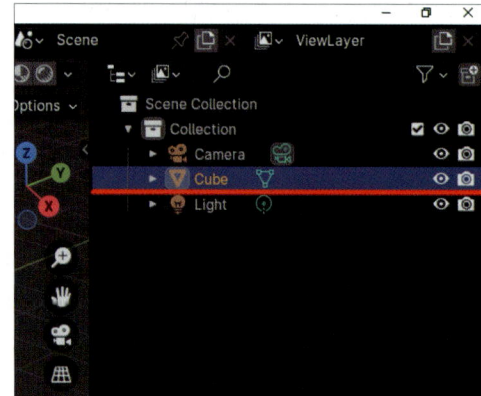

이렇게 선택이 가능하다면 선택한 오브젝트를 움직여 볼 수도 있지 않을까요?

Move

오브젝트가 선택된 상태에서 블렌더 왼편의 Move 버튼을 누르면 x,y,z축으로 화살표가 생깁니다. 각각 마우스로 해당 화살표를 드래그하면 원하는 방향으로 박스를 옮길 수가 있습니다.

오브젝트가 선택된 상태에서 G를 누른 후 x를 누르고 마우스를 움직이면 오브젝트가 x축에 따라 움직이게 됩니다.

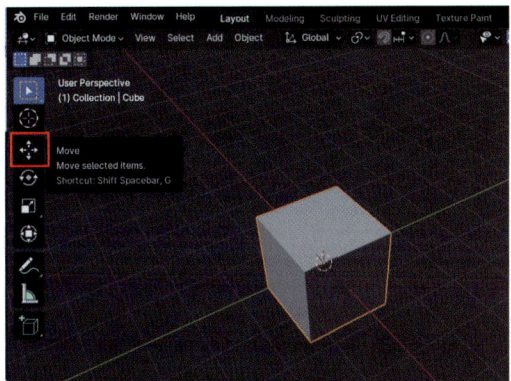

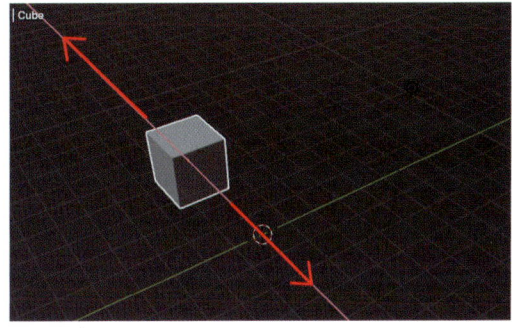

오브젝트가 선택된 상태에서 G를 누른 후, y를 누르고 마우스를 움직이면 오브젝트가 y축에 따라 움직이게 됩니다.

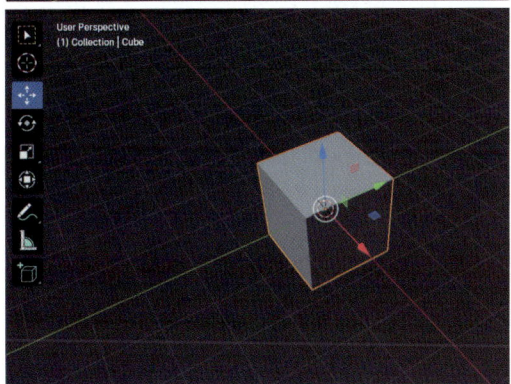

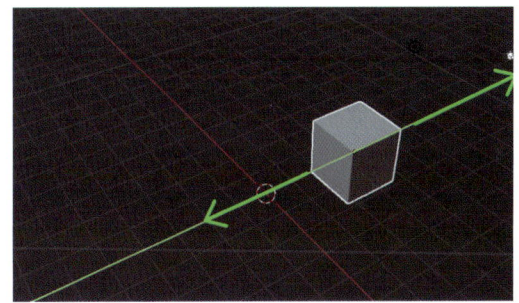

단축키로도 움직일 수도 있습니다.
G를 누른 후 마우스를 움직이면 상자가 마우스 움직임에 맞춰서 움직이고, 클릭하면 해당 자리에 배치되는 것을 알 수가 있습니다.

하지만, 3차원 공간 안에서 마우스의 움직임만으로 원하는 위치를 이동하는 게 힘들기 때문에 다음 방식을 더욱 권장합니다.

오브젝트가 선택된 상태에서 G를 누른 후, z를 누르고 마우스를 움직이면 오브젝트가 z축에 따라 움직이게 됩니다.

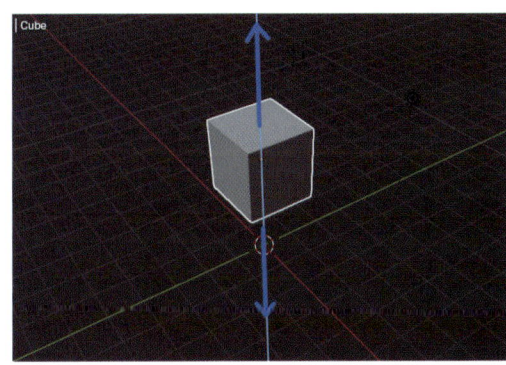

이번에는 오브젝트를 회전시키는 법을 알아보겠습니다.

Rotate

오브젝트가 선택된 상태에서 블렌더 왼편의 Rotate 버튼을 누르면 오브젝트에 회전을 위한 안내선이 그어져 있습니다. (x축 기준 회전은 붉은색, y축 기준 회전은 녹색선, z축 기준 회전은 하늘색)

안내선에 마우스를 가깝게 가져가면 해당 선의 색이 짙어지고 마우스 클릭 후 움직이면 해당 방향으로 오브젝트가 회전하게 됩니다. 이 방법으로 마우스로 원하는 각도로 오브젝트를 회전시킬 수 있습니다.

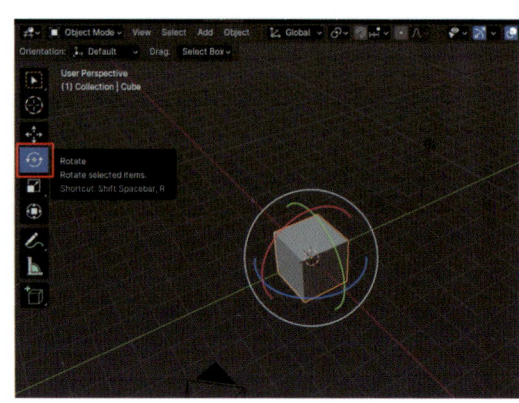

마찬가지로 단축키가 있습니다. R을 누르고 오브젝트 주변에서 마우스를 움직이면 마우스의 방향에 따라서 오브젝트가 회전하는 모습을 볼 수 있습니다.

하지만 앞서 move와 마찬가지로 원하는 데로 컨트롤하기가 불편하기 때문에 다음 방식을 더욱 권장합니다.

오브젝트가 선택된 상태에서 R을 누르고 x를 누른 후 마우스를 움직이면 x축을 기준으로 오브젝트를 회전시킬 수가 있습니다.

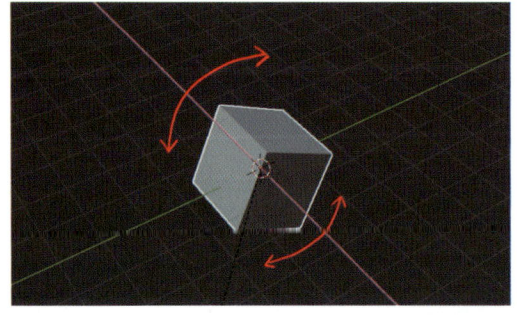

오브젝트가 선택된 상태에서 R을 누르고 y를 누른 후 마우스를 움직이면 y 축을 기준으로 오브젝트를 회전시킬 수가 있습니다.

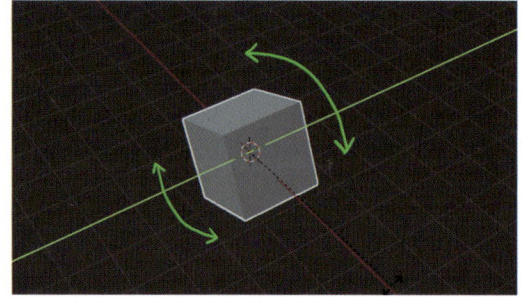

오브젝트가 선택된 상태에서 R을 누르고 z를 누른 후 마우스를 움직이면 z 축을 기준으로 오브젝트를 회전시킬 수가 있습니다.

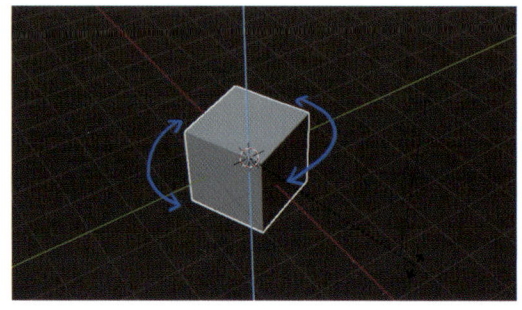

이번에는 오브젝트의 크기를 조절하는 법을 익혀 보겠습니다.

Scale

오브젝트가 선택된 상태에서 블렌더 왼편의 scale 버튼을 누르면 오브젝트에 스케일 조절용 인터페이스가 생깁니다. 마우스로 이 인터페이스 가운데와 각각 x, y, z 축을 누르고 드래그 하면 가운데는 오브젝트의 전체 사이즈, x,y,z 축은 각각 축의 방향대로 스케일이 커집니다.

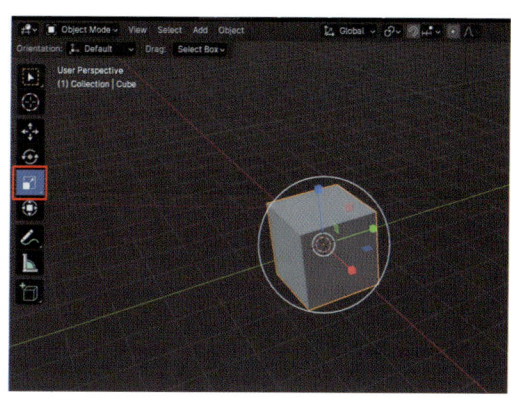

Scale도 마찬가지로 단축키가 있습니다. S를 누르고 오브젝트 주변에서 마우스를 움직이면 오브젝트 전체 사이즈가 변형됩니다. x,y,z 각자의 축의 방향대로 스케일을 변형하려면

오브젝트가 선택된 상태에서 S을 누르고 x를 누른 후 마우스를 움직이면 x축 방향대로 오브젝트의 스케일이 변합니다.

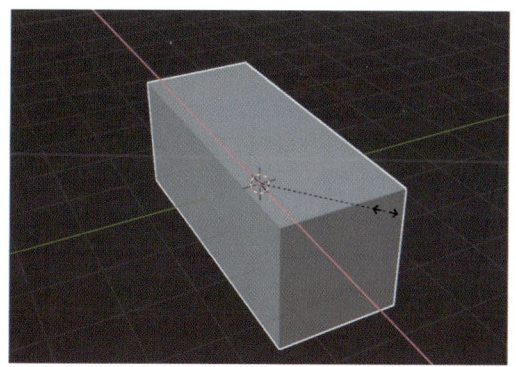

오브젝트가 선택된 상태에서 S을 누르고 y를 누른 후 마우스를 움직이면 y축 방향대로 오브젝트의 스케일이 변합니다.

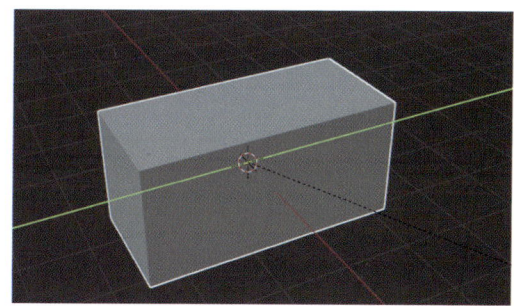

오브젝트가 선택된 상태에서 S을 누르고 z를 누른 후 마우스를 움직이면 z축 방향대로 오브젝트의 스케일이 변합니다.

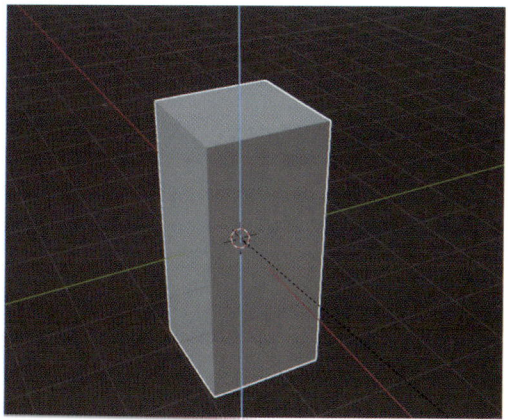

03. 화면 움직이기

3D 프로그램을 다루다 보면 화면을 움직여야 하는 경우가 많습니다. 블렌더에서 화면을 움직이려면 다음과 같이 제어할 수 있습니다.

화면 돌리기

마우스 가운데 버튼을 누르고 드래그하면 마우스를 움직이는 방향대로 화면이 돌아갑니다.

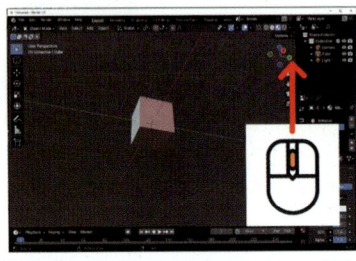

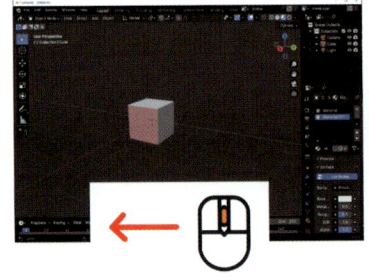
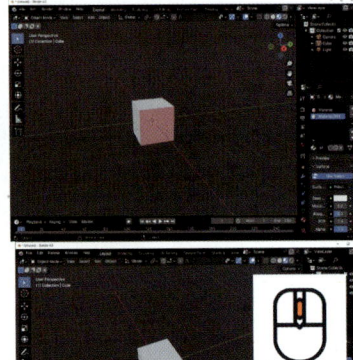
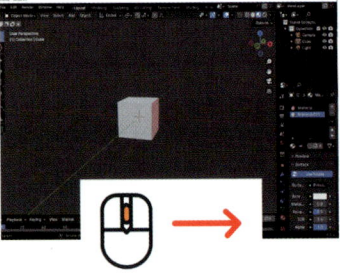

줌인 줌아웃

마우스 휠을 위로 돌리면 화면이 줌인이 되고, 반대로 휠을 아래로 돌리면 줌 아웃이 됩니다.

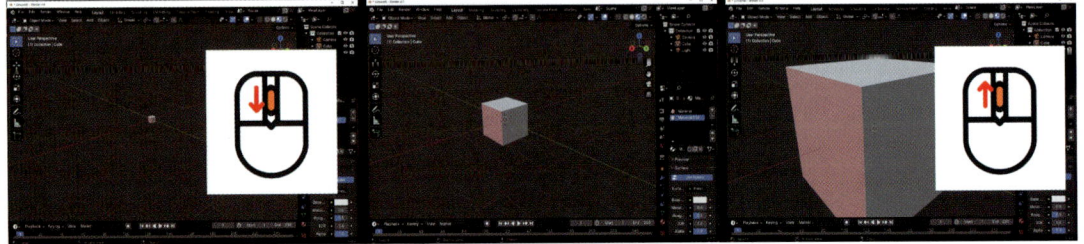

팬(Pan) 기능

Shift + 마우스 가운데 버튼을 누르고 드래그하면 마우스 움직이는 방향대로 화면을 상하좌우로 움직일 수가 있습니다.

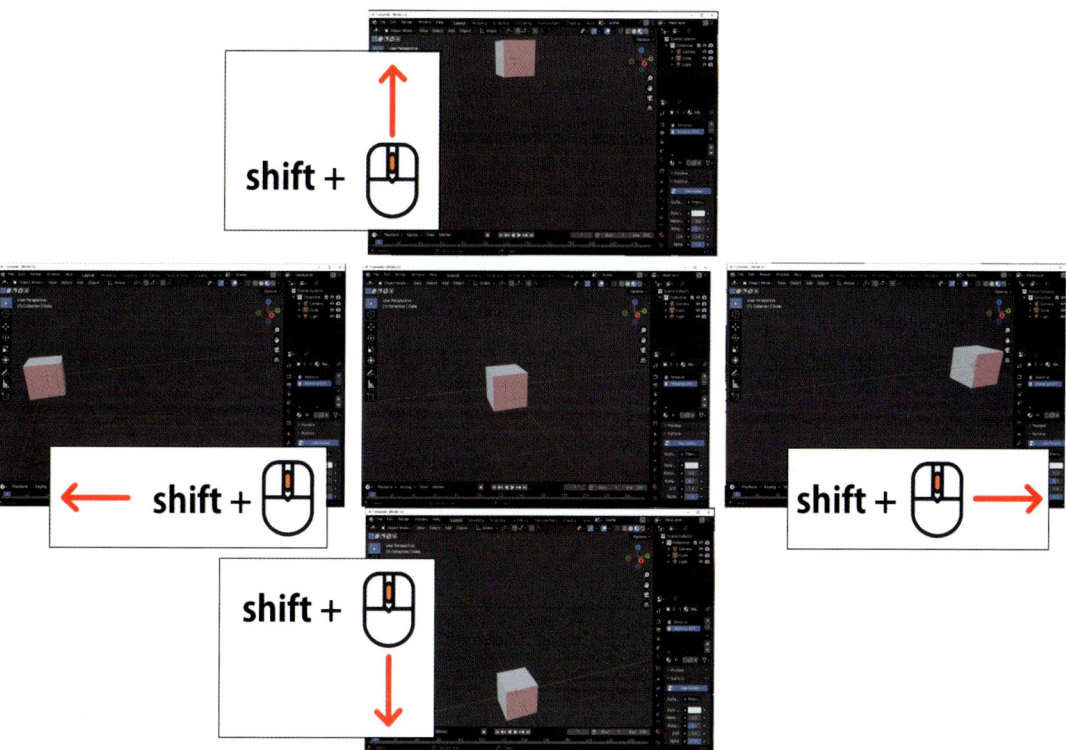

위 기능들을 잘 혼합하면 블렌더의 3차원 공간 속을 헤엄치듯 마음대로 돌아다닐 수가 있습니다.

04. 오브젝트 생성과 이동

이번에는 다시 박스를 선택한 후 Delete를 누르면 삭제됩니다.

다시 오브젝트를 생성해 보겠습니다.

Shift + A를 누르면 오브젝트 생성 메뉴가 뜹니다. Mesh > cube를 선택해 줍니다.

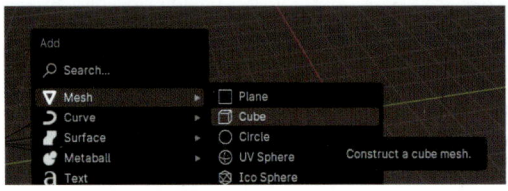

떡 하니 박스가 생성되었습니다. 눈치가 빠르신 분은 아까 생성 메뉴에 큐브 외에도 수많은 선택지가 있었던 것을 기억하실 겁니다. 블렌더에서 대부분의 오브젝트를 Shift + A를 통해 오브젝트 생성 메뉴에서 생성할 수 있습니다.

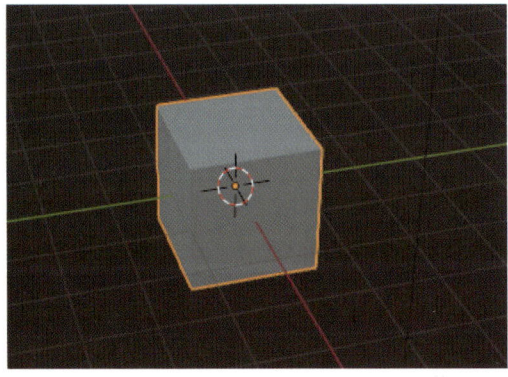

이번에는 원기둥을 생성해 보겠습니다. 앞서와 마찬가지로 Shift +A를 누르고 Mesh -> cylinder를 통해 원기둥을 선택해 줬습니다.

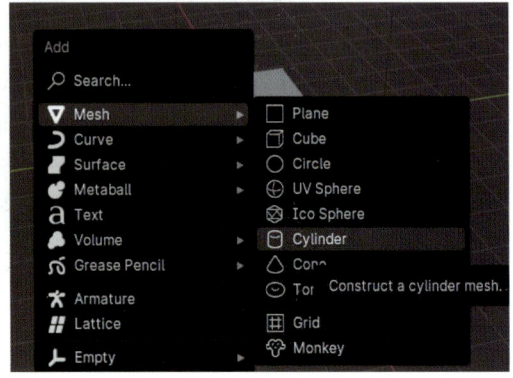

위와 같이 박스와 같은 위치에 원기둥이 생성되었습니다. G를 누르고 y를 눌러 이동해 보겠습니다.

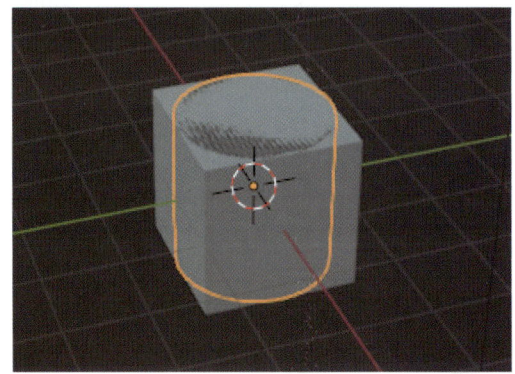

적당히 이동해서 클릭해 줬습니다. 이제 화면상의 오브젝트가 두 개가 되었습니다.

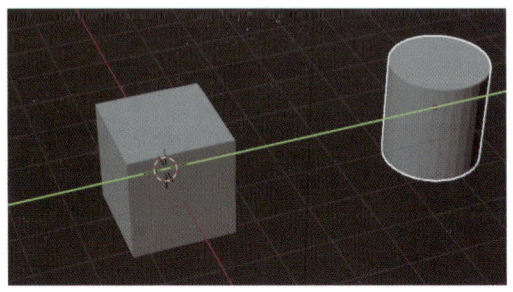

05. 오브젝트의 복제와 삭제

우선 상자를 선택합니다.
Shift를 누른 상태에서 원기둥을 선택하면 박스와 원기둥이 같이 선택됩니다.

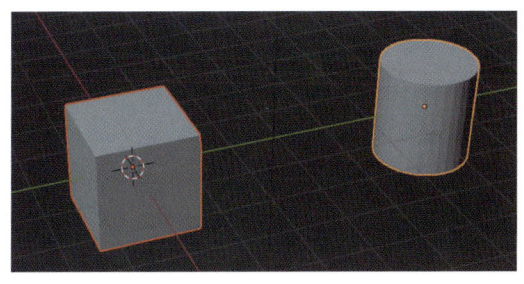

이렇게 두 오브젝트가 선택된 상태에서 G 키를 누르고 아무렇게나 움직여 보면 두 오브젝트가 같이 움직이는 것을 알 수가 있습니다.

S 키를 눌러 스케일을 조정하거나, R 키를 눌러 회전해도 같이 작용합니다.

이처럼 Shift를 누른 상태에서 각 오브젝트를 클릭하거나 드래그해서 선택하면 동시에 선택할 수 있으며 동시에 에디팅이 가능합니다.

이번에는 두 오브젝트가 함께 선택된 상태에서 Shift + D를 눌러 보겠습니다. 두 오브젝트가 복사됩니다.

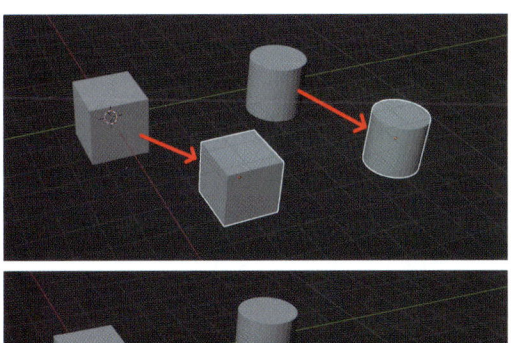

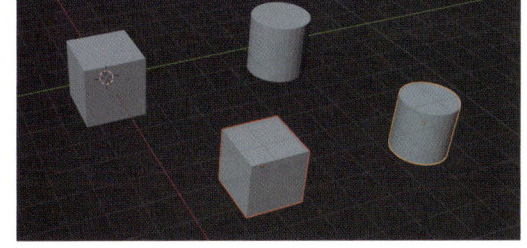

이번에는 가운데에 있는 박스를 선택한 후 Delete를 눌러보면 삭제됩니다.

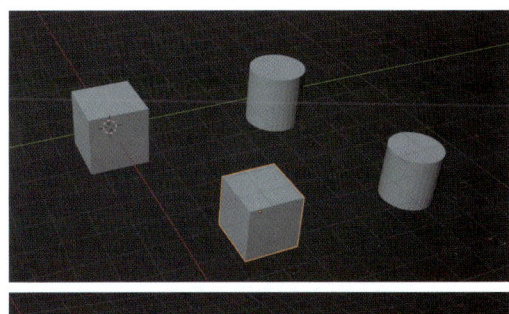

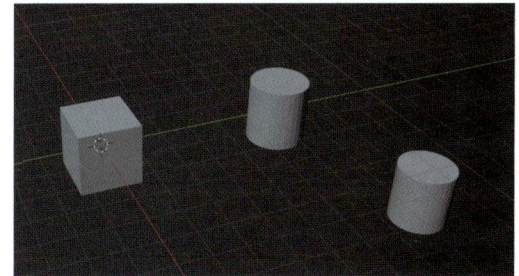

06. 블렌더로 만든 목업을 활용하여 AI 이미지 만들기

지금까지 블렌더의 가장 기본적인 화면을 조작하는 방법과, 오브젝트의 이동과 스케일 조정과 회전시키기, 복사와 삭제까지 배워봤습니다.

AI 페인팅 책에 왜 뜬금없이 블렌더 기초에 대해 이렇게 길게 설명을 했나 싶으시겠지만 블렌더에 대해 지금까지 설명한 것만 알아도 크기 조절 및 위치 조절을 통해 아래와 같은 정도의 배치 작업은 쉽게 가능해집니다.

블렌더 오른쪽 상단의 Show Overlays를 비활성화하면 가이드 선이나 기타 오브젝트 표시선들이 다 깔끔하게 사라집니다. (가이드 선이나 오브젝트 표시가 필요하면 다시 활성화하면 됩니다.)

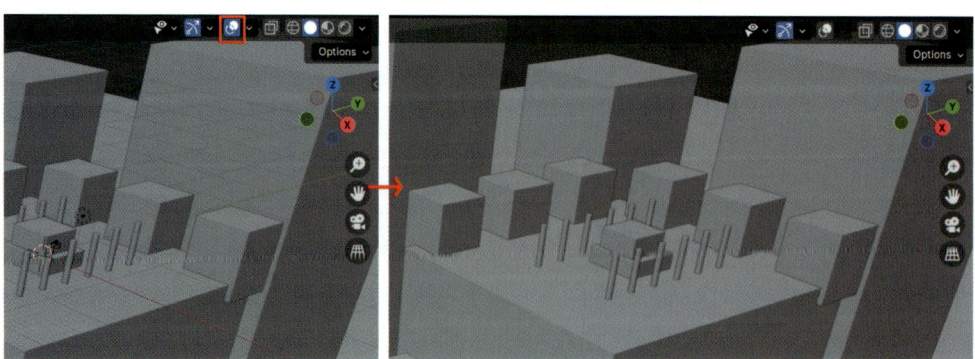

이 과정 이후 적절하게 화면을 움직여서 위와 같은 스크린샷을 찍었습니다. (699×500)

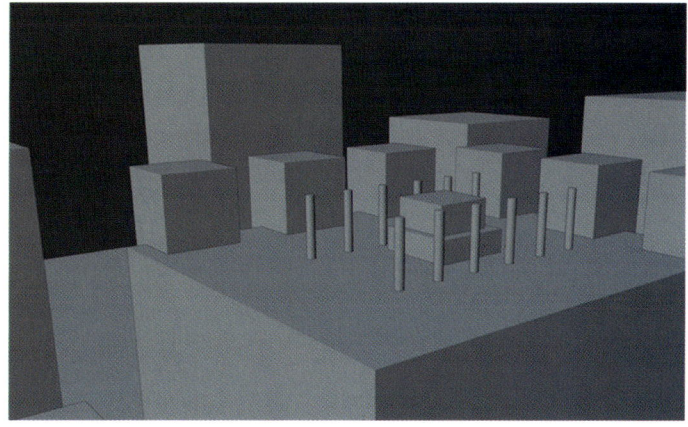

이렇게만 보면 별것 아닌 것처럼 보이지만 이 이미지를 AI 이미지 생성을 위한 목업으로 활용하실 수가 있습니다.

위 목업 이미지를 스테이블 디퓨전의 컨트롤넷 Depth 값에 가이드 이미지로 넣고, 앞서 4장에서 만들었던 [부잣집 생성기]를 활용해서 이미지를 만들어 보겠습니다.

txt2image 모드에서 realisticVisionV51 체크포인트를 활용합니다.

(RAW photo from the '90s:1.5), (beautiful Baroque building:1.4), (golden decorations:1.3), (Baroqueo-style garish decorations:1.1), (cyberpunk:1.2), (flower-patterned murals:1.2), (vines grown on walls:0.9). (white sandy beach:0.8), (tropical:0.9), (forests and nature:1.3), (rainbows:0.9), (magnificent and wonderful clouds:1.1), super car, (Very good color grading,:1.1), Kodak camera, 4k, epic scale, ultra detail

low quality, normal quality, blurry image, cartoon, anime, incorrect perspective, text, Watermark

스테이블 디퓨전에서 프롬프트를 입력한 후 아래와 같이 세팅해 줍니다.

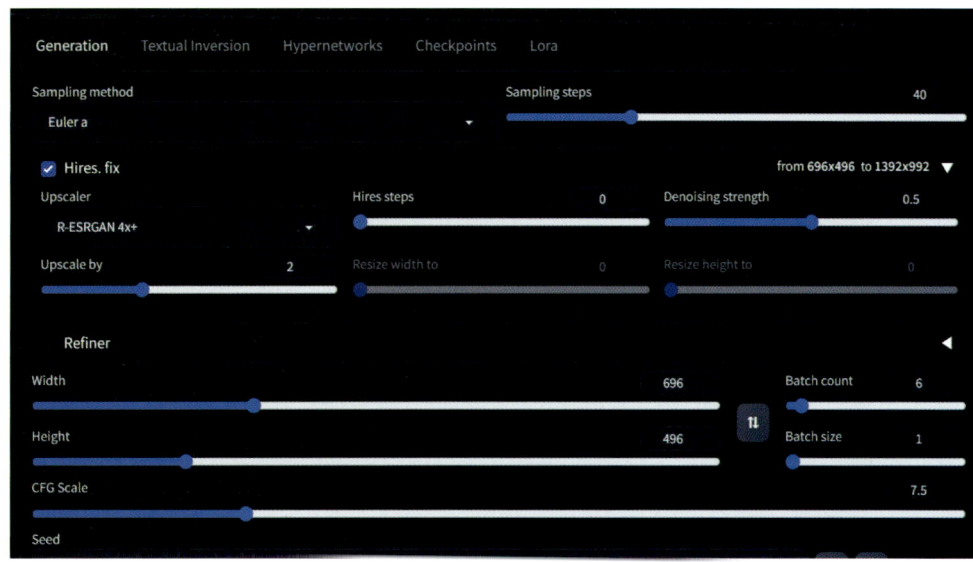

컨트롤넷은 다음과 같이 세팅해 줍니다. 아까 만들었던 (699×500)사이즈의 목업 이미지를 컨트롤넷의 가이드 이미지로 넣었으며, 콘트롤 타입을 Depth로 설정했습니다. 또한 구조 보다는 프롬프트에 더 충실하게 만들기 위해서 Control Mode를 My prompt is more important로 체크해 줬습니다.

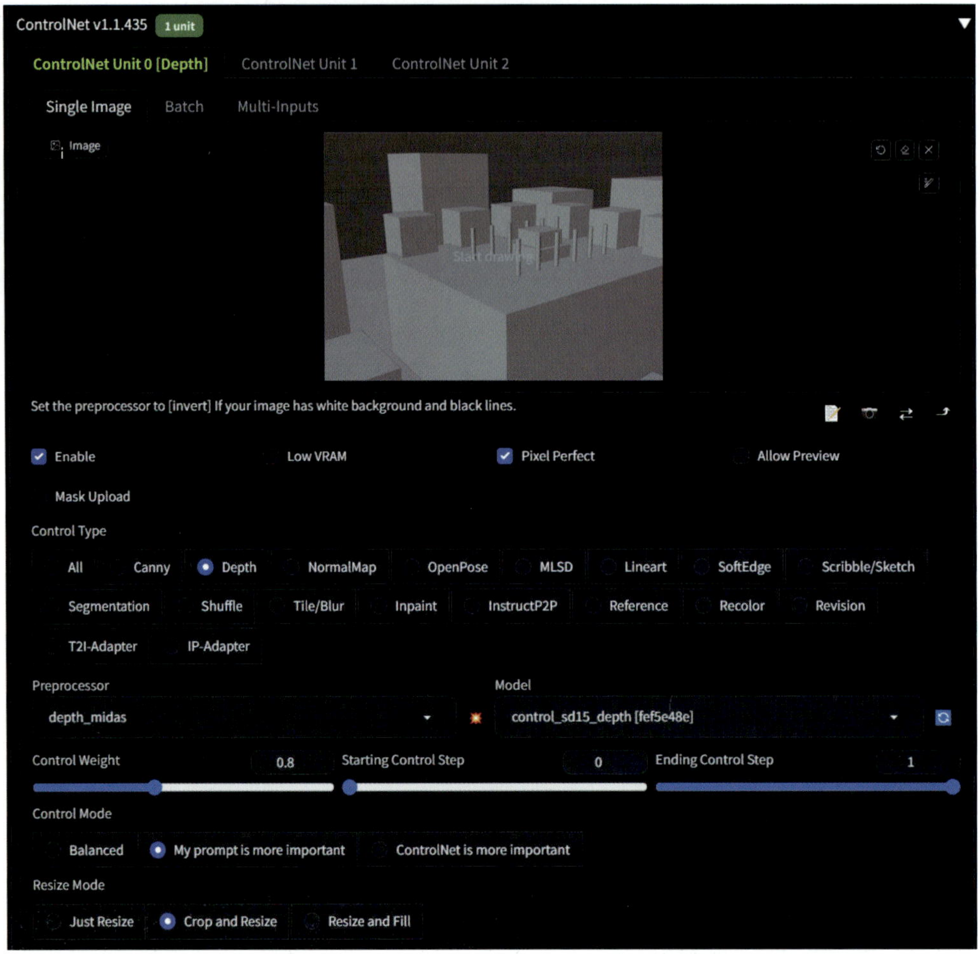

이제 그 결과물을 보겠습니다.

매우 심플하고 엉성한 목업인데도 같은 구조를 유지하면서 제법 그럴싸한 결과물을 보여줍니다.
아마 제 목업이 더 정교했다면 더 좋은 결과물을 보여줬을 것 같습니다.

아래 이미지도 Daz3d(3d캐릭터 포징툴)를 활용하고, 약간은 모델링을 하는 등 조금 더 복잡한 과정을 거쳤지만 기본은 위와 같은 방식으로 만들어진 이미지입니다.

고대문명 부조 만들기

01. 미드저니로 기본 이미지 소스만들기

먼저 미드저니에서 고대문명의 부조를 생성해 보겠습니다.
이미지를 생성하기 위해 아래와 같은 프롬프트를 작성했습니다.

RAW Photo of a wall carved with reliefs from ancient ruins, a legendary king riding a horse, a front shot, intricate decorations, ultra high details, --s 250 --v 6.0
(말을 탄 전설적인 왕에 대한 부조를 정면에서 찍은 사진)

미드저니에서 다음과 같은 이미지를 만들었습니다.

02. 스테이블 디퓨전으로 Depth 맵 만들기

이렇게 생성된 이미지를 입체적인 부조로 만들려 합니다. 그러려면 Depth 맵이 필요합니다. 마침 스테이블 디퓨전의 ControlNet에서 Depth 맵을 만들 수 있던 것이 생각납니다. 스테이블 디퓨전을 켜서 미드저니에서 생성했던 이미지를 스테이블 디퓨전의 컨트롤넷 이미지 입력창에 넣습니다.

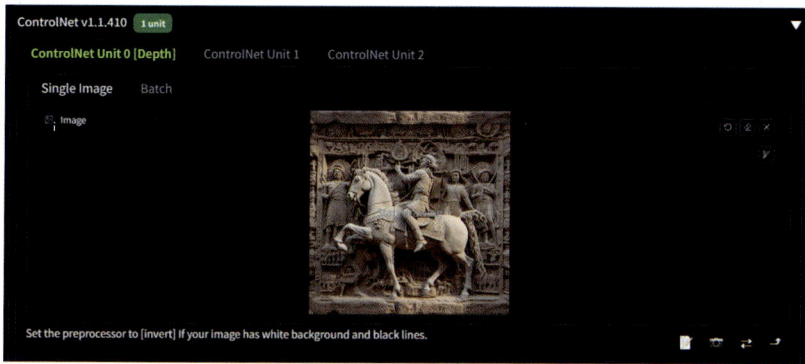

컨트롤넷 설정을 Depth 타입으로 설정합니다.

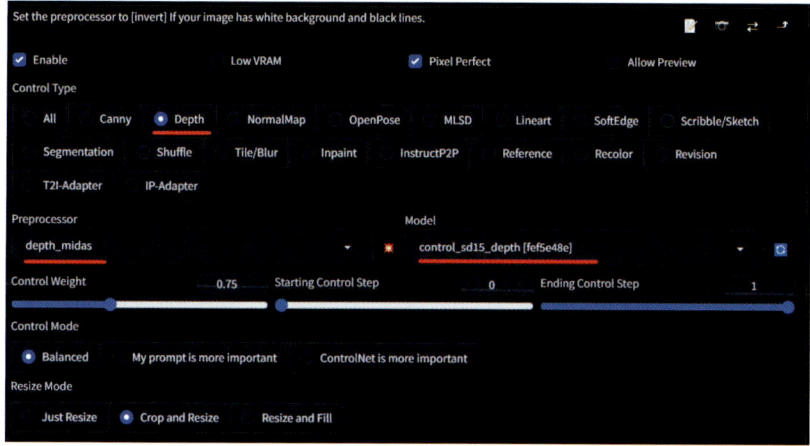

설정이 끝난 후 아래 버튼을 클릭합니다.

위와 같이 Depth 맵이 생성됩니다. 붉은 박스 안 버튼을 눌러서 다운받습니다.

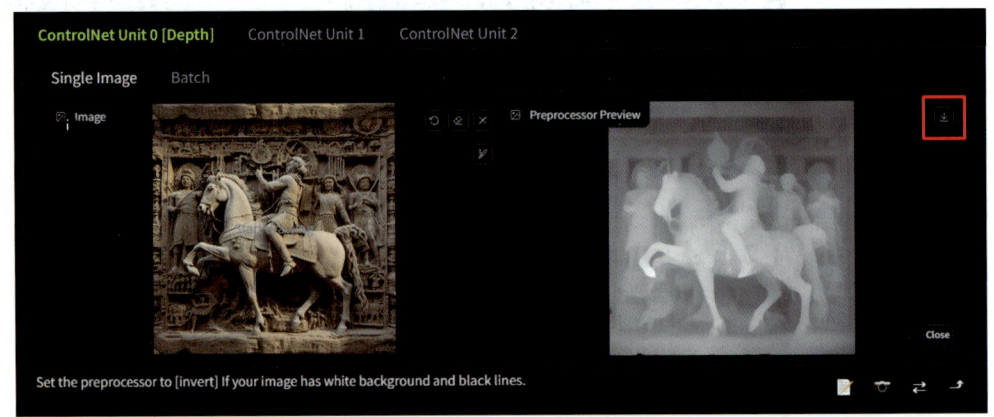

이제 필요한 소스가 만들어졌습니다.

03. 블렌더에 add-on 설치하기

다시 블렌더를 열어 봅시다.
블렌더에서 앞서 만든 이미지를 제대로 활용하려면 plane 매쉬로 불러와야 하는데 그러기 위해서는 먼저 블렌더에 Add-on을 설치해 줘야 합니다.

블렌더 메뉴에서 Edit 〉 Preferences를 눌러줍니다.

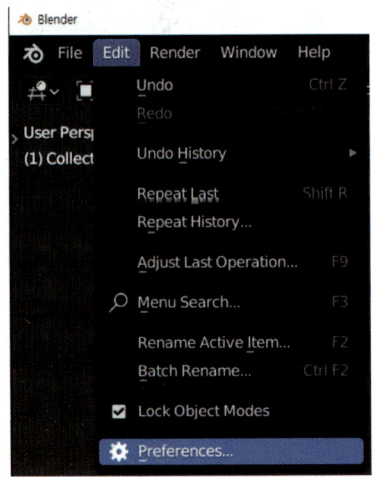

Add-ons 탭에 들어가서 [1번]에 image를 넣었을 때, [2번]의 import-Export:ImportImages as Planes 를 체크합니다.

이제 이미지를 plane으로 불러올 수 있게 됩니다.

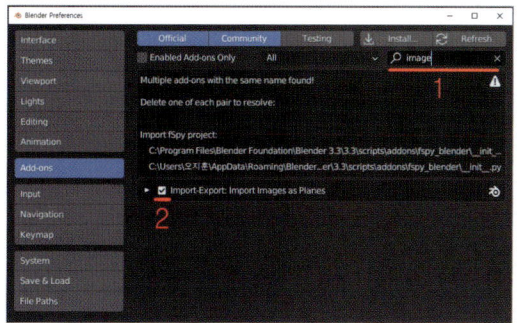

이 방식으로 다른 Add-on들을 설치할 수 있습니다. 블렌더는 유용한 Add-on이 매우 많기 때문에 이번 과정을 잘 기억해 두시기 바랍니다.

이제 준비가 되었으니 앞서 생성했던 이미지를 블렌더로 불러오겠습니다.

File > Import > Images as Planes를 누른 다음

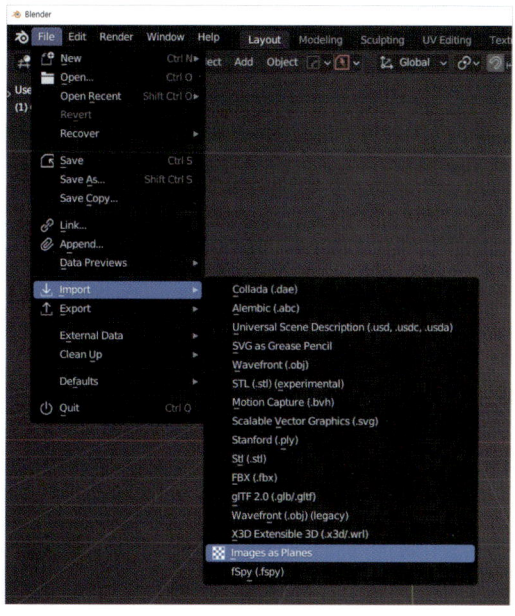

1번 생성했던 부조 이미지를 선택하고 2번 버튼을 눌러 이미지를 플랜으로 불러옵니다.

이미지를 plane으로 불러왔는데 기존에 있는 박스가 방해가 되고 있습니다. 박스를 마우스로 클릭해 선택해 주신 후 Delete 키를 눌러주세요. (블렌더의 모든 오브젝트는 선택 후 Delete 키를 눌러주는 것으로 삭제할 수가 있습니다.)

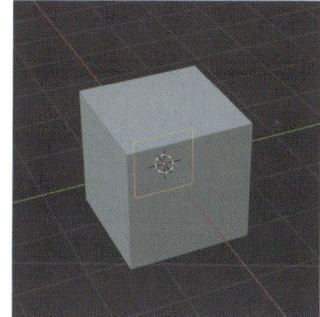

이제 남은 이미지플랜(image plane)을 선택한 후 바닥에 눕혀 보겠습니다. R y -90을 순서대로 써 준 후, 화면의 아무 곳이나 클릭합니다. (앞서 오브젝트 회전에서 설명했던 회전 단축키 R로 y축 방향으로 -90도 만큼 회전하라는 의미입니다. 직접 수치를 입력할 수 있습니다.)

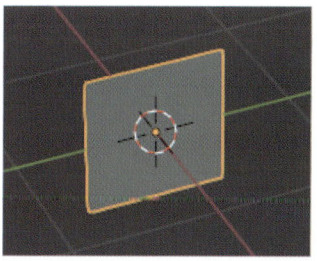

04. Image Plane의 면 늘리기(Subdivide 활용)

Blender 화면에 아까 부조 이미지가 그려진 plane이 생겼습니다.
혹시 이미지가 보이지 않으면 위쪽에 붉은 박스 부분을 누르면 보실 수가 있습니다.

이제 이 이미지 플랜을 입체로 만들어 보겠습니다. 그러기 위해서는 충분한 면을 생성해 줘야 합니다.
게임 상에서도 폴리곤 수가 많아야 오브젝트의 표현이 섬세해지는 것을 연상하시면 됩니다.

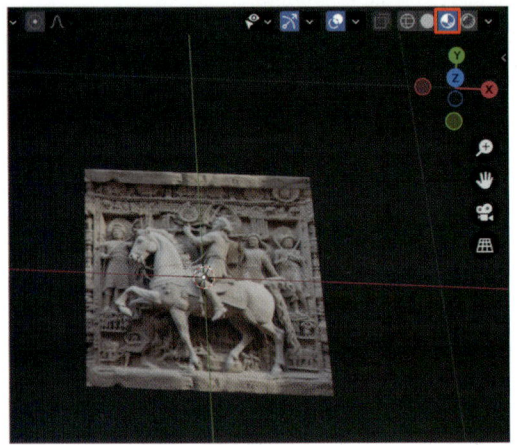

이미지 플랜을 선택한 후 Tab 키를 눌러 에디트모드로 들어갑니다.

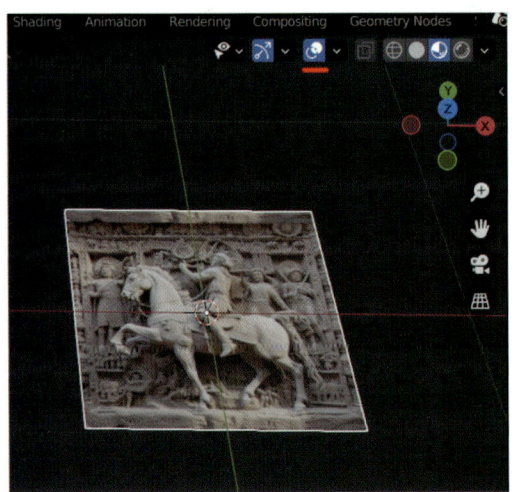

에디트 모드에서 오른쪽 마우스를 눌러 팝업창에서 Subdivide를 눌러 면을 쪼개줍니다.

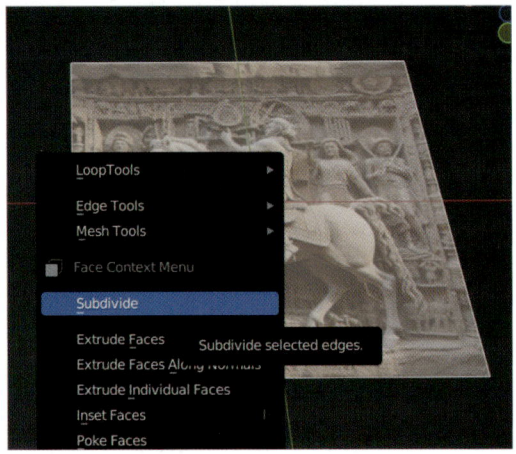

실행 후 다른 곳을 누르지 않은 상태에서 화면 왼쪽 아래쪽을 보면 이런 버튼이 생겨 있습니다.

Subdivide를 눌러주면 확장 메뉴가 열립니다.

Number of Cuts에 10을 적어주면 이미지 플랜의 면이 10×10으로 분할됩니다.
화면 아무 곳이나 클릭해서 실행해 줍니다.

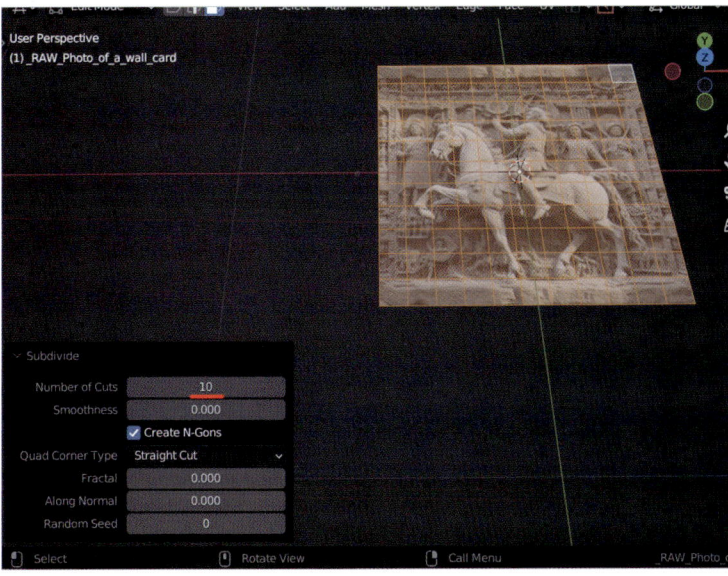

그림과 같이 면이 분할되었습니다. 하지만 아직 충분하지 않기 때문에 위 과정을 되풀이해서 면을 충분히 만들어 주겠습니다.

A를 누르면 위와 같이 전체 선택이 됩니다. 이 상태에서 마우스 오른 클릭 〉 Subdivide 하는 과정을 거쳐 면을 충분히 만들어 줍니다.

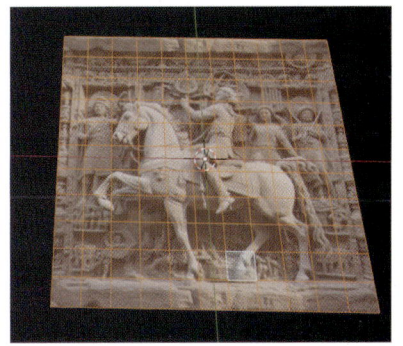

이 정도로 면을 충분히 생성해 줬습니다. 이제 Tab 키를 눌러 에디트 모드에서 빠져나옵니다.

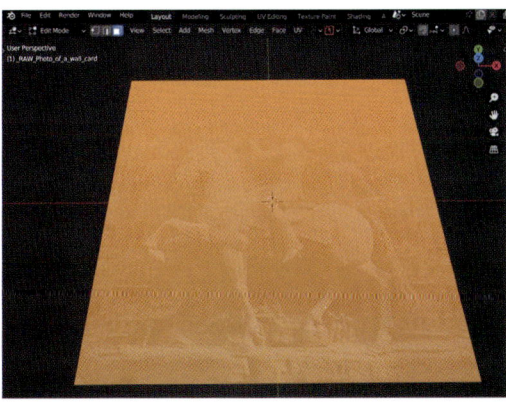

05. Displace 모디파이어로 이미지에 볼륨감 주기

이미지플랜을 선택한 상태에서 오른쪽 붉은 박스 안의 모디파이어를 클릭합니다.

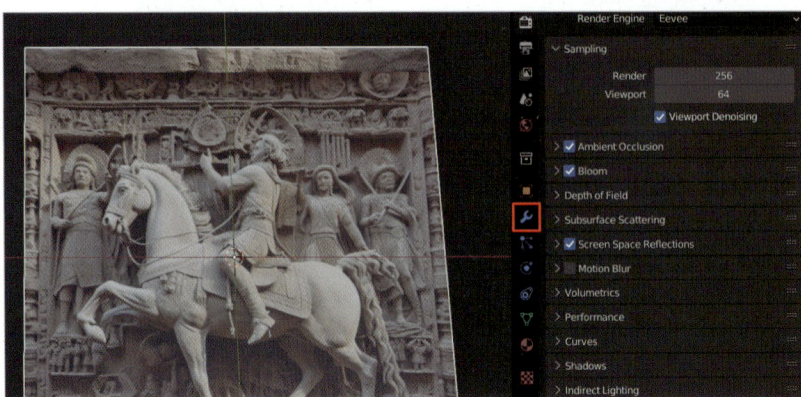

모디파이어 버튼을 눌러 창이 활성화 되면 [2번] Add Modifier를 눌러줍니다.

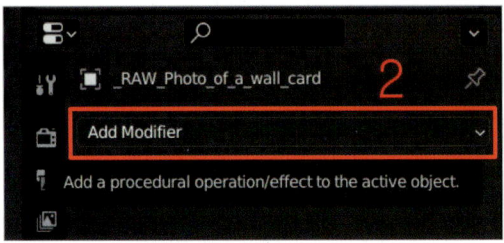

Add Modifier 버튼을 누르면 새 창이 뜨는데, Deform> Displace를 선택해 줍니다.

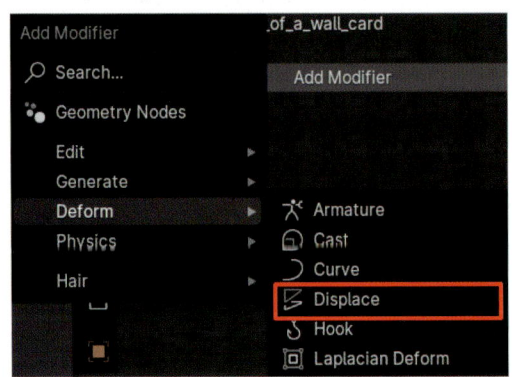

Displace Modifier 창에서 New를 눌러 텍스쳐를 생성해 줍니다.

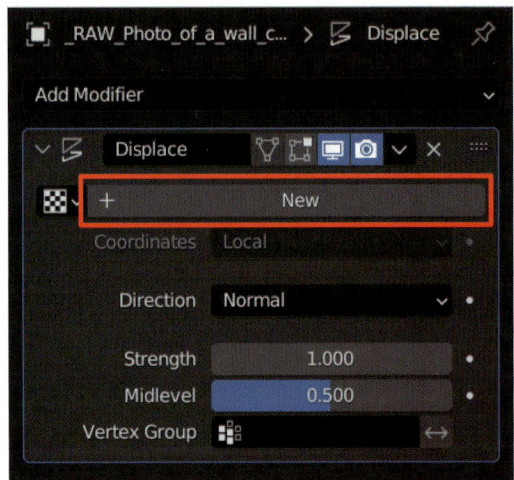

이제 Displace Modifier 안에 넣을 텍스쳐를 불러와 에디트 해줘야 합니다.

붉은 박스 안의 Texture properties를 눌러줍니다.

Open 버튼을 누릅니다.

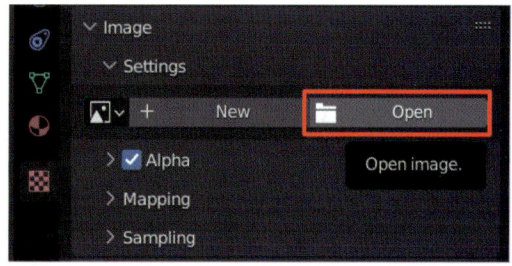

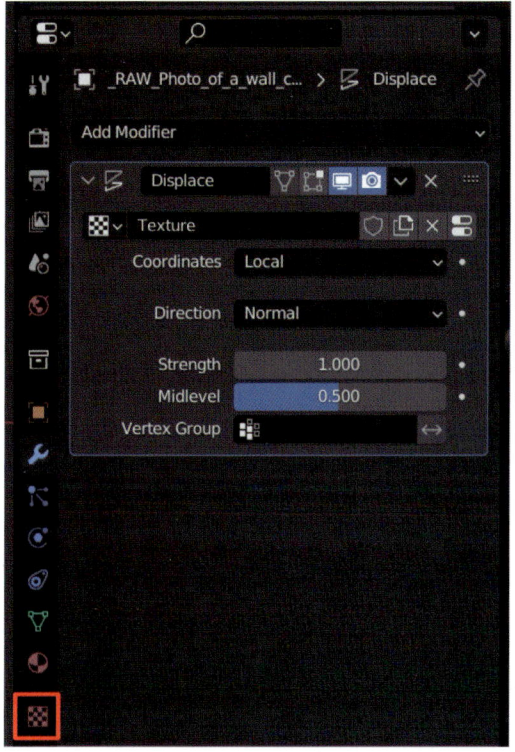

아까 생성했던 Depth맵을 불러옵니다.

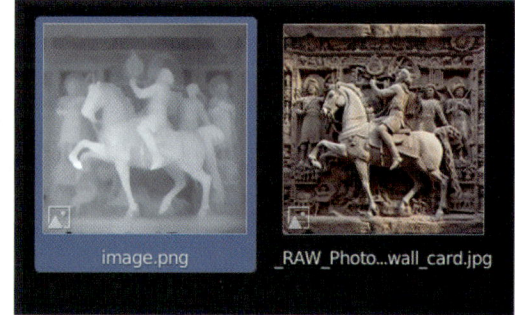

Depth맵을 불러오자마자 이미지플랜이 마구 날뛰기 시작합니다. 적절하게 컨트롤 해 봅시다.

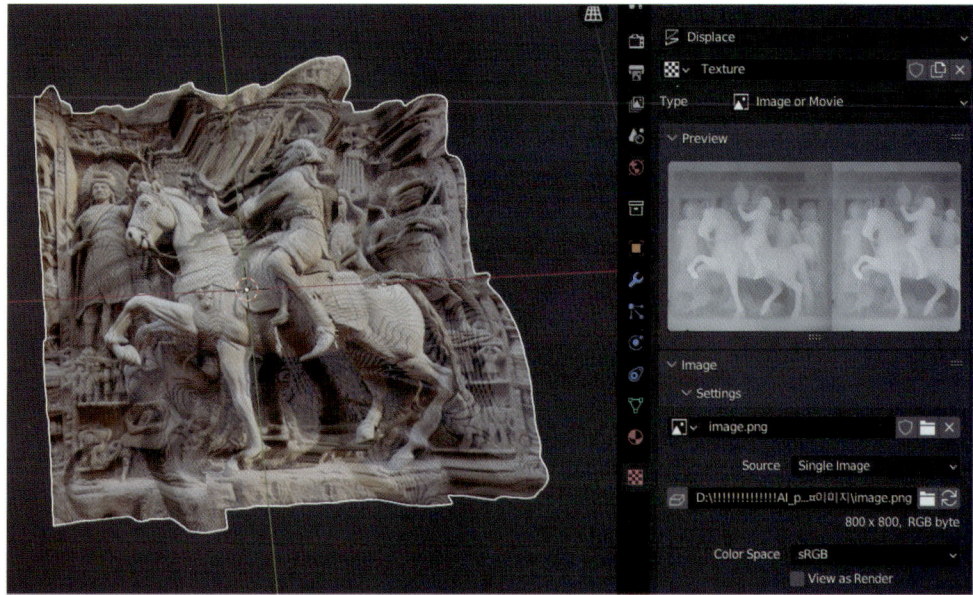

Mapping을 누르고 2번을 눌러 Clip으로 지정해 준 다음. 바로 아래 Crop을 눌러줍니다.

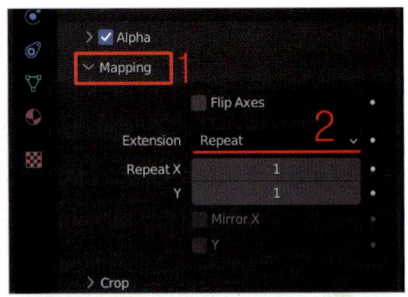

붉은 박스 안의 수치를 조절해서 Depth 맵의 위치를 조정해 줍니다. 수치를 누른 채로 드래그해 주면 쉽게 수치의 높낮이를 조절해 줄 수가 있습니다. 상당히 까다로운 작업이기 때문에 자신도 모르게 욕이 나올 수도 있습니다.

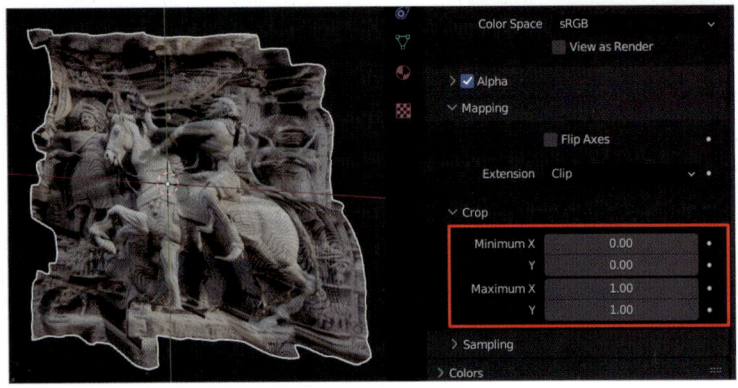

어느 정도 Depth 맵과 이미지맵의 위치가 맞아떨어지면, 모디파이어 탭으로 돌아가서 가서 2번 박스 안 Strength를 조절해 Depth 값의 강도를 조절할 수 있습니다(볼륨감의 높낮이를 조절할 수 있습니다. 자연스러워 보이는 정도로 조절해 주세요.).

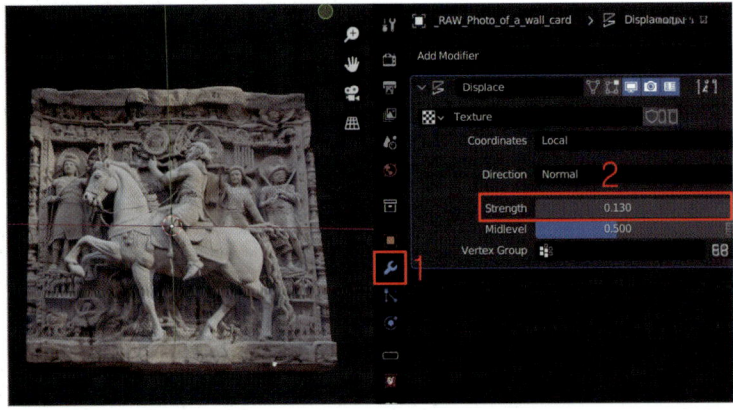

이 상태에서 만족스럽지 않으면 다시 Texture properties 탭으로 돌아가서 뎁스맵의 xy 좌표를 조절해 주시면 됩니다.
이처럼 Depth 맵의 xy 좌표 위치와 깊이를 조절해 가면서 최적화된 값을 찾으면 됩니다.

이와 같이 부조가 완성되었습니다(이 이미지에서는 임의로 라이팅을 심어 입체감을 강조했습니다.).

부조가 완성되었지만 아직은 바닥에 누워 있습니다. 단축키 R X 90(rotation, x축으로 90도 회전)을 누르면 세울 수가 있습니다.

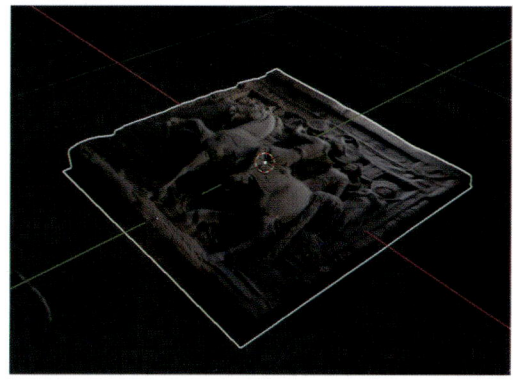

마지막으로 Material properties 탭 안에서 Settings 부분의 이곳을 Opaque로 바꾸면 됩니다 (이걸 안해주면 텍스쳐가 계속 깨져 보입니다.).

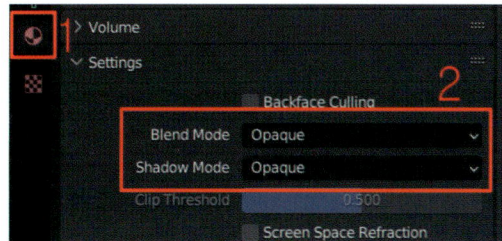

세워졌습니다.

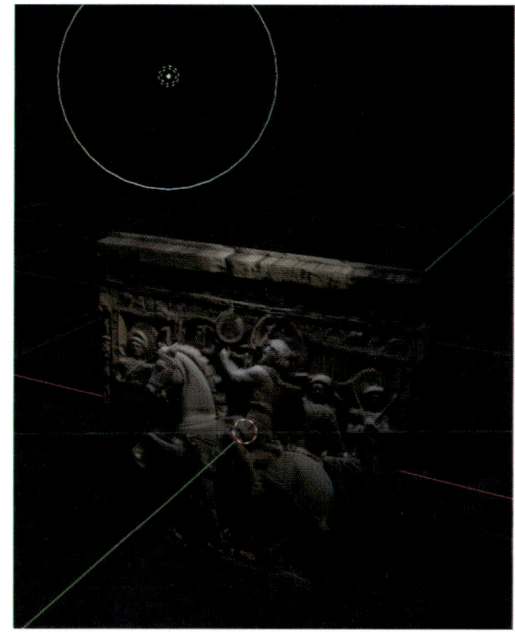

앞 과정을 통해 만든 부조를 미드저니의 Array 모디파이어 기능을 활용, 패턴화하여 벽을 만들고 조명을 세팅해 봤습니다. 이처럼 스테이블 디퓨전의 Depth 맵을 잘 활용하면 실제로 입체인 오브젝트를 제작할 수가 있습니다.

다음은 조명 세팅이 된 후에 Viewport Shading을 Rendered로 선택했을 때의 화면입니다. 이처럼 최종 렌더링 결과와 거의 유사한 화면을 게임엔진처럼 실시간으로 보여준다는 점이 블렌더의 장점입니다.

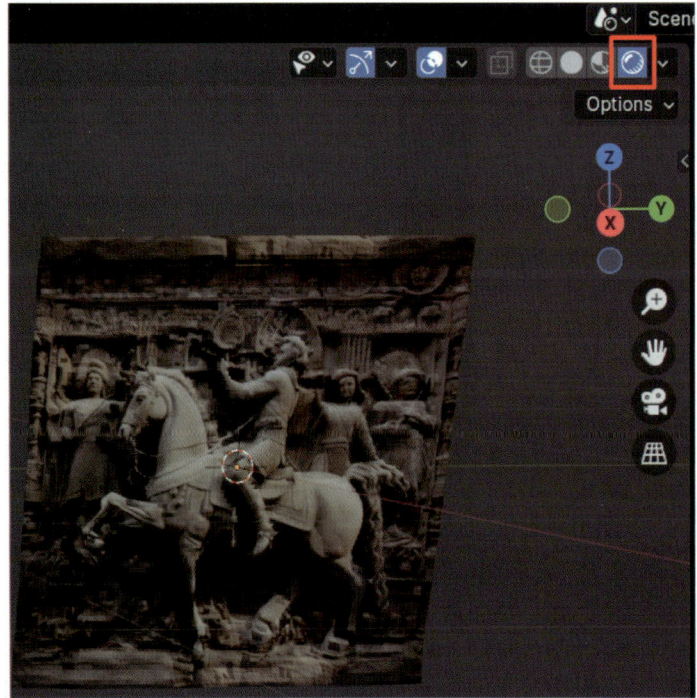

바닥 타일 만들기

01. 미드저니로 바닥타일용 텍스쳐 생성하기

이번에는 바닥 타일을 만들어 보겠습니다. 미드저니에 다음 프롬프트를 입력합니다.

```
floor tile texture of ancient ruins, ultra detail --s 250 --v 6.0 --tile
```

위 프롬프트를 보시면 "--tile"이라는 파라미터가 보이실 겁니다. 저 파라미터를 통해서 아주 간단하게 타일링 된 텍스쳐를 미드저니로 만들 수가 있습니다. 타일링 된 텍스쳐를 만들 수가 있습니다.

텍스쳐 이미지들을 얻었습니다. 4개 모두 쓸만해 보여 다 업스케일링을 해줬습니다.

타일을 서로 이어 붙여도 상하좌우가 잘맞아 떨어집니다. 블렌더에 넣어 활용해 보겠습니다.

02. 플랜(Plane)생성 후 바닥타일 텍스쳐 입히기

Shift + a를 누른 다음,
Mesh > Plane을 눌러 Plane을 생성합니다.

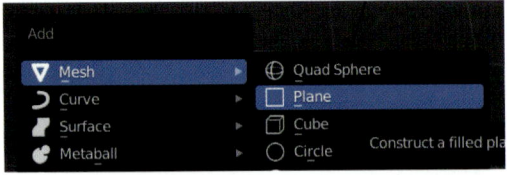

보다시피 Plane이 생성되었습니다.

블렌더 오른쪽 상단에 보면 Outliner가 있습니다. Outliner의 이곳을 보면 눈 모양 아이콘이 있습니다. 화면에서 보고 싶지 않은 오브젝트는 이곳에서 눈 아이콘을 비 활성화 하면 화면에서 보이지 않게 할 수가 있습니다. 혹은 오브젝트를 선택하고 H를 눌러도 같은 효과가 있습니다.

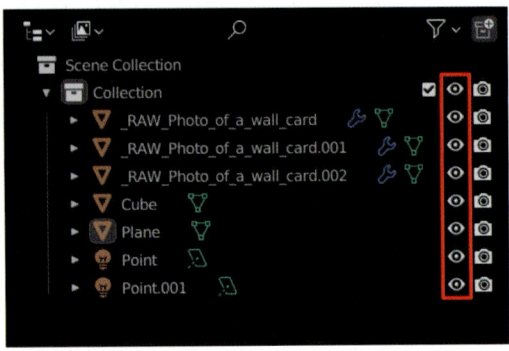

새로 생성한 Plane을 빼고 나머지는 다 보이지 않게 했습니다.

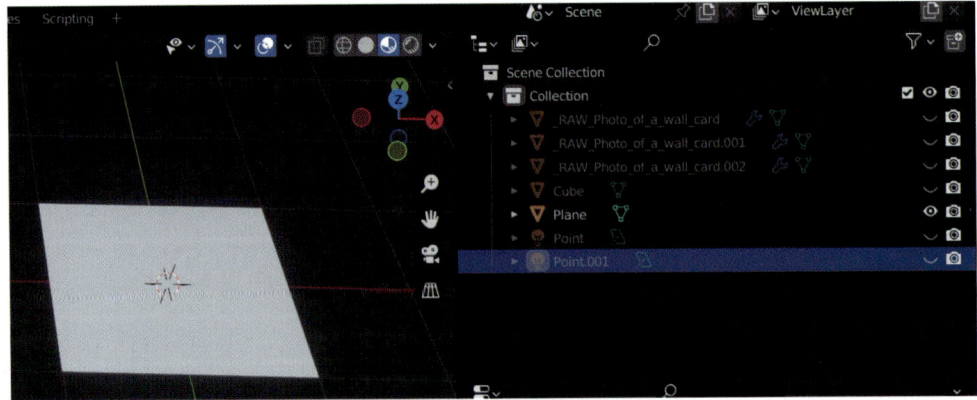

Plane을 선택한 상태에서, 1번 박스의 Material Properties를 누르고 2번을 눌러 Material을 새로 만들어 줍니다. (이 방식으로 블렌더 상의 오브젝트에 재질을 만들어 줄 수가 있습니다.)

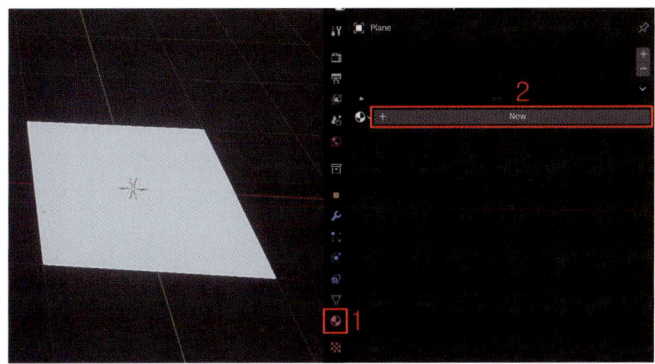

Material이 새로 생성되면, Base color의 박스 부분을 눌러줍니다.

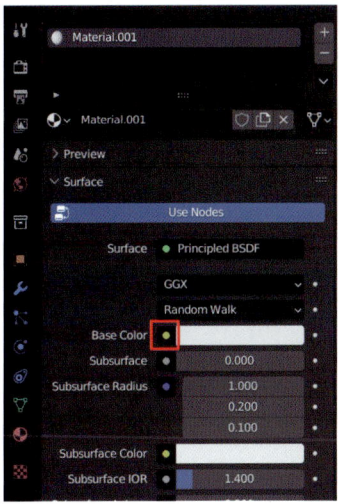

Image Texture를 선택해 줍니다.

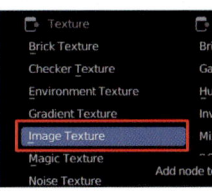

Open을 눌러줍니다.

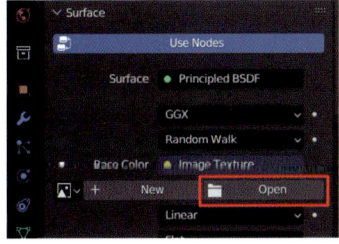

아까 생성했던 바닥타일 이미지를 불러옵니다.

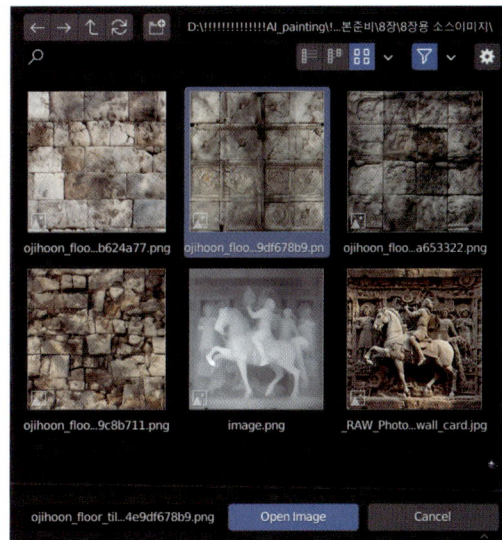

Plane에 타일 이미지가 입혀 졌습니다.

483

03. 바닥타일을 Array 모디파이어로 배치하기

오브젝트를 선택한 상태에서 1번 Modifier Properties를 누르고 2번 Add Modifier를 누릅니다.

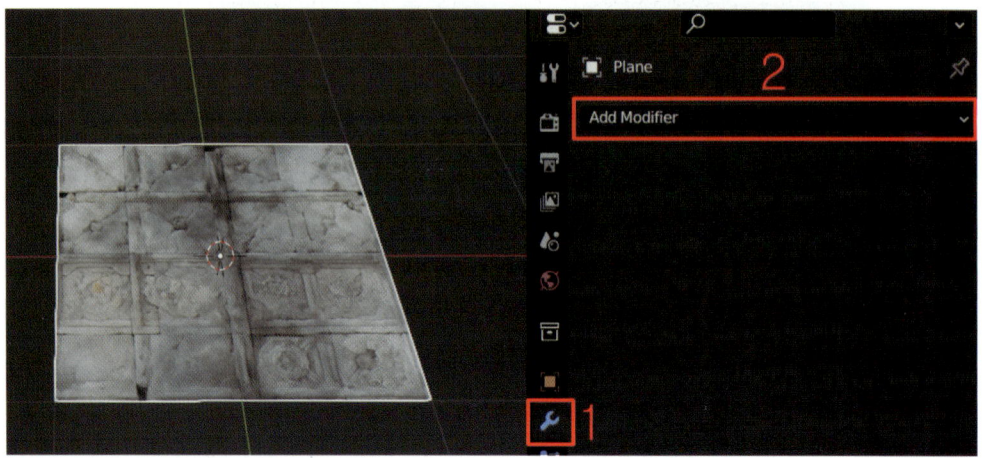

팝업에서 Array 버튼을 누릅니다.

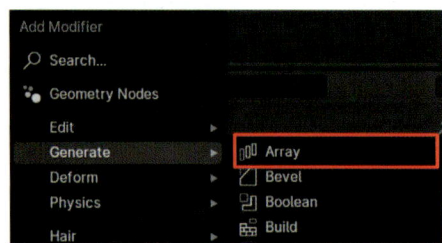

1번 밑줄 쳐진 부분처럼 x축에 1의 수치가 있을 때는 x축 방향으로 1칸 복제됩니다.
2번 밑줄 쳐진 부분의 Count가 2이기 때문에 Plane이 2개로 복제되었습니다.

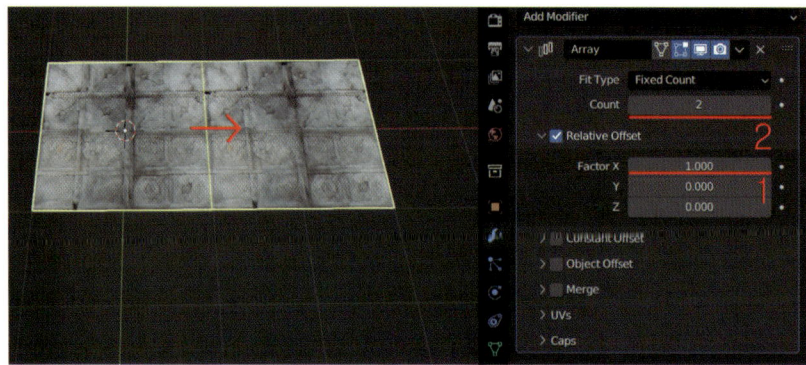

Count 숫자를 10으로 늘리자 x축 방향으로 10장이 늘어섭니다. 선택을 해보시면 한 오브젝트처럼 통째로 선택 됩니다. 선택 후 단축키 Shift + D를 누르면 복제가 됩니다.

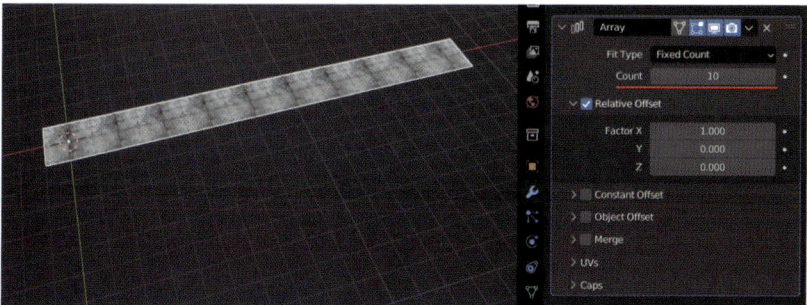

복제된 오브젝트를 단축키 G를 누른 후 y를 누르고 마우스를 드래그하면 y축 방향대로 움직일 수가 있습니다. (마찬가지로 G를 누른 후 x를 누르면 x축으로 이동, G를 누른 후 z를 누르면 z축으로 이동이 가능합니다.)

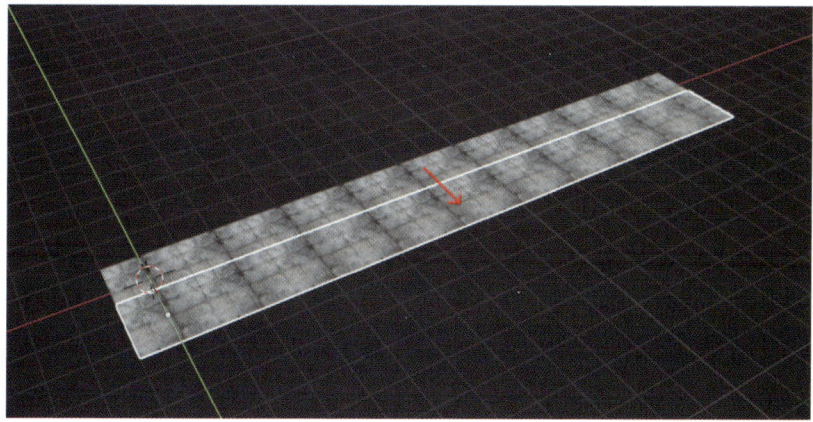

이런 식으로 여러 장을 복제하고 이동하여 다음과 같은 바닥을 만들어 줬습니다. 물론 이것보다 훨씬 심플한 방식도 존재합니다. 여기에서는 설명이 가장 용이한 방법으로 보여 드렸습니다.

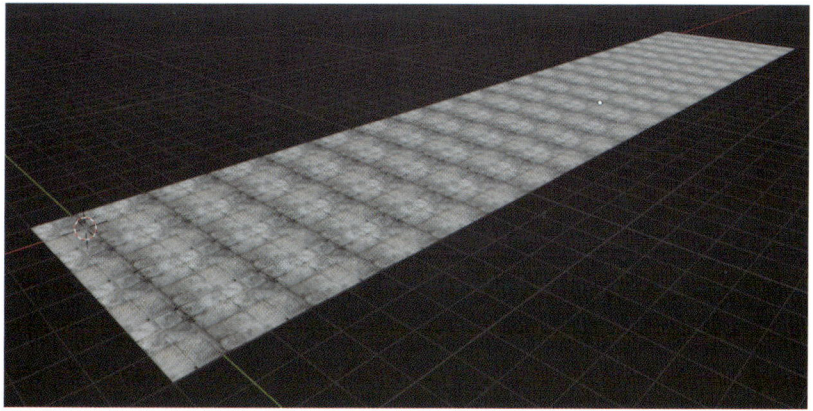

04. 스케일 조정 및 오브젝트 배치하기

Alt + h를 누르면 숨겨놨던 오브젝트가 다시 다 보이게끔 활성화 됩니다.

이렇게 보니 바닥 블록의 사이즈가 벽에 비해 너무 큰 거 같습니다.

바닥을 선택한 후 S를 누르고 마우스를 드래그 하여 사이즈를 조절할 수 있습니다. 앞서 배운 복사와 이동 등을 활용하여 여러분 나름대로 배치해 보시기 바랍니다.

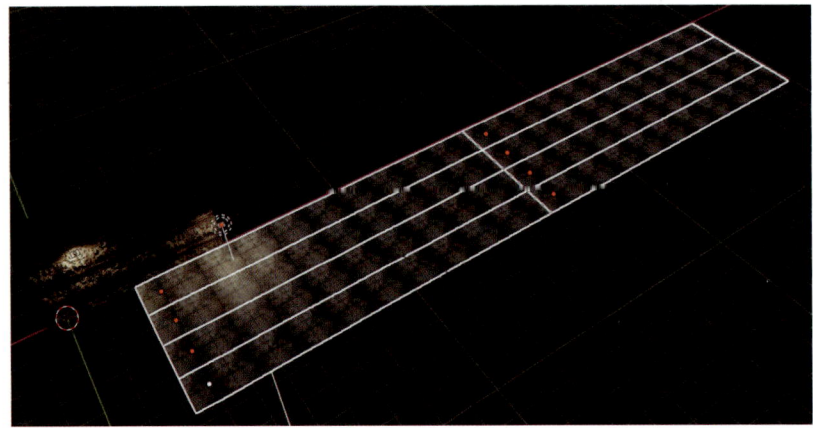

같은 방식으로 만든 다른 부조들도 활용하고, 조명도 추가하여 아래와 같은 분위기를 만들어 봤습니다.

이번 장의 예시에서 알 수 있는 것은 이미 현재의 기술 만으로도 AI로 생성된 이미지를 활용해서 3d매쉬를 만드는 것이 어느 정도 가능하다는 것입니다.

문제는 이 정도로 끝나지 않을 것이라는 점입니다. 흔히 알고 있는 3d 스캔과정을 떠올려 보시면 알 수 있습니다. 3d 스캔 과정은 결국 대상을 여러 방향에서 사진을 찍어서 합친 결과물입니다. 현재 스테이블 디퓨전에서는 이미 동일 인물의 다 각도 이미지를 생성 하는 게 가능해진 상태입니다.

https://www.tripo3d.ai/

위 사이트가 바로 그런 기술을 활용해서 글(text prompt) 혹은 한 장의 이미지를 활용해 3d 데이터를 만들 수 있는 사이트입니다. 궁금하신 분은 위 사이트에서 무료로 직접 3d 데이터를 생성해 보실 수 있습니다.

앞으로 AI 생성 이미지 기술은 3D 기술과 여러 가지 방식으로 융합할 확률이 높습니다.
더욱이 최근 출시된 Apple 사의 Vision Pro는 환경의 구조와 깊이 값을 실시간으로 인식하는데, 이 말은 조금만 더 발전하면 환경을 실시간으로 3d 스캔 데이터로 만들 수 있다는 의미이기도 합니다.

이런 기기들의 발전은 앞으로 3d 스캔 데이터가 지금보다도 훨씬 쉽게 만들어지고 흔하게 공유될 것을 의미하고 있습니다. 앞으로 웹에는 활용하기 좋은 3d 스캔 데이터가 기하급수적으로 넘쳐 나게 될 것이고, AI로 생성된 3d 데이터도 어느 시점부터는 폭발적으로 늘게 될 것입니다.

현재 2d만 다루시는 디자이너와 원화가 분들도 3D를 익혀두시면 지금도 유용하지만 앞으로는 정말 더 큰 가능성이 열려 있습니다. 특히 블렌더는 무척 재밌으니 꼭 익혀보세요!

[별책부록] 자판기 키워드 북

자판기 키워드?

[자판기 키워드]는 2024년 1월에 출판된 [미드저니 프롬프트 마스터]의 저자(조남경)가 만든 명칭이며, [자판기 키워드 북]은 [미드저니 프롬프트 마스터 가이드] 도서의 별책부록으로 제공된 종이책 형태의 미드저니 키워드 모음집입니다.(정리 조남경)

이번에 공개한 [자판기 키워드 북 : 판타지 에디션]은 [게임 컨셉 아티스트에게 배우는 AI 인공지능 페인팅]의 저자 오지훈 님께서 게임 컨셉 아트에 도움이 될 만한 [판타지] 카테고리의 키워드들을 선별하고 정리한 키워드 모음집입니다. (정리 오지훈)

이 책에서 소개되는 키워드 이미지들은 미드저니에서 생성된 이미지들이지만, Bing Image Creaator나 스테이블 디퓨전 등에서도 효과적으로 활용할 수 있는 키워드들이니 잘 참고하시길 바랍니다.

구성

종족 / 직업 / 신화적 존재 / 마법적인 물건 / 몬스터 / 판타지 무기 / 장소, 세계관, 오브젝트

for Midjourney

자판기 키워드 북

판타지 에디션 / Fantasy Edition

정리 오지훈

[별책부록] 자판기 키워드 북

목차

종족

- Elf(엘프): 신비한 인간형 존재 — 06
- Dark Elf(다크 엘프): 어둠의 힘을 지닌 엘프 종족 — 06
- Dwarf(드워프): 작은 체구의 강인한 종족 — 07
- Dragon(드래곤): 거대한 파충류형 환타지 생물 — 07
- Wizard(위저드): 마법을 사용하는 남성 마법사 — 08
- Witch(위치): 마법을 사용하는 여성 — 08
- Fairy(페어리): 작고 마법적인 존재 — 09
- Orc(오크): 거대하고 투박한 전사 종족 — 09
- Mermaid(인어): 물고기와 인간의 특징을 가진 해양 생물 — 10
- Vampire(뱀파이어): 피를 빨아먹는 영생의 존재 — 10
- Werewolf(늑대인간): 늑대로 변할 수 있는 인간 — 11
- Gnome(노움): 작고 지적인 지하 생물 — 11
- Troll(트롤): 거대하고 성질이 거친 종족 — 12
- Giant(자이언트): 인간보다 훨씬 큰 거대한 종족 — 12
- Angel(천사): 신성한 힘을 가진 존재 — 13
- Robot(로봇): 인공적으로 만들어진 기계적 존재 — 13
- Cyborg(사이보그): 인간과 기계의 결합체 — 14
- Superhero(슈퍼히어로): 초자연적 능력을 가진 영웅 — 14
- Paladin(팔라딘): 고귀한 전사 — 15
- Samurai(사무라이): 일본의 전사 계급 — 15

직업

- Ninja(닌자): 은밀한 일본의 암살자 — 16
- Pirate(해적): 바다를 누비는 강도 — 16
- Knight(기사): 중세 유럽의 전사K — 17
- Alchemist(연금술사): 물질을 변환하는 마법사 — 17
- Blacksmith(대장장이): 중세의 금속 공예가 — 18
- Sorcerer(소서러): 강력한 마법 능력을 지닌 마법사 — 18
- Bard(바드): 음악과 시로 이야기를 전하는 예술가 — 19
- Ranger(레인저): 숲을 지키는 숙련된 추적자 — 19
- Assassin(어쌔신): 은밀하게 적을 제거하는 암살자 — 20
- Druid(드루이드): 자연과 깊은 연결을 가진 마법사 — 20
- Necromancer(네크로맨서): 죽은 자를 다루는 마법사 — 21
- Monk(몽크): 무술과 정신 수련에 능한 수도사 — 21
- Bounty Hunter(바운티 헌터): 보상금 사냥꾼 — 22
- Shaman(샤먼): 영적인 세계와 연결된 치유자 — 22
- Thief(시프): 은밀하게 도둑질을 하는 사람 — 23
- Warlock(워록): 어두운 마법에 정통한 남성 마법사 — 23
- Cleric(클레릭): 신의 힘을 빌려 치유하는 종교적 인물 — 24
- Berserker(버서커): 전투 중 광폭한 힘을 발휘하는 전사 — 24
- Scout(스카우트): 정찰과 정보 수집을 하는 사람 — 25
- Gladiator(글래디에이터): 경기장에서 싸우는 전사 — 25
- Mage(메이지): 다양한 마법을 사용하는 마법사 — 26
- Seer(시어): 미래를 예언하는 예언자 — 26

신화적 존재

- Merlin(멀린): 전설적인 마법사 — 27
- Hercules(헤라클레스): 힘이 센 신화 속 영웅 — 27
- Odin(오딘): 노르딕 신화의 신 — 28
- Thor(토르): 천둥의 신 — 28
- Baldur(발두르): 노르딕 신화에서 순수와 빛의 신 — 29
- Loki(로키): 노르딕 신화의 장난과 속임수의 신 — 29
- Freyja(프레이야): 사랑과 전쟁의 노르딕 여신 — 30
- Artemis(아르테미스): 사냥과 달의 여신 — 30
- Neptune(넵튠): 바다의 신 — 31
- Zeus(제우스): 그리스 신화의 최고신 — 31
- Hades(하데스): 지하세계의 신 — 32
- Athena(아테나): 지혜와 전쟁의 여신 — 32
- Apollo(아폴로): 예언과 음악의 신 — 33
- Poseidon(포세이돈): 바다와 지진의 신 — 33
- Dionysus(디오니소스): 포도주와 쾌락의 신 — 34
- Demeter(데메테르): 농업과 수확의 여신 — 34
- Persephone(페르세포네): 봄과 재생의 여신 — 35
- Anubis(아누비스): 이집트 신화의 사후 세계의 신 — 35
- Ra(라): 이집트의 태양신 — 36
- Osiris(오시리스): 이집트의 사후 세계와 부활의 신 — 36
- Isis(이시스): 마법과 치유의 이집트 여신 — 37
- Vishnu(비슈누): 힌두교의 유지자 — 37
- Shiva(시바): 힌두교의 파괴자 및 재생성자 — 38
- Ganesha(가네샤): 힌두교의 장애물 제거자 — 38
- Kali(칼리): 파괴와 변화의 힌두 여신 — 39
- Quetzalcoatl(케찰코아틀): 아즈텍 문화의 깃털 달린 뱀 신 — 39

마법적인 물건

- Portal(포탈): 다른 장소나 차원으로 이동하는 문 — 40
- Rune Stone(룬스톤): 마법의 룬이 새겨진 돌 — 40
- Crystal Orb(크리스탈 오브): 마법의 힘을 담은 수정구 — 41
- Magic Wand(마법 지팡이): 마법을 사용할 때 필요한 지팡이 — 41
- Enchanted Sword(마법의 검): 마법 능력이 부여된 검 — 42
- Flying Broomstick(비행 빗자루): 마법사들의 비행 빗자루 — 42
- Spell Book(주문서): 다양한 마법 주문이 적힌 책 — 43
- Philosopher's Stone(현자의 돌): 연금술의 신비한 돌 — 43
- Magic Mirror(마법 거울): 특별한 능력이 있는 거울 — 44
- Teleportation Device(순간 이동 장치): 순간이동 장치 — 44
- Time Turner(시간 회전기): 시간을 되돌릴 수 있는 작은 장치 — 45
- Energy Shield(에너지 방패): 보호막을 생성하는 장치 — 45
- Arcane Circlet(신비한 왕관): 마력을 증폭시키는 머리 장식 — 46
- Magic Carpet(마법의 양탄자): 공중을 나는 양탄자 — 46
- Mystic Bracelet(신비한 팔찌): 특별한 능력을 부여하는 팔찌 — 47
- Elemental Gauntlet(원소 건틀릿): 자연의 힘을 다루는 장갑 — 47
- Mystic Scroll(신비한 두루마리): 마법 주문이 담긴 두루마리 — 48
- Alchemy Set(연금술 세트): 다양한 물질을 변환하는 도구 세트 — 48
- Neural Interface(신경 인터페이스): 뇌와 기계를 연결하는 장치 — 49
- Dimensional Gate(차원의 문): 다른 차원으로 가는 문 — 49
- Gravity Boots(중력 부츠): 중력을 조절할 수 있는 신발 — 50
- Cosmic Cube(우주 큐브): 우주적인 힘을 담은 입방체 — 50
- Eldritch Tome(이상한 고서): 오래된 마법 책 — 51
- Force Field Generator(힘의 장 생성기): 보호막을 만드는 장치 — 51
- Light Saber(광선검): 빛으로 만들어진 검 — 52
- Quantum Battery(양자 배터리): 에너지를 저장하는 배터리 — 52

몬스터

Golem(골렘): 점토나 돌로 만들어진 생명체 — 53
Leviathan(레비아탄): 거대한 바다 괴물 — 53
Griffin(그리핀): 독수리와 사자의 혼합체 — 54
Chimera(키메라): 여러 동물의 조합으로 이루어진 괴물 — 54
Manticore(만티코어): 인간의 머리를 가진 전설의 생물 — 55
Lich(리치): 불사의 마법사 — 55
Medusa(메두사): 뱀머리를 가진 여성형 몬스터 — 56
Phoenix(피닉스): 불사조 — 56
Zombie(좀비): 죽은 자의 몸이 활동하는 존재 — 57
Harpy(하피): 새의 날개를 가진 여성형 괴물 — 57
Ghost(고스트): 영혼 또는 유령 — 58
Banshee(밴시): 죽음을 예언하는 여귀신 — 58
Goblin(고블린): 장난스러운 작은 괴물 — 59
Minotaur(미노타우르스): 황소의 머리를 가진 괴물 — 59
Kraken(크라켄): 거대한 바다 괴물 — 60
Hydra(히드라): 여러 머리를 가진 뱀 — 60
Ogre(오우거): 거대하고 투박한 괴물 — 61
Succubus(서큐버스): 꿈속에서 남성을 유혹하는 여성 악마 — 61
Homunculus(호문클루스): 인공적으로 만들어진 소인 — 62
Frost Giant(프로스트 자이언트): 얼음 거인 — 62
Gargoyle(가고일): 석상 형태의 악마적 생물 — 63
Wight(와이트): 강력한 언데드 — 63
Yeti(예티): 히말라야의 전설적인 설인 — 64
Oni(오니): 일본 신화의 악마 — 64
Cerberus(케르베로스): 세 개의 머리를 가진 지옥의 개 — 65
Dire Wolf(다이어 울프): 거대하고 사나운 늑대 — 65
Jörmungandr(요르문간드르): 미드가르드 뱀, — 66
Nemean Lion(네메아의 사자): 그리스 신화의 무적의 사자 — 66
Colossus(콜로서스): 인간형태의 거대 조각상 또는 생명체 — 67
Fire Giant(파이어 자이언트): 불의 거인 — 67
Sandworm(샌드웜): 거대한 사막 지렁이 — 68
Tarrasque(타라스크): 파괴적인 거대 괴물 — 68
Giant Squid(거대 오징어): 매우 큰 오징어 — 69
Giant Spider(거대 거미): 크고 무서운 거미 — 69
Bunyip(부니옙): 호주 원주민 전설 속의 물 괴물 — 70
Gashadokuro(가샤도쿠로): 일본 전설의 거대한 해골 요괴 — 70

판타지 무기

Longsword(롱소드): 긴 칼날을 가진 전통적인 검 — 71
Battle hammer(배틀해머): 크고 무거운 전투용 망치 — 71
Flaming Sword(불타는 검): 불꽃으로 둘러싸인 검 — 72
Ice Dagger(얼음 단검): 얼음으로 만들어진 날카로운 단검 — 72
Rune Sword(룬 검): 룬 문자가 새겨진 마법 검 — 73
Mystic Bow(신비한 활): 마법의 힘을 갖춘 활 — 73
Blood Dagger(피의 단검): 희생자의 피를 흡수하는 단검 — 74
Silver Longbow(은색 장궁): 은으로 만들어진 장거리 활 — 74
Frost Axe(서리 도끼): 얼음의 힘을 가진 도끼 — 75
Dragon Claw Sword(용발톱 검) — 75
Arcane Wand(신비한 지팡이): 마법적 힘을 품은 작은 지팡이 — 76
Enchanted Mace(마법의 철퇴): 특별한 능력이 부여된 철퇴 — 76
Necromancer's Staff(네크로맨서의 지팡이): — 77
Abyssal Trident(심해의 삼지창): 바다의 심연에서 온 삼지창 — 77
Mystic Shield(신비한 방패): 마법 방어를 제공하는 방패 — 78
Inferno Axe(지옥불 도끼): 불꽃을 뿜는 전투 도끼 — 78

장소, 세계관, 오브젝트

Yggdrasil(이그드라실): 세계수, 모든 세계를 연결하는 나무 — 79
Castle(캐슬): 대규모 요새화된 건물 — 79
Ice Castle(아이스 캐슬): 얼음으로 만들어진 성 — 80
Labyrinth(라비린스): 복잡한 미로 — 80
Magic School(마법 학교): 마법을 배우는 학교 — 81
Crystal City(크리스탈 시티): 수정으로 만들어진 환상적인 도시 — 81
Cyber City(사이버 시티): 기술이 집약된 미래 도시 — 82
Underwater City(수중 도시): 바다 속에 위치한 도시 — 82
Underworld city(지하 세계): 지상 아래 숨겨진 세계 — 83
Alchemy Lab(연금술 실험실): 연금술 연구를 위한 실험실 — 83
Dystopian Metropolis(디스토피아 대도시) — 84
Genetic Lab(유전자 실험실): 유전자 조작을 위한 연구소 — 84
Anti-gravity Room(반중력 방): 중력이 작용하지 않는 방 — 85
Wormhole Gateway(웜홀 게이트웨이): 우주 이동 통로 — 85
Interstellar Station(인터스텔라 스테이션): 우주 정거장 — 86
Floating Islands(부유 섬): 하늘에 떠 있는 섬들 — 86
Subterranean Tunnel(지하 터널): 지하를 연결하는 터널 — 87
Alien World(외계 행성): 지구와 다른 특성을 가진 행성 — 87
Dark Matter(다크 매터): 보이지 않는 우주 물질 — 88
Space Elevator(우주 엘리베이터): 우주 엘리베이터 — 88
Dystopia(디스토피아): 열악한 미래 사회 — 89
Fantasy(환타지): 상상의 세계 — 89
Utopia(유토피아): 이상적인 세계 — 90
Apocalypse(아포칼립스): 세상의 종말 — 90
Post-apocalyptic(포스트 아포칼립스): 종말 후의 세계 — 91
Cyberpunk(사이버펑크): 고도로 기술화된 디스토피아 세계 — 91
Steampunk(스팀펑크): 증기 기술을 바탕으로 한 과거 미래 — 92
Space Opera(스페이스 오페라): 드라마틱한 우주 모험 이야기 — 92
Parallel Universe(평행 우주): 다른 차원의 세계 — 93
Magic Realm(매직 렐름): 마법이 존재하는 영역 — 93
Lost Civilization(잃어버린 문명): 발견되지 않은 고대 문명 — 94
Mythical Land(신화의 땅): 전설 속의 장소 — 94
Dimensional Rift(차원의 균열): 서로 다른 차원을 연결하는 틈 — 95
Shadow Realm(그림자 영역): 어둠이 지배하는 세계 — 95
Robot Uprising(로봇 반란): 기계들의 반란 — 96
Interstellar Travel(인터스텔라 트래블): 별과 별 사이를 여행 — 96
Enchanted Forest(마법의 숲): 마법에 걸린 숲 — 97
Wasteland(황무지): 삶이 거의 없는 황량한 땅 — 97
Treetop Kingdom(나무 꼭대기 왕국): 나무 꼭대기 왕국 — 98
Ancient Sky Ruins(고대 하늘 유적): 하늘에 떠있는 고대 유적 — 98
Elemental Powers(원소의 힘): 물, 불, 공기, 흙의 힘 — 99
Space Colony(우주 식민지): 우주에 건설된 식민지 — 99
Ghost Town(유령 마을): 유령이 살고 있는 버려진 마을 — 100
Starship Graveyard(우주선 무덤): 버려진 우주선들이 모인 곳 — 100
Time Machine(타임 머신): 시간 여행을 가능하게 하는 장치 — 101
Spaceship(우주선): 우주 여행을 위한 탈것 — 101
Flying Car(비행 자동차): 하늘을 나는 자동차 — 102
Steampunk Airship(스팀펑크 비행선): 스팀펑크 비행선 — 102
Artificial Intelligence Hub(AI 허브): 인공 지능 기술의 중심지 — 103
Mech Suit(메크 슈트): 강화된 기계 장갑 — 103

종족

Elf(엘프): 신비한 인간형 존재
elf --s 250 --v 6.0 --style raw

Dark Elf(다크 엘프): 어둠의 힘을 지닌 엘프 종족
Dark Elf --s 250 --v 6.0 --style raw

Dwarf(드워프): 작은 체구의 강인한 종족

Dwarf --s 250 --v 6.0 --style raw

Dragon(드래곤): 거대한 파충류형 환타지 생물

Dragon --s 250 --v 6.0 --style raw

종족

Wizard(위저드): 마법을 사용하는 남성 마법사
Wizard --s 250 --v 6.0 --style raw

Witch(위치): 마법을 사용하는 여성
Witch --s 250 --v 6.0 --style raw

종족

Fairy(페어리): 작고 마법적인 존재
Fairy --s 250 --v 6.0 --style raw

Orc(오크): 거대하고 투박한 전사 종족
Orc --s 250 --v 6.0 --style raw

Mermaid(인어): 물고기와 인간의 특징을 가진 해양 생물

Mermaid --s 250 --v 6.0 --style raw

Vampire(뱀파이어): 피를 빨아먹는 영생의 존재

Vampire --s 250 --v 6.0 --style raw

Werewolf(늑대인간): 늑대로 변할 수 있는 인간

Werewolf --s 250 --v 6.0 --style raw

Gnome(노움): 작고 지적인 지하 생물

Gnome --s 250 --v 6.0 --style raw

종족

Troll(트롤): 거대하고 성질이 거친 종족
Troll --s 250 --v 6.0 --style raw

Giant(자이언트): 인간보다 훨씬 큰 거대한 종족
Giant --s 250 --v 6.0 --style raw

Angel(천사): 신성한 힘을 가진 존재

Angel --s 250 --v 6.0 --style raw

Robot(로봇): 인공적으로 만들어진 기계적 존재

Robot --s 250 --v 6.0 --style raw

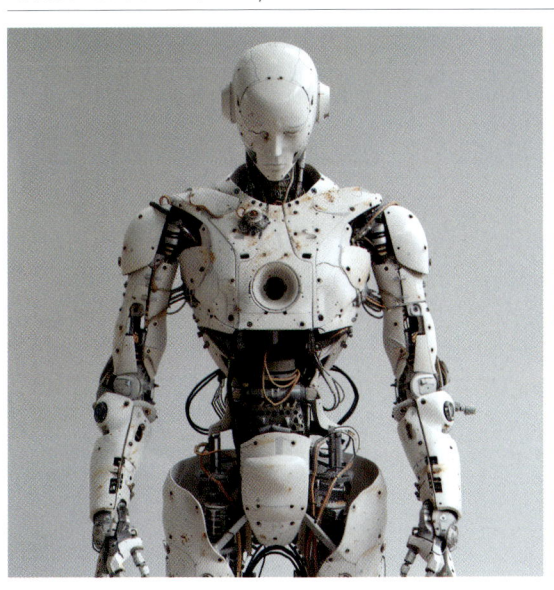 

종족

Cyborg(사이보그): 인간과 기계의 결합체
Cyborg --s 250 --v 6.0 --style raw

Superhero(슈퍼히어로): 초자연적 능력을 가진 영웅
Superhero --s 250 --v 6.0 --style raw

Paladin(팔라딘): 고귀한 전사

Paladin --s 250 --v 6.0 --style raw

Samurai(사무라이): 일본의 전사 계급

Samurai --s 250 --v 6.0 --style raw

직업

Ninja(닌자): 은밀한 일본의 암살자
Ninja --s 250 --v 6.0 --style raw

Pirate(해적): 바다를 누비는 강도
Pirate --s 250 --v 6.0 --style raw

Knight(기사): 중세 유럽의 전사
Knight --s 250 --v 6.0 --style raw

Alchemist(연금술사): 물질을 변환하는 마법사
Alchemist --s 250 --v 6.0 --style raw

직업

Blacksmith(대장장이): 중세의 금속 공예 장인

Blacksmith --s 250 --v 6.0 --style raw

Sorcerer(소서러): 강력한 마법 능력을 지닌 마법사

Sorcerer --s 250 --v 6.0 --style raw

Bard(바드): 음악과 시로 이야기를 전하는 예술가 / 음유시인

Bard --s 250 --v 6.0 --style raw

Ranger(레인저): 숲을 지키는 숙련된 추적자

Ranger --s 250 --v 6.0 --style raw

직업

Assassin(어쌔신): 은밀하게 적을 제거하는 암살자

Assassin --s 250 --v 6.0 --style raw

Druid(드루이드): 자연과 깊은 소통을 하는 마법사

Druid --s 250 --v 6.0 --style raw

Necromancer(네크로맨서): 죽은 자를 다루는 마법사

Necromancer --s 250 --v 6.0 --style raw

Monk(몽크): 무술과 정신 수련에 능한 수도사

Monk --s 250 --v 6.0 --style raw

직업

Bounty Hunter(바운티 헌터): 보상금 사냥꾼

Bounty Hunter --s 250 --v 6.0 --style raw

Shaman(샤먼): 영적인 세계와 연결된 치유자

Shaman --s 250 --v 6.0 --style raw

Thief(시프): 은밀하게 도둑질을 하는 사람

Thief --s 250 --v 6.0 --style raw

Warlock(워록): 어두운 흑마법에 정통한 남성 마법사

Warlock --s 250 --v 6.0 --style raw

직업

Cleric(클레릭): 신의 힘을 빌려 치유하는 종교적 인물

Cleric --s 250 --v 6.0 --style raw

Berserker(버서커): 전투 중 광포한 힘을 발휘하는 전사

Berserker --s 250 --v 6.0 --style raw

Scout(스카우트): 정찰과 정보 수집을 하는 사람

Medieval Scout --s 250 --v 6.0 --style raw

Gladiator(글래디에이터): 경기장에서 싸우는 투사

Gladiator --s 250 --v 6.0 --style raw

직업

Mage(메이지): 다양한 마법을 사용하는 마법사
Mage --s 250 --v 6.0 --style raw

Seer(시어): 미래를 예언하는 예언자
Seer --s 250 --v 6.0 --style raw

신화적 존재

Merlin(멀린): 전설적인 마법사

Merlin --s 250 --v 6.0 --style raw

Hercules(헤라클레스): 힘이 센 신화 속 영웅

Hercules --s 250 --v 6.0 --style raw

신화적 존재

Odin(오딘): 노르딕 신화의 신

Odin --s 250 --v 6.0 --style raw

Thor(토르): 천둥의 신

Thor in Norse mythology --s 250 --v 6.0 --style raw

신화적 존재

Baldur(발두르): 노르딕 신화에서 순수와 빛의 신
Baldur --s 250 --v 6.0 --style raw

Loki(로키): 노르딕 신화의 장난과 속임수의 신
Loki in Norse mythology --s 250 --v 6.0 --style raw

신화적 존재

Freyja(프레이야): 사랑과 전쟁의 노르딕 여신

Freyja --s 250 --v 6.0 --style raw

Artemis(아르테미스): 사냥과 달의 여신

Artemis --s 250 --v 6.0 --style raw

신화적 존재

Neptune(넵튠): 바다의 신
Neptune in Norse mythology --s 250 --v 6.0 --style raw

Zeus(제우스): 그리스 신화의 최고신
Zeus --s 250 --v 6.0 --style raw

신화적 존재

Hades(하데스): 지하세계의 신
Hades --s 250 --v 6.0 --style raw

Athena(아테나): 지혜와 전쟁의 여신
Athena --s 250 --v 6.0 --style raw

신화적 존재

Apollo(아폴로): 예언과 음악의 신

Apollo --s 250 --v 6.0 --style raw

Poseidon(포세이돈): 바다와 지진의 신

Poseidon --s 250 --v 6.0 --style raw

신화적 존재

Dionysus(디오니소스): 포도주와 쾌락의 신

Dionysus --s 250 --v 6.0 --style raw

Demeter(데메테르): 농업과 수확의 여신

Demeter --s 250 --v 6.0 --style raw

신화적 존재

Persephone(페르세포네): 봄과 재생의 여신

Persephone --s 250 --v 6.0 --style raw

Anubis(아누비스): 이집트 신화의 사후 세계의 신

Anubis --s 250 --v 6.0 --style raw

신화적 존재

Ra(라): 이집트의 태양신

Ra --s 250 --v 6.0 --style raw

Osiris(오시리스): 이집트의 사후 세계와 부활의 신

Osiris --s 250 --v 6.0 --style raw

신화적 존재

Isis(이시스): 마법과 치유의 이집트 여신
Isis --s 250 --v 6.0 --style raw

Vishnu(비슈누): 힌두교의 유지자
Vishnu --s 250 --v 6.0 --style raw

신화적 존재

Shiva(시바): 힌두교의 파괴자 및 재생성자

Shiva --s 250 --v 6.0 --style raw

Ganesha(가네샤): 힌두교의 장애물 제거자

Ganesha --s 250 --v 6.0 --style raw

신화적 존재

Kali(칼리): 파괴와 변화의 힌두 여신

Kali of Hinduism --s 250 --v 6.0 --style raw

Quetzalcoatl(케찰코아틀): 아즈텍 문화의 깃털 달린 뱀 신

Quetzalcoatl --s 250 --v 6.0 --style raw

마법적인 물건

Portal(포탈): 다른 장소나 차원으로 이동하는 문

Portal --s 250 --v 6.0 --style raw

Rune Stone(룬스톤): 마법의 룬이 새겨진 돌

Rune Stone --s 250 --v 6.0 --style raw

마법적인 물건

Crystal Orb(크리스탈 오브): 마법의 힘을 담은 수정구

Crystal Orb --s 250 --v 6.0 --style raw

Magic Wand(마법 지팡이): 마법을 사용할 때 필요한 지팡이

Magic Wand --s 250 --v 6.0 --style raw

마법적인 물건

Enchanted Sword(마법의 검): 마법으로 특별한 능력이 부여된 검

Enchanted Sword --s 250 --v 6.0 --style raw

Flying Broomstick(비행 빗자루): 마법사들이 타고 다니는 빗자루

Flying Broomstick --s 250 --v 6.0 --style raw

마법적인 물건

Spell Book(주문서): 다양한 마법 주문이 적힌 책

Spell Book --s 250 --v 6.0 --style raw

Philosopher's Stone(현자의 돌): 연금술에서 변환 마법에 사용되는 신비한 돌

Philosopher's Stone --s 250 --v 6.0 --style raw

마법적인 물건

Magic Mirror(마법 거울): 특별한 능력이 있는 거울

Magic Mirror --s 250 --v 6.0 --style raw

Teleportation Device(순간 이동 장치): 순간적으로 다른 장소로 이동할 수 있는 장치

Teleportation Device --s 250 --v 6.0 --style raw

마법적인 물건

Time Turner(시간 회전기): 시간을 되돌릴 수 있는 작은 장치

Time Turner --s 250 --v 6.0 --style raw

Energy Shield(에너지 방패): 보호막을 생성하는 장치

Energy Shield --s 250 --v 6.0 --style raw

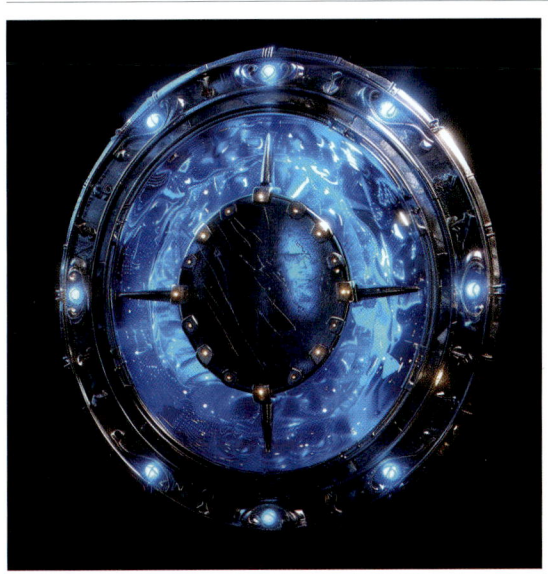 

마법적인 물건

Arcane Circlet(신비한 왕관): 마력을 증폭시키는 머리 장식

Arcane Circlet --s 250 --v 6.0 --style raw

Magic Carpet(마법의 양탄자): 공중을 나는 양탄자

Magic Carpet --s 250 --v 6.0 --style raw

마법적인 물건

Mystic Bracelet(신비한 팔찌): 특별한 능력을 부여하는 팔찌
Mystic Bracelet --s 250 --v 6.0 --style raw

Elemental Gauntlet(원소 건틀릿): 자연의 힘을 다루는 장갑
Elemental Gauntlet --s 250 --v 6.0 --style raw

마법적인 물건

Mystic Scroll(신비한 두루마리): 마법 주문이나 정보가 담긴 두루마리

Mystic Scroll --s 250 --v 6.0 --style raw

Alchemy Set(연금술 세트): 다양한 물질을 변환하는 도구 세트

Alchemy Set --s 250 --v 6.0 --style raw

마법적인 물건

Neural Interface(신경 인터페이스): 뇌와 기계를 연결하는 장치
Neural Interface --s 250 --v 6.0 --style raw

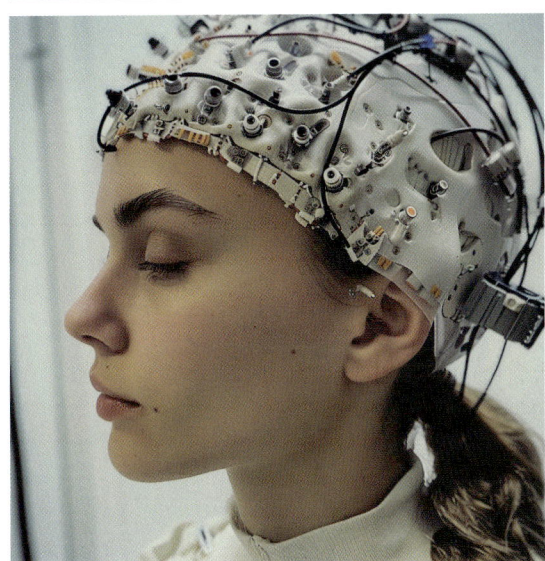 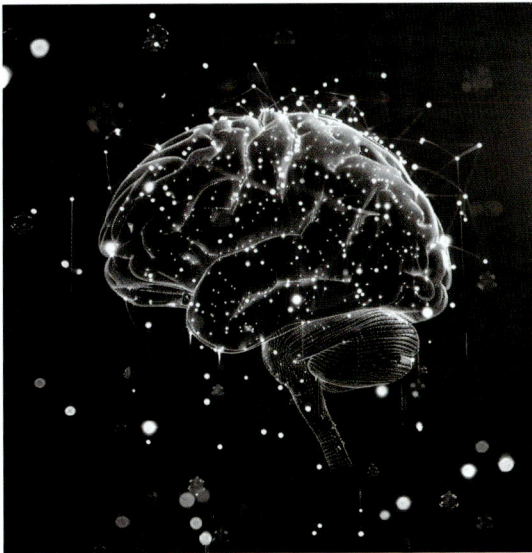

Dimensional Gate(차원의 문): 다른 차원으로 가는 문
Dimensional Gate --s 250 --v 6.0 --style raw

마법적인 물건

Gravity Boots(중력 부츠): 중력을 조절할 수 있는 신발

Gravity Boots --s 250 --v 6.0 --style raw

Cosmic Cube(우주 큐브): 우주적인 힘을 담은 입방체

Cosmic Cube --s 250 --v 6.0 --style raw

마법적인 물건

Eldritch Tome(이상한 고서): 오래된 마법 책

Eldritch Tome --s 250 --v 6.0 --style raw

Force Field Generator(힘의 장 생성기): 보호막을 만드는 장치

Force Field Generator --s 250 --v 6.0 --style raw

마법적인 물건

Light Saber(광선검): 빛으로 만들어진 검
Light Saber --s 250 --v 6.0 --style raw

Quantum Battery(양자 배터리): 막대한 에너지를 저장하는 배터리
Quantum Battery --s 250 --v 6.0 --style raw

Golem(골렘): 점토나 돌로 만들어진 생명체

Golem --s 250 --v 6.0 --style raw

Leviathan(레비아탄): 거대한 바다 괴물

Leviathan --s 250 --v 6.0 --style raw

몬스터

Griffin(그리핀): 독수리와 사자의 혼합체

Griffin --s 250 --v 6.0 --style raw

Chimera(키메라): 여러 동물의 조합으로 이루어진 괴물

Chimera --s 250 --v 6.0 --style raw

몬스터

Manticore(만티코어): 인간의 머리를 가진 전설의 생물

Manticore --s 250 --v 6.0 --style raw

Lich(리치): 불사의 마법사

Lich --s 250 --v 6.0 --style raw

몬스터

Medusa(메두사): 뱀머리를 가진 여성형 몬스터

Medusa --s 250 --v 6.0 --style raw

Phoenix(피닉스): 불사조

Phoenix --s 250 --v 6.0 --style raw

Zombie(좀비): 죽은 자의 몸이 활동하는 존재

Zombie --s 250 --v 6.0 --style raw

Harpy(하피): 새의 날개를 가진 여성형 괴물

Harpy --s 250 --v 6.0 --style raw

몬스터

Ghost(고스트): 영혼 또는 유령

Ghost --s 250 --v 6.0 --style raw

Banshee(밴시): 죽음을 예언하는 여귀신

Banshee --s 250 --v 6.0 --style raw

몬스터

110. Goblin(고블린): 장난스러운 작은 괴물

Goblin --s 250 --v 6.0 --style raw

Minotaur(미노타우루스): 황소의 머리를 가진 괴물

Minotaur --s 250 --v 6.0 --style raw

몬스터

Kraken(크라켄): 거대한 바다 괴물

Kraken --s 250 --v 6.0 --style raw

Hydra(히드라): 여러 머리를 가진 뱀

Hydra --s 250 --v 6.0 --style raw

Ogre(오우거): 거대하고 투박한 괴물

Ogre --s 250 --v 6.0 --style raw

Succubus(서큐버스): 꿈속에서 남성을 유혹하는 여성 악마

Succubus --s 250 --v 6.0 --style raw

몬스터

Homunculus(호문클루스): 인공적으로 만들어진 소인

Homunculus --s 250 --v 6.0 --style raw

Frost Giant(프로스트 자이언트): 얼음 거인

Frost Giant --s 250 --v 6.0 --style raw

Gargoyle(가고일): 석상 형태의 악마적 생물

Gargoyle --s 250 --v 6.0 --style raw

Wight(와이트): 강력한 언데드

Wight --s 250 --v 6.0 --style raw

몬스터

Yeti(예티): 히말라야의 전설적인 설인

Yeti --s 250 --v 6.0 --style raw

Oni(오니): 일본 신화의 악마

Oni --s 250 --v 6.0 --style raw

Cerberus(케르베로스): 세 개의 머리를 가진 지옥의 개

Cerberus --s 250 --v 6.0 --style raw

Dire Wolf(다이어 울프): 거대하고 사나운 늑대

Dire Wolf --s 250 --v 6.0 --style raw

몬스터

Jörmungandr(요르문간드르): 미드가르드 뱀, 세계를 감싸는 거대한 뱀
Jörmungandr --s 250 --v 6.0 --style raw

Nemean Lion(네메아의 사자): 그리스 신화의 무적의 사자
Nemean Lion --s 250 --v 6.0 --style raw

Colossus(콜로서스): 인간형태의 거대 조각상 또는 생명체

Colossus --s 250 --v 6.0 --style raw

Fire Giant(파이어 자이언트): 불의 거인

Fire Giant --s 250 --v 6.0 --style raw

몬스터

Sandworm(샌드웜): 거대한 사막 지렁이

Sandworm --s 250 --v 6.0 --style raw

Tarrasque(타라스크): 파괴적인 거대 괴물

Tarrasque --s 250 --v 6.0 --style raw

Giant Squid(거대 오징어): 매우 큰 오징어

Giant Squid --s 250 --v 6.0 --style raw

Giant Spider(거대 거미): 크고 무서운 거미

Giant Spider --s 250 --v 6.0 --style raw

몬스터

Bunyip(부니엽): 호주 원주민 전설 속의 물 괴물

Bunyip --s 250 --v 6.0 --style raw

Gashadokuro(가샤도쿠로): 일본 전설의 거대한 해골 요괴

Gashadokuro --s 250 --v 6.0 --style raw

환타지 무기

Longsword(롱소드): 긴 칼날을 가진 전통적인 검

Longsword --s 250 --v 6.0 --style raw

Battle hammer(배틀해머): 크고 무거운 전투용 망치

Battle hammer --s 250 --v 6.0 --style raw

환타지 무기

Flaming Sword(불타는 검): 불꽃으로 둘러싸인 검

Flaming Sword --s 250 --v 6.0 --style raw

Ice Dagger(얼음 단검): 얼음으로 만들어진 날카로운 단검

Ice Dagger --s 250 --v 6.0 --style raw

환타지 무기

Rune Sword(룬 검): 룬 문자가 새겨진 마법 검
Rune Sword --s 250 --v 6.0 --style raw

Mystic Bow(신비한 활): 마법의 힘을 갖춘 활
Mystic Bow --s 250 --v 6.0 --style raw

환타지 무기

Blood Dagger(피의 단검): 희생자의 피를 흡수하는 단검

Blood Dagger --s 250 --v 6.0 --style raw

Silver Longbow(은색 장궁): 은으로 만들어진 장거리 활

Silver Longbow --s 250 --v 6.0 --style raw

환타지 무기

Frost Axe(서리 도끼): 얼음의 힘을 가진 도끼

Frost Axe --s 250 --v 6.0 --style raw

Dragon Claw Sword(용발톱 검):

Dragon Claw Sword --s 250 --v 6.0 --style raw

환타지 무기

Arcane Wand(신비한 지팡이): 마법적 힘을 품은 작은 지팡이
Arcane Wand --s 250 --v 6.0 --style raw

Enchanted Mace(마법의 철퇴): 특별한 능력이 부여된 철퇴
Enchanted Mace --s 250 --v 6.0 --style raw

Necromancer's Staff(네크로맨서의 지팡이): 죽은 자를 다루는 지팡이

Necromancer's Staff --s 250 --v 6.0 --style raw

Abyssal Trident(심해의 삼지창): 바다의 심연에서 온 삼지창

Abyssal Trident --s 250 --v 6.0 --style raw

환타지 무기

Mystic Shield(신비한 방패): 마법 방어를 제공하는 방패

Mystic Shield --s 250 --v 6.0 --style raw

Inferno Axe(지옥불 도끼): 불꽃을 뿜는 전투 도끼

Inferno Axe --s 250 --v 6.0 --style raw

장소, 세계관, 오브젝트

Yggdrasil(이그드라실): 세계수, 모든 세계를 연결하는 나무

Yggdrasil --s 250 --v 6.0 --style raw

Castle(캐슬): 대규모 요새화된 건물

Castle --s 250 --v 6.0 --style raw

장소, 세계관, 오브젝트

Ice Castle(아이스 캐슬): 얼음으로 만들어진 성

Ice Castle --s 250 --v 6.0 --style raw

Labyrinth(라비린스): 복잡한 미로

Labyrinth --s 250 --v 6.0 --style raw

Magic School(마법 학교): 마법을 배우는 학교

Magic School --s 250 --v 6.0 --style raw

Crystal City(크리스탈 시티): 수정으로 만들어진 환상적인 도시

Crystal City --s 250 --v 6.0 --style raw

Cyber City(사이버 시티): 기술이 집약된 미래 도시

Cyber City --s 250 --v 6.0 --style raw

Underwater City(수중 도시): 바다 속에 위치한 도시

Underwater City --s 250 --v 6.0 --style raw

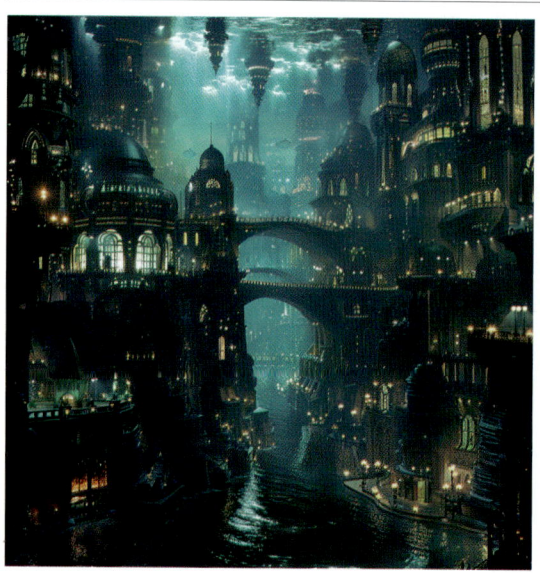 

Underworld city(지하 세계): 지상 아래 숨겨진 세계

Underworld city --s 250 --v 6.0 --style raw

Alchemy Lab(연금술 실험실): 연금술 연구를 위한 실험실

Alchemy Lab --s 250 --v 6.0 --style raw

장소, 세계관, 오브젝트

Dystopian Metropolis(디스토피아 대도시): 미래의 퇴폐적 대도시
Dystopian Metropolis --s 250 --v 6.0 --style raw

Genetic Lab(유전자 실험실): 유전자 조작을 위한 연구소
Genetic Lab --s 250 --v 6.0 --style raw

장소, 세계관, 오브젝트

Anti-gravity Room(반중력 방): 중력이 작용하지 않는 방

Anti-gravity Room --s 250 --v 6.0 --style raw

Wormhole Gateway(웜홀 게이트웨이): 우주의 먼 거리를 빠르게 이동할 수 있는 통로

Wormhole Gateway --s 250 --v 6.0 --style raw

장소, 세계관, 오브젝트

Interstellar Station(인터스텔라 스테이션): 별들 사이의 우주 정거장

Interstellar Station --s 250 --v 6.0 --style raw

Floating Islands(부유 섬): 하늘에 떠 있는 섬들

Floating Islands --s 250 --v 6.0 --style raw

장소, 세계관, 오브젝트

Subterranean Tunnel(지하 터널): 지하를 연결하는 터널
Subterranean Tunnel --s 250 --v 6.0 --style raw

Alien World(외계 행성): 지구와 다른 특성을 가진 행성
Alien World --s 250 --v 6.0 --style raw

장소, 세계관, 오브젝트

Dark Matter(다크 매터): 보이지 않는 우주 물질

Dark Matter --s 250 --v 6.0 --style raw

Space Elevator(우주 엘리베이터): 지구와 우주를 연결하는 엘리베이터

Space Elevator --s 250 --v 6.0 --style raw

장소, 세계관, 오브젝트

Dystopia(디스토피아): 열악한 미래 사회
Dystopia --s 250 --v 6.0 --style raw

Fantasy(환타지): 상상의 세계
Fantasy --s 250 --v 6.0 --style raw

장소, 세계관, 오브젝트

Utopia(유토피아): 이상적인 세계
Utopia --s 250 --v 6.0 --style raw

Apocalypse(아포칼립스): 세상의 종말
Apocalypse --s 250 --v 6.0 --style raw

장소, 세계관, 오브젝트

Post-apocalyptic(포스트 아포칼립스): 종말 후의 세계
Post-apocalyptic --s 250 --v 6.0 --style raw

Cyberpunk(사이버펑크): 고도로 기술화된 디스토피아 세계
Cyberpunk --s 250 --v 6.0 --style raw

장소, 세계관, 오브젝트

Steampunk(스팀펑크): 증기 기술을 바탕으로 한 과거 미래
Steampunk --s 250 --v 6.0 --style raw

Space Opera(스페이스 오페라): 드라마틱한 우주 모험 이야기
Space Opera --s 250 --v 6.0 --style raw

장소, 세계관, 오브젝트

Parallel Universe(평행 우주): 다른 차원의 세계
Parallel Universe --s 250 --v 6.0 --style raw

Magic Realm(매직 렐름): 마법이 존재하는 영역
Magic Realm --s 250 --v 6.0 --style raw

장소, 세계관, 오브젝트

Lost Civilization(잃어버린 문명): 발견되지 않은 고대 문명

Lost Civilization --s 250 --v 6.0 --style raw

Mythical Land(신화의 땅): 전설 속의 장소

Mythical Land --s 250 --v 6.0 --style raw

장소, 세계관, 오브젝트

Dimensional Rift(차원의 균열): 서로 다른 차원을 연결하는 틈

Dimensional Rift --s 250 --v 6.0 --style raw

Shadow Realm(그림자 영역): 어둠이 지배하는 세계

Shadow Realm --s 250 --v 6.0 --style raw

장소, 세계관, 오브젝트

Robot Uprising(로봇 반란): 기계들의 반란

Robot Uprising --s 250 --v 6.0 --style raw

Interstellar Travel(인터스텔라 트래블): 별과 별 사이를 여행

Interstellar Travel --s 250 --v 6.0 --style raw

장소, 세계관, 오브젝트

Enchanted Forest(마법의 숲): 마법에 걸린 숲
Enchanted Forest --s 250 --v 6.0 --style raw

Wasteland(황무지): 삶이 거의 없는 황량한 땅
Wasteland --s 250 --v 6.0 --style raw

장소, 세계관, 오브젝트

Treetop Kingdom(나무 꼭대기 왕국): 나무 꼭대기에 세워진 왕국

Treetop Kingdom --s 250 --v 6.0 --style raw

Ancient Sky Ruins(고대 하늘 유적): 하늘에 떠 있는 고대의 유적

Ancient Sky Ruins --s 250 --v 6.0 --style raw

장소, 세계관, 오브젝트

Elemental Powers(원소의 힘): 물, 불, 공기, 흙의 힘

Elemental Powers --s 250 --v 6.0 --style raw

Space Colony(우주 식민지): 우주에 건설된 식민지

Space Colony --s 250 --v 6.0 --style raw

장소, 세계관, 오브젝트

Ghost Town(유령 마을): 유령이 살고 있는 버려진 마을

Ghost Town --s 250 --v 6.0 --style raw

Starship Graveyard(우주선 무덤): 버려진 우주선들이 모인 곳

Starship Graveyard --s 250 --v 6.0 --style raw

장소, 세계관, 오브젝트

Time Machine(타임 머신): 시간 여행을 가능하게 하는 장치

Time Machine --s 250 --v 6.0 --style raw

Spaceship(우주선): 우주 여행을 위한 탈것

Spaceship --s 250 --v 6.0 --style raw

장소, 세계관, 오브젝트

Flying Car(비행 자동차): 하늘을 나는 자동차

Flying Car --s 250 --v 6.0 --style raw

Steampunk Airship(스팀펑크 비행선): 스팀펑크 스타일의 비행선

Steampunk Airship --s 250 --v 6.0 --style raw

장소, 세계관, 오브젝트

Artificial Intelligence Hub(AI 허브): 인공 지능 기술의 중심지
Artificial Intelligence Hub --s 250 --v 6.0 --style raw

 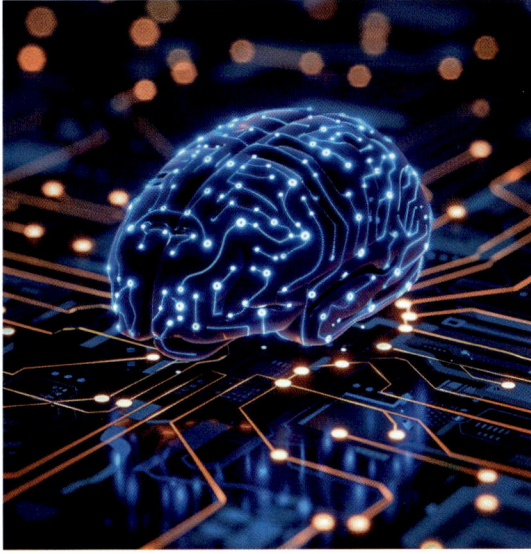

Mech Suit(메크 슈트): 강화된 기계 장갑
Mech Suit --s 250 --v 6.0 --style raw